室町幕府の東国政策

杉山一弥著

思文閣出版

目次

第四編　室町幕府の東北・北関東政策

室町幕府の東国政策

序章

一

室町期の東国社会は、永享の乱にいたる室町幕府と鎌倉府の対立状況を反映して、政治・経済の両面において畿内・西国とは異質の地域秩序を築きあげていた。それゆえ従来の中世東国史研究では、鎌倉公方を中心とした鎌倉府体制という室町幕府とは別個の統治組織と社会構造が注目され、その独自性と特質が強調されてきた。

これに対して本書は、室町幕府の東国政策という視点から室町期東国社会をとらえ直し、その焦点を、平時・戦時それぞれの東国の儀礼と秩序、東国における足利氏一族庶子の存在意義、両府の境界領域ならびに政治・経済的に競合する地域社会における諸階層の動向、にあわせて再検討した。方法論的には、京都の公家記録や幕府文書・寺社史料にみえる東国記事を広く収集し、これを集中的に分析した。室町期東国社会に関する新史料の読み込みと、既知の東国史料の慎重な読み直しをすすめることによって、京都・室町幕府と東国社会の連関性の追究を試みた。

二

まず室町期東国社会に関するこれまでの研究史を概観し、残された課題を明らかにすることによって本書の位置を示したい。

室町期東国社会に関する論考は、質量ともに重厚な蓄積がある。このうち主要なものは、近年その多くが著書や論集として刊行された。そこで個別論文に関しては本書各章にて詳細を掲げることとし、ひとまず学術書籍類によって室町期東国社会に関する研究史を把握する。

室町期東国社会に重点をおいた研究をはじめて本格的に展開したのは渡辺世祐氏である(1)。この先駆的研究によって、室町幕府とは異なる特徴をもった鎌倉府体制・東国社会に関する研究の方向性が示されたのであった。第二次世界大戦後は、永原慶二氏によって階級闘争史のなかで東国社会に光があてられ東国史研究は再開された(2)。ついでいわゆる東国独立国家論ともあいまって室町期東国社会の独自性と特色が、峰岸純夫氏、佐藤博信氏、伊藤喜良氏らによって追究されることとなる(3)。これにより東国社会の地域性、鎌倉府の支配体制、初期鎌倉府論など室町期東国史研究の基礎が固められたのであった。

そして鎌倉府体制崩壊後の政治体制に注目が集まり、佐藤博信氏、市村高男氏、荒川善夫氏、阿部能久氏らによって、公方—管領体制の提起とその検証がすすめられた(4)。これは戦国大名論を相対化する視角としての古河公方論の提示と、その両論とも異なる北関東の伝統的雄族を基軸とした視角の提示というかたちで展開し、その検証作業は現在も続けられている。

一方で関東管領上杉氏、鎌倉府奉公衆、公方御料所など、鎌倉府体制の基盤となる政治組織や社会構造の内実が、勝守すみ氏、山田邦明氏、湯山学氏らによって考究された(5)。その緻密な基礎作業によって鎌倉府体制の構造的実態が具体的に解明されたのである。さらにその研究は、東国社会における守護職や国人・一揆層の様相を詳細に再検討した松本一夫氏、小国浩寿氏、江田郁夫氏らによって継承された(6)。こうして鎌倉府体制や東国守護、国人・一揆層にかかわる研究はいまや奥羽地域を組み込んで展開し、室町期東国社会の分析に求められる視野・

対象領域は確実に広がり続けている。

また室町期東国社会に関する研究は、政治・経済・文化などのあらゆる分野に展開し、かつ細分化・精緻化している。まず流通・経済分野では、峰岸純夫氏、綿貫友子氏、佐藤博信氏、鈴木哲雄氏、市村高男氏、盛本昌広氏らによって、東国の海運・水運の研究がすすめられ、太平洋海運や東国内海をめぐる流通経済の具体像が明らかにされた(7)。そして家永遵嗣氏の研究によって応仁・文明の乱前後の幕府政治史と東国の関係論が展開され、戦国初期の東国史研究は飛躍的に進展した(8)。また千々和到氏、佐藤博信氏、小森正明氏、鈴木哲雄氏らによる宗教史分野に関する研究は、東国の宗教関連史料を集中的に究明して東国社会の特色を示した(9)。さらに小川信氏、齋藤慎一氏、落合義明氏らによる室町期東国の都市・城館論は、景観論を導入して東国各所の復元を試みた(10)。そして新川武紀氏、原田信男氏、湯浅治久氏、福嶋紀子氏らによる村落・在地構造の具体的研究は、東国社会の人々の生活動向を描き出している(11)。

室町期東国社会に関する研究は、個人研究のほかにも諸種の論集が編まれ重要な位置を占める。その萌芽は、戦国大名論集の一角に「室町期の東国社会」が立項されたことにある(12)。東国史関係の論集は当初、広範な時代・地域・分野の研究を包摂したものとしてはじめられ(13)、やがて地域社会ごとの特性に着目するものへ展開してゆく。東北地域史に生まれたその潮流は(14)、関東地域史にひろがった(15)。そうした論集は、考古学分野を含めた学際的な内容であることが特徴としてあげられる。

なお室町期の東国武家に関する研究も、各武家ごとの論集として蓄積されてきた。たとえば一九七〇年代から関東武士研究叢書として、江戸氏、大石氏、太田氏、吉良氏、豊嶋氏、長尾氏、葛西氏、河越氏、千葉氏、三浦氏にかかわる論集が名著出版から断続的に刊行された。また二〇一〇年代からは中世関東武士の研究シリーズとして、長尾景春（白井長尾氏）、武田信長（上総武田氏）、上野新田氏、下野宇都宮氏、扇谷上杉氏、下野小山氏、下総結城氏、畠山重忠（武蔵畠山氏）、下野足利氏、伊勢宗瑞（小田原北条氏）、関東管領上杉氏などを対象とした論集が戎光祥出版から刊行中である。そして近時、それは鎌倉公方足利氏を研究対象とするにいたった[16]。

こうした在地領主としての東国武家を室町期地域社会とのかかわりからとらえる研究は、個人研究の成果も急速に蓄積しつつある[17]。また、室町期東国武家を対象とした評伝もあらわれた[18]。その研究動向は、奥羽の武家層に関しても同様であり[19]、室町期東国武家社会研究の基層を形成している。

諸研究の根幹を支えているのが、自治体（都県、市町村）による史料編・通史編の相次ぐ刊行である。『神奈川県史』はその白眉といえる。またそれにともなう各種調査報告書の公刊、博物館・文書館などによる展示図録の発行がこれに加わる。さらに近年では、『南北朝遺文』関東編・東北編、『戦国遺文』後北条氏編・武田氏編・古河公方編・房総編・今川氏編が発刊され、研究史料の環境整備が著しく進展した。

さて従来の室町期東国社会に関する研究は、右のごとく中世東国史という枠組みのなかで諸研究がすすめられてきた。それは対象となる史料や問題意識を東国というフィールドに限定することで個別研究を深化させた。その推移と到達点をふまえたとき、なお進展の期待できる研究領域が浮かびあがる。本書が主題とした室町幕府と鎌倉府体制・東国社会の連関性についての研究である。従来この問題は、おもに通史のなかでとりあつかわれるのが常であった。通史では、室町幕府との関係を視野に入れなければ説明できない部分が多いからである。そしてそこでは、両府を対立的にとらえることで鎌倉府体制・東国社会の自律性と特色をきわだたせてきたのであった。

通史や国家論ではない視点で室町幕府と鎌倉府体制・東国社会の接合のあり方に正面から取り組んだ重要な論考には、小林保夫氏、市村高男氏、家永遵嗣氏、山家浩樹氏の研究がある[20]。小林論考は関連文書の機能論、市村論考は社会の推移と変容過程の実態論、家永論考は政治史論、山家論考は秩序・構造論によって手堅い実証を加えた。各論考は室町幕府と鎌倉府体制・東国社会の関係解明に貴重な成果をあげたが、とりあつかう具体事例や検証領域がなお限定的であった。しかし近年、室町期東国社会の動向に相応の分量をあてた通史や、室町期東国史を主題とした通史がみられるようになった。[21]体系的研究のさらなる展開がとくに期待される分野と考える所以である。

この分野の系統的全体研究を進展させるには、先行研究の視角と成果をよすがとし、中世東国史研究、室町幕府研究、当該地域史研究の三分野を、いわば三位一体の研究としてきりむすぶ努力が必要と考える。室町期東国社会の自律性・多様性という視座を維持しつつ、室町幕府研究のなかに中世東国史研究の達成点を積極的に位置づけることで研究を前進させるのである。さらに共通認識のなかに不足する問題点を、範列の修正からとらえる作業も重要と考える。たとえば、先行研究が明らかにした戦時に顕在化する室町幕府と鎌倉府体制・東国社会の構造的な対立点について、平時のあり方を意識的にとらえ直すことで思考の枠組みの転換をはかるのである。室町幕府と鎌倉府体制・東国社会の接合の仕掛けを解明することは、室町幕府と地域権力・社会の接合状況を俯瞰する場合にも、これを相対化するための素材として重要な意味を有すると考える。

室町幕府と地域権力・社会の接合の仕組みは、これまでも制度面の研究を基軸として、[22]畿内・近国の様相、[23]西日本のあり方などが、[24]社会経済の構造を含めて多元的に研究されてきた。[25]そこでは政権・室町幕府と地域権力・社会のかかわりが守護領国制や国人領主制、公権移譲論などの提起と批判的検討を経て、おもに室町幕府―守護体制論の提示と検証作業を通じて問われ、研究成果が蓄積されている。しかし、近年の研究過程において鎌倉府体制・東国社会をこれに積極的に組み込んだ議論はなされていない現状がある。[26]室町幕府研究は、鎌倉府体制・東国社会研究をいわば枠外におくことで、対象とする問題を限定して研究を進展させてきたのである。室町幕府研究のなかに鎌倉府体制・東国社会研究を全面的に組み込む試みは、室町幕府研究に一定の修正を加える突破口・端緒となる取り組みとなるのではなかろうか。

室町幕府と東国の地域権力・社会のむすびつきに関する体系的研究は、総じて大正年間の渡辺世祐氏の著書以降、絶えず意識されつつも長い停滞状況にあるといえる。ここに中世史料をめぐる研究環境が格段に整備された現在、室町幕府と鎌倉府体制・東国社会の接合の仕組みを改めて詳細・具体的に再検証する意義がある。

三

室町期東国社会の研究において見解が統一されていない学術用語に関して、本書で用いたものを中心に二、三触れておきたい。

第一は、中世後期の東国統治権力をあらわす呼称についてである。関東足利氏の歴代当主は、鎌倉府を統括する政治的地位を世襲した。その政治的立場は、旧くは関東管領、現在では鎌倉公方との学術用語で呼称されている。そして近年、戦国期の古河公方まで含めて関東公方と総称すべきとの提言がある。しかしそれは「鎌倉」に織りこまれた歴史的意義や政治的意味を捨象するものである。また鎌倉公方の正当な後身であった堀越公方の政治的立場を包摂できないことにも問題がある。したがって居住場所を冠した鎌倉公方、古河公方、堀越公方などの個別呼称は従来のまま便宜的に使用しつつ、中世後期の東国統治権力をあらわす学術用語は「鎌倉殿」とするのが良いと考える。これは中世史料に多くみえる表現であることや、室町幕府研究で使用される「室町殿」に対応・対置させる意味でも有効と考える。

『海東諸国紀』(27)に所載された「海東諸国総図」(図1)と「日本本国之図」(図2)という二枚の日本列島地図に「鎌倉殿」の注記がみえることも注目される。この「鎌倉殿」は、陸奥に「鎮守府」の注記がみえることから鎌倉幕府が誤伝された情報とみる向きもある。しかし『海東諸国紀』は朝鮮使節として嘉吉三年(一四四三、世

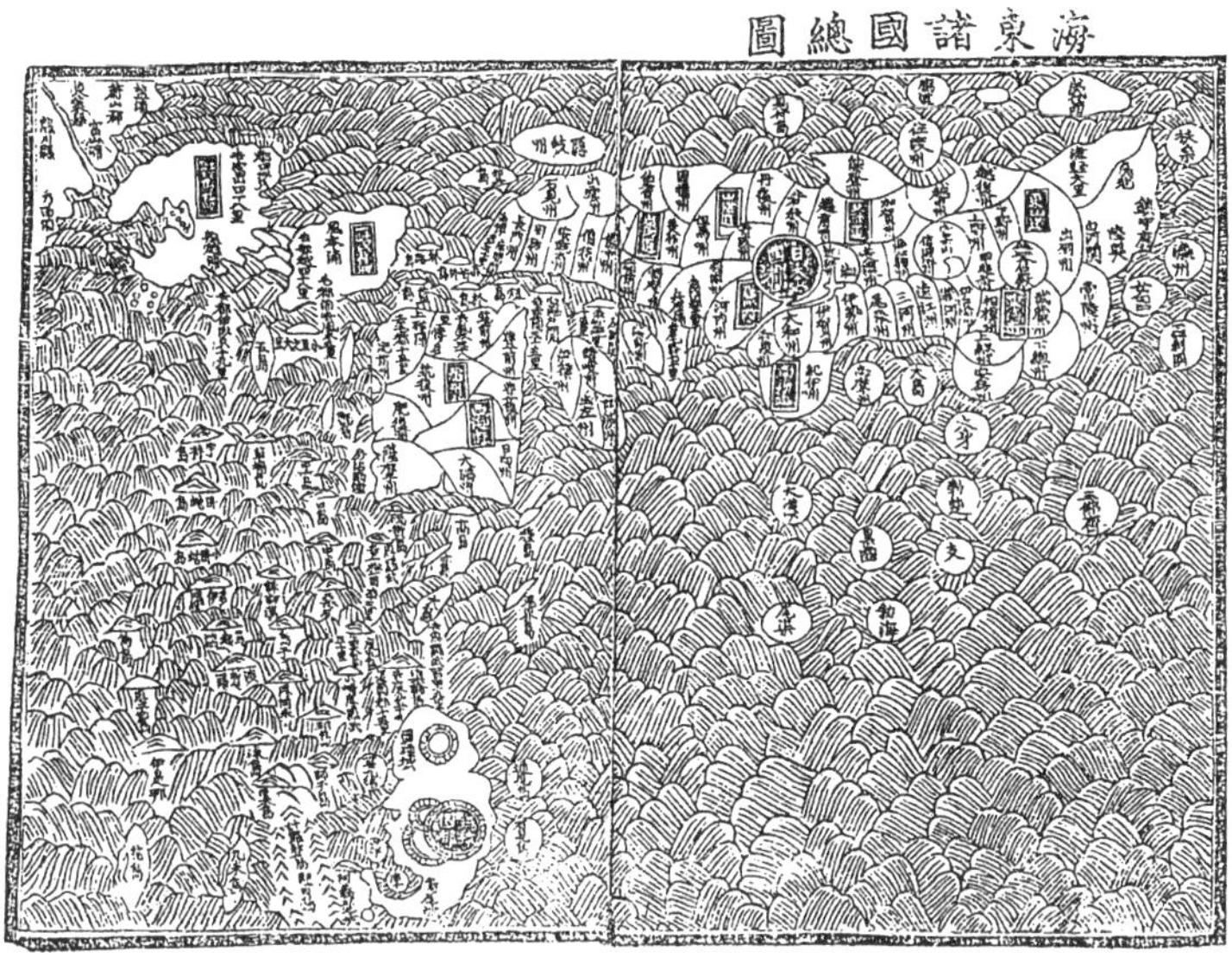

図1 「海東諸国総図」（『海東諸国紀』所載）

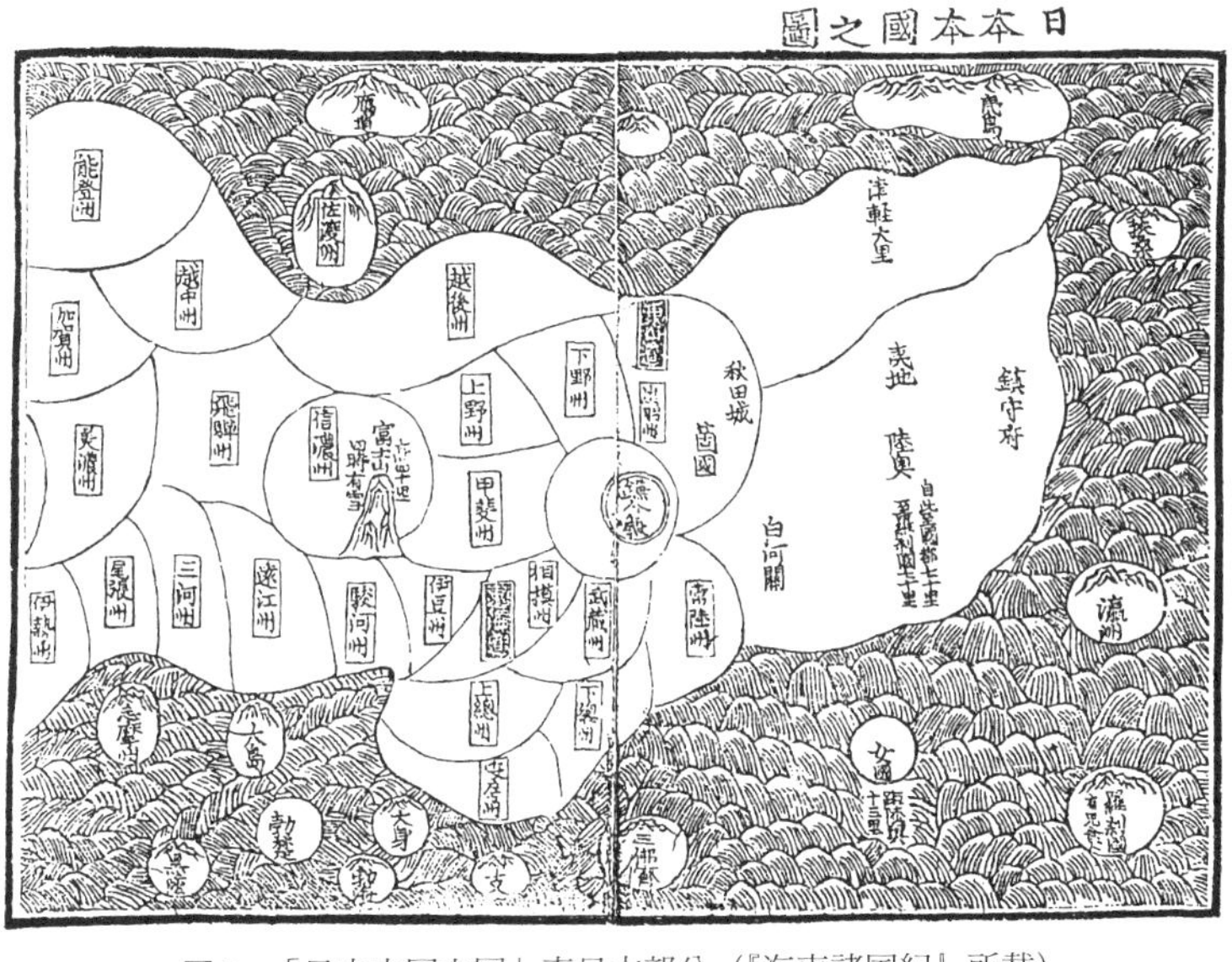

図2 「日本本国之図」東日本部分（『海東諸国紀』所載）

宗二十五年）に来日した申叔舟《シンスクチュ》が、日本や琉球の地理、歴史、国情などを文明三年（一四七一、成宗二年）に選進した書籍である。そして同書本文の「上総州《(ママ)》」項には、「鎌倉殿所居国人謂二之東都一、今鎌倉殿源氏仁山《(足利尊氏)》之後、拠二鎌倉以東一而叛二十余年、国王累征不レ克」とある。やや正確性に欠けるがこれは享徳の乱における古河公方足利成氏のうごきを指す著述とみてよい。したがって地図の「鎌倉殿」も室町期東国の様相を反映した注記であると一定の評価ができよう。国際的視野をもつ同時代の海外史料が、関東足利氏のことを「鎌倉殿」と表記していることの客観性は重視すべきである。

さらに中近世移行期、関東足利氏の末裔である喜連川氏は、豊臣政権発給文書において「鎌倉」を冠した宛所としてあらわされる。書札礼の「鎌倉」に込められた史的意義も軽視すべきではない。関東足利氏の身分表象として、居住地や広域名称ではない「鎌倉」の語が後世まで意識的にもちいられていたことの意味は重視すべきである。

その社会的な定着時期の確定は残された課題だが[28]、右のような国家的、時期的にも異なる種々の史料を整合的に解釈すれば、中世後期の東国統治権力を総称する用語としては鎌倉幕府以来の連続性も含意できる「鎌倉殿」が適切と考える。

本書では、足利氏一族庶子の個別研究をすすめることに鑑み、居住場所を冠した鎌倉公方、堀越公方などの個別呼称をもちいた。

第二は、室町期東国における鎌倉期以来の伝統的雄族を総称する学術用語についてである。かつて室町期東国の伝統的雄族は、公方足利―管領上杉の関係を重視する鎌倉府体制論では政治的に疎外された存在とみなされ低評価であった。しかし室町期東国社会において鎌倉期以来の伝統的雄族が果たした政治経済的役割はきわめて重要である。それは畿内・西国と異なり、東国では伝統的雄族が守護をつとめる比重が高かったからである。

そこで近年では、室町期東国の政治秩序における伝統的雄族の立場を形容する場合、関東八屋形なる語をもってあらわすことが多い。しかしそれには検討の余地がある。鎌倉府には関東八屋形なる身分格式が存在しないからである。

また関東八屋形なる言葉がみえる初見史料は、近世の家譜や覚書類である。[29] 近世には数字を冠した身分格式を創作・造語することが多かった。たとえば新井白石は『読史余論』にて室町幕府は三職七頭を定めたとする。しかし現在の研究水準でみれば、それは室町幕府の御相伴衆や御供衆のことである。[30] 数字を冠した身分格式の創作・造語の近世的傾向はすでに実証されている。鎌倉府における関東八屋形も同様であろう。関東八屋形なるものは近世の俗説といえ、これを学術的にもちいることには重大な疑義がある。

関東八屋形は諸書によって掲げる構成者が異なる。そのうえ千葉、小山、結城、小田、宇都宮、佐竹、那須、長沼、里見、大掾など八氏以上が想定されており、八屋形を標榜しながら八という数字にさえ揺らぎがある。あるいは関東八屋形とは、『吾妻鏡』にみえる鎌倉幕府の「八人」の「御門葉」に着想を得て近世に創作・造語されたものではなかろうか。鎌倉幕府から鎌倉府への連続性、伝統的雄族の歴史的特質などは的確に表現しつつも、室町期東国社会にかかわる実態認識の欠如から生みだされたきわめて近世的な創作・造語といえよう。

本書では、鎌倉期以来の伝統的雄族を形容する学術用語はとくに使用しない。しかし将来的には設定してもよいと考える。東国では守護権が一国規模で機能せず、伝統的雄族の私的支配網がその代替機能を果たすことが多々みられ、その枠組みには意味があるからである。ただし鎌倉府の身分格式として関東八屋形は存在しない。『鎌倉年中行事』では「外様」とあらわされていることが今後ひとつの指標となるのではなかろうか。

第三は、鎌倉府管轄国にありながら室町幕府との関係を重視した東国武家をあらわす学術用語についてである。これは旧来から渡辺世祐氏の造語である「京都扶持衆」の語を用いて呼称されてきた。

ところが近年、京都御扶持衆と御の字を付してあらわす傾向がある。しかしこれも検討の余地がある。室町幕府の身分格式として「京都扶持衆」は存在しないからである。したがって室町幕府御相伴衆などのように集団構成員への敬称の語義で御の字を付すことは不適切である。また、足利将軍への尊称の語義で御の字を付すならば、中世史料にみえる「京都御扶持者」[31]や「自二京都一御扶持之輩」[32]など、室町幕府による個別掌握が含意・連想できる表現とすべきである。

本書では、渡辺世祐氏の造語である「京都扶持衆」が学術用語としてなお有効と考えこれを使用した。

四

本書の構成は、総じて『室町幕府の東国政策』と題することとし、第一編「室町期東国の儀礼と秩序」、第二編「室町期東国の足利氏一族」、第三編「室町幕府の東海・南関東政策」、第四編「室町幕府の東北・北関東政策」の四編にわけ、それぞれの課題を論じるにふさわしいと思われる分析対象を選び具体的考察を加えた。

第一編「室町期東国の儀礼と秩序」は、室町期東国社会における儀礼と秩序を論じた。とくに室町幕府と鎌倉府における故実と作法の実態を手がかりとして、錦御旗・武家御旗、儀礼装束の使用事例から戦時・平時の室町期東国の社会秩序のあり方を明らかにした。

第一章「室町幕府における錦御旗と武家御旗」は、室町幕府の関東征討における錦御旗と武家御旗の運用実態を考察した。室町幕府の御旗は、合戦ごとに新調されるもので、錦御旗は治罰綸旨の下賜後に調進されて篠川公方や堀越公方ら足利氏一族のみに授けられ、武家御旗は今川氏や桃井氏ら足利氏一門に連なるものに授けられたことを論証した。

第二章「『鎌倉年中行事』にみる鎌倉府の着装規範」は、鎌倉府の武家服飾について、諸儀礼における装束と身分格式の関係性を考察し、『結城合戦絵詞』にみえる画像との整合性を考究した。鎌倉府の各儀礼では装うべき服飾の種類や色、紋様が季節や儀礼によって身分格式ごとに厳密に指定されていたことを明らかにした。

第二編「室町期東国の足利氏一族」は、足利氏一族の庶子三名の地方派遣のあり方から室町幕府の東国政策を論じた。嫡子以外の男性は僧籍に入ることが通常であった足利氏一族において、地域社会とかかわる足利庶子の存在は東国に特徴的な事象といえる。

第一章「稲村公方と南奥社会」は、三代鎌倉公方足利満兼の弟で陸奥国稲村に派遣された足利満貞の動向を検討した。稲村公方を中心とした南奥社会の礼秩序や奉公の実態、鎌倉府との一体的関係を論証した。また奥羽支配の主導権をめぐる犬懸上杉氏の台頭と稲村公方の政治的立場の変遷の相関関係にも注目した。

第二章「篠川公方と室町幕府」は、三代鎌倉公方足利満兼の弟で陸奥国篠川に派遣された足利満直の動向を検討した。篠川公方は、四代鎌倉公方足利持氏のとき鎌倉府と袂をわかち室町幕府との関係を強めた。篠川公方の成立状況の再検討によってのちの政治的転換の理由を探り、あわせて室町幕府との関係、篠川公方府の構造などを明らかにした。

第三章「堀越公方の存立基盤」は、八代将軍足利義政の異母兄で関東に下向した堀越公方足利政知について検討した。伊豆国の堀越公方府を支えた経済基盤について、伊豆国内の寺院経済や訴訟礼銭・公帖銭などの視座から解明し、それが伊勢宗瑞（北条早雲）の基盤の淵源となったことを論証した。

補論「堀越公方と足利鑁阿寺」は、下野国足利荘にある鑁阿寺と堀越公方の通交関係を検証した。『鑁阿寺文書』にみえる鑁阿寺と堀越公方の関係性は、東国社会における堀越公方の受容の実態がわかる貴重な具体事例といえる。

第三編「室町幕府の東海・南関東政策」は、室町幕府と鎌倉府の政治的国境地帯のうち東海道筋における抗争の様相について検討した。とくに駿河国・甲斐国・相模国の国境地帯における守護・国人層に焦点をあわせて考察し、同時に一族分裂の様相や宗教勢力の動向も論じた。

第一章「室町幕府奉公衆葛山氏」は、駿河国駿東郡の国人である葛山氏の動向から室町幕府の東国政策を検討した。駿河国駿東郡は、太平洋側における両府の境界領域である。葛山氏が室町幕府奉公衆に編成された時期を両府抗争期に確定し、駿河守護を通じて東国の情報を提供する葛山氏の役割の詳細を実証した。

第二章「室町幕府と甲斐守護武田氏」は、上杉禅秀の乱後の甲斐武田氏の動向と甲斐国の様相を明らかにした。鎌倉府管轄国にもかかわらず甲斐守護が在京奉公し室町幕府とむすんだことの社会的影響を、京都へ逃れ室町幕府に庇護されていた甲斐武田氏嫡流の武田信重のうごきから論証した。

第三章「室町期上総武田氏の興起の基底」は、前章で検討した武田信重の弟武田信長の動向について考察し、両府の政治的対立の産物としての上総武田氏の成立事情を明らかにした。武田信長は、鎌倉府体制では甲斐守護に擬せられていたが、甲斐守護正員には在京する兄武田信重が室町幕府から補任されていた。そうした社会的背景が武田信長を上総国へ移住させる主因となったことを解明した。

第四章「室町期の箱根権現別当と武家権力」は、室町幕府と鎌倉府の政治的国境線上に鎮座する箱根権現を素材として、歴代別当職の変遷から両府対立の具体的様相を明らかにした。室町中期の箱根権現別当職は鎌倉府奉公衆大森氏と一体関係にあったが、鎌倉府体制崩壊直後には室町幕府と関係の深い人物が同職に就任した。これによって室町幕府の東国政策は宗教勢力もその対象としていたことを論証した。

第四編「室町幕府の東北・北関東政策」は、北関東の地域社会構造、ならびに東北と北陸の境界領域の様相を論じた。反鎌倉府抗争の激しかった北関東と、日本海側の両府政治的国境地帯の動向に着目し、二地域の特色・特質を明らかにした。

第一章「室町幕府と下野「京都扶持衆」」は、宇都宮氏と那須氏の動向を中心として「京都扶持衆」の具体像を詳細に検討した。これまで「京都扶持衆」は集合体としての共通項の析出に主眼がおかれてきたが、個々の特徴と相互関係の実態を検証した。また「京都扶持衆」と下野守護を一体の問題としてとらえ、「京都扶持衆」を各国別に論じる必要性を提起した。

第二章「室町幕府と常陸「京都扶持衆」」は、前章につづいて常陸国の「京都扶持衆」を個別に検討した。常陸・下野両国の「京都扶持衆」の相違点に着目して考察した結果、常陸国中郡荘という室町幕府御料所の重要性を見出した。中郡荘の性格と位置こそが、常陸「京都扶持衆」の度重なる武力蜂起が可能となった要因であったことを論証した。

第三章「室町幕府と出羽大宝寺氏」は、日本海側における両府の政治的国境地帯の様相について、大宝寺氏の動向を中心に論じた。庄内平野は、両府対立期に大きなうごきはみられなかったが、鎌倉府体制崩壊とともに重要性が増した。同地域をめぐる事態の推移には、戦国期室町幕府による奥羽支配への転換と連続性がみとめられる。

以上、本書『室町幕府の東国政策』の各章を概観することによってその意図するところを述べた。

(1)　渡辺世祐『関東中心足利時代之研究』(雄山閣、一九二六年)。
(2)　永原慶二『日本封建制成立過程の研究』(岩波書店、一九六一年)、同『日本中世社会構造の研究』(岩波書店、一九七三年)。
(3)　峰岸純夫『中世の東国』(東京大学出版会、一九八九年)、同『中世東国の荘園公領と宗教』(吉川弘文館、二〇〇六年)、同『中世荘園公領制と流通』(岩田書院、二〇〇九年)、同『中世の合戦と城郭』(高志書院、二〇〇九年)、佐藤博信『中世東国の支配構造』(思文閣出版、一九八九年)、同『続中世東国の支配構造』(思文閣出版、一九九六年)、同『中世東国の権力と構造』(校倉書房、二〇一三年)、伊藤喜良『中世国家と東国・奥羽』(校倉書房、一九九九年)。

(4) 佐藤博信『古河公方足利氏の研究』(校倉書房、一九八九年)、同『中世東国政治史論』(塙書房、二〇〇六年)、同『中世東国足利・北条氏の研究』(岩田書院、二〇〇六年)、市村高男『戦国期東国の都市と権力』(思文閣出版、一九九四年)、荒川善夫『戦国期北関東の地域権力』(岩田書院、一九九七年)、同『戦国期東国の権力構造』(岩田書院、二〇〇二年)、阿部能久『戦国期関東公方の研究』(思文閣出版、二〇〇六年)。

(5) 勝守すみ『長尾氏の研究』(名著出版、一九七八年)、山田邦明『鎌倉府と関東』(校倉書房、一九九五年)、湯山学『関東上杉氏の研究』(岩田書院、二〇〇九年)、同『鎌倉府の研究』(岩田書院、二〇一一年)。

(6) 松本一夫『東国守護の歴史的特質』(岩田書院、二〇〇一年)、小国浩寿『鎌倉府体制と東国』(吉川弘文館、二〇〇一年)、江田郁夫『室町幕府東国支配の研究』(高志書院、二〇〇八年)。

(7) 網野善彦・石井進編『中世の風景を読む』二 都市鎌倉と坂東の海に暮らす(新人物往来社、一九九四年)、峰岸純夫・村井章介編『中世東国の物流と都市』(山川出版社、一九九五年)、綿貫友子『中世東国の太平洋海運』(東京大学出版会、一九九八年)、佐藤博信『江戸湾をめぐる中世』(思文閣出版、二〇〇〇年)、鈴木哲雄『中世関東の内海世界』(岩田書院、二〇〇五年)、茨城県立歴史館編・市村高男監修『常総内海の世界』(高志書院、二〇〇八年)、盛本昌広『中世南関東の港湾都市と権力』(岩田書院、二〇一〇年)。

(8) 家永遵嗣『室町幕府将軍権力の研究』(東京大学日本史学研究叢書、一九九五年)。

(9) 千々和到『板碑とその時代』(平凡社、一九八八年)、佐藤博信『中世東国日蓮宗寺院の研究』(東京大学出版会、二〇〇三年)、小森正明『室町期東国社会と寺社造営』(思文閣出版、二〇〇八年)、鈴木哲雄『香取文書と中世の東国』(同成社、二〇〇九年)。

(10) 小川信『中世都市「府中」の展開』(思文閣出版、二〇〇一年)、齋藤慎一『中世東国の領域と城館』(吉川弘文館、二〇〇二年)、同『中世東国の道と城館』(東京大学出版会、二〇一〇年)、落合義明『中世東国の「都市的な場」と武士』(山川出版社、二〇〇六年)。

(11) 新川武紀『下野中世史の新研究』(ぎょうせい、一九九四年)、原田信男『中世村落の景観と生活』(思文閣出

版、一九九九年）、湯浅治久『中世東国の地域社会史』（岩田書院、二〇〇五年）、福嶋紀子『中世後期の在地社会と荘園制』（同成社、二〇一一年）。

(12)　佐藤博信編『戦国大名論集三　東国大名の研究』（吉川弘文館、一九八三年）。

(13)　中世東国史研究会編『中世東国史の研究』（東京大学出版会、一九八八年）。

(14)　小林清治・大石直正編『中世奥羽の世界』（東京大学出版会、一九七八年）、羽下徳彦編『北日本中世史の研究』（吉川弘文館、一九九〇年）、青森県六戸町編『北辺の中世史』（名著出版、一九九七年）、小林清治編『中世南奥の地域権力と社会』（岩田書院、二〇〇一年）、柳原敏昭・飯村均編『鎌倉・室町時代の奥州』（高志書院、二〇〇二年）、伊藤清郎・山口博之編『中世出羽の領主と城館』（高志書院、二〇〇二年）、藤木久志・伊藤喜良編『奥羽から中世をみる』（吉川弘文館、二〇〇九年）。

(15)　中世房総史研究会編『中世房総の権力と社会』（高科書店、一九九一年）、葛飾区郷土と天文の博物館編『東京低地の中世を考える』（名著出版、一九九五年）、千葉歴史学会編『中世東国の地域権力と社会』（岩田書院、一九九六年）、浅野晴樹・斎藤慎一編『中世東国の世界』一　北関東（高志書院、二〇〇三年）、同編『中世東国の世界』二　南関東（高志書院、二〇〇四年）、千葉城郭研究会編『城郭と中世の東国』（高志書院、二〇〇五年）、佐藤博信編『中世東国の政治構造』（岩田書院、二〇〇七年）、同編『中世東国の社会構造』（岩田書院、二〇〇七年）、同編『中世下野の権力と社会』（岩田書院、二〇〇九年）、同編『中世房総と東国社会』（岩田書院、二〇一二年）、同編『関東足利氏と東国社会』（岩田書院、二〇一二年）、峰岸純夫監修『東国武士と中世寺院』（高志書院、二〇〇八年）、市村高男編『中世宇都宮氏の世界』（彩流社、二〇一三年）。

(16)　黒田基樹編『足利基氏とその時代』（戎光祥出版、二〇一三年）。本シリーズは続刊中である。

(17)　秋山敬『甲斐武田氏と国人』（高志書院、二〇〇三年）、黒田基樹『中近世移行期の大名権力と村落』（校倉書房、二〇〇三年）、同『扇谷上杉氏と太田道灌』（岩田書院、二〇〇四年）、同『古河公方と北条氏』（岩田書院、二〇一二年）、同『戦国期山内上杉氏の研究』（岩田書院、二〇一三年）、久保田順一『室町・戦国期上野の地域社会』（岩田書院、二〇〇六年）、湯山学『三浦氏・後北条氏の研究』（岩田書院、二〇〇九年）、同『武蔵武士の研究』（岩田書院、二〇一〇年）、同『中世南関東の武士と時宗』（岩田書院、二〇一二年）、江田郁夫『下野の中世を旅する』（随想舎、二〇〇九年）、同『中世東国の街道と武士団』（岩田書院、二〇一一年）、同『下野長沼氏』（戎光祥出版、二〇一二年）、高橋恵美子『中世結城氏の家伝と軍記』（勉誠出版、二〇一〇年）、松本一夫『下野中世史の世界』（岩田書院、二〇一〇年）、川名登『戦国近世変革期の研究』（岩田書院、二〇一〇年）、佐々木倫朗『戦国期権力佐竹氏の研究』（思文閣出版、二〇一一年）、関幸彦『その後の東国武士団』（吉川弘文館、二〇一一年）、平山優『穴山武田氏』（戎光祥出版、二〇一一年）、峰岸純夫『岩松新田氏』（戎光祥出版、二〇一一年）。

(18) 田辺久子『上杉憲実』（吉川弘文館、一九九九年）、同『関東公方足利氏四代』（吉川弘文館、二〇〇二年）、久保田順一『上杉憲顕』（戎光祥出版、二〇一二年）。

(19) 大崎シンポジウム実行委員会編『奥州探題大崎氏』（高志書院、二〇〇三年）、七戸町教育委員会編『中世糠部の世界と南部氏』（高志書院、二〇〇三年）、垣内和孝『室町期南奥の政治秩序と抗争』（岩田書院、二〇〇六年）、村井章介編『中世東国武家文書の研究』（高志書院、二〇〇八年）、黒嶋敏『中世の権力と列島』（高志書院、二〇一二年）。

(20) 小林保夫「南北朝・室町期の京と鎌倉（上下）――鎌倉府発給文書の分析――」（『堺女子短期大学紀要』一七・一八、一九八二年）、市村高男「京都将軍と鎌倉公方」（永原慶二編『古文書の語る日本史』四、筑摩書房、一九九〇年）、家永前掲註(8)著書、山家浩樹「室町時代の政治秩序」（歴史学研究会・日本史研究会編『日本史講座』四、東京大学出版会、二〇〇四年）。

(21) 桜井英治『室町人の精神』（講談社、二〇〇一年）、石田晴男『応仁・文明の乱』（吉川弘文館、二〇〇八年）、市村高男『東国の戦国合戦』（吉川弘文館、二〇〇九年）、山田邦明『室町の平和』（吉川弘文館、二〇〇九年）、森茂暁『室町幕府崩壊』（角川学芸出版、二〇一一年）、桜井彦『南北朝内乱と東国』（吉川弘文館、二〇一二年）、小国浩寿『鎌倉府と室町幕府』（吉川弘文館、二〇一三年）、則竹雄一『古河公方と伊勢宗瑞』（吉川弘文館、二〇一三年）。

(22) 佐藤進一『室町幕府守護制度の研究』上下（東京大学出版会、一九六七年・一九八八年）、同『日本中世史論集』（岩波書店、一九九〇年）、小川信『足利一門守護発展史の研究』（吉川弘文館、一九八〇年）、福田豊彦『室町幕府と国人一揆』（吉川弘文館、一九九五年）、羽下徳彦『中世日本の政治と史料』（吉川弘文館、一九九五年）、金子拓『中世武家政権と政治秩序』（吉川弘文館、一九九八年）、漆原徹『中世軍忠状の世界』（吉川弘文館、一九九八年）、田沼睦『中世後期社会と公田体制』（岩田書院、二〇〇七年）、岩元修一『初期室町幕府訴訟制度の研究』（吉川弘文館、二〇〇七年）、吉田賢司『室町幕府軍制の構造と展開』（吉川弘文館、二〇一〇年）、木下聡『中世武家官位の研究』（吉川弘文館、二〇一一年）、亀田俊和『室町幕府管領施行システムの研究』（思文閣出版、二〇一三年）など参照。

(23) 今谷明『室町幕府解体過程の研究』（岩波書店、一九八五年）、同『守護領国支配機構の研究』（法政大学出版局、一九八六年）、湯浅治久『中世後期の地域と在地領主』（吉川弘文館、二〇〇二年）、小谷利明『畿内戦国期守護と地域社会』（清文堂、二〇〇三年）、清水克行『室町社会の騒擾と秩序』（吉川弘文館、二〇〇四年）、弓倉弘年『中世後期畿内近国守護の研究』（清文堂、二〇〇六年）、西島太郎『戦国期室町幕府と在地領主』（八木書店、二〇〇六年）、古野貢『中世後期細川氏の権力構造』（吉川弘文館、二〇〇八年）、天野忠幸『戦国期三好政権の研究』（清文堂、二〇一〇年）、村井祐樹『戦国大名佐々木六角氏の基礎研究』（思文閣出版、二〇一二年）など参照。

(24) 岸田裕之『大名領国の構成的展開』（吉川弘文館、一九八三年）、山内譲『中世瀬戸内海地域史の研究』（法政大学出版局、一九九八年）、榎原雅治『日本中世地域社会の構造』（校倉書房、二〇〇〇年）、長谷川博史『戦国大名尼子氏の研究』（吉川弘文館、二〇〇〇年）、川岡勉『室町幕府と守護権力』（吉川弘文館、二〇〇二年）、同『中世の地域権力と西国社会』（清文堂、二〇〇六年）、渡邊大門『戦国期赤松氏の研究』（岩田書院、二〇一〇年）など参照。

(25) 桑山浩然『室町幕府の政治と経済』（吉川弘文館、二〇〇六年）、早島大祐『首都の経済と室町幕府』（吉川弘文館、二〇〇六年）、伊藤俊一『室町期荘園制の研究』（塙書房、二〇一一年）など参照。

(26) 中世後期研究会編『室町・戦国期研究を読みなおす』（思文閣出版、二〇〇七年）。

(27) 申叔舟著／田中健夫訳注『海東諸国紀』（岩波文庫、一九九一年）。なお掲載した地図は同書収載地図から引用した。

(28) 桃崎有一郎「初期室町幕府の執政と「武家探題」鎌倉殿の成立」(『古文書研究』六八、二〇一〇年)、同「観応擾乱・正平一統前後の幕府執政「鎌倉殿」東西幕府」(『年報中世史研究』三六、二〇一一年)、植田真平「鎌倉公方の成立」(前掲註16書『足利基氏とその時代』所収、二〇一三年)。
(29) 『佐竹家譜』、「秋田藩家蔵文書(城下諸士文書巻之三大和田時胤所蔵文書)」四二―一四号(『茨城県史料』中世編V)など参照。
(30) 二木謙一『中世武家儀礼の研究』(吉川弘文館、一九八五年)、同『武家儀礼格式の研究』(吉川弘文館、二〇〇三年)。
(31) 『師郷記』享徳四年二月十一日条。
(32) 『兼宣公記』応永三十年八月十七日条。

【参考】室町期足利氏略系図

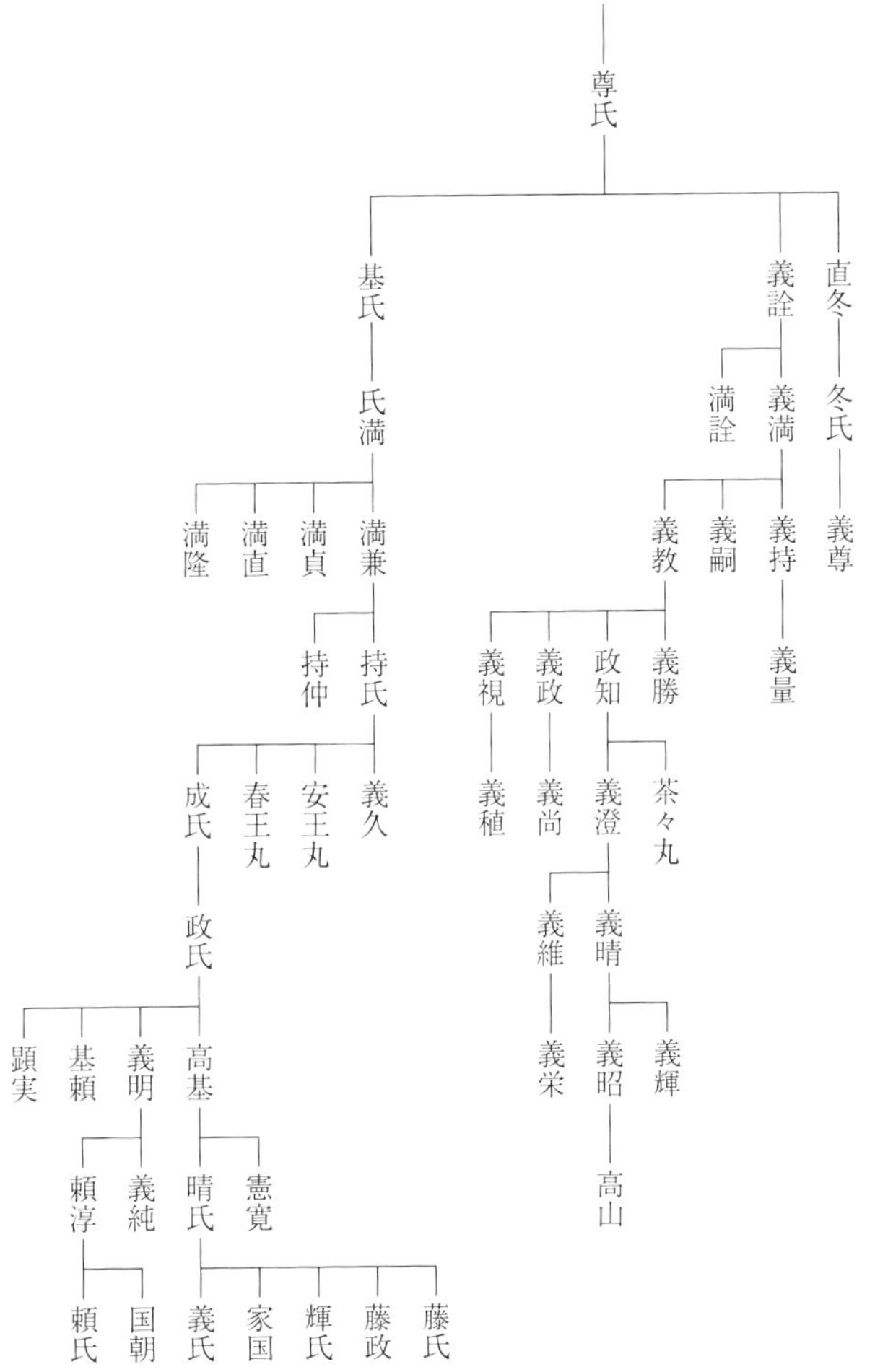

第一編　室町期東国の儀礼と秩序

第一章　室町幕府における錦御旗と武家御旗
——関東征討での運用を中心として——

はじめに

室町幕府の御旗に関する研究は、奥野高廣氏の論考をその嚆矢とする。奥野氏は、室町幕府の御旗には錦御旗と武家御旗の二種があったこと、また中世錦御旗の意匠は明治新政府軍がおもにもちいたものとは異なっていたことなどを明らかにされ、さらに錦御旗と天皇権威の関係にまで説きおよばれたのであった。(1) ここに、通常の旗とは異なる室町幕府の御旗の政治的特殊性が明らかにされたといえよう。こうした指摘は、のちに菅原正子氏によってその検証作業が進められることとなる。菅原氏は、室町幕府の御旗の意匠は、錦御旗が「日輪・天照皇太神」で、武家御旗が「八幡大菩薩・二引両」であったこと、そしてその製作工程には公家衆や絵所らが関与したことなどを一次史料によってほぼ確定されたのであった。(2)

しかしこれ以降、室町幕府の御旗そのものに関する研究はみられなくなる。(3) 以後の御旗に関する研究は、いわば天皇と足利将軍の関係を中心として、皇統の分裂と正当性の問題、あるいは官軍の体裁と権威の問題などを論じるなかで、錦御旗のみを象徴的にとりあげるかたちで展開されたのであった。(4) また、旗そのものに関する研究も、戦場における縁起かつぎや、(5) 軍陣における作法の一環としてとりあげた論著はあるものの、(6) 室町幕府の御旗がもつ固有の政治的意義についてまでその著述が高められることはなかったといえよう。

このように、これまでの室町幕府の御旗に関する研究は、総じて「天皇制」の問題にかかわる議論のもとで考察が進められてきたといえる。しかし室町幕府の御旗について論じるさいには、これとは異なるもうひとつの研究手法として、いわゆる武家儀礼研究の一環として室町幕府の御旗を検討することが、その新たな側面を描きだすのに有効な研究手法と考えられるのである。

そこで本章では、まず権力の表象である室町幕府の御旗を、武家の故実や作法にもとづく分析視角から検討する。そしてそのうえで、室町幕府の御旗が頻繁にもちいられた関東征討での事例を分析対象として、御旗の運用の実態や時期的変遷、ならびにその政治的意義などについて考察してゆくこととする。また本章ではこうした問題に加えて、いまだ南北朝期にはその様式が不統一であったものの室町中期以降に一応の決定をみたとされる室町幕府の御旗の製作工程や、御旗の身分格式の指標としての機能などについてもあわせて検討してゆくこととしたい。

一　旗の故実と作法

室町幕府の御旗は、現存する実物からの考察がきわめて難しい状況にある。たとえば錦御旗の現存品としては、永青文庫所蔵のものが著名である。しかしその「日輪・天照皇太神・八幡大菩薩」という意匠は、『梅松論』に描かれた錦御旗とはおなじ意匠であるが、室町中期以降の「日輪・天照皇太神」という錦御旗の意匠とは異なるものである。これは、『吾妻鏡』にみえる源頼朝が奥州平泉合戦で掲げた旗の「伊勢大神宮・八幡大菩薩・鳩」という意匠と、『太平記』にみえる後醍醐天皇が笠置山で掲げた旗の「日輪・月輪」という意匠が融合しつつあった、いわば錦御旗の過渡期における意匠であった可能性がある。しかし事の真偽は、明確な一次史料に恵まれないため判断が難しいところである。

一方、武家御旗の意匠は、近世段階での伝存品の模写が『集古十種』や『古今要覧稿』に所載されている。しかしその伝来過程は不明な場合が多いようである。

このように室町幕府の御旗は、現存品や各種図案によって論じることが難しい状況にある。そこで本節では、ひとまず室町期の武家故実書に著された旗の故実や作法から室町幕府の御旗の復元作業を試み、次節以降において一次史料によりその実態をふかく考察することとする。

さて、旗について触れる故実書は数冊あるが、もっとも詳しいのは『中原高忠軍陣聞書』である。著者の多賀高忠は、当代の故実家で、室町幕府侍所々司代もつとめた人物であった[7]。また同書では、その二五条目から四二条目まで一八ケ条にわたって旗に関する故実が著されている。そこで本節では、この『中原高忠軍陣聞書』の記述を中心にして、そのほかの故実書の記述とあわせながら旗の故実や作法について検討してゆくこととしたい。

まず旗の長さは、一丈二尺が基本で、白布（帛）二幅を縫いあわせて作る。しかし、下部の三分一ほどは足と称して縫わず、そこに黒革の菊綴をつけて綻びをふせぐ。これは源義家のときからの由緒だという。このように旗についての由緒を源義家に求めることは『付手旗故実伝書』[8]にもみられるところである。そこで注目されるのは、一体なぜ旗の由緒を源頼朝ではなく、あくまでも源義家に求めるのかであろう。その政治的背景としては、足利氏による源氏嫡流思想との関係を想定すべきではなかろうか。つまり足利氏祖の義康は、頼朝とは別系統の義家の孫であるため、足利氏が源氏嫡流を称するためには、その由緒はすべて源頼義・義家父子にまでさかのぼる必要があったと考えられるのである。

ついで旗の上端には、勝軍木や竹で補強した横木を黒革で包んで添え、そこにつけた紐で旗竿にむすびつけ流旗の形式にした。これは、侍大将がもちいた長さ六尺の半旗とよばれる幟旗とは異なる形式であった。そして通常の場合、上部三分一きわのところに家紋や信仰する仏神の名を書した。このほか、生地の裁断や裁縫にも作法があった。まず裁断のときは柳板の上に張弓などをおき、腰刀をもちいて、九字切（四竪五横、ドーマン、臨兵闘者皆陣列在前）や摩利支天の真言を唱えながらこれをおこなった。『兵将陣訓要略鈔』には、その式座の図なるものも描かれている。また、裁縫をするときには、午年の男がこれを担当し、糸をつむぐことからはじめるべきとしている。

つぎに旗竿は、一丈六尺ほどの丈夫な根ぼり竹をもちい、旗はとんぼう《（蜻蛉）》結びで旗竿にくくりつけた。『軍陣之聞書』によれば蜻蛉の虫は、前進のみして退くことがないため、縁起のよい動物とする。その旗をくくりつけるときの呪文として、『付手旗故実伝書』は「十方世界摩利支尊天、北斗大辰皆来守護、急々如律令三反満ヘシ」を掲げるが、『兵将陣訓要略鈔』は「唵阿利哉美陀今《アリヤミタキン》一切婆羅蜜多吽多羅陀《サイハラミタウンタラカ》娑婆訶」とする。口伝の秘術ゆえか、その詳細は不明と言わざるをえない。また旗竿のなかには、五大尊の種字や摩利支天の真言を書いて納める場合もあった。

旗竿に関して、『付手旗故実伝書』に「御旗さほ《（竿）》にならひ《（習）》あり、男竹・女竹とて二本さほ《（竿）》にもちい《（用）》すへきなり」とあることは注目すべきである。なぜなら、第二次六角征伐に出陣する足利義材（のち義稙）勢の様相を著した『山科家礼記』延徳三年（一四九一）八月二十七日条には、「御ハタサヲ《（旗竿）》二本一本ハカヘサヲ《（替竿）》歟」とあるからである。これは山科家々礼の大沢氏が、旗竿は男竹・女竹の二本を備えるべき、という旗の故実について正確な知識を持っていなかったことを示している。つまり旗の故実や作法は、公家の家礼層にはほとんど浸透していなかったとみられるのである。こうしてみると、詳しくは後述するが室町幕府の御旗を公武関係のなかでのみ論じてきた従来の研究は、やはりそれほど有効な研究手法とはいえないのではないかと考えられる。

ついで出陣における旗の作法であるが、これは旗差の役が、絹で裏打ちした錦の旗袋に納めた旗を主殿において大将から受けとり、中門の妻戸を通って庭から出る。このとき旗竿は、やはり中門の妻戸から出し、門外の中間にわたすのだが、それは先端の蝉口から出すべきものとする。こうした記述は『鎌倉年中行事』にもみられ、この作法は関東の鎌倉府においても同様であったようである。さらに『三議一統大双紙』では、軍陣において旗竿の前を通るときは、左右の手を膝において、腰をかがめて通るべきとする。

このほか戦場での旗にまつわる吉凶の記述も興味ぶかい。まず『今川大双紙』『京極大草紙』は、握っている場所より上が折れた場合は吉とし、下が折れた場合は凶とする。これに類似した記述は『出陣日記』にもみえる。さらに『軍中故実』では、旗が味方に靡くときは吉、左へ靡くときは必勝などとする。その効果のほどは不明であるが、旗に込められた意識を知るうえでは注目すべき記述といえよう。また、旗を片づける作法としては、帰陣してから三日ほど待って納めるべきとする。三日目が悪日ならば二日目でも良いが、とにかく日をおいて吉日を選ぶべきとする。

そして、旗差の役の重要性にもその著述はおよぶ。旗差は、馬上であっても常に左手のみで旗を掲げ、強風のときは風でみだれぬよう旗竿と一緒に旗の下部を持つが、風向きによってはそれさえ許されぬ場合があった。また旗差の役は、大将と「相生」の具足や馬をもちい、旗を掲げないときは矢のみを持つことになっていた。さらに『了俊大草紙』は、「軍の勝負は其日の旗差による」としてその重要性を説いている。これは旗差の役の重要性を説きつつも、旗それ自体の重要性まで表現した記述といえよう。

以上、本節では、室町期の武家故実書として信頼のおける『中原高忠軍陣聞書』の著述を中心にして、そのほかの故実書を参考にしながら旗の故実や作法について考察を加えてきた。しかしこれらの故実書は、旗をモノとしてあつかう記述に終始していたといえる。そこで次節以降では、室町幕府の御旗である錦御旗と武家御旗が、室町幕府の東国政策において一体どのように運用されていたのかについて、政治史的な視点を中心にしながら、一次史料にもとづいて具体的に考察してゆくこととする。

二　武家御旗の運用

室町中期以降、室町幕府が関東征討において武家御旗をもちいた例の初見は、応永二十三年（一四一六）の上杉禅秀の乱である。このとき鎌倉公方足利持氏は、上杉禅秀の鎮圧にあたって室町幕府から御旗を授かることを望んだのであった。それは、『看聞日記』（以下『看聞』と略）同年十二月十一日条の「関東武衛（足利持氏）、室町殿（足利義持）御旗被レ申、仍御旗之文字行豊（世尊寺）書レ之、代々佳例云々、令二精進潔斎一書レ之」との記事から知ることができる。まずこの記述からは、御旗を授ける権限の所在が足利将軍であったことが明らかとなる。ただ、このとき足利持氏に授けられた御旗は、いわゆる錦御旗ではなく武家御旗であった。しかし、のちに自身が錦御旗のもとに討伐される足利持氏でさえ、こうして足利将軍に御旗を希求していることは、それこそ注視すべき事実といえよう。さらにこの記述で注目されるのは、世尊寺行豊がその武家御旗の文字を書いていることである。世尊寺家は、入木の家とよばれる能書の家、つまり書道を家業とする公家衆で、いわゆる三蹟のひとり藤原行成を始祖とする家であった[9]。ここに武家御旗は、のちにふれる錦御旗と同様、やはり公家衆の世尊寺家がその製作工程に深くかかわっていたといえるのである。

また、室町幕府から武家御旗を授かった足利持氏の行動も注目される。足利持氏は、『看聞』翌二十四年正月三日条に「奉行長澤以二御旗一関東下着、仍長澤ニ重代太刀・足利庄内千貫之地引物ニ賜」とあるように、武家御旗を関東に届けた長澤（室町幕府奉公衆四番方土岐長澤氏）なる人物に対して、重代の太刀と下野国足利荘内に千貫分の土地を引物としてあたえたのであった。ここに足利持氏の喜びようがうかがえるとともに、武家御旗を授かることの政治的意義の大きさを、ほかならぬ持氏自身が証明しているといえよう。そこで、この武家御旗が調進されることの政治的意義をいま少し考察しておきたい。

まず注目されるのは、『兼宣公記』同年正月二日条の「関東前管領上杉右衛門佐（禅秀）ハ、旧冬以来関東大変以後為二京都御敵一、仍可レ被レ加二治罰一也、爰京都畠山前管領（満家）ハ右衛門佐入道也、同名有二其憚一、被レ改二名称一之条有二種々之御談合一、且又此子細可レ申二入 仙洞（後小松上皇）一之由有二御気色一」との記事である。このように武家御旗を調進した室町幕府では、前管領畠山満家が、上杉禅秀とおなじ「右衛門佐」を名乗っていることを問題とし、それが「憚り」であるか否かを議論している。そして足利義持は、それを伝奏の広橋兼宣を通じて、仙洞御所の後小松上皇にも申し入れるよう依頼したのであった。これは上杉禅秀と官途がおなじであった畠山満家が、禅秀の乱の機会をとらえて、みずからの官途上昇を画策したものであったとみることもできる。しかしたとえそうだとしても、武家御旗が調進されるということには、そうした行動を正当化するに足るだけの政治的影響力があったと評価することが可能であろう。

またそうしたことは、同乱が終息したことを伝える『看聞』同年正月二十一日条からもうかがうことができる。すなわち「彼家（世尊寺）就二能書一代々御旗文字書レ之、朝敵退治之時有二勧賞一」とあり、伏見宮貞成にとって、上杉禅秀の乱の鎮圧は「朝敵退治」との認識があったことがわかるのである。これは、あくまでも伏見宮貞成の個人的な認識ではある。しかしそれがたとえ伏見宮貞成の私的な述懐とはいえ、武家御旗を掲げての合戦であっても敵が「朝敵」であるとの認識が生まれる素地があったことは注目すべきといえよう。

さて、つぎに室町幕府が応永三十年（一四二三）、ふたたび関東に室町幕府勢を派遣したさいの武家御旗の運用実態にその検討事例を移すこととしたい。このときの室町幕府による関東出兵は、鎌倉公方足利持氏が鎌倉府管轄国内にありながら室町幕府とむすんだいわゆる「京都扶持衆」への大規模な討伐をおこなったことに対し、室町幕府が軍事圧力をかけるため発動したものであった[10]。

それらの様相について、まず『看聞』応永三十年八月八日条の「関東討手大将進発治定也、行豊（世尊寺）朝臣御旗銘事被レ仰、飯尾善左衛門尉為二御使一旗二流、、可二染筆一之由被レ仰」との記述から検討をはじめたい。ここで注目すべきは、武家御旗は、ひとつの合戦において二流以上、つまり複数調進される場合があったということである。(11)そうすると、それらの武家御旗は一体だれに授けられたのかということがつぎの問題となろう。そうした問題を考えるうえで注目されるのは、このとき室町幕府が発給した御内書のなかに、「下二桃井左馬権頭入道（宣義）・上杉五郎（憲顕）方へ旗一候」(12)「差三下旗於桃井左馬権頭入道・上杉五郎両人二候」(13)との記述がみえることである。これらの記述を一見すると、このとき調進された二流の武家御旗は、京都扶持衆の桃井宣義と、(14)京都で保護されていた故上杉禅秀の子息上杉五郎（憲顕）の両名に授けられたようにみえる。しかし実際には、『看聞』同年八月十一日条に「今川駿河（範政）・桃井（宣義）、、両人被レ下二御旗一」、同月二十四日条に「一流者、今河駿河（範政）ニ可レ被レ下」とあるように、それが授けられたのは、駿河守護今川範政と桃井宣義であったようなのである。そして、このとき上杉氏に武家御旗が授けられなかった理由は、上杉憲顕がいまだ「上杉五郎」と記されるように若年であったためと考えられよう。いずれにせよここで注目すべきは、武家御旗を授けられた者が、京都扶持衆では桃井氏のみであること、またもう一方も今川氏であったとみられることである。これは案ずるに、軍陣において武家御旗を掲げることができたのは、足利氏一門につらなる家格の者に限られていたことを示しているといえよう。そして上杉憲顕の事例からは、その資格を有していても、元服前後の者については対象外とされる原則があったことを想定することができるのである。

ところで、この応永三十年の事例では、武家御旗が授けられるまでのおおよその手続きを知ることができる。そこでつぎに、この点について詳しく検討することとしたい。まず、『看聞』同年八月十一日条には「御旗銘書事・加持事・大将軍賜事三ケ条、陰陽師勘進今日吉日云々、行豊朝臣（世尊寺）染筆二流、二引両ノ上ニ南無八幡大菩薩ト書、八字鳩姿ニ書云々則持参、可レ被レ下二恩賞一之由被レ仰云々、已三ケ度書レ之先例必有二恩賞一云々、御旗奉行一色（義貫）、、参直垂・大口、先例着二小具足一、今度無二其儀一、乗替二騎召具、鎧唐櫃舁、於二御所一可レ着歟云々御旗一流被レ下請取退出、其儀式有二作法一」とある。この記述から明らかになることは、①旗の調進や加持祈禱の日どりは、陰陽師が吉日を勘申すること。②武家御旗の意匠は、二引両の家紋の上に南無八幡大菩薩と書き、八の字は鳩のかたちに書くこと。③足利将軍が御旗を授けるときは、御旗奉行を通じて御旗拝受の儀礼をとりおこなううえ、その儀礼では整えるべき装束や関連する作法が厳密に定められていたこと。以上の三点である。そして、これらのうち御旗拝受の儀礼は、室町幕府の儀礼としてとくに厳密さが要求されるものであったと考えられる。なぜなら、このときの御旗拝受の儀礼については、つぎに掲げたような同日の関連記事が『康富記』同年八月十一日条にみられるからである。

関東被下御旗事
後聞、可㆑被㆑下㆓関東㆒御所御旗、一色殿（義貫）、令㆑持㆑之入㆓鎧辛櫃㆒、於㆓管領（畠山満家）㆒被㆑渡㆑之、入㆓具足辛櫃蓋㆒出之処、入㆓広蓋㆒請㆓取之㆒、管領（畠山満家）過失之由、人々誹也、自㆓一色方（義貫）㆒歩走侍廿人帯㆓太刀㆒、自身著㆓裏打直垂㆒乗馬也、帰之時、歩侍皆騎馬云云、

この記述によると管領畠山満家は、御旗奉行一色義貫から御旗を拝受するにあたって、一般の広蓋で受けとったことがその作法に適っていなかったとして問題にされている。おそらく畠山満家は、一色義貫と同様、具足辛櫃の蓋に入れて御旗を受けとるべきであったため人々から誹りを受けたのである。これはまさに、室町幕府の儀礼として御旗拝受の儀礼に要求された作法の厳密さを伝える記事といえよう。

以上、本節では、室町幕府の関東征討における武家御旗の運用のあり方、それが授けられるときの儀礼や作法について検討を加えた。その結果、武家御旗は、本質的には錦御旗に匹敵する政治的意義を備えていたことが明らかになった。そこで次節では、武家御旗と錦御旗の差異は一体どのような要素で生じるのか、錦御旗についての詳細な検討を加えることによって考えることとする。

三　錦御旗の運用

永享十年（一四三八）、室町幕府が鎌倉公方足利持氏の征討をおこなったいわゆる永享の乱では、錦御旗が運用されたことが知られる。本節では、その永享の乱における錦御旗の運用実態から検討をはじめることとする。ただ、それらの検討のまえに、前節との関連から『看聞』永享十年八月二十二日条の「公方御旗三流銘、行豊朝臣（世尊寺）被レ書（中略）関東又物忩」という記事にまず注目しておきたい。この記述からは、たとえ錦御旗が運用される場合であっても、それと同時に武家御旗もまた運用されていたことが確認できる。つまり錦御旗と武家御旗は、ひとつの合戦において並存するものであったことが明らかとなるのである。

さて、錦御旗を運用するときには、その前提として朝廷との関係でひとつの手続きが必要とされていた。いわゆる治罰綸旨の下賜である。(15) それは、世尊寺行豊が錦御旗を調進したことを伝える『看聞』同年九月十二日条の「行豊朝臣（世尊寺）（中略）錦御旗銘被レ書」との記述より十六日ほどまえに、つぎのような記事として確認できる。すなわち尊経閣文庫本『薩戒記目録』同年八月二十七日条に、「関東左兵衛督持氏謀逆、被レ下二綸旨於将軍家一事職事資任綸旨草在レ之」とあり、錦御旗の調進に先だって、治罰綸旨が下賜されたことがわかるのである。つまり錦御旗は、原則として治罰綸旨が下賜されたあとで調進されるべきものであったといえよう。

そしてこのときの錦御旗の調進に関する記述を通覧すると、従来の研究では指摘されていなかったいくつかの新事実が明らかとなる。まず注目すべきは、『看聞』同年九月十六日条の「錦御旗行豊朝臣（世尊寺）書進（中略）錦御旗調進公家奉行誰人仕哉、先例官外記輩雖レ被レ尋不レ覚悟一之由各申云云、明徳三年山名奥州（氏清）謀反之時錦御旗被二新調一之由絵所申云々、然誰人調進哉官外記不二存知一云々」との記述である。ここに著された記事のうち、かつて明徳三年（一三九二）の山名氏清征伐のとき錦御旗が使われた、との逸話は史実ではない。これは明らかに筆者伏見宮貞成の誤聞である。しかし、このとき伏見宮貞成がみずから見聞して著した部分の記述は検討に値する。すなわち、錦御旗の調進にさいして公家側の奉行を誰にするのかについて、官務・外記のいずれに尋ねても先例がわからなかった、との記述である。そうした先例記録が官務・外記らのところに残されていなかったことをみると、そもそも錦御旗とは、朝廷が調進したものを武家側に「下賜」するといった性格のものではなかったと考えられるのである。なぜなら、そのように考えなければ、つぎに掲げた『康富記』享徳二年（一四五三）八月八日条についての説明がつかないからである。

向二飯尾肥前入道《為種》許一対面、（中略）、又語云、普廣院殿《足利義教》御代ニ錦御旗被レ下二東国一之時、沙汰立之様を知人更無レ之、世尊寺《行豊》無二存知一、又したつる《仕立》者も不二存知一之由申之間我所知也、常の様に布ニハ不レ書也、紙ニ書てゑ《彫》りて薄を押て一字をあまた《数多》ニゑ《彫》りて錦ニ押付る也、えしたつる《絵仕立》もの《者》ゝ所ニ、此文字ゑ《彫》りて取たる跡うつほ《空》なる紙、今に残てあるを見出す也、其時伝奏中山殿《定親》状を世尊寺《行豊》へ被レ遣之時、御旗の事、武家いそき《急》申され候、文字出来次第ニ取合て、一字つゝも沙汰する者の方へ被レ遣候へ、とあり、しかる《然》あいた《間》常の如く墨をもて布に不二書付一也、

これは、永享の乱において錦御旗の調進にみずからかかわった室町幕府奉行人飯尾為種が、のちの享徳二年（一四五三）八月八日、中原康富との雑談のなかでそのときの錦御旗の調進について回顧した記事である。ここで飯尾為種は、そのときの出来事として、①それまで武家御旗の調進にかかわっていた世尊寺行豊でさえ、錦御旗の製作工程は存知していなかったこと。②しかし「えしたつる《絵仕立》もの《者》」のところに文字を刳りぬいた型紙があったので、それをもとにして、錦御旗は文字を布に直接書くのではなく、紙に書いた文字を刳りぬいたものに金箔を押してそれを旗に縫いつける製作工程なのであろうと類推して調進したこと。③このときは急いでいたため、折りよい伝奏中山定親の書状をもってそれを世尊寺行豊に伝え、一文字書きあがるごとに提出するよう指示した

こと、などを語っているのである。この話は、その調進にみずからかかわっていた飯尾為種の話だけに、内容も生々しく信憑性の高い記述といえる。そしてこの記事で注目すべきは、錦御旗の調進が、終始、武家側の主導によって進められていることである。これは錦御旗が、原則として治罰綸旨を得た武家側がみずから調進すべきものであったことを示している。

こうしてみると、室町幕府における合戦と「天皇制」のかかわりを論じる場合、これを治罰綸旨から論じることは有効といえるが、それをおなじ意識のまま錦御旗にも適用して論じた従来の関連研究においては、錦御旗の「下賜」という議論の前提そのものが成り立たないのではなかろうか。

また、そうしたことと表裏の評価として錦御旗は、軍陣における武家の身分表象としてはきわめて重要な位置づけを得ていたと考えられるのである。それは、『看聞』永享十年十月十日条の「錦御旗ハ篠河殿（足利満直）被レ給」との記述からもうかがえる。これはこのとき調進された錦御旗が、南奥州の篠川公方足利満直に授けられたことを明示している。ここに錦御旗は、武家御旗とは異なって一流しか調進されず、またそれが授けられるのは「足利」を名乗る者とされていたことが明らかとなろう。つまり錦御旗とは、「足利」を名乗る足利氏一族のみが掲げるものであり、武家御旗とは今川・桃井氏ら足利氏一門につらなる者たちが掲げるものであって、室町幕府の御旗は、軍陣における武家の身分格式を象徴的にあらわす表式であったとすることができるのである。

つぎに、享徳四年（一四五五）にはじまる室町幕府の関東征討の事例、すなわち享徳の乱とよばれる古河公方足利成氏の征討における錦御旗と武家御旗の運用実態について検討することとしたい。室町幕府勢は、この足利成氏の征討においても、これまでとおなじく室町幕府から錦御旗や武家御旗を授かって関東に出兵したのであった。(16)

まず、『康富記』享徳四年二月二十日条には「自二公方（足利義政）一被レ仰三付富永（之守）、一御旗被レ沙三汰立之一、是為レ被レ下二関東㆒也、世尊寺侍従三位伊忠任㆓先例㆒被㆑書㆑之流、（五六）」とある。ここに、足利成氏征討のさいにもやはり錦御旗に先だって複数の武家御旗が調進されたことがわかる。ただこのときには調進にたずさわる関係者の世代交代が進んでおり、世尊寺家では世尊寺行豊が前年に死去したため子息世尊寺伊忠（のち行康）がこれを継いでいる。しかし御旗の調進にあたって、その書があくまでも世尊寺家に依頼されていることは、これが室町幕府の武家故実として確立していたことを示していよう。そしてこのとき調進された武家御旗が、一体だれに授けられたのかも注目されるところである。そこでその関連記事をみると、同年三月三十日条に「上椙（房顕）、故房州入道子関東発向（中略）御旗被㆑下㆑之」、同年四月三日条に「駿河守護今河（範忠）、今日関東発向、関東御退治御旗被㆑給㆑之」とある。やはり武家御旗は、上杉氏や今川氏など足利氏一門につらなる者に授けられたのであった。

またこのときの調進に関しては、翌閏四月十五日、中原康富が世尊寺伊忠亭を訪れ、二人で雑談したときの話題として『康富記』に書き留められている。そこにみえる世尊寺伊忠の語った話は、内容がきわめて豊富なうえ非常に興味深い。まず、調進された数流の武家御旗は「上椙・今河・桃井等」に授けられたという。また、このときすでに「錦御旗一流」をあわせて調進したとも語る。そしてその錦御旗の製作工程は、「文字を書て彫て絵師ニ仰て薄をもて字の上をたま（彩）しむる也、日の形あり、元はこれも紙に書てはく（薄）にて彩色す、今度は御旗ニひた（直）とはく（薄）を置也、紙をもてたます（彩）」であった。これは、さきに検討した永享の乱のときの製作工程とほぼおなじであり、それが先例とされたことがうかがえる。そしてこの記述からは、錦御旗の意匠として「日輪」があったことが改めて確認できよう。

また世尊寺伊忠は、このとき父行豊の死去による「重服中」であったが、神祇伯白川資益王の助言によって室町幕府を通じて禁裏から「別勅」を得て錦御旗の調進をしたとも語る。これは、かつて父世尊寺行豊が、実父（田向）経兼の喪中のとき別勅をもって錦御旗を調進した先例にならったものであった。そしてこのときの調進は、室町幕府奉公衆富永氏が中心となって進められていたが、世尊寺伊忠に書を依頼する使者として「青侍」を遣わしてきたので、これを咎めたところやっと富永氏子息が来訪したとも語る。これは、世尊寺伊忠をして「陵遅」と感じさせるできごとであった。また、かつてはその調進の恩賞として、錦御旗・武家御旗に関係なく旗一流につき馬一疋を拝領していたが、今度は錦御旗分として馬一疋を拝領したのみであったという。このいずれの御旗であっても旗一流につき馬一疋を拝領していたとの話は、『看聞』永享十年九月二十三日条に「行豊(世尊寺)朝臣、錦御旗銘書禄御馬一疋被レ下、先度御旗等、此間御馬四疋拝領」とあることから事実とみることができる。とするならば、従来の指摘のように、この享徳年間に室町幕府の御旗の政治的価値が浮上したとみることは難しいのではないかと考えられるのである。

ところで、このとき調進された錦御旗は一体だれに授けられたのであろうか。それを明らかにするのが、『在盛卿記』長禄二年(一四五八)五月二十五日条の「御旗拝受日渋川殿雑掌自二侍者一註二進之一、今月廿七日癸丑宿申時卯、六月八日甲子時卯」との記述である。これは陰陽道の賀茂在盛が、堀越公方府を初期に主導した渋川義鏡に対して、御旗拝受の吉日を勘申したことを示している。ここに錦御旗は、長禄二年、堀越公方足利政知に授けられたことが明らかとなろう。

それではその錦御旗は、関東において一体どのように運用されたのであろうか。それらの様相は、関東管領上杉氏一族の上杉顕定が室町幕府に注進した書状の写として、『親元日記』寛正六年(一四六五)十月十二日条に控えられた記事から知ることができる。すなわち「政(上杉)憲事、此刻可レ令二出陣一之由豆州様(足利政知)被二仰出一之間、去月十九日越二宮根山一相州扣馬候、近日武州江可レ進二御旗一候」とあり、錦御旗は、堀越公方足利政知の家宰上杉政憲によって武蔵国に進められたことがわかるのである。そして、『松陰私語』に「五十子陣之事、官(管)領上杉天子之御旗依二申請一旗本也」、『太田道灌状』に「五十子御陣事(中略)被レ立二天子御旗一」などと描かれた武蔵国五十子陣の「天子之御旗」こそ、堀越公方足利政知に授けられた錦御旗であったといえよう。

この点、これまでの研究は、室町中期以降に錦御旗が調進されたのは永享の乱（永享十年）と第二次六角征伐（延徳三年）の二回とするが、ここに堀越公方足利政知も錦御旗を掲げていたことが確定するため、従来の研究は修正されるべきである。また近年、この武蔵国五十子陣の錦御旗を関東管領上杉房顕に下賜されたものとする論考もみられるが、[17]この錦御旗は、前述したように堀越公方足利政知が授かったものを上杉氏一族が「申請」けていたものであり、そうした見解は受け入れられるものではない。

つぎに、この錦御旗が、古河公方勢に対して一体どのように誇示されたのかについてもみておきたい。「御内書案」によると室町幕府は、「被レ差二遣　綸旨幷錦御旗一勅命厳重」との文言を含む御内書を小山氏・鹿島氏・結城氏・小田氏らに送達していることが知られる。[18]そして、このように錦御旗を利用した言説は、足利成氏らに対しては一定の政治的効果があったとみられるのである。なぜなら足利成氏は、いまだ万寿王丸と名乗って信濃国にあった頃、[19]鎌倉への帰還にあたって「綸旨幷御旗到来」との虚偽を語らった書状を発給していることが知られるからである。[20]つまり足利成氏は、旧来から治罰綸旨や錦御旗を強く意識する人物だったのである。また『応仁武鑑』続編一によると足利成氏は、「日輪・五三桐」との意匠をもった七尺二分の幟旗をみずから調進し、[21]上総武田氏に授けたという。[22]そしてその古河公方の旗は、那須氏・白川（白河結城）氏・桐生氏らにも授けられ、[23]また足利成氏みずからも意図的にそれを岩松新田氏や香取社々家らへの言説にもちいていたとみられるのである。[24]それゆえ享徳の乱における室町幕府の錦御旗は、その討伐対象者である足利成氏の持つ意識ともあいまって、政治思想のうえでは一定の効果があったと考えられるのである。

おわりに

以上、室町幕府の御旗について、関東征討における錦御旗と武家御旗の運用実態を中心に、武家の故実や作法にもとづく武家儀礼研究の視点から考察を加えてきた。

まず室町幕府の東国政策における御旗の運用をみると、室町幕府の御旗は、それを運用する合戦ごとに新調されるものであったといえる。それは御旗が消耗品であるという現実的な問題に加えて、御旗の新調には多くの公家・武家がその製作工程にかかわるため、新調した御旗がもちいられる合戦の正当性が、そうした過程を経ることで広く共有されるという政治的効果をも生みだしていたからであろう。

そしてそれら室町幕府の御旗のうち、まず錦御旗（天子之御旗）は、篠川公方や堀越公方など「足利」を名乗る足利氏一族であることがそれを掲げることのできる必要条件であり、とくに足利氏同士の抗争において持ち出される正当性論理の付託であったといえる。また、武家御旗（公方御旗・御所御旗）を授かることが許されたのは、ほぼ足利氏一門につらなる者に限定されており、錦御旗と併用される場合はあるものの、基本的にはその討伐相手が足利氏以外の合戦でもちいられるものであったといえる。

こうした原則は、九州征討のとき大内氏が足利氏一門ではないにもかかわらず武家御旗を授けられた例を除き[25]、ほぼ定式化されていたとみてよい。つまり室町幕府では、軍陣における御旗の種類が、身分格式の表象として機能していたとすることができるのである。御旗拝受の儀礼が室町幕府内部において重視された理由も、その儀礼がこうした身分格式の問題と密接にかかわっていたためと考えられよう。ただし戦国期になると、討伐対象の六角氏が足利氏一族ではないにもかかわらず、第二次六角征伐が「准二朝敵一」ぜられて[26]錦御旗が運用されるなどそうした原則も漸次に崩れてゆくことは付言しておきたい[27]。

また室町幕府の錦御旗は、天皇から治罰綸旨を下賜されることがその前提条件として必要であったが、錦御旗それ自体は天皇から「下賜」や「付与」されるものではなく、治罰綸旨を得たものが必要に応じてみずから「調進」すべきものであったといえる。それゆえ錦御旗を天皇から「下賜」されたとの表現をもちいてきた従来の関連論考は、それこそ明治新政府軍による喧伝の呪縛からいまだ抜け出せていない思考といえるのではなかろうか。

そして、室町幕府の東国政策を中心にした本章の視点によって、あえて錦御旗と「天皇制」の問題を関連づけるならば、室町中期以降については、従来のように、この時期にみられるという天皇権威の上昇と将軍権威の下降の推移を錦御旗が運用されたことと関連させて論じる研究手法のみでは不充分といえる。この問題は、むしろ関東鎌倉府が不改年号（正長、享徳）をもちいたことと連動している事実を重視し、いわば天皇の「時の支配権」ともかかわる根源的な意味での「天皇制」との関連で、錦御旗が運用されたことの意義について論じるべきであろう[28]。新元号の使用拒否は、室町幕府のみならず「天皇制」や国家の枠組みとの対峙を意味するからである。そうした問題については、いわゆる東国独立国家論との関係も含めて今後の課題としたい。

（1）奥野高廣「錦御旗――中世の天皇制――」（『日本歴史』二七九、一九七一年）。

（2）菅原正子「中世の御旗――錦の御旗と武家の御旗――」（『中世武家と公家の「家」』吉川弘文館、二〇〇七年、初出一九九一年）。

（3）事典類には、菅原正子「旗」（『日本中世史研究事典』東京堂出版、一九九五年）、鈴木敬三「旗」（『有識故実大辞典』吉川弘文館、一九九六年）などが立項されている。

（4）今谷明『戦国大名と天皇』（福武書店、一九九二年）、川合康「武家の天皇観」（『鎌倉幕府成立史の研究』校倉書房、二〇〇四年、初出一九九五年）、市沢哲「『梅松論』における建武三年足利尊氏西走の位置――もうひとつの多々良浜合戦・湊川合戦――」（『神戸大学史学年報』一六、二〇〇一年）、同「一四世紀の内乱（南北朝内乱）

における国家（中央）と地域」（浅倉有子・上越教育大学東アジア研究会編『歴史表象としての東アジア』清文堂、二〇〇二年）。

（5） 小和田哲男『呪術と占星の戦国史』（新潮選書、一九九八年）。

（6） 二木謙一『中世武家の作法』（吉川弘文館、一九九九年）。

（7） 二木謙一「故実家多賀高忠」（『中世武家儀礼の研究』吉川弘文館、一九八五年、初出一九七四年）。

（8） 大日本古文書『蜷川家文書』附録五四号。なお、この「付手旗故実伝書」以外の本節でもちいた故実書はすべて『群書類従』『続群書類従』の武家部に所収されている。

（9） 多賀宗隼「世尊寺家書道と尊円流の成立」（『論集中世文化史』上・公家武家篇、法蔵館、一九八五年、初出一九四一年）、宮崎肇「中世書流の成立――世尊寺家と世尊寺流――」（鎌倉遺文研究会編『鎌倉期社会と史料論』東京堂出版、二〇〇二年）などを参照。

（10） 渡辺世祐『関東中心足利時代之研究』（雄山閣、一九二六年）。

（11） 『看聞日記』応永三十年九月一日条に「行豊朝臣出京又御旗被レ書云々、鎌倉敵方一統以外事」とあり、のちに室町幕府は武家御旗をさらに追加して調進したとみられる。

（12） 「昔御内書符案」（「大館記(三)」『ビブリア』八〇、一九八三年）。

（13） 東京大学史料編纂所架蔵影写本『足利将軍御内書并奉書留』一号。

（14） 湯山学「鎌倉府の足利氏一門――桃井氏について――」（『鎌倉府の研究』岩田書院、二〇一一年、初出一九九三年）。

（15） 治罰綸旨に関しては、伊藤喜良「室町期の国家と東国」（『中世国家と東国・奥羽』校倉書房、一九九九年、初出一九七九年）、同「伝奏と天皇――嘉吉の乱後における室町幕府と王朝権力について――」（『日本中世の王権と権威』思文閣出版、一九九三年、初出一九八〇年）、富田正弘「嘉吉の変以後の院宣・綸旨――公武融合政治下の政務と伝奏――」（小川信編『中世古文書の世界』吉川弘文館、一九九一年）、今谷前掲註(4)書などを参照。

（16） 佐藤博信「足利成氏とその時代」（『古河公方足利氏の研究』校倉書房、一九八九年、初出一九八七年）。なお『師郷記』康正元年（一四五五）八月二十六日条に「関東以外蜂起、仍又被レ成二綸旨一云々、去春時分被レ成二下之云々」とみえ、治罰綸旨も同時期に発給されていたことがわかる。
(17)木下聡「山内上杉氏における官途と関東管領職の問題」(『日本歴史』六八五、二〇〇五年)。
(18)「御内書案」(『続群書類従』二十三輯下)。
(19)百瀬今朝雄「足利成氏の幼名」(『日本歴史』四一四、一九八二年)、佐藤博信「永享の乱後における関東足利氏の動向――とくに「石川文書」を中心として――」(前掲註16書『古河公方足利氏の研究』所収、初出一九八八年)。
(20)「角田石川文書」(『石川公追遠四百年記念誌』石川町・石川町教育委員会、一九九〇年、三六・三七号)。
(21)展示図録『古河公方展――古河足利氏五代の興亡――』(古河歴史博物館、一九九七年、六頁)。関連する論考として、久保賢司「享徳の乱における古河公方方の戦略的配置と御旗」(黒田基樹編『武田信長』戎光祥出版、二〇一一年、初出一九九八年)がある。
(22)拙稿「室町期上総武田氏の興起の基底――武田信長の動向を中心として――」(『武田氏研究』二五、二〇〇二年、本書第三編第三章)。
(23)「集古文書」「熱海白川文書」「那須文書」「新居氏文書」(『古河市史』資料中世編、一四四・一八〇・一八一・一八二号)。
(24)「塚本文書」「旧大禰宜家文書」(前掲『古河市史』一三七・二七三号)。
(25)佐伯弘次「室町時代における大内氏と少弐氏――蜷川家文書「大内教弘条書案」の検討――」(『史淵』一三〇、一九九三年)。
(26)『後法興院記』延徳三年八月二十七日条。
(27)越後長尾氏が、天文年間に「紛失」なる詭弁と「新調」なる奇策をもちいて禁裏に「御旗」を求めたことは(大日本古文書『上杉家文書』一一五六・一一五八・一一七〇・一一七五・一一七七~一一七九号)、その典型的な事例といえる。
(28)元号の問題は、峰岸純夫「災異と元号と天皇」(『中世災害・戦乱の社会史』吉川弘文館、二〇〇一年、初出一九九七年)、同「日本中世社会と「天皇制」」(『人民の歴史学』九一、一九八七年)、北爪真佐夫「元号と武家」

（『文士と御家人』青史出版、二〇〇二年、初出二〇〇〇年）などを参照。

〔追記〕　本章初出以後、関連する研究としてつぎの論考が発表された。

和氣俊行「応永三一年の都鄙和睦をめぐって――上杉禅秀遺児達の動向を中心に――」（『史潮』六二、二〇〇七年）。応永三十年に武家御旗を授けられた上杉五郎について、軍記・系図類に上杉憲顕が中務大輔とあることを理由として、これを憲顕子息の上杉憲久に比定すべきとした。しかし『薩戒記』永亨十一年閏正月六日条に「大和守貞連（飯尾）奉レ仰示送云、上杉宮内大輔憲顕申刑部大輔宣下事可レ有二申沙汰一者、則以二消息一仰三遣頭中将一藤原憲顕（上杉）宣任二刑部大輔一可下令二宣下一給上由被二仰下一也、史則亦経二奏聞一」、尊経閣文庫本『薩戒記目録』同日条に「大和守貞連（飯尾）奉レ仰示送、上杉（憲顕）宮内大輔申刑部大輔宣下事」とある。したがって上杉憲顕を中務大輔とする和氣論考にはしたがい難い。応永三十年段階の上杉五郎は上杉憲顕との比定でよかろう。

菅原正子「長尾為景と錦御旗」（前掲註2書『中世武家と公家の「家」』二〇〇七年）。本章に掲げた『在盛卿記』『親元日記』にみえる「御旗」は武家御旗であるとした。しかし関連諸史料の表記法を通覧するならば、たとえ「錦」の文字が付されずとも錦御旗と解するべきである。また、近年の東国史研究の諸成果によって詳らかとなった堀越公方府における上杉政憲の政治的立場や武蔵出陣をめぐる社会背景などに鑑みても錦御旗と解するべきであろう。

第二章　『鎌倉年中行事』にみる鎌倉府の着装規範
――鎌倉公方の服飾を中心として――

はじめに

室町幕府は、京都にその本拠地を定めると旧鎌倉幕府の故地には足利尊氏の庶子足利基氏を派遣し、鎌倉府を創設して東国のおさえとした。以後、足利基氏の子孫は、鎌倉公方として東国に鎌倉府体制とよばれる社会構造を築いた。その後、鎌倉公方は、足利将軍との二度にわたる大規模な軍事衝突によって影響力を漸次縮小させながらも、戦国期にいたるまで東国の権威たりつづけたのであった。その鎌倉公方を中心とした鎌倉府の主要な年中行事・儀礼・典礼などにおける着装規範について明らかにするのが本章の目的である。

鎌倉府の着装規範について考えるとき、史料的価値を有し、後述のように史料論的にも信頼に値する文献史料が『鎌倉年中行事』である。同書は、①鎌倉公方を中心とした鎌倉府の年中行事、②鎌倉公方の通過儀礼と諸典礼、③鎌倉府体制内における礼儀と書札礼、④補則の雑規定、の四部門によって構成された武家故実書である。著者は足利持氏・成氏両公方に仕えた海老名氏で、成氏が鎌倉から古河に移座したのち、父持氏の時代におこなわれていた年中行事・儀礼・典礼などを本来のあるべき姿とみなし、それらの様相を書き留めたものである。鎌倉幕府以来の東国独自の風俗習慣を反映したものであることがその特徴である。

同書は、原本が伝わらず『殿中以下年中行事』『成氏年中行事』など表題の異なる写本も伝来する。しかし

『鎌倉年中行事』の表題を持ち④部分を含まない三部門構成の系統本がもっとも良質な写本である。そこで本章では、三部門構成の国立公文書館内閣文庫所蔵本二冊（特一八―四、一五三―四八）から服飾の記述を抽出のうえ検討し、適宜、『群書類従』所収本にみられる④部分の服飾に関する関連記述によってその補足をおこなう。

これまでに『鎌倉年中行事』の分析から提起された論点は、同書の作成年代、[1] 諸本の系統と記述の異同関係、[2] 各儀礼の由来と構成である。[3] しかし同書にみえる服飾の記述については、鎌倉公方の装束について断片的に言及した論著はみられるが、[4] 鎌倉公方以外の東国武家諸階層にまでわたる武装を含めた服飾全般を包括した専論はみあたらない。そこで本章では、『鎌倉年中行事』に散見される服飾の記述を整理のうえ要約し、武装を含めた東国武家諸階層の服飾を鎌倉公方のそれとあわせて考察することによって、鎌倉府の着装規範という視点から、身分格式の表象としての服飾の機能や役割を明らかにする。

研究手法としては、鎌倉府における正月行事・寺社参詣・節日・通過儀礼・出陣行列など個々の具体的な場における鎌倉公方とそれに従属した東国武家諸階層の服飾を総合的かつ実証的に検討し、その着装規範の明確化を試みる。なぜなら、そうすることで従来の中世日本の服飾に関する研究（その多くは辞書的な事項別の分析という研究手法をもちいる）では論じることの難しい問題、すなわち同一人物による装束の使いわけの意味や、同一空間に存在する人間相互の微細な階層関係の認識、という視点において、身分格式の表象としての服飾の役割や機能を明確に復元できると考えるからである。

一　正月行事の服飾

鎌倉府の年中行事は、朝廷や室町幕府などと同様、年頭の正月中における一ケ月間の諸行事がその中心を占めていた。そこで本節では、鎌倉府の主要な正月行事における鎌倉公方と東国武家諸階層の着装規範を明らかにする。

（一）　五箇日

五箇日（正月元、二、三、七、十五日）には、いずれも朝ノ御祝、御垸飯《おうばん》、内垸飯の三儀礼がおこなわれた。五箇日の鎌倉公方の装束はつぎのようなものであった。

まず朝ノ御祝と呼ばれた早朝の内々の御祝における鎌倉公方の装束は、「御単物二重（具カ）、浅黄御紋松、又一具御紋桐」であった。ここでの御単物とは、後世のように布製の素襖《すおう》ではなく布製の大紋直垂を示す呼称としてもちいられ、かつ絹製の直垂とは表記が区別されている。五箇日に使われる御単物の紋には「松」と「桐」の二種があったが、「松」は元日のみに使用され、ほかの日には足利氏の家紋である「桐」紋をもちいた。またこのとき間着《あいぎ》の「御小袖」は、鎌倉公方の御随意に任されていた。しかしこれはあくまでも内々の朝ノ御祝における鎌倉公方の装いであった。

鎌倉公方は、朝ノ御祝を終えると東国守護との御垸飯の儀礼にのぞんだ。御垸飯における鎌倉公方の装束は「御直垂」であった。この御直垂は「二重」とあることから、裏打ちのある袷と考えられる。鎌倉公方は、東国守護との歳首御対面には御直垂に着替えてこれにのぞんだのである。

鎌倉公方は、御垸飯を終えるとふたたび内垸飯とよばれる内々の垸飯にのぞんだ。(5)しかしそのときの装いは「御装束、面（表）之御祝同前」つまり「御直垂」のままであった。内々の御祝であるため、改めて着替えたり、衣紋を整えたりする必要がなかったのであろう。

この五箇日における鎌倉公方の装束の色目は、御直垂・御単物いずれの場合も元日が「浅黄」色で、二日が「褐」色、三・七・十五日は「浅黄」「褐」のいずれかと定められていた。ただし御直垂を着用する場合の「御小袖」は「白」とし、これに「練」の「大口」を穿くべきと定められ、御単物の場合とは区別された。つまり御直垂の場合は、略装の御単物の場合とは異なり、小袖・大口の色や織にいたるまで厳密にその着装規範が定められていたのである。これは、鎌倉府における式正装束としての直垂の重要性を明らかにするものである。

また、この五箇日の三儀礼に出仕することができる垸飯奉行や御一家以下奉公之老若、および御手水ノ役らの装束は、皆「直垂」と定められていた。

五箇日に鎌倉府へ出仕できる者は、前述の東国守護と諸役人および近臣・近親者らのみで、東国武家のなかでもごく限られた一部の者であった。それゆえ直垂を着用できることは、鎌倉府における身分格式の表象として重要な役割を果たしていたといえる。

（2） 関東管領亭御成

正月五日には、鎌倉公方による関東管領亭への御行始がおこなわれた。同日の鎌倉公方とそれに供奉する者たちの服飾はつぎのようなものであった。

まず、鎌倉公方の装束は「桐」紋の「御直垂」であった。ただし、この日の鎌倉公方は五箇日のように中途で装束を着替えることはせず、出御から還御まで終日「御直垂」を着用したままであった。そして移動には「棟立」の「御輿」を利用した。ここに鎌倉公方は、日常の鎌倉市中の移動には「御輿」を利用していたことが明らかとなる。装束と同様、乗物も身分表象のひとつであったといえる。

またこの御行始には、普段から鎌倉府へ「直垂」を着用して出仕できる身分の者は、たとえ参集の触《ふれ》がなくとも自主的に鎌倉公方に供奉すべきと定められていた。ここに鎌倉府では「直垂」の着用を許されることそれ自体が、身分格式の表象として機能していたことが改めて明確となる。

（3）　歳首御対面

鎌倉公方への年頭出仕始である歳首御対面は、正月中に各人ごと式日を決めて断続的におこなわれた。そこでは、出仕装束と対面日程の関係が重要であった。

まず、歳首御対面にのぞむ鎌倉公方の装束は「御直垂」であった。これは武家との御対面のみならず[6]、鶴岡八幡宮関係者[7]、僧侶ら[8]との御対面の場合も同様であった。

一方、出仕する武家のうち、まず鎌倉府政所執事ら鎌倉府中枢の要職にあった者は、いずれも「直垂」を着用して歳首御対面にのぞんだ。またその日の行事にたずさわる御所奉行や御荷用ノ人らも皆「直垂」を着用していた。さらに九日ごろの初子の日、見好(検校カ)法師が根松を持参して鎌倉公方に祝言を述べに訪れたとき、それに応対した者もやはり「直垂」を着用していたという。以上のことから、鎌倉公方のもとで鎌倉府中枢にあった者たちは、皆その身分格式をあらわす装いとして「直垂」を着用して出仕していたことが確定する。

しかし、鎌倉府中枢に位置しない者たちの歳首御対面は、装束・日程ともにこれとは異なっていた[9]。とくに外様とよばれる東国の伝統的雄族や、国人・一揆中とよばれる中・下級階層の武家が着用する装束は、十五日以前に出仕する場合は「直垂」であったが、十五日以後の場合は多分に「単物」つまり布製の大紋直垂とされた。このうち「単物」で出仕した者は、鎌倉公方以下の諸役人らが皆「直垂」で出仕・応対するなか、自分だけが「単物」だったのである。視覚的にも自己の立場を思い知らされたことであろう。この場合の「単物」を単なる略装と解釈すると、そうした身分格式の問題を正確に理解することはできないのである。

鎌倉府への出仕装束は、各出仕者と鎌倉公方の政治的距離や、鎌倉府内における各人の身分格式を明確化する機能を果たしていたといえよう[10]。

（4）評定始

正月十一日には、鎌倉府の評定始がおこなわれた。評定始における鎌倉公方とそれに列席することが許された者たちの服飾はつぎのようなものである。

まず鎌倉公方の装束は、「香」色の「御直垂」に「精好」織の「大口」、間着は「白綾」の小袖という構成であった。そしてこの「白綾」の小袖は、鎌倉公方以外の平人は着用してはならないと定めている。つまり評定始という鎌倉府の統治権にかかわる公的な儀礼の場における鎌倉公方の装束は、それまでの主従制を確認するための諸行事とは装いのうえでも明確に一線を画し、さらに鎌倉府中枢に位置する者たちとも間着の素材にいたるまで厳密に区別されていたのであった。

その評定始に列席できたのは、関東管領、鎌倉府政所執事、鎌倉府問注所執事、評定奉行、ならびに評定衆に列せられた者たちである。彼らの装束は、俗体の者は通常どおりの「直垂」であったが、出家している法体の者は、普段は「白革」の「丹（単）皮足袋」を履き、「白」の「小袖」、「練」の「大口」姿で出仕が許されている者でも、この評定始のみは「褐」色で「無紋」の「紙」（紙衣カ）を「紐」でむすぶという装いが求められた。この日の着装規定の厳密さは、評定始という儀礼そのものと、これに列席できる身分格式の重要性を明示している。

そのことを示すかのように、評定始に列席できる者の家臣のうち騎馬での御供が許される一～二名は、陪臣ながら「直垂」での出仕が認められた。また評定始に列席できる者自身も、馬のほか「網代輿」での出仕が許された。この「網代輿」で鎌倉市中を移動することが許された武家は、彼らのようなごく限られた者たちのみであり、僧侶でもこれを許されたのは勝長寿院の院主のみであった。鎌倉府において評定衆という身分格式を獲得することの社会的意味が、この一連の着装規範によって明らかになる。

以上のように、鎌倉府における服飾は、平時における武家の身分格式を視覚に訴える手段であるとともに、鎌倉公方と東国武家の政治的距離を明確にする機能を持っていたといえる。また、鎌倉公方自身も、各儀礼の性格に応じて装束の色や素材を使いわけていたのである。そして東国の一般武家も、「直垂」で出仕する者と「単物」で出仕する者とに峻別されていた。ここに服飾は、鎌倉府という空間において同時に存在する人間相互の身分格式を瞬時に判断するための役割を担っていたといえる。服飾が、鎌倉府の社会構造のなかで身分格式の表象として重要な意味を持っていたことは明らかである。

二　寺社参詣の服飾

鎌倉府の年中行事では、盛儀である鶴岡八幡宮への年頭御参詣のほか、折々の寺社参詣が恒例とされていた。本節では、それら寺社参詣における鎌倉公方とそれに供奉する者たちの服飾を明らかにする。

鶴岡八幡宮への年頭御参詣は、正月十三日前後におこなわれた。鶴岡八幡宮は、諸寺社に先がけて鎌倉公方の年頭御参詣をうける資格を有し、室町期にも格別の待遇を得ていた。そのときの鎌倉公方とそれに供奉する者たちの服飾はつぎのようなものであった。

まず鎌倉公方の装束は、「香」色の「御ヒタタレ（直垂）」、「精好」の「御大口」、「白綾」の「御小袖」であった。この装いはさきの十一日の評定始とおなじ装いであり、鶴岡八幡宮への年頭御参詣が、評定始と同様、鎌倉府の統治権にかかわるきわめて重要な儀礼であったことを示している。

そして、鎌倉公方の御参詣に供奉する者もその身分格式によって装いが厳密に定められていた。まず、御幣役をつとめる者は、「白」色の「直垂」と「小袖」を着用し、「練」の「大口」を穿いていた。ただし、同役を上杉氏一族がつとめるときは、特別に白色ではなく「染直垂」でも良いとされた。なおこの「染直垂」は、御剣役をつとめる者も着用した。また鎌倉公方の「御輿」の前駆として身辺警護にあたる小舎人《こどねり》は、「無紋、褐地之直垂」

を着用したうえで「藤鞭」を持って供奉した。

こうした鶴岡八幡宮への御参詣については、『群書類従』本につぎのような追加記述もみられる。

まず辻固めの任にあった小侍所は、「ナシウチ《（梨子打）》烏帽子」に「鎧直垂」を着用のうえ、「矢」を背負って「弓」を持つという装いで、社頭の赤橋にある置石のきわで「唐櫃」に腰掛けると規定されている。

ところが鎌倉公方の御輿の直近で警護する従者の御中居《なかい》殿原《とのばら》の装いは、「スワウ《（素襖）》」を着用して「ハカマ《（袴）》」を穿き、「足ナカ《（半）》」を履いて「カヘ《（返）》シ股立《ももだち》」はとらずに供奉するとある。この装いは、鎌倉公方に近侍しているとはいえ、小侍所をつとめる者よりも明らかに下位に位置していることを示す。

また、おなじく御輿の近くに供奉する笠着ノ御供なる騎馬身分の従者は、やはり素襖・袴・足半という装いであったが、返し股立をとったうえで「引シキ《（敷）》」を腰に巻き、「小太刀」を持つことが許されていた。これはおなじ鎌倉公方近侍の従者でも、騎馬従者と徒歩従者ではその装備品に細かな身分差が設けられていたことをあらわしている。

これに対して、鎌倉公方に供奉する近臣や一般武家の装いは、「烏帽子」に「直垂」を着用し、「韘《ゆがけ》」を両手につけ、「引目《ひきめ》」の矢を「弓」にとり添えて持つというものであった。

このように、鎌倉公方近侍の従者と近臣の武家、そして諸役をつとめる者とでは厳然とその装いが区別され、鎌倉府の階層秩序を視覚的に認識させるために、身分格式にもとづく着装規範が明確に定められていたことがわかる。

なおこの鶴岡八幡宮への年頭御参詣がいかに重視されていたのかは、正月二十九日の雪下「今宮」御参詣、ならびに同日の六浦「瀬戸三嶋大明神」御社参における鎌倉公方の装束との対比からも明らかとなる。なぜなら二十九日の鎌倉公方の装いは、鶴岡八幡宮に赴いたときのような「御直垂」ではなく、略装の「赤染」の「御単物」だったからである。それは四月八日の瀬戸「臨時ノ御祭礼」も同様であった。ここからも鶴岡八幡宮への年頭参詣が、装いのうえでも一段と格別なものであったことが明確となる。

また、こうした鎌倉公方の寺社参詣における装束の使いわけは、同一寺社内における行事の日程によっても違いがみられる。たとえば鎌倉公方は、浄妙寺など足利氏ゆかりの菩提寺を訪れるとき、二月中の御焼香には「御直垂」でのぞんだが、盆と歳末の御焼香のときは「御単物」で赴いたのであった。このように鎌倉公方の装いからは、年中行事の重要性の度合いもはかることが可能なのである。

以上、鎌倉公方の寺社参詣における装束の使いわけからは、参詣先の寺社との政治的距離や、行事の重要性の度合いを明確に読みとることができる。また、年頭の鶴岡八幡宮への御参詣では、それを見物する民衆の視線を意識してか、諸役人から公方従者にいたるまで実に詳細な着装規範を定めていたことが判明する。供奉する武家も、見物する民衆も、皆その装いによって鎌倉府の身分秩序を視覚的に認識したことであろう。

三　節日の服飾

鎌倉府の年中行事を通覧したとき、鎌倉公方の装いで注目されるのは、季節をあらわす「紋」の記述がみられることである。とくにそれが明確なのは、上巳、端午、七夕および元旦の節日における装束である。

まず、三月三日の上巳に由比ケ浜でおこなわれた浜ノ御犬における鎌倉公方の装束は、「御紋桜」の「御単物」であった。上巳の「桜」の紋は、この浜ノ御犬という行事の性格をあわせて考えると非常に興味深い。なぜなら浜ノ御犬については、その由来について「毛胡《蒙古》退治ノ御祈禱タル」との記述があるからである。このことから浜ノ御犬とは、鎌倉期における対外危機の産物として成立・継承された風俗習慣とみることができる。それゆえ上巳の紋には、その年中行事の性格もあって、季節の花であるとともに古来から我が国の花の象徴でもあった

「桜」が選ばれたと考えられるのである。

また五月五日の端午における装束は、「御紋蓬菖蒲」の「御単物」であった。端午の「蓬菖蒲」の紋は、まさに季節の表現そのものである。端午には、菖蒲湯に入り、屋敷の軒に蓬や菖蒲を挿す風俗習慣があった。とくに「菖蒲」は、尚武や勝負に音通することから武家にはとりわけ好まれた植物であった。

そして七月七日の七夕における装束は、「御紋梶葉」の「御単物」であった。この七夕の「梶葉」の紋もやはり季節の表現そのものである。七夕には七枚の梶葉に詩歌を書いて織女星を祭る風俗習慣があり、梶葉の紋はそうした季節の風俗習慣にあわせて選択されたものであったといえる。

これら一連の動向に鑑みれば、さきの正月元日に鎌倉公方の装束としてみえた「御紋松」の「御単物」も、季節の表現であったといえる。つまり「松」の紋は、単なる吉祥文様として解釈するのではなく、元旦・上巳・端午・七夕という年中行事の流れのなかでとらえるべき問題なのである。それゆえ「松」紋は、一般的な慶祝でもちいられる紋でもあるが、ここでは門松に代表される元旦の季節表現としての意味合いが強かったと解釈すべきである。

以上のような「紋」の選択は、いずれも鎌倉公方の服飾における季節表現とみることができる。そしてそれら季節の植物を題材にした紋は、足利氏の家紋である「桐」紋を付した装束とは明らかに異なった意味を持っていたといえよう。節日における鎌倉公方の服飾には、季節感という日本人固有の美意識が「紋」というかたちで取り込まれていたのである。

四　通過儀礼の服飾

本節では、鎌倉公方の通過儀礼における服飾について考察する。通過儀礼には、誕生祝（着帯、産所移居、誕生初夜、および三日〈産湯〉、五日〈胞衣〉、七日〈命名〉、五十日〈祝餅〉、百日〈産所払〉の祝）や、成育祝（髪置、箸直、着袴、深曾木、帯直、矢開〈男児〉）、成人祝（元服〈男児〉、鬢曾木〈女児〉）、婚礼祝（定約、成婚）などがある。これら諸儀礼のうち『鎌倉年中行事』によって明らかになる鎌倉公方の祝礼は、誕生祝、元服儀礼などである。

（1）　誕生祝

鎌倉公方の誕生祝については、「若君様・姫御料様御誕生之時御座所之次第事」との項目が立てられている。そこでの着装規定にかかる記述は「鳴弦ノ役、御引《(蟇)》目ノ役、御荷用ノ人、典薬頭、皆以、白キ直垂ナリ、矢取ト御畳持テ射サスル若党ハ、ヒト《(単)》へ物也」と簡潔な記述があるのみである。しかしこれは、身分によって「直垂」か「単物」かという区別は設けられているものの、いずれの装束でも「白」色を身につけることがすでに常識の類に属していたためと考えられる。鎌倉公方が御産所へ赴くときの装束も、当然「白」の「御直垂」であったとみられる。

（2）　元服儀礼

元服儀礼については、「公方様御元服之事」との項目が立てられている。そこに記された元服儀礼における鎌倉公方の服飾はつぎのようなものである。まず理髪が御基《(元結)》役（海老名氏か本間氏）によって調えられ、髪は「紫ノ組ノ平キ」紐で締められた。そのうえで「御立烏帽子」をかぶせてもらうのだが、鎌倉公方の場合は、通常のように加冠役は設けられていない。それは鎌倉公方が、元服のさい嘉例として京都の足利将軍から御一字を拝領することが関係しているとみられる。

理髪を終えると鎌倉公方は、愛甲中将《（ママ）》なる人物の手によって「御装束」が整えられた。その御装束は、間着の「御衵《あこめ》」で衣紋を整えたうえ、「御狩衣」と「御指貫」を召すという構成であった。それらの色目は、御狩衣が「木賊色《とくさいろ》」、御指貫が「紫」、御衵が「紅」で、「御紋」はいずれも「桐」であった。またこれらの「御装束」は、鎌倉府政所が京都に使者を遣わして、室町幕府政所に調進してもらうべきとする。

このように、鎌倉公方の元服儀礼の「御装束」が室町幕府によって調進されていることは、鎌倉公方による政治的立場の示威行動との関連が考えられる。つまり東国における元服儀礼のさい鎌倉公方のみが京都の足利将軍から偏諱とあわせて「御装束」を拝領して着用することは、鎌倉公方にとってみずからが特別の存在であることを東国武家諸階層に明示する象徴的行為のひとつであったと考えられるのである。鎌倉公方が室町幕府によって調進された御装束を元服儀礼の式正装束とした背景には、服飾を利用した鎌倉公方の地位の明確化という意図が読みとれるのである。

鎌倉公方は、元服儀礼の当日、さらに「ハクタミ《（薄濃）》」の「御タヽ《（帖）》ウ紙」および「御檜扇」を持ち、「御クヽ《（括）》リ」をむすんだうえで「アサ《（浅）》イ沓」を履き、二度におよぶ元服祝の御座にのぞんだ。まず一度目の御妻戸ノ間での御酒式三献には、関東管領、御剣役（御一家）、弓・征矢《そや》役（海老名氏）、沓・行縢《むかばき》役（本間氏）、御具足役（不定）、御荷用ノ人々ら「皆」が「直垂」姿で出仕し、それぞれの役にしたがって関東管領の御祝品を進上した。その後、十二間ノ御座において二度目の御酒三献がおこなわれ、関東管領、諸役人、宿老のほか、御荷用ノ人、奉公・外様の者までが、あらためて御剣・御馬などを身分に応じて進上した。

鎌倉公方が元服儀礼で使用した「御装束」については、一連の御祝が終わったあとのあつかいがきわめて特徴的である。すなわち「御装束、悉鶴岡神主ヲ召サレ被ㇾ下」とあり、鎌倉公方が元服儀礼でもちいた御装束は、すべて鶴岡八幡宮の神主（大伴氏）に下されたというのである。そして、これにともない鎌倉公方の烏帽子は、御基《元結》役によって「左折ノ御烏帽子」に改められた。また、鎌倉公方は一両日中に吉日を選んで鶴岡八幡宮に御参詣するのだが、そのときの装束もやはり「御直垂」に改められている。

そしてその御参詣に供奉する御幣役を兼ねた御剣役以下の皆も「直垂」であった。しかしそれに応対する鶴岡八幡宮の神主だけは、鎌倉公方から下された「御装束」を着用したのであった。すなわち御立烏帽子、桐紋を付した木賊色の御狩衣、紫の御指貫、という鎌倉公方が元服儀礼でもちいた装束である。これは鶴岡八幡宮の神主が、同宮参詣の帰途に訪れることになっていた荏柄天神・熊野・稲荷・御所之御上ノ八幡など鎌倉市中の諸社神主とは明らかに区別された存在であったことを示している。ここに鎌倉公方と鶴岡八幡宮神主の特別な関係を、御装束の下賜とその着装という行為からも知ることができるのである。

（3）御移徙《わたまし》

通過儀礼の記載のなかには、鎌倉公方の居館が新築されたさいその御移徙にのぞむ鎌倉公方の服飾についての記述もある。「御所造幷御新造ノ御移徙之様体ノ事」の項によると、鎌倉公方の御移徙のさいの装束は「御直垂」で、「御車」に乗ってこれにのぞんだとある。また、それに供奉する人々の装いは「白キ直垂」と規定されていた。これは正月行事の十七日条に、居館の御新造の年に催される年始の御的《まと》では、射手の皆が「白」色の「直垂」を着用していたという記述とあいまってきわめて興味深い。この「白」を基調とした装束は、前述の誕生祝にもちいられていたことをみても、やはり清浄を表現する装いとの意味合いもあったのであろう。

さらに注目されるのは、鎌倉公方の移動が「御車」とされていることである。御車とはすなわち牛車のことである。牛車は、鎌倉公方が御車寄で下車すると牛をはずし、牛飼はその牛をつないだ御車寄の柱のもとに三日間ほど伺候したというのである。室町期の鎌倉市中で牛車が使用されたことを示す史料はこのほかにはない。また日常の鎌倉公方の移動では「御輿」がもちいられていたことは先述したとおりである。しかしこの記述が事実ならば「御車」すなわち牛車は、鎌倉公方であることを示す身分表象として、装束とともに応分の効果を持っていたことであろう。

中世社会において装束は、その着装のみでなく、使用後の下賜という行為にも重要な意味があったことを忘れてはならない。また中世武家の服飾は、その装束や装身具ばかりではなく、乗物までも含めた総合的な視覚効果という観点からとらえ直すことが重要と考える。なぜなら、装束と乗物の二つこそが、それを使用する者の地位を一般に知らしめる記号として、きわめて重要な意味を持っていたからである。

五　出陣行列の武装

本節では鎌倉公方と東国武家諸階層の武装についてあつかう。軍陣における武装については、「公方様御発向ノ事」という項目の記述から知ることができる。この記述は、四代鎌倉公方足利持氏が、みずから軍陣に身をおき勝利した上杉禅秀の乱（応永二十三年、一四一六）と常陸小栗氏追討（応永三十年、一四二三）の事例をもとに、鎌倉公方の佳例として武家故実化されたものであった。

まず鎌倉公方が居館から出陣する当日の武装は、「左折」にした「御縁漆」の烏帽子を着用のうえ、「金襴ノ御肩衣」を身に纏い、「小袴」を穿き、弓手（左手）に「御籠手《こて》」、右脇に「御腋《(脇)》楯《(盾)》」を装着していた。そして、脛には「御腨《(臑)》当」を巻き、足には「鏁《くさり》」の「御丹《(単)》皮」を履いていた。

また、装着した大鎧のうえに締める「上帯」は「赤」と定められた。ただ、鎌倉市中を出てイタチ河（横浜市栄区）において昼食をとると、ひとたび大鎧の胴部分をはずして脇盾《わいだて》のみの「小具足《こぐそく》」姿になり、武蔵国府中の高安寺（東京都府中市）において、ふたたび皆具の「御具足」姿になることも佳例とされている。

さらに、軍陣において鎌倉公方が身につける各種武具についても基本の料が厳密に定められていた。すなわち、座るときの敷物である「御引舗（敷）」は「虎皮」を使用し、「御剣」は「大食《おおはみ》」という名刀を持参、その雨覆いには「広股寄《ひろももよせ》」を使用し、「御腰物」には「牛目貫」の拵《こしらえ》をもちいるべきとする。そのほかにも「御弓」は「滋藤《しげとう》」、「御征矢《そや》」は「切府（斑）」か「中黒《なかぐろ》」の矢羽を使用すべきとし、矢を入れる「御箙《えびら》」は猪の毛皮をはった「逆頬《さかつら》」をもちいた。

また、鎌倉公方がもちいる馬や馬具についても規定があった。まず御馬の色は「栗毛」を基本とした。ただしこれは鎌倉公方の御随意に任せて良いとする。また馬具については、「鞍」もやはり鎌倉公方の御随意に任せて良いが[11]、「御鐙金地」と「御総（房）」は事前に召替馬の二頭分まで用意し、馬に掛けておくべきとする。そして召替の馬は、その二頭のほかにもさらに三頭から五頭ほど用意すべきとされている。

さて鎌倉公方の出陣における行列次第は、先頭から、①御旗差《はたさし》役（設楽氏）、②御先打（手）十騎、③御甲（兜）役（梶原氏）、④御調度（弓・征矢）役（海老名氏）、⑤御剣役（御一家）、⑥召替の御馬、⑦公方様（鎌倉公方）、⑧御沓役、⑨供奉の人々、という九つの集団から構成されていた。

このうち⑦公方様（鎌倉公方）の行列に加わったのは、鎌倉公方のごく近くに仕える従者で、彼らの武装は鎌倉公方に奉公する一般武家の従者の装いや行列の指標となっていた。そこでこの⑦公方様（鎌倉公方）の行列については、鎌倉公方の身辺を固める下層身分の者たちにいたるまで、鎌倉公方の武装と同様に詳しくみることにする。なぜなら鎌倉公方を直近で支えた下部組織の従者については詳らかでないことが多く、その実像を探ることには意味があると考えるからである。

まず⑦公方様（鎌倉公方）の行列の最前部を構成し、六・八・十人いずれかの二行《にぎょう》一番《ひとつがい》でならぶ御力者《りきしゃ》の武装は、いずれも「出張頭巾《しゅっちょうずきん》」という「黒布ニテク、リテ（括）、後ノ方ヲハ広クシテ中一所バカリト（閉）」じたものをかぶり、「白」の「スワウ《（素襖）》」を着用し、染めた「小袴」を穿き、「引鋪《（敷）》」を腰にむすんで「太刀」を帯びるという装いであった。また、そのなかからとくに選ばれた兄部《このこうべ》役の者は「御長刀」を持ち、二番目の者は「御柄長杓」を持つことになっていた。

　そして御力者につづくやはり下層身分である小舎人・朝夕《ちょうじゃく》・御雑色《ぞうしき》の三者の武装は、素襖・小袴であることに変わりはなかったが、身につけている武具はわずかに「小太刀」のみであった。彼らは御力者より一段低い身分にあったことが武装からも明らかである。

　また鎌倉公方の御馬廻に御覚悟《（恪勤）》と号して仕えた御中居殿原の装いも判明する。御中居殿原は、やはり素襖・小袴・小太刀を身につけており、このことは小舎人・朝夕・御雑色と同じであったが、さらに御力者のように「ヒツシキ《（引敷）》」を腰にむすんでいるほか、「剣」を担ぐことができた。このような武装から御中居殿原は、小舎人・朝夕・御雑色はもちろん御力者よりも上位であったことがうかがえる。

　このほかに御厩者という身分もあり、そのうち二名が鎌倉公方の乗る御馬の世話をした。そのほかの御厩者たちは、⑥召替の御馬の世話をすることになっていた。武装は明らかでないが、小舎人・朝夕・御雑色らとほぼ同様であろう。

　行列①～⑤や⑧⑨に関しては、そのほかにも細かな配置や、整えるべき武装について厳密な規定があった。たとえば、⑧御沓役の行列を例にとると、行列の順序は、まず最前部に力者が二人だけ二行一番にならび、ついで「弓笛《しっこ》」を背負った中間《ちゅうげん》が六人から二十人ほどつづき、そのつぎに「太刀」を持った中間を配し、御沓役である当人のかたわらには厩者二人と傘持一人が伺候した。これらの者たちの武装は、いずれも⑦公方様（鎌倉公方）の行列に准ずるものであった。つまり力者・中間らは「素襖・小袴」を基本とし、太刀の種類や、引敷の有無などによって細かな身分差をあらわしたのである。

また、御沓役など役人をつとめる者たちの武装にも規定があった。すなわち役人をつとめる者はみずから「弓・征矢」を背負ってはならず、代わりに若党身分の者に縁塗の烏帽子を着用させて弓・征矢を背負わせ、さらにそのうち一人には兜を装着させて役人の前を歩かせた。これは、役人ではない一般の武家たちが「弓・胡《やな》簶《ぐい》」を帯びた装いで鎌倉公方に供奉したこととは明らかに区別された武装であった。

そのほかの一般武家の規定としては、「長刀」は左、「柄長杓」は右に配することなども定められていた。また馬についても種々の規定があった。たとえば乗替の引馬は一匹のみに制限された。また馬には「鞍覆《くらおおい》」[12]と「総（房）鞦《しりがい》」[13]は掛けてもよいが、「馬鎧」は合戦直前まで掛けてはならないと定められていた。

なお鎌倉公方が帰陣するときの還御の様相は、これまで述べた出陣のときと同じ規定であった。

さらに、鎌倉公方が勝利して鎌倉へ戻ったのち「薬師如来」と称して建長寺をはじめとする鎌倉五山に参詣したときの服飾規定は以下のとおりである。鎌倉公方の装束は、「御立烏帽子」に「香ノ御直垂」を着用のうえ、「精好」の「御大口」を穿き、間着は「白綾」の「御小袖」という構成であった。また、鎌倉公方に供奉する者たちの装束は、いずれも「白」色の「直垂」であった。これは鶴岡御参詣に准じる装いであり、この御参詣の儀礼的な意味の重要性をその装いからも知ることができる。これはおそらく、薬師如来を本尊とする祈禱行法には社会体制の不具合を除く効能、すなわち御敵降伏の効能が信じられていたためであろう[14]。

以上が『鎌倉年中行事』に著された鎌倉公方と東国武家諸階層の出陣にかかわる武装の実態である。

ただ鎌倉公方自身の武装に関しては、中世絵画の『結城合戦絵詞』（国立歴史民俗博物館所蔵）をあわせて検討すると、さらにそのイメージが豊かになる。『結城合戦絵詞』は、詞三紙と絵五紙（二場面）によって構成され、室町末期の十五世紀末から十六世紀ごろに製作されたとみられる作品である。このうち、絵部分の後半三紙中に描かれているのが、永享十一年（一四三九）、永享の乱に敗れた鎌倉公方足利持氏が、鎌倉永安寺において自刃

図3　鎧直垂姿の足利持氏
鎌倉公方足利持氏が切腹する場面の装いは、桐紋を付した赤地の鎧直垂に、籠手・臑当を装着し、貫を履いた姿で描かれている。『結城合戦絵詞』(国立歴史民俗博物館所蔵)

した場面の様相である[15](付図参照)。この切腹場面での足利持氏の装いは、桐紋を付した赤地の鎧直垂姿で、弓手(左手)に御籠手、脛に御臑当《すねあて》を付け、貫《つらぬき》の沓をはいている。ただ厳密には、足利持氏が実際の自刃時にこの装いであったのかは定かでない。たとえば足利持氏は烏帽子をつけない乱髪で描かれているが、これは敗軍の将としての足利持氏の姿をきわだたせる絵画表現とみることができる。しかし『結城合戦絵詞』に描かれた足利持氏の鎧直垂姿は、戦国期段階での鎌倉公方の武装についての認識を示した稀有な中世絵画といえる。

鎌倉公方の武装が大鎧の下に鎧直垂を着用するものであったとわかると、『鎌倉年中行事』に著された「金襴ノ御肩衣」についても一定の理解が可能となる。従来のように上衣ととらえ軽武装・略武装とみる理解はいささか不正確で[16]、軍陣における鎌倉公方の料の外衣としての陣羽織(具足羽織)との理解が正確と考える。なぜなら、先述のように公方従者の装いが素襖と明記されている以上、この肩衣を旧来のように軽武装・略武装と理解すると、鎌倉公方が従者の素襖よりも下級の料である肩衣を着用していたことになりきわめて不自然だからである。この「金襴ノ御肩衣」については、鎌倉公方の出陣行列に加わった全員の武装のなかでの対比、換言すれば『鎌倉年中行事』というテクスト全体の流れのなかで理解すべき問題であり、時期の異なる史料と比較検討し、あるいはこの部分だけを抜き出して論じてみても正確な理解にはむすびつかないのである。

以上のように、鎌倉公方をはじめとする鎌倉府勢の武装には、鎌倉府体制に属する者たちのあいだで認識を共有する着装規範が定められていたといえる。つまり、軍陣における武装についても、身分格式の視覚化がはかられていたのである。武家における身分格式の指標としての服飾は、従来から殿中儀礼をはじめとする平時の場合は注目されてきたが、それは平時のみではなく、戦時における武装にまでおよんでいたのである。

おわりに

本章での考察の結果、鎌倉府では以下のような着装規範が定められていたことが明らかになった。

まず鎌倉公方の式正装束は、儀礼の内容によってつぎの三型に類型化できる。Ⅰ型は、香色の直垂、精好の大口、白綾の小袖という構成で、これは評定始、鶴岡八幡宮への年頭御参詣、鎌倉五山への戦勝報告御参詣などにもちいられる装いであり、いわば鎌倉府の統治権的問題に直結したもっとも重要な儀礼において着用される装束であった。Ⅱ型は、浅黄色や褐色の直垂、練の大口、白色の小袖という構成で、これは御垸飯、関東管領亭御成、歳首御対面、菩提寺への年頭御焼香などにもちいられる装いで、いわば鎌倉府の主従制に関係する主要な儀礼において着用されたⅠ型に准じる装束であった。Ⅲ型は、浅黄色・褐色・赤色などの単物で、これは五箇日の朝ノ御祝、今宮・瀬戸三嶋大明神への御参詣、盆・歳末の菩提寺御焼香、節日などにもちいられ、鎌倉公方の内々の行事や通常の外出で着用されるやや略装化された装束であった。

また装束の紋は、通常の場合は足利氏の家紋である桐であったが、節日には季節の植物をあしらった松、桜、蓬菖蒲、梶葉などがもちいられた。

このほか元服儀礼当日の装束が、木賊色の狩衣、紫色の指貫、紅色の衵という構成で、狩衣系統の装束であったことも東国では鎌倉公方だけの特徴であった。またこの狩衣は、鎌倉府政所が室町幕府政所に依頼して京都で調進してもらうべきもので、使用後、鶴岡八幡宮の神主に下されたことも特筆される。

なお鎌倉府が、室町幕府に対して装束の調進を依頼する事例はのちの『高倉永豊卿記』文安二年（一四四五）

条にもみえる。[17] そのとき調進されたのは「長絹」つまり童装束である菊綴つきの直垂であった。そして「御絵」ともあることからその意匠は描絵であったこともわかる。これはおそらく信濃国から鎌倉への足利成氏（もと万寿王丸）帰還が現実味をおびはじめた文安二年、足利成氏の帰還に好意的であった鎌倉府政所の関係者いずれかが、鎌倉帰還時の諸儀礼における着装に備えてあらかじめ室町幕府政所に少年用の童装束の調進を依頼したものであろう。この事例からも元服儀礼の装束に通じる政治的意味を見出すことができる。

また乗物については、輿に加えて牛車を使用したのも東国では鎌倉公方だけの特典であった。

これらのうち、Ⅰ型の装束、元服の装束、牛車の使用、の三点はとくに鎌倉公方のみの料で、鎌倉公方であることの服飾における身分表象であった。

つぎに一般武家の服飾は、基本的には直垂の着用が許された者と、単物を着用する者の二種に区分されていた。まず直垂は、鎌倉府中枢として出仕する者に許された装束であった。直垂は、その着用を許されていることが参加条件の正月行事も存在するなど、身分表象のひとつとして機能していた。また、その着用を許された者がさらに評定衆に列せられると、輿の使用が許されるうえ、その従者にも直垂の着用が許された。他方、単物は、鎌倉公方とは政治的距離のある伝統的雄族や、中・下級階層の武家の装束であった。この単物は、それを単なる略装と解釈すると、身分格式の問題を正確にとらえることができなくなる。

こうした身分格式にもとづく服飾の差別化は、一般の東国武家に対しては、評定衆への道をひらくことによって鎌倉公方への求心力を高める手段として利用されたことであろう。またその表裏の問題として、東国の伝統的雄族がしばしば一族内外を問わず守護職をめぐって争う背景には、守護職につくことと諸儀礼での服飾の差別化が一体的問題であったことにその一因があると考える。つまり鎌倉府の着装規範にとって重要であったのは、領主としての規模や官位（官職・位階）ではなく、職や役にもとづく鎌倉府の身分格式を獲得することにあったのである。

そして、服飾による身分格式の視覚化は、平時の殿中儀礼のみならず、戦時における軍陣での武装までも明確に規定していた。たとえば公方従者のような下級階層は、上級の武家が鎧の下に鎧直垂を着用したのに対し、素襖が基本であった。そして従者間でも、各種武具の装着の有無によって微細な身分の視覚化がはかられていた。戦時の着装規範が下級階層にいたるまで詳細に定められていたのは、武装はあくまでも非日常的な装いであるため、非常時に備えて平時からその規定を明確にし、軍陣にのぞんでは瞬時に武家相互の階層関係を判断できるよう配慮していたためと考えられる。

また『鎌倉年中行事』の服飾に関する著述は、鶴岡八幡宮への年頭御参詣と出陣行列の両例のみが、下級階層の服飾まで詳述していることに特徴がある。それはこの両例が広く民衆の目に触れる機会であったためであり、そうした鎌倉市中における衆目のなかこそ、身分格式の表象としての服飾がもっとも効果を発揮する場面であったからである。それゆえこの両例では、鎌倉府の社会秩序を視覚的に表現するため、とくに下級階層にいたるまでその着装規範が詳細に規定されたのであろう。

鎌倉府の着装規範は、室町期の東国武家社会における身分格式を明確にする手段のひとつとして、平時・戦時、殿中・市中を問わず、その標識として機能していたのである。そしてそれは、武家自身が、相手に対してとるべき礼儀作法のあり方を判断するための尺度としても機能していたことであろう。

（1）　佐藤博信「『殿中以下年中行事』に関する一考察」（『中世東国足利・北条氏の研究』岩田書院、二〇〇六年、初出一九七二年）、阿部能久「『鎌倉年中行事』と関東公方」（『戦国期関東公方の研究』思文閣出版、二〇〇六年）。

（2）伊藤一美「旧内膳司浜島家蔵『鎌倉年中行事』について――関東公方近習制に関する覚書――」（『鎌倉』二一、一九七二年）、阿部前掲註（1）論文「『鎌倉年中行事』と関東公方」。

（3）佐藤前掲註（1）論文「『殿中以下年中行事』に関する一考察」、田辺久子「年中行事にみる鎌倉府――正月椀飯と八朔――」（『神奈川県史研究』四九、一九八二年）、藤木久志「鎌倉公方の春――中世民俗誌としての『鎌倉年中行事』――」（『戦う村の民俗を行く』朝日選書、二〇〇八年、初出一九九七年）、山田邦明「鎌倉府の八朔」（『日本歴史』六三〇、二〇〇〇年）、二木謙一「『鎌倉年中行事』にみる鎌倉府の儀礼」（『武家儀礼格式の研究』吉川弘文館、二〇〇三年、初出二〇〇二年）。関連論考として、山田邦明「室町時代の鎌倉」（五味文彦編『都市の中世』吉川弘文館、一九九二年）がある。

（4）谷田閲次・小池三枝著『日本服飾史』（光生館、一九八九年）、二木前掲註（3）論文「『鎌倉年中行事』にみる鎌倉府の儀礼」。

（5）五箇日における鎌倉府の垸飯役は、元日が関東管領（兼伊豆・上野・武蔵守護）、二日が相模・安房守護の隔年、三日が常陸・下野守護の隔年、七日が鎌倉府政所執事、十五日が上総・下総守護の隔年でつとめることになっていた。なお「皆川文書」五一号（『栃木県史』史料編中世一）には、応永三年十二月五日、長沼義秀が足利氏満から「明春正月七日垸飯所課注文在之事、任ㇾ例可ㇾ令二勤仕一之状如ㇾ件」と命じられた文書がある。これをもって皆川氏を守護に擬する向きもあるが、これは垸飯銭の催促かもしくは垸飯奉行の所役催促とみるべきであろう。

（6）鎌倉府中枢の歳首御対面の式日は、四日が鎌倉府政所執事・法体の宿老、八日が関東管領、十日が鎌倉府小侍所・評定奉行・侍所らであった。

（7）八日が若宮社務（鶴岡八幡宮別当・八正寺）との歳首御対面の式日であった。

（8）十二・十三両日が鎌倉府護持僧（勝長寿院〈代官は心性院〉、月輪院・遍照院・一心院）、十六日が建長寺以下五山・十刹・諸山長老、および鎌倉市中の律宗住持や比丘尼長老らとの歳首御対面の式日であった。

（9）十四日以降二月三（月カ）日までのあいだに「外様」とよばれる伝統的雄族（小山、結城、小田、宇都宮、佐竹、那須ら）、および関東諸国の「国人」「一揆中」とよばれる中・下級階層の武家との歳首御対面がおこなわれた。

（10）「安保文書」（『新編埼玉県史』資料編五中世一古文書一、三〇五号）によれば、建武四年正月のいわゆる初期鎌倉府の「元三」、すなわち正月三箇日の歳首儀礼における「庭座」出仕階層の東国武家の装束は「立帽子(烏脱カ)」に「水干」であった。これはおそらく鎌倉時代の同階層の着装規範にもとづくものなのであろう。

(11) 馬具は、鎌倉公方の御随意に任せて良いとされている。しかしその基本の料は、正月五日条に「金鞍、同鐙」は「公方様、是ヲ召サル」、また『群書類従』本に「公方様、御張鞍、虎豹皮、葛切付小泥障ハナシ、播磨皮之白キ力革、金カナグ、クロ皮ニテクケル、紫ノ鞦小泥障ヲメサレズ」とあるごとく定められていた。

(12) 鎌倉府における鞍覆の料は、鎌倉公方が「段(緞)子・金襴」、関東管領が「兎羅綿《らきん》・同毛氈《もうせん》」、奉公衆が「播磨皮」との補足規定が『群書類従』本にある。

(13) 鎌倉府における鞦の料について、「紺」は「法体之人」がもちいる色との補足規定が『群書類従』本にある。

(14) 久野修義「中世日本の寺院と戦争」(歴史学研究会編『戦争と平和の中近世史』青木書店、二〇〇一年)、同「調伏――「宗教の時代」の戦闘――」(鵜飼政志他編『歴史をよむ』東京大学出版会、二〇〇四年)。

(15) 秋山光夫「結城合戦絵詞の出現」(『画説』七二、一九四二年)。なお付図の『結城合戦絵詞』は、『続日本の絵巻』一七(小松茂美編、中央公論社、一九九二年)から引用した。

(16) 谷田・小池前掲註(4)書『日本服飾史』、柴田美恵「肩衣の系譜」(『服飾美学』一、一九七一年)、佐藤泰子『日本服装史』(建帛社、一九九二年)。

(17) 菅原正子「公家の家業と天皇家――山科家の装束調進――」(『中世公家の経済と文化』吉川弘文館、一九九八年)。東京大学史料編纂所架蔵写真帳『高倉永豊卿記』文安二年条には、①四月二十五日条に「伊勢入道(貞国)許ヨリ鎌倉殿御直垂二具誂レ之御絵云々」、②五月十四日条に「鎌倉殿御直垂料足且六貫到来、伊勢方ヨリ也」、③六月十日条に「鎌倉殿御直垂料足残五貫四百文到来」、④六月十六日条に「鎌倉殿御直垂、料足残五貫四百文到来二具分也、先一具調遣也、伊勢方へ也」、⑤六月十七日条に「関東御直垂一具今日進上、各長絹二具也」とある。関連報告として、浅尾拓哉「文安二年の「鎌倉殿」――『高倉永豊卿記』の翻刻を通じて――」(千葉歴史学会、二〇一〇年)がある。

〔追記〕本章初出以後、関連する研究としてつぎの論考が発表された。

長塚孝「『鎌倉年中行事』と海老名季高」（『鎌倉』一〇八、二〇〇九年）、桃崎有一郎「中世武家の路頭礼・乗物と公武の身分秩序」（『中世京都の空間構造と礼節体系』思文閣出版、二〇一〇年）、小久保嘉紀「鎌倉府の書札礼――『鎌倉年中行事』の分析を中心に――」（『年報中世史研究』三五、二〇一〇年）。いずれも『鎌倉年中行事』をテクストとして使用した論考である。

二木謙一「年中行事にみる戦国期の室町幕府」（『国史学』一九二、二〇〇七年）。室町幕府の年中行事における身分格式と服飾の関係を論じた。これによって本章が注目した鎌倉府評定衆という身分格式の独自性がより鮮明となった。

第二編　室町期東国の足利氏一族

第一章　稲村公方と南奥社会

はじめに

稲村公方府は、室町幕府から関東に加えて奥羽二ケ国の管轄権を委譲された鎌倉府が、応永六年（一三九九）、三代鎌倉公方足利満兼の就任にさいして奥羽の抑えとして陸奥国岩瀬郡稲村に設置した統治機関である。かつて稲村公方は、足利満兼の弟満直と比定されていたが、[1]現在では満兼の弟満貞をもってこれに比定することが確定された。[2]

これまでの稲村公方に関する研究は、足利満貞が発給した文書の集積作業をおこない、陸奥国における稲村公方の政治的位置づけや、その組織構造の解明などを中心に考察が進められてきた。[3]その過程で明らかにされた事実として、稲村公方は支配範囲が南奥州に限定されていたことや、早くも応永十年代には支配権限を縮小させていたこと、また白川（白河結城）氏との関係が重視されていたことなどが指摘された。さらに稲村公方は、室町幕府と鎌倉府が政治抗争をくりひろげた上杉禅秀の乱から永享の乱までのあいだ、南奥州の在地勢力が総じて室町幕府方に傾斜してゆくなか、一貫して親鎌倉府の姿勢を維持したことも指摘されている。

こうして多くの成果をあげる稲村公方の研究であるが、なおも考察すべき課題が少なからず残されている。とくに問題と考える点は、すでに稲村公方発給文書として把握はされているが、いまだ充分な分析のなされていいない関係文書が多く残されていることである。その要因として、そうした文書のほとんどが無年号で、文書の年次比定がきわめて困難であることがあげられる。しかしそれら無年号文書のなかには、新たな稲村公方像を読みとることが可能な文書が含まれていると考えられるのである。そこで本章では、そうした無年号文書を中心に検討し、かつ南奥州の関係史料にも広く目をくばり、さらにこれまでも足利満貞発給文書として注目されてきた既知の史料をより深く読みこみつつ、稲村公方に関する考察を進めることとしたい。

一　陸奥下向時の稲村公方

従来、足利満貞が陸奥国稲村に下向したのは応永六年のこととされている。その様相について多くを語るのは『鎌倉大草紙』などの軍記物・歴史書類であるが、足利満貞発給文書の初見として「応永六年八月二十八日」(4)との日付をもつ文書が残されていることから、満貞の応永六年下向説はおおよそ認められるものといえる。

ところがもしこのようにただ単純に文書発給という行為をもって足利満貞の活動開始とするならば、足利満貞はすでに応永六年以前から陸奥国との関係を持っていた可能性が指摘できる。まずは、つぎに掲げた二通の足利満貞の発給文書に注目したい。

①馳二越田村一取陣之由注進候条、誠以神妙候、謹言、
（応永七年カ）十一月十四日　（足利満貞）（花押）
（蒲田光重）石河長門守殿(5)

②於二田村金屋幷当城一連日合戦致二忠節一、手者少々被レ疵条尤神妙候、於レ賞者可レ有二御計一候、向後弥可レ抽二戦功一也、謹言、
（応永二年カ）十一月廿二日　（足利満貞）（花押影）

石河長門守《蒲田光重》殿[6]

右の二通は、ともに田村地域への発向記事をもつ文書である。これまで両文書の年次比定は、『会津塔寺八幡宮長帳』[7]裏書に応永二十三年十月の出来事として「いなむら《稲村》の御ちん《陣》へ巻数了」とあることを重視してきた。そしてそれを田村地域周辺での合戦状態と解釈し、上杉禅秀の乱の余波によって田村地域でも争乱がおこったであろう時のものとみなしてきた。

しかしながらまず①文書は、その花押形から応永七年の伊達政宗の乱にともなう発給文書とみることができる。また②文書についても検討の余地がある。応永二十三年当時、南奥州において禅秀方に与党する者のうごきがあったことは事実である。[8]しかしその当時、田村地域が争乱状態にあったのかは定かでない。前掲「いなむら《稲村》の御ちん《陣》」とは、稲村公方居館という語意なのではなかろうか。[9]そもそも足利満貞の陸奥在国期間中、②文書のように「当城」すなわち稲村公方居館それ自体が戦闘状態になったとの所伝は知られない。田村地域西南部が激戦地となったことが確実なのは、応永二年に勃発した田村庄司の乱のみなのである。[10]

田村庄司の乱では応永三年六月、足利満貞の父鎌倉公方足利氏満がみずから陸奥国へ出陣して田村氏を鎮圧した。しかしその前年、すなわち応永二年の田村地域は、九月中に阿武隈川合戦や柄久野原合戦がおこなわれるなど主戦場となっていた。[11]これらの情勢は②文書の「田村金屋」と地理的に近く、また「十一月」という時期とも近接するものである。この点、②文書は、足利満貞がすでに応永二年の田村庄司の乱の段階において鎌倉府の陸奥支配に関与していた可能性を示唆する文書とすることができよう。

この時期の陸奥国は、従来から指摘されるように明徳二年（一三九一）、その管轄権が室町幕府から鎌倉府に委譲された。しかし陸奥国内には依然として親室町幕府の姿勢を崩さない者たちが多く存在した。そうした情勢のなか当時の鎌倉公方足利氏満は、田村庄司の乱を契機として、室町幕府による陸奥への影響力削減や、鎌倉府による陸奥支配の強化を見据えた種々の布石を打っていた可能性がある。そして、その構想のなかに足利満貞の存在もすでに含まれていたのではなかろうか。そうでなければ、この二通の文書の宛所である蒲田光重が、後述するように奥州探題斯波大崎氏に近い立場をとっていた養父光広と対立するなか、応永六年の足利満貞下向直後というきわめて早い段階から足利満貞の支援を得ていたことについて説明がつかないのである。

田村庄司の乱については、このほかにも『今川記』に「奥州も其此乱るゝ事有之、鎌倉殿（足利氏満）御子一人御下向有て、大将に仰き篠川殿と申き」とある描写が注目される。すなわち鎌倉公方足利氏満は、田村庄司の乱にさいしてその子息のうち一人を篠川に派遣していたというのである。この記述を、同乱における鎌倉府勢の軍事拠点のひとつとして「佐々河城」があったことをあわせて考えれば、[12]②文書の「当城」は篠川城と比定し、足利満貞は応永二年、田村庄司の乱の鎮圧過程においてひとたび篠川城に赴いていたと考えた方が整合性が高い。そしてこの点に、後世、足利満貞を篠川公方と比定する錯綜した記述が生まれた背景をもとめることも可能といえよう。いずれにせよ陸奥国と足利満貞の接点は、田村庄司の乱という時期にもとめることができるのではないかと考えられるのである。

さて鎌倉府による奥羽支配は、その管轄権が室町幕府から鎌倉府に委譲された当初、基本的には当時の鎌倉公方足利氏満のもとに一元化されていた。しかし足利氏満の死去後これを継いだ新公方足利満兼は、応永六年、弟の足利満貞を陸奥国稲村へ下向させてその分掌支配を試みたのであった。

稲村公方府の構成員を考えるさいにまず注目されるのは、応永六年十二月に発給された「陸奥国石川荘蒲田」の使節遵行をめぐる一連の文書群である。[13]しかしこの文書群を考察するうえではひとつの問題がある。それは発令源にあたる御教書の発給者の署名が欠落していることである。しかもそれに加えて施行状にあたる文書の発給者の署名も「沙弥（花押影）」であるため、全体として、この文書群の発給主体について確定することは困難とされてきたのである。

しかしそれでもこの沙弥某については、深谷（庁鼻和）上杉氏の系図所伝が深谷上杉憲英を奥州管領と記していることから、[14]上杉憲英をこの沙弥に比定して稲村公方家宰と位置づけ、文書群全体の発給主体を稲村公方とする傾向が強かった。そうした見解は、上杉憲英の花押が見出されていない状況ではたしかに有効な解釈であった。しかしその沙弥某の花押影を近年紹介された上杉憲英の花押とくらべると、両者はまったく違うものなのである。[15]つまりこの文書群は、発令源がたとえ稲村公方であったとしても、その遵行経路についてはこれまで想定されていたものとは異なっている可能性が高いのである。この点、稲村公方の支配機構については検討の余地が残されているといえよう。

なお、さきの深谷（庁鼻和）上杉氏の系図所伝には、上杉憲英の子息憲光についても奥州管領であったと記されている。つまり、子息上杉憲光をもって沙弥某と比定できる可能性が残されているのである。しかし深谷（庁鼻和）上杉氏の氏寺である国済寺には「国済寺殿憲英（上杉）太宗興公大定禅門、応永十一年甲申八月二日」との石塔がある。つまり父上杉憲英が死去したのは応永十一年八月二日のことで、応永六年当時はいまだ存命であったとみられるのである。事の真偽は不明とせざるをえない。しかし『奥州余目記録』に「上杉の司忠（侍中）官（管）領職ニテ」とあることから、足利満貞下向当初の稲村公方府が「足利満貞—深谷（庁鼻和）上杉氏体制」によって主導されていたことはほぼ間違いないところである。そして上杉憲英が死去したとされるころから稲村公方が支配権を縮小させていることから、深谷（庁鼻和）上杉氏のもつ鎌倉府中枢との関係こそが、初期稲村公方府の運営を支えていたとの評価が可能と考えられるのである。

本章ではこれ以上の徴証を提示しえないが、少なくとも初期稲村公方府の運営体制は、深谷（庁鼻和）上杉氏などの鎌倉府から稲村公方府へ出向した構成員によって担われていたとすることができよう。

さて、そうした稲村公方による陸奥下向当初の支配とは、一体いかなるものだったのであろうか。この点を、足利満貞が南奥州の諸氏に対して実際におこなった施策を中心に検討してゆくこととしたい。

そもそも足利満貞の陸奥下向は、必ずしもすべての南奥武家にうけいれられていたわけではなかった。たとえば翌年の応永七年三月には「伊達大膳大夫（政宗）入道円孝・葦名次郎左衛門尉満盛等隠謀」[16]が発覚しており、稲村公方による南奥地域の新たな政治秩序の構築は多難をきわめていた。

しかしこれに対して足利満貞の下向をうけいれる勢力があったことも確かである。たとえば白川（白河結城）氏は、同七年四月三日、足利満貞から「白河庄・高野郡・宇多庄・石川庄内当知行地等」[17]の安堵状を得ている。このことは白川氏が、伊達政宗らの反乱にさいして稲村公方への従属姿勢をみせたことを示している。

また足利満貞下向の影響は、南奥ばかりではなく中奥にまでおよんでいた。それは、足利満貞発給文書の三通ほどが『鬼柳文書』に伝存していることからわかる。[18]同文書にみえる「和賀下総入道」が稲村公方に近づいた政治的背景としては、和賀下総入道が、稲村公方の権威を背景にして和賀鬼柳一族内における惣領争いを有利に進めようとの意志が秘められていたことを想定できる。この点、新たな政治秩序での飛躍をもとめる人間にとって、稲村公方の登場は歓迎すべき社会変革であったとすることができよう。

そして従来、この時期の陸奥国は、稲村公方の陸奥下向とおなじころ室町幕府が斯波大崎氏を奥州探題に任命したため、これによって陸奥国は奥州探題体制への移行をはじめたと考えられている。[19]しかし足利満貞の発給文書が『鬼柳文書』のなかに存在していることは、稲村公方体制の構築がなかなか進まなかったのと同様、奥州探題体制もまた陸奥国への浸透が一筋縄ではいかなかったことを推測させるのである。一連の推移をみると伊達政宗らによる反乱は、こうした陸奥国における政治秩序再編の間隙と、鎌倉公方足利満兼による大内義弘挙兵（応永の乱）への加担と挫折という鎌倉府体制の動揺が重なって必然的に勃発したと考えられるのである。

いずれにせよ稲村公方の陸奥下向は、陸奥国内における従来の政治秩序をさまざまなかたちで動揺させることになったとみられる。そしてそれがもっとも顕著なかたちであらわれたのはやはり南奥州であった。その実態を、南奥州の典型的な国人である石川氏一族の動向を事例として考察しておきたい。

応永七年六月十七日、石川氏一族の蒲田光重は、足利満貞から当知行地の安堵状を得ている(20)。蒲田光重は、さらにその庶流の赤坂氏から蒲田光広のもとへ養子に入った人物であった。しかし蒲田光重はこの当時、養父光広とのあいだに確執があったといわれている(21)。そうした蒲田光重に対して足利満貞から安堵がなされていることは、従来の南奥州の政治秩序に少なからぬ動揺をあたえたと考えられるのである。それはつぎの事実からうかがうことができる。すなわち足利満貞による石川氏一族の掌握は、応永九年十二月、石川氏庶流の「板橋掃部助」にまでおよんでいるのだが(22)、その板橋掃部助は応永十二年五月十四日、足利満貞から「谷地」での戦功を賞されているのである(23)。この板橋掃部助の行動が注目されるのは、その谷地という場所が蒲田氏勢力圏の周縁部に位置する地点だからである。つまり谷地での軍事行動とは蒲田光重が、おなじく足利満貞に従属する板橋氏の合力を得て、奥州探題体制に加担していたとみられる養父光広らを討ったことを示唆しているのである。こうした点からも稲村公方足利満貞の陸奥下向は、石川氏庶流の蒲田氏においてさえ、それまでの政治秩序に相対的変化を生じさせるものであったと考えられるのである。

二　陸奥在国期の稲村公方

前節では、足利満貞の陸奥下向にかかわる動向を中心に、稲村公方の初期段階の様相について考察した。ついで本節では、稲村公方の支配実態について、足利満貞が南奥州の在地勢力におよぼしていた政治的影響を礼秩序のあり方から考察し、さらにその影響力を失墜させた社会的背景について、伊達政宗らの再三にわたる反乱への鎌倉府の対応を交えて検討を進めてゆきたい。

はじめに、稲村公方にかかわる礼秩序の実態についてである。それを考えるうえで注目されるのは、足利満貞が蒲田光重に対して「鰹魚到来、目出候也、謹言」[24]との文書を発給していることである。これは足利満貞が、蒲田光重から鰹を進上されたことに対する返礼の書である。蒲田光重が進上したこの鰹には、一体いかなる礼的意味合いを見出すことができるのであろうか。そこで注目されるのは、権力者に進上される魚にはしばしばその領主による当該支配権の象徴的意味合いが込められるという指摘である。[25]たとえば戦国期の武蔵国鷲宮神主は、みずからが管理する利根川鷲宮関の支配権の象徴的意味合いを込めて、鯉を古河公方や後北条氏らの権力者に進上したとされる。こうした指摘に鑑みると蒲田光重の進上した鰹には、その鰹がおそらく太平洋から水揚げされたものであって、それをいわゆる御斎所街道の流通ルートを利用して入手したものであろうことにその特性を見出すべきといえよう。つまり蒲田光重の場合には、内陸領主であるにもかかわらず海魚の鰹を進上したことに大きな意義があったと考えられるのである。とするならば、蒲田光重が進上した鰹には、御斎所街道の流通支配権についての象徴的意味合いを見出すことが可能といえる。右の蒲田光重の進上行為は、鰹に込められた光重の当該支配権が、稲村公方足利満貞の権威によって保たれていることを満貞に対して象徴的にあらわす行為であったことにその礼的意味合いがあったと考えられるのである。

ついで足利満貞は、蒲田光重の実弟とみられる赤坂光政に対して「官途御吹挙事、任二望申旨一不レ可レ有二相違一候也、謹言」[26]との文書を発給している。つまり足利満貞は、赤坂光政の官途推挙をおこなっているのである。ただしこれはいわゆる官途状の類であって、京都への推挙とは考え難い。しかしこうした行為がもつ礼秩序における政治的意義についてはここでその重要性を改めて論じるまでもない。

以上の二事例は、いずれも足利満貞が礼秩序の上位に立っていたことを示している。そしてそれは稲村公方の政治的影響力が南奥社会へ浸透していたことを物語っている。なお稲村公方には、こうした南奥州における影響力の浸透策をみずから積極的におこなっていた痕跡もうかがえる。そこでそうした点について、稲村公方に対する南奥武家の奉公形態から考察しておきたい。まず注目されるのはつぎに掲げた文書写である。

参上候事、于レ今延引不レ可レ然候、所詮、閣二諸事一来月中馳参、令レ致二忠節一候者可レ然候、猶々被レ憑二思召一候、且是非之事為レ被二聞召一候、重而仰候也、謹言、

（足利満貞）（花押影）

五月廿八日

塩常陸介殿[27]

この文書の厳密な年次比定は難しい。しかしここで足利満貞から参上をもとめられている塩氏は、陸奥国の国人岩城氏の従属者とみられる。つまり足利満貞は、海道地方の諸氏らにも出仕を要請していたことがうかがえるのである。そして、このなかに足利満貞への「忠節」をもとめる文言が含まれていることを考慮すれば、これは足利満貞による実質的な軍勢催促であったととらえることができよう。

そのほかの事例としては、白川氏一族の小峰満政とみられる「結城三河七郎」[28]が、足利満貞から「奉公御免」[29]について鎌倉府に報じたとの文書を発給されていることも注目される。ここでいう奉公とは、関連文書に「奥州奉公」[30]とあることから、直接的には稲村公方への奉公を通じた鎌倉府への間接的奉公とすることができる。

以上のように南奥諸氏による稲村公方への奉公形態は、伊達政宗らの反乱に対する戦時体制ということもあって、在稲村がもとめられていたとみられるのである[31]。そしてそれは、当面の軍事課題に直面していた稲村公方にとってみずからの存在意義にかかわる重要な問題であったといえよう。

なおここで見逃がせないのは、小峰氏の意識のなかにある奉公主体とは、あくまでも鎌倉公方であったとみられることである。この点、稲村公方の支配権とは、鎌倉府権力との一体的関係によってはじめて有効性を発揮す

るものであったと考えられる。そしてこの事実からは、稲村公方の政治経済的な脆弱性も読みとることができる。そこでつぎにそうした稲村公方の政治経済的基盤について考察する。

これまでの研究によると、足利満貞自身が設定した御料所として検出できるのは、小峰氏に預け置かれた「陸奥国石川庄内沢井郷、同国依上保内鮎川上中両郷、同国高野北郷内大多和・深渡戸・沼沢参ケ村」[32]と「奥州白川庄内片見郷」[33]のみである。しかしそれぞれの土地の由緒をみると、これとて白川氏一族への還補という意味合いが強いのである。つまり足利満貞による御料所の預置は、白川氏からの軍事徴発に対する経済的補塡であったとの評価が可能なのである。稲村公方は伊達政宗らの反乱という政治情勢のなか、南奥州の最大勢力である白川氏一族に対しては譲歩せざるをえない政治的環境にあったということができよう。

結果として稲村公方は、小峰満政に対して預置を含めた当知行地のすべてを安堵したうえ[34]、さらに「陸奥国岩崎郡内嶋村・林原村」[35]などの新たな知行充行までせねばならぬ状況に進んでいったのであった。従来から指摘される稲村公方と白川氏の密接な関係とは、こうした稲村公方による白川氏一族への譲歩と依存がその実態であったとすることができよう。

さて、そうした政治情勢のなか鎌倉府は、応永九年、最終的には稲村公方の存在意義を失わせることになったであろう政策を実行した。すなわち、関東管領犬懸上杉朝宗の子息上杉氏憲（のち禅秀）の陸奥出兵である[36]。伊達政宗らの反乱に対して鎌倉府が直接的な介入に踏み切ったことは、それ自体、稲村公方の権威を失墜させるのに充分であったとみられる。そして実際、これ以降の南奥州には犬懸上杉氏との関係を重視する者たちがあらわれるのである。この点を、伊達政宗らの反乱と時をおなじくして南奥州で勃発したいわゆる菊田荘合戦を事例に考察しておきたい。

菊田荘の領主藤井氏は、かねてから伊達氏と協調関係にあった懸田氏とのあいだに「藤井殿ト懸田大蔵大輔宗顕、一揆同心契約」[37]を交わしていた。そのことも関係しているのであろうか犬懸上杉氏憲の出兵によって伊達政宗らの反乱が終息しつつあった頃、菊田荘内で対立関係にあった庶流上遠野氏の本拠を攻撃したのである[38]。

この事態にさいして攻撃をうけた上遠野兵庫助が急を告げた相手は、それまで上部権力としての役割を果たしてきた稲村公方ではなく犬懸上杉氏憲であった[39]。また、上遠野氏に合力してこの合戦を勝利に導いた岡本氏への感状を発給したのも氏憲の父関東管領犬懸上杉朝宗であった[40]。さらにこの合戦後、上遠野兵庫助に「菊田庄上遠野郷半分」を御料所として預け置いたのも、やはり犬懸上杉朝宗だったのである[41]。

これらの事実は、たとえ菊田荘がこれ以前から鎌倉公方とのかかわりが深い土地であったとはいえ、南奥州における犬懸上杉氏の影響力増大という事実認識については否めないところである。そしてそれを示すかのように、これ以降、南奥州の最大勢力である白川氏までもが犬懸上杉氏との関係を重視しはじめるのである[42]。稲村公方を実質的に支えていたとみられる白川氏がそうした政治的転換をはかったことは、それ自体、犬懸上杉氏の政治的位置が稲村公方の立場を越えたことを如実に示しているといえよう。

応永十年代、稲村公方の存在意義が急速に低下していった背景には、応永九年の犬懸上杉氏憲による陸奥出兵という事態が深く関係していたと評価することができる。そしてこれを契機として南奥武家の稲村公方離れが一気に進んだ理由は、稲村公方の支配権が実は足利満貞みずからによって確立されたものではなく、実質的にはそのすべてを鎌倉府権力に依存していたという、稲村公方の存在形態にあったと考えられるのである。

また一連の状況に鑑みれば、応永十一年、南奥州で結成された三つの仙道国人一揆のうち[43]、「応㆓上意㆒」[44]との契約文言に比定すべき「上意」の主体は、稲村公方に限定して考える必要はないといえる。状況に応じては犬懸上杉氏の場合もあったと考えられるのである。なぜならこれまでみてきたように、その支配実態としての究極的な上意は、結局すべてのところ鎌倉公方にゆきつくことには変わりがないといえるからである。

そしてこれ以降の鎌倉府による奥羽支配は、しばらくのあいだ犬懸上杉氏の影響下で進められるようになった可能性が高い。それは応永二十年、鎌倉府による奥羽支配の形態がふたたび鎌倉公方のもとに一元化されたこと[45]を、公方持氏の若年期に乗じた犬懸上杉氏らによる策動とする指摘とも通じてゆく[46]。実際に応永二十年、伊達松犬丸（のち持宗）らが再び反乱をおこした時、その鎮圧を任されたのは南北朝期に奥州管領であった二本松畠山氏らであって[47]、もはや稲村公方ではなかったのである。

陸奥国への犬懸上杉氏の影響力は、のちの室町幕府と鎌倉府の対立期における将軍足利義教の認識からもうかがうことができる。

足利義教には、不穏なうごきをみせる鎌倉府対策のひとつとしてつぎのような試案を室町幕府中枢の諸大名に諮問している事実がある。すなわち『満済准后日記』正長元年（一四二八）九月二十二日条に「上杉禅秀息可レ被レ下二遣奥州辺一歟」とあり、足利義教は、上杉禅秀の乱後に京都で保護していた故上杉禅秀の子息を陸奥国に派遣することの可否を諮問しているのである。上杉禅秀子息の陸奥派遣という足利義教の構想は、かつて犬懸上杉氏が陸奥国においてつちかったその影響力を充分にふまえたうえでの着想であったと考えられるのである。最終的にこの計画は実現しなかったものの、こうした構想が生まれること自体、それまでの陸奥国における犬懸上杉氏の影響力を示唆するものといえよう。

三　鎌倉帰還後の稲村公方

足利満貞は、応永十年代にその政治的影響力を失ったのちもしばらくのあいだ陸奥国に留まっていた。しかし『鎌倉大草紙』などの歴史書類は、応永三十一年（一四二四）十一月、足利満貞は鎌倉へ帰還し、これ以後は鎌倉泰安寺に居住したと描写する。その史料的性格ゆえそれら記述の真偽は定かでない。しかしこの時期の南奥情勢をみると、足利満貞の弟篠川公方足利満直が鎌倉府体制からの離脱を明確にして室町幕府とむすび、南奥州の政治的主導権をにぎることに成功している。これらの情勢に鑑みれば、この時期の足利満貞の鎌倉帰還という記述はおおよそ認めることができるのではなかろうか。そしてそれを認めるならば足利満貞は、このとき名実ともに稲村公方としての役割を終えたはずであった。

しかし足利満貞は、その後ふたたび陸奥国との関係を持った時期のあることが知られる。正長元年（一四二八）、足利満貞は、石川氏本宗家の石川義光が白川氏によって攻殺されたことに端を発する南奥争乱において、[48]鎌倉府に支援をもとめる石川義光の子息石川持光と鎌倉公方足利持氏をむすぶ紐帯としてその役割を担ったのであった。その様相は、石川氏本宗家に伝来した『角田石川文書』[49]によって知ることができる。

同文書でまず注目されるのは、包紙まで残された足利満貞発給文書二通の存在である。その包紙にはいずれもつぎのように記されている。

石川駿河孫三郎殿　満家

[50]

足利満貞は、「満貞」から「満家」に改名した可能性があるのである。かつてこの『角田石川文書』をはじめて翻刻した大石直正氏は、これらを「本書疑フベシトイヘドモ今姑クコ、ニ収ム」として疑念を抱いている。[51]しかし前述したような足利満貞の鎌倉帰還が事実であるならば、そこに包まれる文書の花押が足利満貞のものである以上、満貞がその政治的転換にあわせて「満貞」から「満家」に改名したとの想定がなりたつ余地はなお充分に残されているのである。

ところで足利満貞（本章では便宜上このまま満貞と表記する）は、石川持光に対して「心中被㆓察思召㆒候」[52]と父石川義光の死去を悼むとともに、まもなくつぎのような文書を発給した。

注進之趣被㆓聞召㆒候了、就㆓合力事㆒方々へ被㆑成㆓御教書㆒候、可㆑然様廻㆓料簡㆒、弥可㆑致㆓忠節㆒候、仙道辺

事者、一途可レ有二御沙汰一候、仍親類以下事、可レ令二堪忍一之由可二申含一候、又太刀一腰黒鞘目貫貝遣候也、謹言、

（正長二年）二月五日　（足利満貞）（花押）

石川駿河孫三郎（持光）殿(53)

足利満貞は、石川持光に対して「仙道辺事」すなわち白川氏との交戦をみとめる文書を発給しているのである。ただしこの文書をみるに、この軍事侵攻にさいし南奥諸勢力に対して石川持光への合力を実際に要請したのは「御教書」すなわち鎌倉公方足利持氏であったとみられる。この点、足利満貞がかつてのような復権を果たしたとは考えられない。しかし足利満貞が、持氏専制下の鎌倉府体制のなかで南奥支配における一定の政治的位置づけを得ていたことは明らかといえよう。この背景には石川持光が、抗争相手の白川氏が足利将軍や篠川公方とむすんでいることへの対抗関係から、かつての稲村公方足利満貞を介して鎌倉公方足利持氏に接近したということが想定される。しかしたとえそうだとしても、これらの情勢にさいしての足利満貞のうごきはきわめて活発なものであった。足利満貞は、この機に乗じて「海道」の糾合までも計画していたことがつぎの文書から明らかとなる。

仙道辺之事可レ有二御同心一、可レ致二用意一候、仍石川駿河孫三郎（持光）入道之事致二忠節一候者可レ然候也、謹言、

（正長二年）二月五日　（足利満貞）（花押）

東海道五郡輩中(54)

ここで宛所となっている東海道五郡輩中とは、かつて応永十七年（一四一〇）二月晦日、海道五郡一揆の契状を交わした相馬、標葉、楢葉、岩城らの諸氏と比定できる(55)。ただし海道五郡一揆の諸氏は、結局、足利満貞の糾合に応じたとは思われない。なぜなら海道五郡一揆の諸氏に対しては、足利満貞と同様、室町幕府側からも従属をもとめる働きかけがなされていたからである。そして後述するように海道五郡一揆の諸氏は、そうした室町幕

府からの働きかけに応じ、しだいに室町幕府方へと傾いていったのであった。

室町幕府は、この当時すでに海道五郡一揆の存在とその構成員を的確に把握していたとみられ、『昔御内書符案』には「一、海道五郡之人数、楢葉常陸入道・椎葉播磨入道・岩城弥二郎・岩崎駿河守・相馬民部少輔入道」との記述がみられる。そして室町幕府は、『満済准后日記』正長元年十月二十五日条に「岩城・岩崎・標葉・楢葉・相馬此等方へ御教書被レ成レ之」とあるように、すでに正長元年十月には海道五郡一揆の諸氏に対して誘いの手を伸ばしていたのであった。すると海道五郡一揆の諸氏は、この室町幕府からの誘いに応じ、足利満貞の文書が発給されたころには早くも『満済准后日記』正長二年二月二十一日条に「自二奥佐々河《（足利満直）》一書状等数通（中略）伊達・葦名・白河・海道五郡者共請文也」とあるように、室町幕府への恭順の意志を明確にしていたのである。

こうして当初は白川氏領の宇多荘に侵攻し石川氏とともに白川氏との武力抗争をくりひろげていた相馬氏さえ、[56]海道五郡一揆という一揆契約に規制され、一揆の総意にしたがって室町幕府方に傾斜していったのである。そして結局、足利満貞の呼びかけに応じて石川氏とともに白川氏との抗争を最後までつづけたのは、満貞が石川持光に対して送った書状に「令レ談二合懸田播磨入道一[57]」とある懸田氏のみであったといえよう。[58]

いずれにせよ足利満貞は、この争乱に対する南奥州への有効な施策を生みだすことができず、ふたたび南奥州での政治的影響力を得るにはいたらなかったのである。また、この時期の足利満貞発給文書を『角田石川文書』で通覧すると、その多くが足利持氏の発給文書と同時に発給されている。この点、足利満貞は、やはりどこまでも鎌倉公方との一体的関係によって自己の権威を保つという姿勢から脱却することはなかったといえよう。

足利満貞は、この正長年間の石川氏にかかわる抗争でその姿をみせて以降、東国史の表舞台から完全に姿を消す。足利満貞がつぎにその名をみせるのは、永享の乱における死亡者の一人として過去帳の類に「稲村殿」と記されるときである。[59]つまり足利満貞は、『鎌倉大日記』永享十一年（一四三九）二月十日条に「持氏・満貞於二永安寺「自害」とみえるように、永享の乱における鎌倉公方足利持氏の敗死とともに鎌倉永安寺でその命運をともにしたのである。

おわりに

以上、本章ではこれまでの研究で充分な検討がなされてこなかった無年号の足利満貞発給文書に関する考察を中心に、それを鎌倉府の奥羽支配体制の問題と関連させつつ、稲村公方の動向とその特質について検討を進めてきた。

まず足利満貞と陸奥国の関係は、応永六年の陸奥国稲村への下向とともに始まったのではなく、それ以前の応永二年、田村庄司の乱にその起点がもとめられる可能性を指摘した。そのことは足利満貞が応永六年、稲村公方として派遣された陸奥国において、その初期段階のみではあるが主導的役割を果たすことが可能となった前提条件であったと考えられる。

ついで稲村公方をめぐる礼秩序のあり方や、奉公の実態にかかわる考察をおこなった。この結果、稲村公方は独自の文書発給をおこない、南奥社会の礼秩序において上位に立っていたが、政治経済的な存立基盤の確立には非常に苦慮していた様相が明らかとなった。これは、伊達政宗らによる反乱などの不安定条件に加えて、稲村公方の支配権そのものが鎌倉府権力との一体化によってはじめて成り立ちうるという特質をもっていたためと想定される。またそれゆえに当時の関東管領犬懸上杉氏の影響力が陸奥国におよぶと、稲村公方はただちにその権威を失墜させていったのである。これには、犬懸上杉氏の主導による鎌倉府の奥羽政策の転換を考慮せねばならない。しかし南奥武家が、足利満貞に対する政治的評価として、その貴種性を除くと鎌倉公方の分掌者としては関東管領犬懸上杉氏と同質であるとの評価を下したこともまた事実と考えられるのである。

足利満貞は、陸奥国での政治的影響力をひとたび失ったが、正長年間の南奥争乱にともなってふたたび鎌倉府の陸奥支配にかかわることとなった。しかしその関与形態はかつてよりも一歩後退し、鎌倉公方足利持氏を補完するという機能以上のものではなかった。これには当時の鎌倉公方足利持氏の専制体制というものが大きく関係していたと想定される。しかしそうした鎌倉府権力との一体化という足利満貞の姿勢は、総じて足利満貞の政治基調であったことも確かである。

最後に篠川公方との関係について若干述べておきたい。稲村公方と篠川公方は、同時期に南奥へ下向したとされることが多い。しかし従来から指摘されるように、両公方のあいだには正長年間を除いて基本的にその相関関係はみられない。これを本章で考察したような、稲村公方が犬懸上杉氏の関与とともに南奥社会での影響力を失った事実とあわせて考えれば、鎌倉府による南奥支配体制では、二人の分掌者が同時に並存しえなかったことを指摘できる。つまり両公方の活動時期が重複しないのは、鎌倉府の奥羽支配体制では必然的なことであったと考えられるのである。

そして両公方の活動時期のあいだに存在するそれら上部権力の空白時期に、本章で指摘した犬懸上杉氏による政治的影響力のおよんでいた時間帯を想定するならば、稲村公方と篠川公方を比較検討するというこれまでの研究手法は、それほど有効な分析視角とはならないのではなかろうか。なぜなら稲村公方と篠川公方の活動時期では、各々をとりまく政治的環境があまりにも異なり過ぎているからである。つまり篠川公方については、そのうごきが活発になる応永末年から永享末年までのあいだを、室町幕府と鎌倉府の熾烈な対立関係を踏まえたうえで、室町幕府の東国政策という視点を含めて独自にその考察を深めることが必要と考えられるのである。(60)篠川公方の考察は次章においておこなうこととする。

（1）渡辺世祐『関東中心足利時代之研究』（雄山閣、一九二六年）。
（2）『福島県史』第一巻原始・古代・中世通史編一（文責渡部正俊・小林清治、一九六九年）。
（3）稲村公方に関する論考としては、右註に掲げた両書のほかに渡部正俊「篠川・稲村御所をめぐる歴史の展開（上）」（『福島史学研究』復刊二二号、一九七六年）、伊藤喜良「国人の連合と角逐の時代」（『中世国家と東国・奥羽』校倉書房、一九九九年、初出一九七八年）、江田郁夫「鎌倉府による奥羽支配について」（『室町幕府東国支配の研究』高志書院、二〇〇八年、初出一九八六年）、垣内和孝「篠川・稲村両公方と南奥中世史」（『室町期南奥の政治秩序と抗争』岩田書院、二〇〇六年、初出一九九六年）、小豆畑毅「稲村・篠川両公方と民部少輔朝宗」（小林清治編『中世南奥の地域権力と社会』岩田書院、二〇〇一年）がある。
（4）「阿保文書」（『白河市史』第五巻古代・中世資料編二、四〇九号）。
（5）「秋田県立博物館所蔵赤坂文書」（『鮫川村史』第二巻資料編（上）、八六号）。
（6）「秋田藩家蔵文書（赤坂忠兵衛光康家蔵文書）」（前掲『鮫川村史』八七号）。なお本文書に据えられた足利満貞の花押は、花押影ではあるが応永六年以降のものとは筆順などが若干異なっている。
（7）是澤恭三編『会津塔寺八幡宮長帳』（吉川弘文館、一九五八年）。
（8）「皆川文書」九六号（『栃木県史』史料編中世一）。ただし『栃木県史』は本文書の花押を鎌倉公方足利氏満と比定するが、東京大学史料編纂所架蔵影写本によって稲村公方足利満貞の花押と確認した。この点、江田前掲註（3）論文の足利満貞発給文書一覧を参照。
（9）たとえば堀越公方足利政知の居館は『親元日記』寛正六年八月十日条に「豆州御陣」と記される。しかしその時点での伊豆国はそれほど緊迫した情勢にはなかった。いずれの場合にもいわゆる軍陣としての語意を強調することは難しいといえる。
（10）田村庄司の乱については、佐藤博信「東国における室町前期の内乱について――小山義政・若犬丸の乱、小田氏の乱、田村氏の乱――」（『続中世東国の支配構造』思文閣出版、一九九六年、初出一九九一年）、小国浩寿「鎌倉府奥羽支配の形成」（『鎌倉府体制と東国』吉川弘文館、二〇〇一年）などを参照。また、中世田村氏の動向全般については、垣内和孝「中世田村氏と蒲倉大祥院」（前掲註3『室町期南奥の政治秩序と抗争』所収、初出一九九六年）、若松富士雄「中世田村氏（藤原姓・平姓）について」（前掲註3『中世南奥の地域権力と社会』所収、二〇〇一年）などを参照。
(11) 史料纂集『飯野八幡宮文書』一七〇号。
(12)「東京大学白川文書」（前掲『白河市史』三九五号）。
(13)「秋田藩家蔵文書（赤坂忠兵衛光康家蔵文書）」（前掲『鮫川村史』七四号〜七八号）。
(14)「深谷上杉系図」（『続群書類従』六輯下）。
(15) 菊池紳一「尊経閣文庫蔵『上杉憲英寄進状』について」（『埼玉地方史』三五、一九九六年）。なお同寄進状に据えられた上杉憲英の花押は、東京大学史料編纂所架蔵写真帳『舊武家手鑑』によって確認した。
(16)「結城家文書」（前掲『白河市史』四一〇号）。
(17)「國學院大學白河結城文書」（前掲『白河市史』四一一号）。
(18)『岩手県中世文書』中巻（国書刊行会、一九八三年）のうち三八号〜四〇号の「鬼柳文書」三通は、これまで鎌倉公方足利満兼の発給文書とされていた。しかし、その花押を東京大学史料編纂所架蔵写真帳『鬼柳文書』によって確認すると稲村公方足利満貞の花押と判明する。この点、江田前掲註(3)論文の足利満貞発給文書一覧を参照。
(19) 奥州探題体制の沿革については、伊藤喜良「奥州探題に関する二、三の論点」（前掲註3『中世国家と東国・奥羽』所収、初出一九七七年）、佐々木慶市「奥州探題斯波大崎氏の世系」（『中世東北の武士団』名著出版、一九八九年、初出一九八三年）、伊藤信「大崎氏の歴代について」（渡辺信夫編『宮城の研究』三、清文堂、一九八三年）、伊藤喜良「北辺の地と奥州探題体制」（前掲註3『中世国家と東国・奥羽』所収、初出一九九七年）、黒嶋敏「奥州探題考」（『中世の権力と列島』高志書院、二〇一二年、初出二〇〇〇・二〇〇四年）、大崎シンポジウム実行委員会編『奥州探題大崎氏』（高志書院、二〇〇三年）などを参照。
(20)「秋田藩家蔵文書（赤坂忠兵衛光康家蔵文書）」（前掲『鮫川村史』七九号）。
(21) 遠藤巌「一四〜一五世紀の石河蒲田氏と石河赤坂氏」（『石川史談』十一、一九九八年）。
(22)「川辺八幡神社文書」（『福島県史』第七巻古代・中世資料、一六二一一号）。

（23）「板橋文書」（東京大学史料編纂所架蔵影写本）。
（24）「秋田藩家蔵文書（赤坂忠兵衛光康家蔵文書）」（前掲『鮫川村史』八五号）。
（25）盛本昌広「水産物の贈与をめぐる社会関係――中世の東国を中心に――」（『日本中世の贈与と負担』校倉書房、一九九七年、初出一九九二年）。
（26）「秋田藩家蔵文書（赤坂忠兵衛光康家蔵文書）」（前掲『鮫川村史』八九号）。
（27）「秋田藩家蔵文書五一・城下諸士文書巻之十二」二六号（『茨城県史料』中世編V）。
（28）佐川庄司「結城三河七郎宛文書に関する一考察――結城家文書を中心にして――」（展示図録『中世結城家文書』白河市歴史民俗資料館・白河集古苑、一九九六年）。
（29）「結城家文書」（前掲『白河市史』四一九号）。
（30）「結城家文書」（前掲『白河市史』四一五号）。
（31）前掲「皆川文書」二六・二七号によれば、「武田若狭八郎」なる人物の「奥州奉公断絶」という行動が鎌倉府内での政治問題となっていることが知られる。この武田若狭八郎をめぐる事例からも在稲村制が確立されていた可能性は高いといえる。
（32）「阿保文書」（前掲『白河市史』四〇九号）。
（33）「結城家文書」（前掲『白河市史』四二〇号）。
（34）「結城家文書」（前掲『白河市史』四一二号）。当知行地安堵の果たした機能については、近藤成一「本領安堵と当知行地安堵」（石井進編『都と鄙の中世史』吉川弘文館、一九九二年）を参照。
（35）「結城家文書」（前掲『白河市史』四一六号）。
（36）「結城家文書」（前掲『白河市史』四一七号）。
（37）「上遠野家古文書」（『梁川町史』五古代・中世資料編II、一九四号）。
（38）遠藤巌「上遠野氏と上遠野古文書――南奥国人の一存在形態――」（小林清治先生還暦記念会編『福島地方史の展開』名著出版、一九八五年）。
（39）「上遠野文書」（前掲『福島県史』三二一―三四号）。

(40)「岡本元朝家蔵文書」(前掲『福島県史』八—六三号)。
(41)「上遠野文書」(前掲『福島県史』三二—一〇号)。
(42)「東北大学国史学研究室保管白河文書」「白河證古文書中」(前掲『白河市史』四二一、四二四・四二五号)。
(43) 田中正能「泰平寺古鐘銘と応永一揆契状関連国人層について」(『福島史学研究』二一、一九七二年)、渡部正俊「応永十一年仙道国人一揆契約状をめぐって」(『福大史学』二三、一九七七年)。
(44)「白河證古文書中」(前掲『白河市史』四二六号)。
(45)「仙台結城文書」(前掲『白河市史』四二八・四二九号)。
(46) 江田郁夫「上杉禅秀の乱と下野」(前掲註3『室町幕府東国支配の研究』所収、初出一九九八年)。
(47)「結城古文書写」(前掲『白河市史』四三二号)、前掲「皆川文書」五八号。二本松畠山氏に関する論考として、垣内和孝「二本松畠山氏と塩松石橋氏」(前掲註3『室町期南奥の政治秩序と抗争』所収、初出一九九七年)参照。
(48) 小豆畑毅「十五～十六世紀前半の南奥石川氏」(『石川史談』一、一九八五年)、同「中世石川氏の実像」(『石川公追遠四百年記念誌』〈以下『石川』と略〉石川町・石川町教育委員会、一九九〇年)。
(49) 本章で「角田石川文書」をもちいるにあたっては文書群すべての写真を掲載している前掲『石川』を利用参照した。
(50)「角田石川文書」(前掲『石川』四・一一号の包紙)。なおこの包紙については前掲『石川』掲載の写真を参照した。
(51) 大石直正「石川文書」(『東北大学東北文化研究室紀要』四、一九六二年)。
(52)「角田石川文書」(前掲『石川』四号)。
(53)「角田石川文書」(前掲『石川』一一号)。
(54)「板橋文書」(東京大学史料編纂所架蔵影写本)。
(55) 史料纂集『相馬文書』一三二号。
(56)「角田石川文書」(前掲『石川』一五・一六号)。

(57)「角田石川文書」(前掲『石川』一八号)。
(58)『満済准后日記』永享二年九月六日条。
(59)「一蓮寺過去帳」(『甲斐叢書』八巻、第一書房、一九七四年)。なお鎌倉帰還後の足利満貞は「二橋」殿と呼称されていた可能性がある。この点、「角田石川文書」(前掲『石川』三〇号)参照。
(60) その要旨は、すでに「篠川公方と室町幕府」と題して第三十五回日本古文書学会大会(二〇〇二年十月二十日)において報告の機会を得ている。本書第二編第二章。

〔追記〕 本章初出以後、関連する研究としてつぎの論考が発表された。

伊藤喜良「南奥の国人一揆と「公方事」」(細井計編『東北史を読み直す』吉川弘文館、二〇〇六年)、同「会津の「公方」について」(『福大史学』八〇、二〇〇九年)、小豆畑毅「石川一族板橋氏の成立と展開」(藤木久志・伊藤喜良編『奥羽から中世をみる』吉川弘文館、二〇〇九年)。いずれも室町期の南奥社会に関する論考である。

石橋一展「南北朝・室町期における東国武士受給感状の特質」(佐藤博信編『関東足利氏と東国社会』岩田書院、二〇一二年)。室町期東国の感状を網羅的に収集のうえその特徴を論じた。しかし文書様式は発給者と受給者の社会関係によって選択・決定される側面がある。当時の犬懸上杉氏と奥羽武家の関係に鑑みれば当該の犬懸上杉朝宗発給文書は、本章の位置づけでよいと考える。

高橋明「稲村殿満貞と篠川殿満直」(『福大史学』八二、二〇一三年)。稲村公方と篠川公方の動向について編年著述した。

第二章　篠川公方と室町幕府

はじめに

篠川公方府は、室町幕府から関東に加えて奥羽二ケ国の管轄権を委譲された鎌倉府が、奥羽の抑えとして陸奥国安積郡篠川に設置した統治機関である。かつて篠川公方は、三代鎌倉公方足利満兼の弟満貞と比定されていたが[1]、現在ではその弟足利満直をもってこれに比定することが確定された[2]。

篠川公方にかかわる研究は、これまで二つの分析視角によって考察が深められてきた。

第一は、足利満直発給文書の集積をおこないつつ篠川公方の政治的動向を明らかにし、それを中世奥羽史のなかに位置づけようとするものである[3]。その成果として篠川公方は、実際の勢力圏が南奥州に限定されていたことや、活動の痕跡がみえるのは応永二十年代になってからであること、また右兵衛佐の官途をもち篠川殿と呼称されていたことなどが明らかにされた。さらに篠川公方は、応永三十年代になると鎌倉府体制からの自立を志して室町幕府に接近し、親室町幕府の政治姿勢を明確にしたことも指摘されている。これは、最後まで鎌倉府体制に従属しつづけた兄稲村公方足利満貞とは対照的な行動であった[4]。

第二は、室町幕府における将軍権力と幕府中枢諸大名の関係を考察するにあたり、その素材として室町幕府と鎌倉府の和平交渉における篠川公方のあつかいに触れた篠川公方の間接的研究である[5]。この視点の獲得によって篠川公方の研究は、室町幕府との関係論を組み込んで構成することがもとめられる段階へ進展した。つまり現在の篠川公方に関する研究は、これまでの中世奥羽史の枠組みによる議論を充分にふまえたうえで、さらに室町幕府の東国政策における篠川公方の立場を総合的に論究すべき段階にあるのである。

そこで本章では、篠川公方府の構造に関する考察を深めるとともに、室町幕府と篠川公方の関係について、篠川公方側からの視点を中心に検討することとしたい。

一　篠川公方と義持・義量期室町幕府

本節では、篠川公方と義持・義量期室町幕府の関係の変遷、ならびに両者の関係が進展した社会背景などについて考察する。

篠川公方に対する室町幕府のそもそもの認識を探るうえで注目されるのは、『昔御内書符案』の「佐々河殿（足利満直）・稲村殿（足利満貞）、如ㇾ此方々御内書に在ㇾ之（以下破損）」[6]との記述である。同書はこの箇所が破損しており、冒頭部分の一部記述しか知ることができない。しかし篠川公方と稲村公方が併記されていることからして、この記述は稲村公方が鎌倉へ帰還した応永三十一年（一四二四）以前のものと比定できる。こうした記述の存在は、室町幕府が篠川公方と稲村公方の両公方に対して同時に接触していた時期のあることを示している。ここに室町幕府は、当初から篠川公方を南奥州における東国政策の凝集核と定めていた訳ではなく、さまざまな要件を考慮しつつ篠川公方を選択し、その中心核に位置づけていった過程を想定することができる。つまり室町幕府は、南奥州の政治情勢を極力把握し、足利満直の意志を見極めながら篠川公方の登用を決定したといえよう。

それでは篠川公方が登用された理由とは、一体どこにあったのであろうか。つぎにこの点を応永年間の南奥社会の様相と関連させながら考察する。

従来、篠川公方足利満直が陸奥国へ下向したのは三代鎌倉公方足利満兼の就任にともなう応永六年（一三九九）のこととされている。しかしすでに指摘されるように篠川公方の動向は応永二十年代まで知ることができない。陸奥国において篠川公方の存在が確認できる初見史料は『会津塔寺八幡宮長帳』(7)の裏書である。同書は、応永二十一年九月の出来事として会津塔寺八幡宮が会津盆地外まで巻数を送付した場所のひとつに「佐々河陳《(陣)》」を掲げる。しかしそれは三年後の応永二十四年条の紙背に著されたものである。それゆえ正確な初見史料は、応永二十三年条の裏書に著された「さゝかわ《(篠川)》のちん《(陣)》へ山越巻数了」との同年九月の記事といえる。いずれにせよ『会津塔寺八幡宮長帳』の記事以前、陸奥国における篠川公方の動向をつたえた信頼性のある史料は見出せないのである。(8)

これまで足利満直の陸奥下向は、関連史料と判断された『奥州余目記録』に「乙若御さうし《(曹司)》」と幼名で登場するため、幼年期とみなされてきた。しかし同部分の描写はすべて稲村公方家宰の深谷（庁鼻和）上杉氏にかかわるものである。それゆえ同記事は稲村公方の動向を描いたものであり、篠川公方の様相を示すものとはいえない。加えて『鎌倉年中行事』によると「篠河上《(足利満直)》」の元服は、歴代鎌倉公方と同様、海老名氏が御鬢役をつとめたとある。それは足利満直の元服した場所が鎌倉の地であったことを示している。つまり『奥州余目記録』よりも作成年代の古い『鎌倉年中行事』の記述に重きをおけば、足利満直が南奥州へ下向したのは鎌倉での元服後であって、畢竟、これまで想定されている応永六年よりも遅い時期に修正されるべきなのである。

そこでいま一度、これまで『奥州余目記録』に依拠して篠川公方が下向したとされてきた応永六年前後の南奥州の様相を再検討する。

応永六年前後の南奥州では、足利満直の兄稲村公方足利満貞が活発なうごきをみせていた。しかし応永十年代に稲村公方の存在意義は急速に低下した。そして応永二十年、鎌倉府の南奥支配は鎌倉公方への一元化がはかられた。ただしそれは、持氏若年期に乗じた犬懸上杉氏主導の策動であった[9]。これを、応永二十三年の上杉禅秀の乱のさい南奥州における禅秀勢の盟主として篠川公方を推すうごきがあったことに鑑みれば、篠川公方の陸奥下向は、応永十年代以降の犬懸上杉氏主導による鎌倉府の奥羽政策に連関したものであったと考えられる。『会津塔寺八幡宮長帳』にみえた篠川公方の初見記事が、鎌倉府が明確に奥羽政策を転換した翌年の応永二十一年であることもけっして偶然ではあるまい。これらは足利満直の陸奥下向にかかわる問題が、犬懸上杉氏との関係でとらえるべき課題であることを示している。篠川公方の陸奥下向を『奥州余目記録』によって応永六年とみなし、かさねて稲村公方と比較検討するという研究手法をもちいてきた従来の関連論考は、すべて再検討の必要があるといえよう。

こうして下向時期の問題を鎌倉府との関係性からとらえ直すと足利満直は、陸奥国篠川に下向した経緯からして足利持氏との政治的関係が希薄であったといえる。そうした足利持氏との疎遠な政治的関係こそが、のちに篠川公方が鎌倉府体制から離脱し、また室町幕府が篠川公方を登用した要因のひとつであったと評価できよう。

さて、室町幕府が篠川公方重視の態度を明確にしたのは応永三十年のことである。そのころ東国では、足利持氏が上杉禅秀の乱に加担した者たちの討伐をくり返していた。そして同年、足利持氏は、北関東の反持氏勢力に対して大規模な軍事行動にでた。すると室町幕府は、東国にありながら室町幕府とむすんだいわゆる「京都扶持衆」[10]を支援するため、足利満直に鎌倉公方への就任を容認する旨の命令を下したのである。それは同年九月二十四日、室町幕府が斯波大崎満持に送達した「佐々河方(足利満直)、急打二越鎌倉一、可レ致二行沙汰一候由申遣候」[11]との御内書案からわかる。室町幕府は、篠川公方に対して鎌倉に戻って東国を統括することを指示し、斯波大崎氏には篠川公方への合力を命じたのであった。ここに篠川公方は、室町幕府の東国政策における政治的中心核としての位置づけを公式にあたえられたといえる。

篠川公方は当初、この室町幕府からの働きかけに応じるうごきをみせた。すなわち『満済准后日記』（以下『満済』と略）応永三十一年正月二十四日条に「佐々河殿（足利満直）、関東へ進発事先御領掌候也、則公方様へ御内書御請可レ被二申入一処、一陣於も被レ召、其後自二陣中一請文ハ可レ被二進上一候」とみえ、みずから出陣することを明言し、室町幕府への完全な従属姿勢を示したのである。ところが当時の篠川公方には、いまだ南奥州さえ糾合するだけの影響力もなく、そうした行動をとることはできなかった。南奥州で最大勢力の白川（白河結城）氏が[12]、このときにはまだ親鎌倉府の立場だったからである。しかし篠川公方は、そうした室町幕府との政治的関係を[13]、むしろ南奥州における立脚基盤の構築、ならびに南奥社会での政治的主導権の掌握に利用したのであった。

それは、正長元年（一四二八）の南奥争乱を契機とした白川氏と篠川公方の関係進展の状況から知ることができる。同年、白川氏はにわかに近隣の国人石川氏と交戦し、石川氏本宗家の石川義光を攻殺した。そのとき篠川公方は、白川氏に「石川駿河守（義光）事、以二私了簡一令二退治一之条神妙候[14]」との書下形式の文書を発給し、その正当性を承認した。そして白川氏一族に対して石川荘内での知行充行をおこなったのである[15]。つまり篠川公方は、いわゆる南奥争乱に乗じて白川氏との政治的関係を整えたのである。さらに篠川公方は、南奥争乱を契機として白川氏と対抗関係にあった石川氏庶流の掌握までも試み、篠川公方への従属姿勢をみせる石川氏庶流もあらわれた[16]。ここに篠川公方は、南奥州の在地領主から甥鎌倉公方足利持氏や兄稲村公方足利満貞にかわる政治的立場をもとめられるにいたったと評価できる。室町幕府による篠川公方重視の姿勢は、結果として当初の室町幕府の意図とは若干異なる篠川公方の政治的位置を創出したのであった。

しかし南奥州でこうした事態が推移していた同年正月、京都では五代将軍足利義量につづいてその父足利義持も死去した。そして足利義教が新将軍に就任すると、義教個人は篠川公方重視の姿勢をとりつづけるが、遠国無為を政治基調とする幕府中枢諸大名の意向や、幕府内で政治的存在感をました三宝院満済の持つ篠川公方観も影響し、篠川公方と室町幕府の関係は複雑な展開をみせたのである。

二　篠川公方と義教期室町幕府

義教期室町幕府と篠川公方の関係が変化してゆく事の発端は、白川氏と石川氏の抗争にある。このとき攻殺された石川義光の子息石川持光は、白川氏が篠川公方や室町幕府とむすんでいることに対抗し、鎌倉府に支援をもとめたのである。すると鎌倉公方足利持氏は、下野国の那須氏一族の内訌に乗じて鎌倉府勢を北関東にすすめ、那須氏と姻戚関係にあった白川氏に対しても圧力をかけたのであった。

こうした事態に篠川公方は東国情勢を室町幕府に注進し、『満済』正長二年七月二十四日条に「篠河（足利満直）以下奥輩ヲ退治シテ京都ヘモ可二責上一結構云々、爾者身上（足利満直）大事又京都（足利義教）御大事也、早々可レ有二御合力一」とあるように、やや横柄な物言いながら室町幕府勢の関東出兵をもとめた。それに対して新将軍足利義教は、同日、篠川公方が要請した関東出兵の可否を諸大名に諮問した。足利義教は、ここに本格的な東国政策に乗りだしたのである。

この日以降の東国政策に関連した室町幕府におけるいわゆる重臣会議の論議の推移は、本章と考察の目的は異なるがすでにその経緯が詳細に復元されている(17)。そこで本節では、その過程における篠川公方の言説や行動、幕府総意の決定に少なからぬ影響力をおよぼした三宝院満済の篠川公方観などを中心に、『満済』によってその要点を跡づけることとする。

正長二年七月二十四日条には、室町幕府中枢諸大名（畠山満家、斯波義淳、細川持之、山名時熙、赤松満祐、一色義貫、能登畠山満則、阿波細川満久）のうち、十日前に家督を継いだばかりの細川持之を除く全員からの篠川公方の処遇に関する意見、ならびに満済自身の篠川公方観がみえる。とりわけそこに著された満済の見解は具体的で、①そもそも篠川公方は一戦交えたうえで「難儀」の場合のみ合力を要請するのが筋であること。②篠川公方の「時節可レ然間、早々可レ有二御合力一」との物言いは楚忽であるうえ不審千万であること。③篠川公方からの注進の内容は白川氏からの注進と相違していること。などをあげつつ「篠川（足利満直）、元来関東望候」と篠川公方への不快感をあらわにした。こうした満済の基本的な考えは、同年八月十八日条からもうかがえる。すなわち満済は、室町幕府に従属した白川氏朝が下野国の那須黒羽城に出兵して立籠ったという篠川公方からの注進が届いても、「人ノ大事ヲ請取テ京都御合力事申入条、如何」と述べて白川氏の行動に便乗するかのような篠川公方の態度に不快感と不満をあらわにしているのである。それゆえ同月の室町幕府から篠川公方への返書には、そうした満済の考えが反映されたのであった。総じて満済は、この後も篠川公方に対して政治的不信感をいだきつづけている。

　ただそうした室町幕府の返書に対して、篠川公方は改めて室町幕府につぎのような具体的要求をしている。すなわち同年九月二日条にみえる①足利義持の時代と同様、足利義教からも「関東政務御内書」を拝領したいこと。②親鎌倉府勢力の結城・千葉・小山氏、ならびに武蔵・上野一揆に対して篠川公方に従属することを命ずる「御内書」を頂きたいこと。の二ケ条である。この篠川公方の要求について足利義教は、ふたたび諸大名に諮問した。そして足利義教は、このとき斯波・畠山らが反対意見を述べたにもかかわらず山名・赤松らの賛成意見を採用し、篠川公方が要求した両条を認めることと決したのである。このとき満済は、すでに下野国那須での合戦がはじまっていたため一転して足利義教に同調した。これは篠川公方に対する満済の態度が軟化したともうけとれる。しかし同八日条には「余意見」にもとづいて種々が決定したとわざわざ著している。このことから満済はおそらくみずからの真意とは異なる政治判断を下したのであろう。

　しかしながら室町幕府内での意見対立という内情を知らない篠川公方にとって、ここで改めて「関東政務御内書」が発給されたことは大きな意味をもった。それは篠川公方が、かつて義持・義量期に認められた政治的立場の継続確認にすぎないであろう「関東政務御内書」を待ちわびていたかのように、翌十月ただちに南奥州で多くの文書を発給していることからもわかる。(18) ここに篠川公方は、この再度の「関東政務御内書」を梃子とした施策を一気に展開したことが明らかとなる。しかしそれは室町幕府の権威を背景としなければ自己の政治経済基盤を維持・拡大できなかった篠川公方の限界をすでに露呈しているともいえる。

なお、こうした室町幕府における篠川公方の立場とて政治情勢の推移とともに刻々と変化するものであった。関東出兵を目論む足利義教は永享二年（一四三〇）二月二十四日、「就二篠河(足利満直)申状一、両三ヶ国(駿河・信濃・越後)御勢事、近日可レ令レ発二向関東一歟」と、ふたたび篠川公方の言説をひきあいに室町幕府勢の関東出兵を諸大名に諮問した。ところが二十五日、今度は「諸大名意見、楚忽ニ御勢仕事不レ可レ然由一同申入」と、諸大名は一致してこの提案を否決したのである。背景には、翌三年七月十九日、室町幕府と鎌倉府のあいだで成立する二回目の和平協定へのうごきがすでにはじまっていたことが関係している。それは斯波義淳・細川持之・満済が同二年六月末、篠川公方に対して関東使節の上洛を予告する「状」の準備を進めていることからもうかがえる。すでに前年の同元年十一月九日、満済は「自二関東一万一重而使節進之時、可レ有二御対面一候哉否」と、応永三十一年の一回目の和睦につづき再び鎌倉府から関東使節が上洛する可能性をほのめかしていたが、果たしてその予想が現実のものとなったのである。

いずれにせよ諸大名はこのとき将軍義教と関東使節の御対面を実現させる方向でうごきだし、そうした意向を篠川公方に対して斯波義淳・細川持之・満済から伝えていた。そして同二年九月四日、篠川公方から「御対面事不レ可レ然也、乍レ去諸大名可レ有二御対面一由意見申入上ハ」と関東使節との御対面をしぶしぶ了承するとの返信が届いた。しかし将軍義教その人はこの御対面に消極的だったとみられる。同月十日には「佐々川(足利満直)心中未二分明一間、所詮サハサハト御対面有無被レ申様、管領(斯波義淳)・右京大夫(細川持之)幷予(満済)状等可二下遣一」と、あらためて斯波・細川・

満済の三名に篠川公方へ書状をつかわすよう指示したのであった。これは関東使節との御対面に消極的であった足利義教が、篠川公方の存念をかさねて確かめることを口実として時間稼ぎをはかったものととらえられる。『満済』紙背文書には、そのとき満済が義教に承認をもとめた書状の草案が残されている。足利義教は、満済が提案した書状案の「白川以下御扶持事、努力〱不レ可二相替一候」[19]という篠川公方に付与する政治的立場をあらわす文言に難色をしめした。そして「白河・佐竹・那須両三人殊可レ有二御扶持一由可レ被レ入二此御案文一」[20]と、南奥州に加えて北関東まで含めた篠川公方の立場を明示するよう指示したのであった。これは、ひとつには南奥州から北関東にまたがる地域に篠川公方を中心とする政治秩序を構築しようとの足利義教の構想を示している。そしていまひとつは、篠川公方から新たな要求をひきだして御対面拒否の口実をつくりだそうとする足利義教の思惑と表裏一体の策動であったといえる。ここに室町幕府における篠川公方の政治的位置づけは、将軍義教個人の意向と、遠国無為を基調とする諸大名の考えでは相違していたことがなお一層鮮明となる。

さてこのときの篠川公方からの返書には、三ケ条にわたる鎌倉府批判とともに、義教の意向をくむかのように篠川公方による新たな要求が著されていた。すなわち「関東ヨリ罰状」の提出を条件に御対面を容認するという翌三年三月二十日の記事である。すると案の定、足利義教は三月中旬から四月上旬にかけて、この篠川公方の言説を利用するかたちで鎌倉公方の「罰状」提出が関東使節との御対面の条件であると主張しはじめたのである。

これに対して管領斯波義淳は、そうした罰状を提出させることには一貫して反対の態度をとりつづけた。しかし足利義教は罰状提出にこだわりつづけた。そして罰状の具体的内容まで指示している。四月十一日・十三日条によればその条件とは、①鎌倉府は那須・佐竹・白川への軍事行動を停止すること。②宇都宮等綱の政治復帰を認めること。③篠川公方の立場を特別に保障すること。の三ケ条であった。

結局、この罰状提出は管領斯波義淳の執拗な反対にあって、①関東使節を通じて鎌倉公方にこの三ケ条の告文を提出するよう伝達させること。②在京中の関東使節二階堂氏からはこの三ケ条の告文を提出させること。を条件として永享三年七月十九日、関東使節との御対面がなされ二回目の和平協定が成立した。背景には、九州情勢の悪化、宿老畠山満家・山名時熙、満済らの強い要請があったといわれる。ただし足利義教は、御対面を終えた翌日以降、かつて畠山満家が三月二十三・二十四日に提案したつぎのうごきをとりはじめた。すなわち諸大名から篠川公方に書状を送らせて事情を説明させ、またみずからも御内書を著して諸大名による要請を前面におしだしつつ弁明するというものである。このとき義教が満済に作成させた御内書の草案が『満済』同三年七月二十四日条の本文に控えられている。

関東使節対面事、大名共頻申旨候間無レ力去(七月)十九日令ニ対謁一候キ、其子細先度且申了、仍義淳(斯波)・道端入道(畠山満家)以下以ニ書状一申入事候哉、委曲期ニ返報一候也、

七月(永享三年)、、　　　　、、(足利義教)

右兵衛佐殿(足利満直)

『満済』の本文には文書が一〇五通ほど引用されている。(21) しかしそのほとんどは宗教関係のものであり政治的内容の文書はきわめて珍しい。それだけに篠川公方への対応をめぐるこの問題が、室町幕府において非常に重要な政治問題であったことを示している。そして客観的にみれば篠川公方は、足利義教が企図した東国政策を諸大名にみとめさせるための代弁者の役割を演じさせられていたにすぎないと評価できる。つまり右の篠川公方宛御内書は、表向きは義教の篠川公方に対する弁明の御内書だが、実質的には義教が諸大名に対する政治的体面を保つ役割を担っていたとみるべきであろう。

いずれにせよ御対面以後の諸事象は、あくまでも足利義教と諸大名の関係においてのみ意味をもつ手続きだったのではなかろうか。それを示すかのように義教が関東使節との御対面を果たしてこの問題が解決すると、『満

済』には篠川公方に関する記述がほぼみられなくなる。篠川公方の政治的立場は、あくまでも室町幕府側の政治情勢に左右されて推移するまったくの自立性を欠いた脆弱なものだったのである。

三　篠川公方府の構造

篠川公方は、永享三年の室町幕府と鎌倉府の和平交渉の決着以後、室町幕府での政治的位置を著しく低下させた。それは篠川公方が、いわゆる遠国無為を政治基調とする諸大名や三宝院満済から、鎌倉公方足利持氏に対抗する存在としての必要性を政治的に認められなかったためといえる。これは、かつて義持・義量期に「佐々河（足利満直）方、急打二越鎌倉一、可レ致二行沙汰一」と要請された時代にくらべると、義教個人の意思はともかく、諸大名の合意を経た幕府の総意としては格段にその位置づけが低下したといえる。そして篠川公方の側もこうした室町幕府の姿勢に対して東国政策を変更させるだけの実力を持っていなかった。それは、南奥社会における篠川公方の政治的立場や組織構造の問題と密接にかかわるものであったとみられる。そこで本節では、篠川公方の政治経済構造の実態が一体いかなるものであったのかについて、構成人員と経済基盤の分析によって明らかにする。

はじめに篠川公方府の構成人員の検出をおこなうこととする。

まず篠川公方の家宰は「高南民部少輔[22]」であった。その名は『足利将軍御内書并奉書留』に足利満直への披露状の宛所としてあらわれる。高南氏は、鎌倉府成立後は鎌倉府奉公衆であったとみられる[23]。しかし室町期の詳細な動向は不明である。それゆえ高南氏が一体なぜ篠川公方の家宰に抜擢されたのかも不明といわざるをえない。篠川公方の南奥下向を主導した犬懸上杉氏との政治的関係や、足利満直の生母が高南氏出身であったことなどが想定されるのみである。しかし足利満直に先行して南奥州に下向した稲村公方の家宰が深谷（庁鼻和）上杉氏で、鎌倉府に准じた「足利―上杉氏体制」であったことにくらべると、篠川公方府が「足利―高南氏体制」であったことは、のちに足利満直が鎌倉府体制と袂をわかつ素地のひとつであったとみることができる。なお永享二年三月三日、「高伊予守」に「朝夕致二佐々川（足利満直）奉公一（中略）弥可レ被二忠節一者也」[24]との文書が発給されている。この「高伊予守」は、それを官途転任とみるか、あるいは家督継承ととらえるかで伊予守と民部少輔が同一人物か親子かの判断がわかれる。しかしいずれにせよ篠川公方府は、永享十二年の滅亡まで「足利―高南氏体制」によって運営されたのである。

なお篠川公方の居館が、陸奥下向とともに大きく普請作事されたとみる向きには[25]、後述の経済的側面の問題からみて検討の余地がある。のちの堀越公方の事例などに鑑みれば[26]、公方居館の想定敷地内にあった既存寺院などの諸施設を接収・改良してそこに居住したとみるのが穏当であろう[27]。

つぎに、篠川公方の居館に伺候していた人物の検出作業をおこなう。

第一は、「佐々川（足利満直）殿様御祗候之由承候」とある文書の宛所にみえる「小栗殿」である[28]。この「小栗殿」の詳細は不明だが、応永三十年の常陸小栗氏の乱で足利持氏に討伐された小栗氏一族中の人物とみて間違ない。つまり篠川公方の居館には、足利持氏によって討伐された東国武家の一族出身の者たちが伺候していたのである。

第二は、宇都宮藤鶴丸（のち等綱）である。将軍義教は永享元年十月二十六日、足利満直に「宇都宮藤鶴丸、属二御（足利満直）手一可レ致二忠節一之由申候、別而被レ加二御扶持一候者、本意之状如レ件」[29]との御内書を発給し、宇都宮藤鶴丸の扶持を命じている。宇都宮藤鶴丸は応永三十年、父宇都宮持綱が足利持氏によって討伐され、下野国から没落した宇都宮氏嫡流の遺児であった。つまり宇都宮藤鶴丸も小栗氏とおなじ経緯によって篠川公方を頼り、篠川公方の居館に伺候していたのである。

第三は、陸奥・下野の国人長沼次郎である。彼も「佐々川（足利満直）上様（中略）于レ今祗候仕候」[30]との文書があることから、篠川公方の居館に伺候していたことがわかる。当時の長沼氏一族は二派に分裂しており、長沼次郎の所領は鎌倉公方派である甥彦法師との競合関係にあった。おそらく長沼次郎は、甥彦法師との政治抗争のすえ篠川公方に伺候したのである。

このように篠川公方の居館に伺候した者たちのなかには、足利持氏の討伐や圧力からのがれ、篠川公方を頼った東国武家が検出できるのである。しかし小栗氏、宇都宮氏、長沼氏らの政治環境をみるに、篠川公方を支える在地領主としての政治経済的役割を見出すことは難しい。むしろ、こうした政治経済基盤を足利持氏に奪取・抑圧された反持氏派の東国武家を公方居館に伺候させていたこと自体が、篠川公方をして室町幕府に鎌倉府討伐を執拗に主張させる要因であったといえよう。

こうしてみると篠川公方が政治的立場を整えるために大きな意味を持っていたのは、南奥州の在地領主であったといえる。そこでつぎに篠川公方を中心とする政治秩序を容認した南奥国人層を検出する。

第一は、南奥州最大の在地領主白川氏とその一族である。篠川公方は、白川満朝(31)・白川氏朝(32)ら白川氏本宗家の新旧当主に加えて、その庶流の小峰朝親に対しても知行充行をしている(33)。これは正長元年の南奥争乱の過程で、白川氏一族がその正当性を確保するために一族をあげて篠川公方を推戴したことが関係している。そのうえで白川氏朝は、後顧の憂いなく那須氏支援のため北関東にも出兵したのであった。しかし小峰朝親に対しては、足利義教から「随二佐々河方（足利満直）成敗二」をもとめる御内書が二回発給されている(34)。この点、篠川公方と小峰氏の関係は是々非々であったとみられる。篠川公方と白川氏一族全体の協調関係は、京都の足利将軍も強く望むところであったが、一筋縄ではいかない白川氏一族中の内部事情には留意する必要がある。

第二は、石川氏庶流の者たちである。石川氏の本宗家は、篠川公方の推戴にまわった白川氏と抗争関係にあった。しかし一族中から篠川公方に従属するものがあらわれている。たとえば蒲田氏は「福原之城」での軍事行動を(35)、また板橋氏は「中津河」への「就陣」を(36)、石川氏一族ながら篠川公方勢としておこなっている。これは蒲田・板橋両氏が、南奥争乱において石川氏本宗家とは一線を画し、篠川公方への従属を選択したことを示している。この蒲田・板橋両氏は、かつて稲村公方に従属していた履歴を持つ者たちであった(37)。それゆえこの蒲田・板橋両氏の政治的転換は、当時の南奥社会の変動を特徴づけるものであったといえる。

こうしてみると、篠川公方がひとたび南奥州で主導権を握ることができた背景には、正長元年の南奥争乱を契機として、南奥州の在地領主から推戴される機会を得たことにあったといえる。ただしそれは、南奥支配という類のものではなかった。なぜなら南奥州の在地領主は、鎌倉公方に対抗できる上意を確保できれば、それが篠川公方であれ足利将軍であれいずれでもよかったからである。南奥州の在地領主は、まさに自己の利害関係から篠川公方を推戴していたのであり、厳密な意味では篠川公方の支えにはなっていなかったのである。

ついで、篠川公方府の経済基盤について検討する。

篠川公方の場合、経済基盤の根幹である直轄領を示す史料はほぼ残されていない。御料所として検出できるのは「石川庄内小貫村(38)」のみである。また前述の白川氏一族に充行った土地も、ほぼ石川荘内のものばかりであった。つまり篠川公方は、南奥争乱にかかわる石川氏本宗家からの没収地の獲得と配分だけが、唯一の政治経済基盤を拡大する方法だったのである。しかしそれとてその大部分を、蒲田・板橋氏など従属してきた石川氏庶流や、実際に抗争をくりひろげた白川氏一族にあたえねばならなかった。こうしたことからも篠川公方は、家政運営のための新規の直轄領を獲得することはできなかったのではなかろうか。それを補完するための営為こそが、室町幕府の後援と権威を演出するため執拗に室町幕府との交渉をくり返す篠川公方の行動の真因であったといえよう。

なお室町幕府とのかかわりでひとつ注目されるのは、『満済』永享三年二月二十九日条に「越後国紙屋庄実相院門跡領事、可レ被レ進二佐々河(足利満直)一」とあり、室町幕府が篠川公方に越後国紙屋荘をあたえることを企図していることである。実際に足利義教は、同三月五日、足利満直に「越後国紙屋庄事、可レ有二御知行一之状如レ件(39)」との御内書を発給している。ここでの知行とはあくまでも代官職の付与とみられる。しかし室町幕府が、関東使節との御対面直前に幕府管轄国の越後国で篠川公方に経済得分を充行ったことは、両者関係の多岐性という意味で政治的な意図がみとめられる。

　ところが半年後の同年七月、足利義教が関東使節との御対面を果たすと、そうした篠川公方をとりまく政治情勢は一変した。紙屋荘代官職も当然、室町幕府における篠川公方の政治的位置の低下に連動した推移をたどったのである。すなわち『満済』永享四年三月二十九日条に「越後国紙屋庄事、去年被レ進二佐々河（足利満直）一了、此代官職事、上杉安房守（憲実）関東管領執心事今度初被二知食一了、（中略）、上杉安房守（憲実）、此代官職事直ニ佐々河方（足利満直）へ申入云々、（中略）、所詮安房守（上杉憲実）已執心之由申条無二子細一者、先此庄佐々河（足利満直）代官可二沙汰居一事ヲハ可二相延一歟、重就二安房守（上杉憲実）申状一可レ被レ加二御思案一」とあり、関東管領上杉憲実が紙屋荘代官職を望んでみずから篠川公方と交渉していることを知った室町幕府は、上杉憲実の意向にそって篠川公方の代官職を停止する方向に方針を転じたのである。これは室町幕府が、関東使節との御対面後、東国政策における重要人物を篠川公方足利満直から関東管領上杉憲実に転換したことを意味している。永享三年七月以降の室町幕府における篠川公方の政治的位置の低下は、この越後国紙屋荘の代官職をめぐる一連の推移からも明らかとなる。

　ついで篠川公方の経済動向にかかわるものとして、いわゆる礼銭とのかかわりについて触れておきたい。『蔭涼軒日録』によると篠川公方は、鎌倉建長寺、京都建仁寺、京都臨川寺など五山十刹の公帖発給に関する推挙をおこなうほか(40)、禅僧の各種身分にかかわる推挙をおこなっている(41)。当時の社会慣習に鑑みれば、篠川公方はその過程で応分の礼銭を獲得できたはずである。その金額が篠川公方の家政運営で多く割合を占めたとは考えられないが、そこに一定の政治経済的意義はみとめるべきであろう。

　以上、篠川公方府の構成人員と経済基盤の考察を中心にして、その政治経済構造の実態を明らかにした。結果、篠川公方府の存立のあり方は、室町幕府の後援と権威を演出することによって政治的影響をおよぼすという方法であったことが明確となった。そして篠川公方がこだわりつづけた鎌倉府討伐という主張は、公方居館に伺候していた鎌倉府体制に反発する東国武家からの要望であり、また篠川公方が抱えた種々の政治経済的課題を克服するための唯一の現実的な打開策の提示であったといえる。

四　篠川公方と室町幕府の通交関係

本節では、文書の書札礼やその書き手、伝達の担い手などの視点から篠川公方と室町幕府の関係性を探る。まず室町幕府と篠川公方のあいだの書札礼から考察をはじめる。

室町幕府の書札礼を著した故実書は、『細川家書札礼』や『大館流書札記』が著名である。(42) しかしこの両書には篠川公方にかかわる規定は記されていない。篠川公方の書札礼に関する記述がみられるのは、つぎに掲げた『和簡礼経』(43)座右抄四のみである。

一、御一族、或、家子等へ
　　太刀一腰到来候畢、喜悦候也、
　鎌倉殿
　佐々河殿（足利満直）
　　AB何々給候、喜入候　状如㆑件A、或、何々進之候、B
　奥州探題（斯波大崎氏）、以下皆、太刀一腰遣㆑之候也、
　　諸所へ被㆑下候物も悉遣㆑之候也、

『和簡礼経』には、篠川公方にかかわる書札礼として傍線A・Bの二形態が掲げられている。ただし同書は、

足利義昭に仕えたという室町幕府奉公衆曾我尚祐が近世になってから著したものである。それゆえこの記述を信ずるには、この書札礼が室町時代に実際に運用されていたのか否か、現存する種々の御内書案と照合作業をおこなう必要がある。そこでその照合作業をおこないたい。

まずA形態の文書は、永享六年六月二十八日、足利義教が子息義勝の誕生祝の返礼として篠川公方に送った御内書案に「太刀一腰・馬一疋黒給了、喜入候、太刀一振進之状如レ件」(44)とある。その運用が確認されよう。そしてB形態についても、篠川公方宛の「白鷹二連給候、自愛不レ斜候、仍太刀一腰・腹巻一領白糸進候也」(45)との御内書案が残されている。このことからB形態も実際に運用されていたことが確認できる。この点、『和簡礼経』座右抄四の記述内容の信頼性が確認される。

右の結果は、『和簡礼経』座右抄四に著された篠川公方の身分格式にかかわる記述の信頼性も示すことになる。そこで、同書に著された篠川公方の身分規定について室町幕府の身分秩序の観点から若干触れておく。『和簡礼経』座右抄四の書札礼は「鎌倉殿」と「篠川殿《(足利満直)》」が同格の身分格式としている。前述のように義持・義量期室町幕府は、ひとたび足利満直を鎌倉公方の地位に据えようと画策した。ただしそれが実現することはなかった。しかし室町幕府はあくまでも身分秩序のうえでは篠川公方と鎌倉公方を同格とみなし、奥州探題以下とは明確に区別していたのである。篠川公方の歴史的意義は、この点からも改めて重視されるべきであろう。

ついで、御内書の書き手について考察する。

まず『満済』正長元年十月二日条の「佐々河殿《(足利満直)》御書計ハ御自筆也」との記述が注目される。ここに足利義教は将軍就任当初、篠川公方に対する御書を自筆で著したことが明らかとなる。この将軍自筆の御書は篠川公方との初度の通交にともなう礼儀作法とみられるが、いずれにしても将軍就任当初からの足利義教の篠川公方に対する好意的姿勢の鮮明さが浮きぼりとなる。

しかし将軍みずからが筆をとるのはやはり特別なことであった。一般的な返礼の書などの場合は右筆がこれにたずさわっていた。右筆については『満済』同二年六月三日条に「奥佐々河方《(足利満直)》へ御内書（中略）伊勢守《(伊勢貞経)》書二出之一」とみえる。篠川公方への通常の御内書は、幕府政所執事伊勢氏がこれを著していたのである。それは『昔御内書符案』という元来は伊勢氏系統の引付史料であった故実書のなかに篠川公方関係の御内書案が多く残されていることとも符合する。[46]ところがそれも変容してゆく。『満済』同年七月二十六日条に「篠河殿《(足利満直)》へ御内書被レ遣レ之、今度奉行飯尾大和守《(貞連)》書レ之、先々伊勢守《(伊勢貞経)》也」とあり、右筆は幕府奉行人飯尾氏に変更されたのである。この理由は、広くはこの時期の幕府奉行人の役割拡大と関係していよう。しかしいまひとつの理由として、当時の政所執事伊勢貞経が足利義教と不和で、翌永享三年八月、将軍誹謗のかどで罷免されたこととの関連が考えられる。つまり篠川公方に関する御内書の右筆の変化は、用途や時系列で単純に理解すべきものではないのである。なぜなら、こののちも篠川公方に対する義教自筆の御書がたびたびみえるうえ、つぎに考察する伝達の担い手の問題からも再検討を要するからである。

室町幕府と各地の武家をつなぐ諸大名の役割は取次と呼びならわされ、篠川公方の場合は細川氏がその担い手であった。[47]これは、『昔御内書符案』とともに篠川公方関係の文書案を多く載せる『足利将軍御内書幷奉書留』の著者が、細川氏内衆の安富元盛であることからも首肯できる。そしてこの取次は、諸大名の家督が相承して引継ぐものであった。

たとえば篠川公方の場合、「親《(細川満元)》候者事委細蒙レ仰候（中略）向後不二相替一可レ奉レ憑候」[48]と細川満元の死去とともにその子息細川持元にうけつがれた。そしてさらに『満済』正長二年七月十七日条に「右京大夫《(細川持元)》事（中略）御周章此事也、次佐々川殿《(足利満直)》（中略）自二中務少輔《(細川持之)》方一忩以二飛脚一不二相替一京都様《(足利義教)》事可二申沙汰一」と、細川持元の急死とともにその弟細川持之に引継がれている。

従来こうした細川氏と篠川公方の関係は、幕府中枢の諸大名が各地の諸勢力に対する取次を分担専務していたという室町幕府の地方統制策と合致することから、まさにその典型的な事例と評価されている。しかし室町幕府と篠川公方のあいだの通交関係を通覧すると、以上のように単純化して理解することには問題がある。なぜなら、それではつぎに掲げた『満済』永享三年三月二十日条の説明がつかないからである。

閏十一月廿七日以二石橋左衛門佐入道（信乗）状幷使節一佐々河（足利満直）へ重被二仰出一趣、則被レ載二御自筆御書一了、其御書趣、如二佐々河（足利満直）被レ申、白河・佐竹・那須・宇都宮藤鶴（等綱）事等三ヶ条、自二関東（足利持氏）一以二罰状一被レ申者使節ニ可レ有二御対面一由已仰定了、如レ此乍二卒爾一被二一決一上ハ、自二関東（足利持氏）一罰状無レ之ハ使節御対面事不レ可レ在由為二管領（斯波義淳）一可レ召二仰二階堂（盛秀）一云々、自二佐々河（足利満直）一状二通永享二閏十一月八日・同三正月廿九日石橋方へ状、賜レ之了、

これは永享三年の和平交渉にかかる関東使節の上洛時、御対面の条件をめぐって足利義教と諸大名のあいだで意見調整がつかなかったときの最終局面に関する記事である。この記述によると足利義教は、篠川公方からの取次である細川氏を経ず、石橋氏を通じて二回にわたって極秘に篠川公方とのやり取りをおこなっているのである。ここで足利義教が細川氏ではなく石橋氏を通じて篠川公方とのやり取りを直接おこなった理由は、①義教がこの事実を四ケ月ものあいだ満済にさえ秘密にしていたこと、②その内容が「乍二卒爾一被二一決一」と義教の独断であったとみられることなどから、これが諸大名や満済との意見調整を経ていない将軍私個人の意思を伝える政治的意志があったためといえる。

それは、これを伝達したのが細川氏ではなく石橋氏であったことからうかがえる。このとき京都石橋氏家督の石橋信乗は、将軍主催の月次連歌会の構成員に選ばれていた。義教個人との人間関係を判断するさい月次連歌会の構成員に選ばれていることの重要性はすでに指摘されるとおりである(49)。つまり石橋信乗は、御一家の身分格式をもって足利義教に近侍し、さらに個人的にも義教ときわめて親しい政治的立場にあった人物だったのである。

そのうえ石橋氏は、一族庶流が陸奥国塩松に在地領主として展開しており、かねてから南奥州とのかかわりも深いものがあった(50)。

こうしてみると細川氏などの諸大名による取次というのは、あくまでも幕府中枢の合議を経た総意や、各取次の意にかなった事項を伝達することが本義であったといえる。それゆえ将軍個人の意見が諸大名の総意や取次の意向と異なっていた場合、細川氏のような正式の伝達経路は意図的に回避され、将軍個人の人間関係と地縁・族縁から石橋氏を介した伝達経路が政治的に選択されたといえる。ここに内々と外様・公儀、あるいはその補完行為という範疇ではとらえきれない問題がうかびあがる。これはおそらく、のちに上意がそのまま下知としてたちあらわれる将軍義教個人の意志下達法の萌芽ととらえることができる(51)。そしてそれが、京都から遠くはなれた陸奥国とのあいだでも機能し、活用されていたことの事実をここでは指摘しておきたい。

五　篠川公方の滅亡

永享三年の関東使節との御対面問題以後、篠川公方はしばらく関連史料にその記述がみえなくなる。わずかに貢馬や(52)、足利義勝誕生祝など(53)、室町幕府との贈答儀礼に関する記述がみられるのみである。これは、室町幕府内における篠川公方の政治的位置がいちじるしく低下したことを意味している。

しかし義教個人は、山門騒乱などによって室町幕府と鎌倉府の関係が揺れうごくたび、室町幕府の東国政策のなかに篠川公方を位置づけようと画策した。たとえばそれは、『満済』永享六年十一月三日条に「自ニ関東（足利持氏）一（中略）万一楚忽沙汰候者、相構為ニ篠河（足利満直）一可レ被レ致ニ合力一」とある上杉憲実への伝達記事からうかがえる。そしてまた篠川公方もこうした義教のうごきにかならず応え、『蔭凉軒日録』翌七年九月二十二日条に「佐々河（足利満直）状之事伺レ之」とあるごとく関東情勢を京都に注進するのであった。この報に接した足利義教は、同日ただちに

「佐々川（足利満直）」注進にもとづいて信濃守護小笠原政康へ御内書を発給している。[54] 足利義教と足利満直は、その思惑や意図は異なれども仮想敵を共有し、鎌倉府討伐という政治的方向性では一致していたのである。ただしこの永享七年、室町幕府と鎌倉府が大規模な軍事衝突にいたることはなかった。しかし三年後の永享十年、その関係はついに破綻した。いわゆる永享の乱である。

永享の乱における鎌倉公方足利持氏征討のさい東国における合戦を実質的に主導したのは関東管領上杉憲実であった。しかし形式上、室町幕府はあくまでも篠川公方に南奥州・北関東における室町幕府勢の中心核としての政治的役割をもとめたのであった。それは同年八月一日、管領細川持之から篠川公方家宰高南氏に対して「相二催郡御勢一」[55]ことをもとめる書状が発給されていることからもわかる。そして、これに対応させるかたちで細川持之から南奥州の石橋氏、伊達氏、葦名氏、白川氏、二階堂氏、石川一族中、懸田氏、猪苗代氏、田村氏、安住（積）氏、川俣氏、小峰氏らに対して「属二佐々河殿（足利満直）御手一、可レ被レ致二忠節一」[56]との書状も発給されている。さらに北関東の「常陸小田一族中」宛の同内容の管領細川持之奉書も伝存している。[57] 篠川公方は、義持・義量期にくらべて期待される政治的役割は縮小したが、それでもその身分格式にもとづく反鎌倉府勢力の中心核としての役割が室町幕府からもとめられたのであった。それは、『看聞日記』永享十年十月十日条に「錦御旗ハ篠河殿（足利満直）被レ給」とある、室町幕府から錦御旗を授けられた篠川公方の身分格式に集約されよう。[58]

しかし前述したように篠川公方は、身分格式における政治的立場の高さにもかかわらず実質的な影響力はきわめて脆弱であった。それは篠川公方に南奥武家の糾合をもとめた管領細川持之自身が、一方では「奥方事、無二心元一存候」[59]と篠川公方を不安視する文書を残していることからもわかる。ここに永享の乱における篠川公方の政治的立場の高さとは、あくまでも足利義教個人の志向性にもとづくものであり、管領細川持之でさえその実力には疑問を持たざるをえないものであったと評価できる。篠川公方への期待と実態は乖離したものだったのである。

それは永享十一年閏正月二十四日、足利義教が小笠原政康に発給した「持氏《（足利）》誅伐事（中略）為二用心一被レ仰二佐々河《（足利満直）》・武田刑部大輔入道《（信重）》等一」との御内書からもうかがえる。(60) これは足利義教が、鎌倉永安寺に幽閉した足利持氏の攻殺にあたって、篠川公方足利満直と甲斐守護武田信重の両人に相応の期待をよせていたことを示している。しかしここで足利満直とともに名のあげられた武田信重は、かつて上杉禅秀の乱のとき甲斐国を追われて京都に上洛し、この年まで室町幕府によって保護されていた身であった。(61) 武田信重はこのとき甲斐守護として関東に下向したばかりで、いまだ実質的な成果はなにもあげていなかったのである。つまり篠川公方足利満直と甲斐守護武田信重の両人は、はからずも足利義教の個人的な志向性によって実力とは関係なくその政治的立場を獲得していた人物だったことになる。実際に篠川公方は、これまでみたような室町幕府による一連の働きかけにもかかわらず、永享の乱やそれにつづく結城合戦に出陣し主導的役割を果たした徴証はないのである。

永享の乱から結城合戦へと室町幕府の関東征討がつづくなか、篠川公方は永享十二年、結城合戦の政治的混乱のなかで旧鎌倉府体制に従属しつづける南奥国人層によって滅ぼされた。それは結城勢にくみした沙弥禅元なる人物が、南奥国人石川持光に宛てた「就二佐々河《（足利満直）》上様御事一委細承候、中々是非を不レ及レ申候、面々御忠節目出候」との書状から明らかとなる。(62) 石川持光は、かつて南奥争乱において父石川義光を白川氏に攻殺され、鎌倉公方と稲村公方を頼った人物であった。また同文書には「郡々面々御忠節無二是非一候」との記述もある。これによれば篠川公方の襲撃には、石川持光のほかにも多くの南奥国人層が関与していたことがうかがえる。ここに篠川公方は、そうした南奥国人層の動静把握とそれへの対応がまったくできない存在となっていたことがわかる。このとき篠川公方は、すでに南奥州での政治的混乱においてみずからの身体生命さえ守れないほどその力を失っていたのである。

おわりに

以上、篠川公方の動向を中心として、室町幕府との関係の変遷や、篠川公方府の組織構造、南奥社会における位置づけなどについて考察を加えてきた。

篠川公方の政治的立場の推移は、従来、鎌倉府体制への従属から親室町幕府への転換と理解されている。しかしそれはいささか不正確である。正確には、関東管領犬懸上杉氏の主導による鎌倉府体制における存立から親室町幕府への転換とすべきである。つまり従来の研究には、前章の稲村公方研究において指摘した奥羽における犬懸上杉氏の政治的位置という視点が欠落しているのである。そうした犬懸上杉氏と山内上杉氏の政治路線の相違を腑分けせず、奥羽への視線を欠いた関東管領論からでは、東国武家社会の深層は照射できない。このことは、鎌倉府体制下における南奥州の上部権力論も篠川・稲村両公方論に単純化すべきではないことを意味する。したがって篠川公方と稲村公方を対比するという旧来の研究手法にも疑問を呈せざるをえない。とくに篠川公方の下向時期に関する問題について厳密な史料批判なく『奥州余目記録』をもちいた旧来の諸論考は、すべて再検討の必要があろう。

室町幕府が篠川公方を登用した背景には、篠川公方の陸奥下向をめぐる歴史的経緯、鎌倉公方との政治的距離、篠川公方自身の意志など、複数の要因がみとめられる。ただし篠川公方は、ひとたび鎌倉公方に据えようとした室町幕府の期待にもかかわらずそうした実力を持ちあわせていなかった。実際には、室町幕府の影響力を逆に利用して南奥州をかためるだけで精一杯であった。しかし篠川公方は、室町幕府の後援と権威を演出することによって存立するだけの存在にもかかわらず、歴代足利将軍から鎌倉公方と対等の身分格式をあたえられ、永享の乱では錦御旗が授けられた。この点、いわゆる「京都扶持衆」には階層関係がみとめられ、篠川公方とその他の

「京都扶持衆」を包括的に論じることには躊躇を覚える。

篠川公方は、足利持氏によって所領を奪われた東国武家を公方居館に伺候させており、そのことに自身が規定されていた。篠川公方府には、奥羽両国の武家による在篠川制度は存在せず、また篠川公方府奉公衆とよべる組織も存在しなかった。そのうえ南奥州最大の在地領主白川氏一族との関係も従属関係とはいい難いものであった。このことは、『満済』にみえる篠川公方の記事の多さをもって南奥州における篠川公方の実際の影響力と判断することが不適切であることを示している。

また政治経済的な基盤が脆弱であった篠川公方は、みずからの権威を演出するため、居館に伺候する東国武家の要求を室町幕府に対して主張しつづけた。つまり篠川公方は、ある意味では彼らの要求実現を自己の存在理由に利用したのである。これをもって篠川公方が鎌倉公方の座を欲したと表現するのは表層的理解にすぎよう。室町幕府おける篠川公方の位置づけも、義持・義量期と義教期では異なり、また足利義教と諸大名のあいだでも異なるものであったことを見逃してはならない。時系列での緻密な検討が必要なのである。

室町幕府は、書札礼においても篠川公方と鎌倉公方を対等に位置づけていたことが確認できる。ただし室町幕府と篠川公方をむすぶ取次の役割とは、あくまでも正式な通交で機能するものであったといえる。取次の役割とは、足利将軍を直接の宛所とする書状が発給できないという、書札礼の問題に起因する側面があったと考えるからである。そうした観点からみれば、取次が公式の通交でしか機能せず、将軍の私的な通交が別に存在するのは当然のことである。このことは、複雑な政治情勢を把握するためには社会規範にも細心の注意をはらって通交の担い手の動向と意味を微細にとらえることの重要性を喚起している。

義教期室町幕府の東国政策は、諸大名の総意が鎌倉公方との融和路線を志向し、さらには篠川公方足利満直よりも関東管領上杉憲実との関係を重視するにいたった。上杉憲実という鎌倉府中枢に位置する人物との関係獲得によって、室町幕府における篠川公方の存在意義は名実ともに低下した。それは、越後国紙屋荘の代官職をめぐる様相にもあらわれている。そして篠川公方は、その実力のなさゆえ鎌倉府滅亡にともなう結城合戦の混乱に乗じて、旧来からの親鎌倉府派の南奥国人に襲われて滅亡したのである。室町幕府の東国政策は、既存の在地勢力をいかに統合するかに力点をおいており、篠川公方を育成する意思などなかったのである。篠川公方を特別視した足利義教も、みずからの東国政策を実現する手段として篠川公方の言説や存在を利用していたにすぎなかった。それは足利義教が、永享の乱後、篠川公方ではなく自身の子息を新鎌倉公方として東国に派遣しようと速やかに政策転換していることからも明らかである(63)。

なお本章の課題として、篠川公方と奥州探題の関係の検討を残した。篠川公方は、陸奥下向当初から鎌倉公方との関係が疎遠であったことが想定される以上、篠川公方と奥州探題を対立的にとらえてきた旧来の論考には再検討の余地があると考える。それらは新たな課題としたい。

（1）渡辺世祐『関東中心足利時代之研究』（雄山閣、一九二六年）、渡部正俊「足利満貞小考」（『福大史学』四、一九六七年）。

（2）『福島県史』第一巻原始・古代・中世通史編一（文責渡部正俊・小林清治、一九六九年）。

（3）右掲の論著のほか、『郡山市史』第一巻原始・古代・中世（文責若松富士夫、一九七五年）、柳沼儀介編『奥州篠川御所』（郡山地方史研究会、一九七五年）、伊藤喜良「国人の連合と角逐の時代」（『中世国家と東国・奥羽』校倉書房、一九九九年、初出一九七八年）、垣内和孝「篠川・稲村公方と南奥中世史」（『室町期南奥の政治秩序と抗争』岩田書院、二〇〇六年、初出一九九六年）、小豆畑毅「稲村・篠川両公方と民部少輔朝宗」（小林清治編『中世南奥の地域権力と社会』岩田書院、二〇〇一年）、高橋明「稲村殿満貞と篠川殿満直」（『福大史学』八二、二〇一三年）がある。

（4）稲村公方に関しては、右掲の論著に加えて渡部正俊「篠川・稲村御所をめぐる歴史の展開（上）」（『福島史学研究』復刊二二、一九七六年）、江田郁夫「鎌倉府による奥羽支配について」（『室町幕府東国支配の研究』高志書院、二〇〇八年、初出一九八六年）、拙稿「稲村公方と南奥社会」（『国史学』一七九、二〇〇三年、本書第二編第一章）がある。

（5）今谷明「室町幕府の評定と重臣会議」（『室町幕府解体過程の研究』岩波書店、一九八五年、初出一九八四年）、筧雅博「「内々」の意味するもの」（網野善彦編『ことばの文化史』中世四、平凡社、一九八九年）、羽下徳彦「戦国通交文書の一側面」（『中世日本の政治と史料』吉川弘文館、一九九五年、初出一九九四年）、家永遵嗣『室町幕府将軍権力の研究』（東京大学日本史学研究叢書、一九九五年、二三四〜二四一頁）、本郷和人「『満済准后日記』と室町幕府」（五味文彦編『日記に中世を読む』吉川弘文館、一九九八年）、川岡勉「室町幕府―守護体制の権力構造――上意と衆議の関わりを中心に――」（『室町幕府と守護権力』吉川弘文館、二〇〇二年、初出二〇〇〇年）、桜井英治『室町人の精神』（講談社、二〇〇一年）、河村昭一「管領斯波義淳の政治活動（Ⅰ・Ⅱ）――将軍義教期初期の管領・重臣会議――」（『政治経済史学』四一七・四一八、二〇〇一年）、吉田賢司「将軍足利義教期の諸大名――その幕政参与についての一考察――」（『龍谷史壇』一一七、二〇〇一年、のち『室町幕府軍制の構造と展開』〈吉川弘文館、二〇一〇年〉改稿所収）、森茂暁『満済』（ミネルヴァ書房、二〇〇四年）、伊藤喜良『足利義持』（吉川弘文館、二〇〇八年）などがあげられる。

（6）「大館記(三)」（『ビブリア』八〇、一九八三年）。破損状況は東京大学史料編纂所架蔵写真帳によって確認した。

（7）是澤恭三編『会津塔寺八幡宮長帳』（吉川弘文館、一九五八年）。

（8）近年、応永十六年十月二十三日の日付をもち足利満直の花押を付した書下形式の文書が紹介された（「川辺八幡宮文書」〈『石川町史』第三巻資料編一考古・古代・中世（古代・中世）、一四一号〉）。しかしその写真をみると同文書は、筆跡、使用文言などの点において検討の余地がある。なお『福島県史』第七巻古代・中世資料に立項された「川辺八幡神社文書」は同文書を採録していない。

（9）拙稿前掲「稲村公方と南奥社会」本編第一章参照。

（10）渡辺前掲註(1)『関東中心足利時代之研究』、田辺久子「京都扶持衆に関する一考察」（『三浦古文化』一六、

一九七四年）、渡政和「「京都様」の「御扶持」について――いわゆる「京都扶持衆」に関する考察――」（『武蔵大学日本文化研究』五、一九八六年）、遠藤巌「京都御扶持衆小野寺氏」（『日本歴史』四八五、一九八八年）、拙稿「室町幕府と下野「京都扶持衆」」（『年報中世史研究』三〇、二〇〇五年、本書第四編第一章）。

(11) 東京大学史料編纂所架蔵影写本『足利将軍御内書幷奉書留』二号。

(12) 室町期の白川氏については、結城錦一「結城氏小史――宗広の祖先と子孫――」（結城宗広事蹟顕彰会編『結城宗広』富山房、一九四一年）、市村高男「戦国期白河結城氏代替わり考――白河結城文書の再検討――」（矢田俊文編『戦国期の権力と文書』高志書院、二〇〇四年）、村井章介編『中世東国武家文書の研究』（高志書院、二〇〇八年）などを参照。

(13) 『満済准后日記』応永三十二年三月三・四日条。

(14) 「國學院大學白河結城文書」（『白河市史』第五巻資料編二古代・中世、四七三号）。

(15) 「榊原結城文書」「東北大学国史学研究室保管白河文書」「結城神社所蔵文書」「國學院大學白河結城文書」（前掲『白河市史』四四〇・四四一・四四二・四七三・四八三・四八四・四八九号）。

(16) 室町期の石川氏については、遠藤巌「一四～一五世紀の石河蒲田氏と石河赤坂氏」（『石川史談』十一、一九九八年）参照。

(17) 河村前掲註(5)「管領斯波義淳の政治活動（Ⅰ・Ⅱ）――将軍義教期初期の管領・重臣会議――」。

(18) 「國學院大學白河結城文書」（前掲『白河市史』四八三・四八四・四八九号）。

(19) 大日本古文書『満済准后日記紙背文書』一七三五・一七三六号。

(20) 『満済准后日記』永享二年九月十四日条。

(21) 森茂暁「日記に引用された文書とその性格――『満済准后日記』を素材として――」（『中世日本の政治と文化』思文閣出版、二〇〇六年、初出二〇〇一年）。

(22) 前掲『足利将軍御内書幷奉書留』一一・一三・一四・五八号。

(23) 山田邦明「鎌倉府の奉公衆」（『鎌倉府と関東』校倉書房、一九九五年、初出一九八七年）。

(24) 「昔御内書符案」（前掲「大館記(三)」所収）。

(25) 広長秀典「篠川御所と東館――笹川の隣接する御所と館跡について――」(『郡山地方史研究』三二、二〇〇四年)、垣内和孝「篠川御所の現況報告と復元試案」(前掲註3『室町期南奥の政治秩序と抗争』所収、初出二〇〇四年)、同「篠川御所と篠川館」(藤原良章・飯村均編『中世の宿と町』高志書院、二〇〇七年)、『篠川館跡』(郡山市教育委員会、二〇〇六年)などを参照。

(26) 拙稿「堀越公方の存立基盤――経済的側面を中心として――」(『國學院大學紀要』四六、二〇〇八年、本編第三章)。

(27) 篠川公方居館の想定敷地内には、天性寺や龍性寺など諸寺院の存在が伝えられる。両寺院伝承地の西側に「御所前」の字名が残るのは、同寺院が篠川公方の居館として利用されていたためかとの作業仮説をここに提示しておきたい。それら寺院の創建年代の考古学的確定や、元弘三年や応永二年の史料にみえる篠川城との複合遺跡であるのか否かも含めて、今後の発掘調査のさらなる進展をまちたい。

(28) 「小栗文書」(『後鑑』永享十一年三月二日条)。

(29) 「昔御内書符案」(前掲「大館記(三)」所収)。なお室町期の宇都宮氏については、拙稿前掲「室町幕府と下野「京都扶持衆」」本書第四編第一章などを参照。

(30) 「皆川文書」(『栃木県史』史料編中世一、三五号)。また同三二〜三四号からも長沼次郎の篠川公方への従属がわかる。なお室町期の長沼氏については、佐藤博信「下野長沼氏と鎌倉府体制」(『中世東国の支配構造』思文閣出版、一九八九年、初出一九七八年)、江田郁夫「鎌倉府体制下の長沼氏」(前掲註4『室町幕府東国支配の研究』所収、初出一九九七年)、同「関東八屋形長沼氏」(『中世東国の街道と武士団』岩田書院、二〇一〇年、初出二〇〇九年)、同『下野長沼氏』(戎光祥出版、二〇一二年)、同「応永の乱と奥州長沼氏――応永の乱後の奥州支配体制をめぐって――」(『栃木県立博物館紀要』人文三〇、二〇一三年)、阿部能久「関東府体制下の長沼氏」(『日本史学集録』二六、二〇〇三年)、須賀忠芳「中世後期長沼氏の存在形態」(『日本史学集録』二八、二〇〇五年)などを参照。

(31) 「國學院大學白河結城文書」(前掲『白河市史』四八三・四八四号)。

(32) 「國學院大學白河結城文書」(前掲『白河市史』四七三・四八九号)。

(33)「榊原結城文書」「東北大学国史学研究室保管白河文書」「結城神社所蔵文書」「結城家蔵文書」(前掲『白河市史』四四〇・四四一・四四二・四九一号)。
(34)「結城古文書写」(前掲『白河市史』四八一・四八八号)。
(35)「秋田藩家蔵文書(赤坂忠兵衛光康家蔵文書)」(『鮫川村史』第二巻資料編(上)、八八号)。
(36)「板橋文書」(前掲『石川町史』一五四号)。また「仙台結城文書」(前掲『石川町史』一六八号)も石川氏一族の須釜氏が篠川公方に従属したことを示す関連文書とみられる。
(37)拙稿前掲「稲村公方と南奥社会」本編第一章参照。
(38)「東北大学国史学研究室保管白河文書」(『白河市史』四四一号)。なお、足利満直が鶴岡八幡宮に寄進した土地もやはり石川荘内の土地であった。この点、「鶴岡八幡宮文書」(『鎌倉市史』史料編第一、八七号)参照。
(39)「昔御内書符案」(前掲「大館記(三)」所収)。
(40)『蔭凉軒日録』によると、篠川公方の推挙にもとづいて建長寺公帖が宥敏西堂(永享七年八月十三日)・尚祐西堂(永享十年十一月七日)、建仁寺公帖が周銘西堂(永享七年十月三日)・蘭庭西堂(永享九年十一月七日)、臨川寺公帖が慈均首座(永享十年十一月七日)に発給されている。
(41)『蔭凉軒日録』によると、篠川公方の推挙にもとづいて天龍寺梵育蔵主の「転位後板」(永享八年十月二十八日)、因侍者の「転書記」(永享九年六月二十七日)、天龍寺周泉侍者の「任侍香」(永享十年五月三十日)が決定されている。
(42)二木謙一「室町幕府における武家の格式と書札礼」(『武家儀礼格式の研究』吉川弘文館、二〇〇三年、初出一九九九年)。
(43)『改定史籍集覧』第二七冊。
(44)「昔御内書符案」(前掲「大館記(三)」所収)。また前掲『足利将軍御内書幷奉書留』五号も同様のものである。
(45)「御内書引付」(『続群書類従』二十三輯下)。
(46)代表研究者桑山浩然『室町幕府関係引付史料の研究』(昭和六三年度科学研究費補助金一般研究(B)研究成果報告書、一九八九年)。

（47）本郷前掲註（5）「『満済准后日記』と室町幕府」、桜井前掲註（5）『室町人の精神』、吉田前掲註（5）「将軍足利義教期の諸大名――その幕政参与についての一考察――」、金子拓「室町幕府と奥州」（柳原敏昭・飯村均編『鎌倉・室町時代の奥州』高志書院、二〇〇二年）。
（48）前掲『足利将軍御内書并奉書留』一三号。
（49）三角範子「足利義教邸月次連歌会について」（『九州史学』一二二、一九九九年）。
（50）室町期の石橋氏については、垣内和孝「二本松畠山氏と塩松石橋氏」（前掲註3『室町期南奥の政治秩序と抗争』所収、初出一九九七年）、木下聡「東山御文庫所蔵「叙位部類記」所収の二条家の日記について」（『東京大学史料編纂所研究紀要』二二、二〇一二年）、谷口雄太「御一家石橋氏歴代当主考」（『古文書研究』七四、二〇一二年）、同「都鄙における御一家石橋氏の動向」（『東京大学日本史学研究室紀要』別冊中世政治社会論叢、二〇一三年）参照。
（51）新田一郎「満済とその時代――十五世紀「政治」史の一齣――」（『文学』九―三、二〇〇八年）。
（52）前掲『足利将軍御内書并奉書留』三八号。なお、関連参考史料として「伊勢貞助記所載文書」（『後鑑』永享五年十月十三日条）がある。
（53）「昔御内書符案」（前掲「大館記（三）」所収）、前掲『足利将軍御内書并奉書留』三九号。
（54）『小笠原文書』（八木書店、二〇〇八年、第三帖二二号）。
（55）前掲『足利将軍御内書并奉書留』九七号。
（56）前掲『足利将軍御内書并奉書留』九八号。
（57）「真壁文書」（『真壁町史料』中世編Ⅰ、二五号）。
（58）拙稿「室町幕府における錦御旗と武家御旗――関東征討での運用を中心として――」（二木謙一編『戦国織豊期の社会と儀礼』吉川弘文館、二〇〇六年、本書第一編第一章）。
（59）前掲『足利将軍御内書并奉書留』一一七号。
（60）前掲『小笠原文書』第三帖二七号。
（61）拙稿「室町幕府と甲斐守護武田氏」（『國學院大學大学院紀要』文学研究科三二、二〇〇一年、本書第三編第二章)。

(62) 「角田石川文書」(前掲『石川町史』一九〇号)。

(63) 『蔭凉軒日録』永享十一年七月二日条に「若君可レ有レ御二下向関東一之賀礼有レ之」、『師郷記』同日条に「若君一所可レ奉レ下二関東一之由被二仰下一」、尊経閣文庫本『薩戒記目録』同日条に「室町殿人々参賀事若君令レ下二向関東一給故云々、自レ内被二賀申一、予勤二御使一事」、『東寺廿一口方評定引付』同年七月四日条に「若君様鎌倉殿御成御礼自二寺家一御申事」などとみえる。

第三章　堀越公方の存立基盤
──経済的側面を中心として──

はじめに

室町幕府は、長禄元年（一四五七）十二月、将軍足利義政の庶兄天龍寺香厳院清久を還俗させ左馬頭に任じ政知と名乗らせた。(1) これは、鎌倉公方足利成氏が幕命に抗して鎌倉から古河へ移座したことに対する錦御旗をも持ちだした関東征討策の一環であった。(2) しかし足利政知は、鎌倉公方の後身として関東に下向したにもかかわらずときの政治情勢が箱根山を越えることを許さなかったため、のちに左兵衛督に任じられ従三位まで昇進したものの、(3) その生涯を伊豆国堀越で終えたのであった。(4) そして子息足利茶々丸の代で伊勢宗瑞（北条早雲）に滅ぼされたのである。

堀越《ほりごえ》公方に関する研究は、渡辺世祐、高柳光寿、百瀬今朝雄、湯山学、小和田哲男氏らによって進められ、関連自治体史の編纂とともに進展してきた。(5) そして近年、その研究水準を飛躍的に高度化させたのが家永遵嗣氏の一連の論著である。(6) 家永氏の研究の特徴は、室町幕府の政策基調と堀越公方の政治的位置づけの関係性に着目したその研究視角にある。氏の論点は多岐にわたるが、とりわけ堀越公方の滅亡過程についての諸論考は、京都における明応の政変と伊勢宗瑞（北条早雲）の伊豆侵攻の連関性を指摘した画期的な論考であった。また、その成立期における論点として着目したのは、堀越公方が伊豆国に下向した長禄二年（一四五八）からの約五年間、寛正四年（一四六三）の更迭まで堀越公方府を主導して重きをなした渋川義鏡という人物の評価である。渋川義鏡は、当該期の室町幕府の政治的懸案事項であった斯波本宗家の家督問題に積極的にかかわり、同家に実子義廉を入嗣させた。そして、その実父として斯波氏が守護職をもつ遠江国の統制権を自己の手中におさめ、同国軍事力の投入を前提としてみずからの主導による堀越公方の関東運営を志向した、と説かれたのであった。総じて関東は室町幕府が直接統制し、堀越公方は関東との関係が希薄であったというのである。渋川義鏡が登用されたそもそもの理由や、庶子足利茶々丸の生母の出自など、議論の前提となるべき基礎的な諸事項が不明なまま論が展開されているという問題点はあるが、堀越公方の成立期や滅亡過程における動向を中心として、広く室町幕府の政治史と関連させた重厚な研究成果が生み出されたのであった。

しかしこの優れた研究視角によっても包摂できない論点が残されている。それは、家永氏の一連の論著を堀越公方の政治空間にまつわる研究としてこれと対置するならば、いわば堀越公方の経済空間にかかわる諸問題についてである。たとえば堀越公方府は、初期にこれを主導した渋川義鏡が寛正四年に失脚したにもかかわらず、その後なおも約三十年にわたって存在しつづけた。ここに堀越公方の存立基盤は、渋川義鏡の政治的浮沈に左右されない独自の問題として考察を加える必要がある。つまり堀越公方研究の課題として、その成立期や滅亡過程などの戦乱・軍事体制下での政治問題ばかりでなく、日常の生活環境にかかわる経済的側面についての問題、あるいは土地制度における膝下伊豆国とのかかわりについて、なおも考察を深める必要が残されているのである。

こうした論点の重要性は、近年進展した考古学的手法にもとづく堀越公方研究の成果をみても明らかである(7)。たとえば堀越公方の居館は、その遺構である御所之内遺跡の発掘調査によって、東西一二〇メートルにおよぶ苑池や、多数の井戸、堀などを配する居館であったことが明らかにされた。また同遺跡からは、国産陶器のみならず舶載陶磁器も多く出土するという。ここに堀越公方は、従来から指摘される政治的影響力の乏しさにもかかわらず、足利将軍の連枝としてその身分格式に相応しい居館を構えていたことが明らかになりつつあるのである。

これらの様相にもとづくと、堀越公方の家政機関は、小規模ながらも順調に運営されていたと考えることができる。しかしながら京都から下向してきた堀越公方は、その性格上、元来は立脚しうる経済的な基盤が存在しなかったことは紛れもない事実である。とするならば、その整備構想や獲得手法は注目されるところである。またその経緯のなかで生まれた京下りの堀越公方府構成員と関東諸勢力とのあいだの軋轢も見逃すことはできない。ところが堀越公方の経済的側面についての研究は、これまで等閑視されてきたのであった。その理由は、政治的影響力の弱さに起因する発給文書の残存量の希少性にあったといえる。(8) しかし、史料的制約によって進展の少なかった堀越公方の経済的側面に関する研究も、近年の政治史分野の研究成果とあわせて論じれば、これを少なからず明らかにすることができると考えられるのである。

そこで本章では、堀越公方の存立基盤について、きびしい史料的制約のため諸役賦課や商工業(社会的分業)の実態など不明な部分も多いが、現在の論点では後景にひいている伊豆国内での堀越公方の動向に軸を据えつつ、当時の政治情勢をふまえながら経済的側面を中心に考察してゆきたい。

一　堀越公方の居館

本節では、堀越公方の居館と家領にかかわる問題から考察をはじめることとする。

関東へ下向した堀越公方足利政知は、長禄二年(一四五八)当初、鎌倉公方の後身として鎌倉に入ることが予定されていた。事実、翌三年中の鎌倉では、足利政知が鎌倉に入部するとの風説が流布している。(9) そして翌々四年八月になると、足利政知は本格的な鎌倉入部のうごきをみせた。(10) しかしこのうごきを知った室町幕府は、足利政知に対して箱根山を越えることを制止する旨の御内書を発給したのであった。(11) 結果、足利政知はこの室町幕府の判断によって、結局そのまま伊豆国内に留まることを余儀なくされたのである。

この背景には、『経覚私要鈔』同四年閏九月十六日条に「関東事、鎌倉武将(足利成氏)奥ニ引籠其勢猛気之間、経顕院(香厳院＝足利政知)雖レ被二下向一不レ立レ用」とあるように、すでに足利政知の劣勢が西国にまで広く伝わっていたことが関係していたとみられる。また、鎌倉市中の公方旧館が、居住に耐えうる状態であったのかも定かでない。こうした情勢のなか、伊豆国に居を構えることとなった足利政知は、その館を定めるにあたって一体いかなる基準や構想をもって選定にあたったのであろうか。これは、堀越公方府の運営構想の根幹をなす問題といえる。そこでまず、足利政知が居を構えた場所の変遷とその地をめぐる政治経済的背景を探ることとする。

足利政知が伊豆国に下向した当初の様相は、『碧山日録』寛正元年（一四六〇）五月七日条に「大相公(足利義政)之弟前香厳院主(足利政知)、以レ命還俗、為二征東将軍一、攻二朝敵於関東一、其師次二伊州国清寺一、敵放レ火々レ寺、士卒驚走、将軍徒(徙カ)二陣於它一云」とある。ここに足利政知は、寛正元年五月、古河公方勢によって国清寺を焼き払われるまで、同寺に居を定めていたことがわかる。そしてこの国清寺の建つ「奈古屋」の地（付図参照）は、当時の伊豆守護であり関東管領であった山内上杉氏が、元弘三年（一三三三）以来その地頭職を獲得していた土地であった[12]。それゆえ国清寺には、伊豆国の守護（代）所が置かれていたとの見解もある[13]。つまり国清寺は、山内上杉氏の氏寺であるとともに、伊豆守護としての支配拠点でもあったのである。この点、足利政知がひとまず国清寺に逗留した背景としては、当初から伊豆国の支配機構との連携を視野に入れていたとみなすことができる。実際に、堀越公方府奉行人と在国伊豆守護代の政治的関係が円滑であったことを示す文書も残されており[14]、そうした関係は、その後も基本的に変化することはなかったとみられるのである。

さて、寛正元年五月に焼失した国清寺は、『香蔵院珍祐記録』同月条に「奈古屋国清寺造営」との記事がみえ、当初は大規模な再建計画があったようである。しかしここで動員された人夫や物資のすべてが国清寺の整備にもちいられたとは限らない。なぜなら足利政知は、前掲『碧山日録』に「将軍徒（徙カ）二陣於它一」とあったように、その焼失を契機として早々に国清寺を離れ、そこから南西三キロメートルほどのところに位置する伊豆国北条の堀越に居館を整備し（付図参照）、同地に移ったとみられるからである。しかし足利政知は、一体なぜその地を国清寺の代替地として選択したのであろうか。この問題を考えるときにまず注目すべきことは、近年の発掘調査によって詳らかにされた事実、すなわち足利政知の居館であった堀越御所跡が、鎌倉期における北条氏館跡との複合遺跡であるという事実である。

そこでこの堀越の地の歴史的変遷を明らかにしておく。それは同地が、国清寺の代替地として選択された意図を考えるうえで重要だからである。

鎌倉期北条氏は、鎌倉幕府の成立とともにその拠点を鎌倉に移し、幕府執権として族的発展を遂げた。しかし名字の地であるこの伊豆国北条の地には、なおも館を残してこれを運営していた。北条氏館は、鎌倉期を通じて存在しつづけていたのである。そしてその館は、鎌倉幕府滅亡のさい山内禅尼（北条貞時室、北条高時母）に対して、その余生を送るための場所として譲られたのであった(15)。すると山内禅尼は、この北条氏館を、みずから号していた「覚海円成」の法名にもとづき円成寺という尼寺に転化させたのである(16)。その目的は、「円成寺者、入道貞時（北条）朝臣後室比丘尼（覚海円成）建立尼院也、彼親戚之女児、其種之寡婦、多入二釈門一止三住当寺二(17)」とあるように、鎌倉幕府の滅亡によって大量に発生したであろう、北条氏一族の末亡人や女児らを収容する尼寺としての役割を担うことであった。

こうして南北朝期の円成寺には、鎌倉幕府の滅亡という事態に対応するかたちで、北条氏一族の身寄りのない女性たちを収容する機能が付されたのであった。ただし室町中期になると、そうした北条氏類縁の女性たちを収容する尼寺としての役割は、時間的にみてその使命を終えていたと考えられる。それはつぎに掲げた山内上杉氏

図4　伊豆国北条の近隣地図

の略系図からも明らかとなる。[18]

憲方――憲定――憲基――憲実――憲忠――房顕――顕定
　　├円成寺長老理通
　　　　　├円成寺長老理正
　　　　　　　　　├円成寺理慶

右の略系図によれば、室町中期の円成寺には歴代山内上杉氏の子女が入寺していることがわかる。足利政知が下向した当時の円成寺は、山内上杉氏の氏寺としての要素をもつ尼寺へと性格を変えていたのである。また、その居住者たる尼僧の数も減少していたことであろう。ところが円成寺は、北条氏館から尼寺へ転化した当初から、「原木・山木・肥田・中条・南中村」[19]など同寺近隣地（付図参照）の下地領有が認められていた。これらの地域は、平地の少ない伊豆国のなかで唯一の穀倉地帯であった。ここに円成寺は、伊豆国北部の有力領主であったとみなすことができるのである。

国清寺の焼失でその居所を失った足利政知にとって、そうした円成寺をも堀によって包摂した居館（付図参照）を整備することは[20]、みずからを関東へ招いた山内上杉氏との政治的関係をさらに強固なものとするばかりでなく、経済的にも、山内上杉氏の庇護のもとで伊豆穀倉地帯の確保がのぞめるきわめて魅力的な選択だったのである。それゆえ、こうした場所に居館を定めたことは、北条氏故地の占拠という東国支配の正当性意識の問題に加えて、経済的側面からも再評価することが可能といえる。

これに関連して、円成寺の地理的条件にも留意すべきものがある。円成寺は、下田街道沿いの狩野川のほとりに立地している。その狩野川は、国史大系本『吾妻鏡』承元二年（一二〇八）閏四月二日条に「神宮寺《鶴岡八幡宮》造営木材、自伊豆国狩野山之奥、出沼津海」とあるように、豊富な降水量に裏うちされた伊豆天城山系における林業の展開とあいまって、伊豆内陸部の水運の動脈として機能していた。またそれは、太平洋海運によって都市鎌倉をはじめ全国各地へと通じていたのである[21]。つまり旧北条氏館であるこの地は、すでに鎌倉期から水陸交通の要衝としての位置を確立した空間だったのである。[22]

そして、円成寺が持つ設立以来の政治的特殊性にも注目すべきである。その特殊性は、円成寺が康安二年（一三六二）、いわゆる畠山国清の乱で伊豆国内に畠山氏らが立籠ったさい、寺内における乱妨停止の要請を京都の将軍足利義詮御教書に求めていることからうかがえる。[23]この当時、伊豆国はすでに関東鎌倉府の管轄国であった。それゆえ京都の将軍が、たとえ戦時とはいえ、同寺にこうした文書を発給することはきわめて異例なことである。つまり円成寺は、すでに南北朝期から足利将軍とのあいだに一定の関係を構築していたとすることができるのである。足利政知が円成寺を接収するかたちでその館を営んだ背景としては、こうした円成寺と京都・足利将軍との密接な関係も視野に入れるべきであろう。

そうした関係は、足利政知が伊豆に下向した当時も継続していたとみられる。たとえば『親元日記』寛正六年（一四六五）正・四・八月中の記事をみると円成寺は、[24]足利将軍や幕府政所執事伊勢氏に対してたびたび書状や御器・海苔・椎茸などの進上品を送っている。[25]このうち書状は、正月六日条に「円成寺御状、御文筥御紋紅葉ニ入レ之」とあり、将軍足利義政に披露されていることがわかる。そしてその伝達経路の性格に鑑みれば、こうした書状には堀越公方の言説が含まれていたとみることができるのである。それは、『大乗院寺社雑事記』文明四年（一四七二）五月二十六日条の「普広院殿（足利義教）御代以後持氏御息済々出頭、其時無為儀可二申沙汰一事也、関東上杉与京都伊勢守申合故歟」との記述からうかがえる。これによれば関東管領山内上杉氏と幕府政所執事伊勢氏は、室町幕府の東国政策を担う間柄として旧来から密接な関係を維持していたことが明らかである。これを円成寺が山内上杉氏とかかわりの深い尼寺であったことをあわせて考えれば、さきの円成寺と伊勢氏の通交はそのまま山内上杉氏と伊勢氏の通交を意味し、ひいては堀越公方と室町幕府の通交を意味することになる。

また、こうした室町幕府と伊豆国をむすぶ交流の担い手としては、従来、円成寺からの取次であった幕府奉行人諏訪忠郷・貞郷父子の存在が注目されている。(26) しかし、そうした交流の担い手が幕府奉行人諏訪氏一族に限定されていたとは考え難い。なぜなら『親元日記』寛正六年八月二十日条には、「関東長尾新五郎（景人）先度難レ被レ任二出雲守一、依二辞申一候レ如レ此、但馬守子也、雑掌僧性斎布施善十郎（英基子息）同道私宅江来臨、鎌倉殿（足利政知）御書幷布施民部大輔（為基）書状在レ之、子細者野州足利庄今ハ御敵蹈云々御代官職事」とあり、足利政知とともに伊豆国へ下向した堀越公方府奉行人布施為基を通じた幕府奉行人布施氏一族のネットワークが、長尾景人の足利荘代官職の所望問題において機能していることが明確だからである。諏訪氏や円成寺を介した伝達経路は、この伊豆に在国して足利政知に近侍する布施為基を擁したルートと相互補完しつつ、室町幕府と伊豆国のあいだの関係を支えていたといえよう。

そうしたことも関係しているのであろうか、室町幕府は円成寺に対して比較的厚い処遇をとっていた。それは、つぎに掲げる『親元日記』寛正六年四月二十四日条に控えられた幕府政所執事伊勢貞親の発給による円成寺宛の返礼の書状案から知ることができる。

又、わたくし（私）へ一はこ（箱）たまハり（給）候、御うれしく（嬉）候よし（由）、
申させたまひ（給）候、かしく、

いつもの御き（御器）・のり（海苔）ひろう（披露）候ところ（処）に、めてたく（目出度）おほしめし（思召）候よし（由）おほせ（仰）事候、又、御あふき（扇）廿ほん（本）まいら（進）せられ候よし（由）、よく〳〵申とて候、かしく、

上表、引合一枚をおし折

円成寺へ　御返事申給へ　　さた（貞）親
いせ（伊勢）守

この書状でまず特徴的なのは、文章が仮名書きでしたためられていることである。これは円成寺が尼寺だからである。また注目されるのは、包紙の上書の書札礼を記した部分である。そこでは上所は施さないが脇附をつけ

ること、また料紙として「引合」すなわち檀紙を使用すべきことが特記されている。そしてこの書状が、披露状の形式をとっていることもまた見逃すことはできない。こうした一連の書札礼は、地方の一尼寺に対するものとしては厚礼な処遇といえよう。これらは、円成寺に対してのみならず多分に堀越公方を意識してのことゆえであったと考えられるのである。

こうしてみると、すでに室町幕府や山内上杉氏とのあいだに一定の政治的関係を有していた円成寺は、本格的に伊豆国内に居館を構えることにした堀越公方にとって、政治・経済の両面においてその基盤として取り込む意味がある存在であったといえる。そして堀越公方は、そうした円成寺と後背丘（守山）をも包摂した城郭寺院としての性格をもつ居館を構えたことによって、こののち約三十年間、安定的に存続することが可能になったと考えられるのである。

そしてこの居館では、一定の儀礼がおこなわれていた徴証もある。それは扇谷上杉氏家宰の太田道灌が、在国伊豆守護代で山内上杉氏被官の寺尾氏に宛てた書状のなかで、「去年御礼等依二当病一も□《于今》遅参候、改年者押而可レ企二参上一候」(27)と述べていることからもうかがえる。これは堀越公方を中心とした歳首儀礼が、この居館でおこなわれていたことを示唆する。しかし相模守護である扇谷上杉氏当主が出仕した形跡はなく、また東国武家諸階層による恒常的な堀越公方居館への出仕が実現していた形跡もない。それゆえそうした儀礼は小規模なもので、東国統治権力の成立とは呼べなかったことも確かである。堀越公方が、鎌倉公方の後身たりえなかった理由のひとつとして、伊豆国に整備した堀越公方居館の周辺への東国武家の集住、すなわち在伊豆制度の確立を果せなかったことがあげられよう。

二　堀越公方と京都・鎌倉寺院領

本節では、堀越公方とともに伊豆国へ下向した堀越公方近臣の所領獲得にかかわる問題について考察する。堀越公方近臣は、経済的基盤の根幹たるべき伊豆国内での所領獲得について、そのすべてを合法的におこなったわけではなかった。それらの実態を明らかにすることが本節の課題である。

堀越公方府奉行人布施為基は、『蔭凉軒日録』（以下『蔭凉』と略）長禄四年（一四六〇）四月三日条に「正脉院領訴訟事（中略）伊豆国布施民部丞押領」と記されるように、伊豆国内の京都真如寺正脉院領を押領したとの訴訟を起こされている。その具体的な様相は、寛正二年（一四六一）八月十日条に「正脉院領伊豆国安久郷（中略）布施民部大夫就二御陣一押領」とある。ここに訴訟の地は、堀越公方居館から北四キロメートルほどのところにある安久郷（付図参照）で、しかも「御陣」を理由として押領したと訴えられたことが明らかとなる。

これは、ひとつには伊豆国内の荘郷の名主・侍分層が、戦闘集団として堀越公方勢に奉仕し、そこで獲得した兵粮米の免除にかかわる訴訟とみることができる。あるいは荘郷の名主・侍分層が、布施為基と従属関係をむすぶ状況が出現し、これに寺社本所側が反発したことの表現形態であったとみることもできる。関連史料が皆無で詳細は不明だが、その背景には在地における堀越公方近臣と名主・侍分層の接触があったことは確かであろう。[28]

ただ室町幕府は、布施為基の行為について、長禄四年七月六日の時点では「豆州安久保之事、布施民部大夫可レ被レ付之事、即命レ于二寺奉行飯尾加賀守一」との対応をとったのであった。つまり室町幕府は布施為基の行為について、京方所領の代官請負という形式を整え、所務の契約を命じることで解決をはかったのである。

しかし布施為基は、そうした室町幕府の配慮にそった行動をとったとは考え難い。なぜなら正脉院は、翌年八月十日条に「正脉院領伊豆国安久郷（中略）可レ被レ成二御奉行（御奉書カ）一之由被二仰出一也」とあるように、一年後には布施為基の代官職を解任したとみられる奉書を室町幕府から獲得しているからである。そうした背景には、『碧山日録』長禄三年十一月十五日条に「連年、関東之逆臣不レ敗、以レ故、道路梗塞、商旅不通、方物不貢」とあるように、代官請負が機能する前提としての都鄙間流通が、伊豆国を中心とした地域で滞っていたことも関係していたとみられる。

もっとも布施為基は、『蔭凉』寛正三年三月十四日条に「正脉院領伊豆国安久郷、布施民部丞、依二御奉書一去渡之状奉レ懸レ于二御目一」とあることから、表面上は室町幕府の奉書に応じる姿勢をみせている。しかし詳しくは後述するが、京都から遠く離れた伊豆国内で当知行の状態をつくりだしたうえ、ひとたび代官としての形式を整えた布施為基にとって、解任を命じた奉書の効力は乏しかったのではなかろうか。

いずれにしても堀越公方府の立脚基盤を固めるための行動が、いかに拙速なものであったかは、この安久郷という土地の歴史的経緯をたどるとなお一層明らかとなる。そもそも安久郷は、『正脉塔院碑銘』に「建武元年甲戌、左武衛将軍源直義捨二入豆州安久荘一、以追二崇仏光禅師（無学祖元）一、以表二師資之礼一」[29]と記されるように、かつて足利直義が、その師と慕う無学祖元を追悼するために、建武元年（一三三四）、真如寺正脉院へ寄進した土地であった。つまりこの安久郷は、本来ならば足利氏一族の堀越公方足利政知にとっても因縁深き土地であったはずなのである。そのうえ応永二十二年（一四一五）頃には、関東管領山内上杉憲基が、正脉院に対して「安久郷事、委細承候了、可レ存二其旨一候」[30]との書状を発給している。これは正脉院領安久郷が、伊豆守護をつとめた歴代山内上杉氏当主からも篤く保護された土地であったことを意味している。

しかし堀越公方近臣は、これらの歩みとはまったく異なった施策をとったのであった。上述のような由緒を持つ土地に対してなされた行為は、何らの経済的基盤を持たないまま京都から下向した堀越公方近臣が、その所領獲得の過程で、荘園制的枠組みを足掛かりとしつつも実質的には、京都寺院の伊豆国内領をみずからの本領化しようと画策したことを示すものといえよう。
所領獲得の目的は、堀越公方近臣による自身のための行動で、堀越公方の家領獲得のための行動ではなかった。しかし、公方近臣の所領を多く獲得すること自体が、堀越公方府の基盤整備と同義であったことは言うまでもない。

そして、堀越公方近臣が押領と訴訟される類の行為をおこなったのは、京都寺院の伊豆領ばかりではなかった。堀越公方は、本来ならば鎌倉公方の後身としてもっとも保護せねばならない鎌倉五山領の押領をも許しているのである。堀越公方と関東在地勢力のあいだの矛盾と軋轢は、この点に集約される。たとえば『蔭涼』長禄四年十月四日条には、「浄智寺領伊豆国加納郷、布施民部押領之事、自二寺家一訴訟」とみえ、布施為基は鎌倉浄智寺領の伊豆国加納郷を押領したと訴えられている。この記述で問題となるのは、浄智寺が、同領伊豆国加納郷に関する訴訟を室町幕府に持ち込んでいることである。鎌倉五山に列せられる浄智寺は、旧来から鎌倉公方の管轄下に属していた。それゆえ本来ならば、この類の訴訟は鎌倉公方の後身たる堀越公方のもとに持ち込まれてしかるべきである。しかし、本来の訴訟機関たるべき堀越公方が押領の当事者であるという当該状況は、浄智寺をしてこの訴訟を室町幕府に持ち込ませたのであった。

すると室町幕府は、こうした堀越公方の押領行為を、当初こそは兵粮料の確保を名目として容認していたものの、多方面からの度重なる訴えも影響したのであろうか、ほどなくその方針を転換したのであった。それは『蔭涼』寛正三年六月八日条に「浄智寺領還附之御奉書可レ被レ成レ于二渋川殿（義鏡）一」とあるように、寛正三年六月になると室町幕府が、堀越公方府を主導する渋川義鏡に対して浄智寺領の返還を命じていることからもうかがえる。つまり室町幕府は、事実上それまで容認していた堀越公方の所領政策を、ここにきて修正する方向に転じたのである。この時期に室町幕府が政策転換をした背景についてはさまざまな政治情勢の変化を考慮に入れねばならない。

しかしとりわけここで名指しされた渋川義鏡が、伊豆国にくらべて非常に複雑な所領構成を持つ東隣の相模国において、堀越公方の勢力圏内にもかかわらず御料所・新関所の糾明と称して強引な所領政策をおこなったことが(31)、大きく影響していたとみられるのである。そこでそれらの点について、鎌倉五山建長寺の相模国内領を事例にして若干考察しておきたい。

相模守護扇谷上杉氏の家宰太田道真（道灌の父）は、建長寺西来庵に対して「就㆓懐嶋之内当庵領之事㆒（中略）豆州(足利政知)江令㆑申、依㆓御返事㆒可㆑及㆓御左右㆒候」(32)との書状を送っている。これはのちに明らかとなることだが、このとき建長寺領の相模国懐嶋郷へ入部していたのは渋川義鏡の被官であった。しかしこれに対して、建長寺も手をこまねいてみていたわけではない。建長寺は、その解消のための堀越公方への政治的折衝を、太田道真のみならず多方面からおこなっていた。そして『香蔵院珍祐記録』長禄四年五月条に「昌賢(長尾景仲)豆州参云云、建長寺領強入部申沙汰悉返㆑之云云」とあるように、ひとたび山内上杉氏家宰の長尾景仲を通じて所領返還の言説を得たのであった。

ただしそれは、実際には履行されなかったようである。なぜなら建長寺は、浄智寺と同様、この訴訟を室町幕府へ持ち込んだ形跡があるからである。それはこのとき室町幕府から関東使節として東国に派遣されていた大徳寺西堂の帰洛を伝える『蔭凉』寛正五年七月二十八日の記述に、「建長・円覚両寺（中略）板倉大和入道(頼資)押領寺社之記録、彼使節大徳寺(以浩カ)持来」とあることからもうかがえる。ここに名前のあげられた板倉頼資は、渋川義鏡の被官で、かつて長禄二年八月、問題の建長寺西来庵領に対する禁制を発給したまさにその人であった(33)。こうした板倉頼資の矛盾を孕んだ行動をみても、相模国内でなされた渋川義鏡らの所領政策が、いかに相模国内における諸勢力の信頼を失墜させ、従前の在地秩序を乱すものであったのかを知ることができる。

また、渋川義鏡が相模国内においておこなったそうした所領政策は、寺院領のみならず武家領に対しても同様であった。そしてそれら矛盾の蓄積が、寛正の大飢饉という自然環境の要因と重なって、寛正三年、相模国内の武家勢力から不満が噴出し、扇谷上杉持朝離反の雑説や三浦時高の隠遁といった事態を誘発させたのである。[34] また、前年の寛正二年中における堀越公方の家宰犬懸上杉教朝の自殺も[35]、堀越公方府を初期に主導した渋川氏と上杉氏一族ら東国武家との軋轢に耐えかねたすえの行動と想定され、一連の事態と評価できる。

こうした事態に室町幕府は、翌寛正四年までに渋川義鏡を更迭し、堀越公方府の施策に圧力をかけ転換をせまったことが知られる。しかし、堀越公方近臣による伊豆国内での寺院領侵蝕は依然として収まらなかった。たとえば京都醍醐寺地蔵院は、文正元年（一四六六）十月十九日、堀越公方近臣の一人であった「朝日近江守《（教貞）》」による「伊豆国宇加賀・下田両郷」での違乱を退ける室町幕府奉行人奉書を獲得している。[36] ここに堀越公方近臣は、ひき続いて京都寺院の伊豆領を武家領化しようと試みていたことが明らかとなる。しかも醍醐寺地蔵院から押領者として名指しされた朝日近江守教貞は、室町幕府奉公衆の出身で、足利政知の「守」役といわれる人物であった。[37] これに加えて宇加賀・下田両郷は、地理的にみるといずれも伊豆半島の海岸線に位置することが注目される。なぜなら同地の確保には、伊豆周辺海域の制海権や、伊豆七島支配との関連が想定できるからである。こうした状況をみると、堀越公方近臣は伊豆国内における京都寺院領の名主・侍分層の掌握をなおも意欲的におこなっていたとみることができる。この点、堀越公方府は在地性が希薄であったとの従来の見解はいささか不正確といえる。

さて、醍醐寺地蔵院領に関する室町幕府奉行人奉書を受けた堀越公方府では、奉行人布施為基がこれに対する返書をしたためている。[38] しかし前述のように、布施為基自身がそうした行為の一端を担う人物であった以上、押領と訴えられた行為の停止が順調におこなわれたとは思われない。それは、のちの延徳二年（一四九〇）、前掲『親元日記』寛正六年八月二十日条にみえた布施善十郎の弟とみられる布施梅千代丸が、室町幕府に対して安堵を求めた当知行地の構成からも推測できる。すなわち布施梅千代丸は、その当知行地として「駿河国太(大)平・得(徳)倉・日守参箇郷」[39]を掲げているのである。この三ケ所の土地は、駿河国内とはいえ伊豆国と国境を接する互いに隣接した土地で(付図参照)、堀越公方居館から近距離の狩野川左岸に位置する。そうした土地を、布施為基の次世代以降も当知行地と標榜しているところをみると、布施・朝日氏ら堀越公方近臣による所領獲得は、伊豆国を中心とした地域において想像以上に緻密におこなわれていたと考えられるのである。

しかし、布施・朝日氏らが触手を伸ばしたのは伊豆国内の京都・鎌倉寺院領が中心で、対峙する相手も名主・侍分層とみられ、相模国内の伝統的雄族と対峙するにいたった渋川義鏡に比して軋轢の度合いは少なかったと考えられる。また外見的には布施為基が、室町幕府に一定の対応をとっていたことは前述したとおりである。これが、寛正四年に堀越公方府中枢部から去らねばならなかった渋川義鏡と、それ以後も活動しえた布施・朝日氏ら近臣との相違点であったとすることもできよう。布施・朝日氏らが伊豆国内の主要な在地勢力と軋轢を起こさなかったことは、伊豆三嶋社や狩野氏ら在地国人層の所領を押領した形跡がないことからも明らかである。ただ、堀越公方府がその基盤を固めるためにおこなった一連の行為は、関東の在地秩序を混乱させる要因となっていたことは間違いない。それは、渋川義鏡らの押領に悩んでいた建長寺が、その一方では『香蔵院珍祐記録』寛正二年七月条に「鹿子嶋一村未レ還、是ハ建長寺天源庵、京方ヲ相カタラヒ押レ之」とあるように、混乱に乗じてみずからも鶴岡八幡宮領の武蔵国鹿子嶋村を押領していたことからもうかがえる。

足利政知が、鎌倉公方たりえず最後まで鎌倉入部を実現できなかった理由は、京下りの堀越公方近臣を優先した土地政策をおこなったことによって、扇谷上杉氏・三浦氏ら隣国相模の伝統的雄族と深刻な対立関係に陥ったこと、また、伊豆国以外の中・小国人層を新規の堀越公方府奉公衆などとして広く組織化しえなかったこと、などにあると考えられるのである。なぜなら堀越公方の強引な土地政策が許されたのは、戦時体制としての臨時的措置が優先された下向当初の短期間だけであったからである。たしかに堀越公方は、室町幕府でさえその居館のことを「豆州御陣」「伊豆御陣」と呼称しているように、[40]戦時体制としての性格を色濃く持つ存在として発足した。しかし堀越公方はその後、積極的に平時体制への移行・転換を志向しなかった。それゆえ、現実生活をいとなむ東国武家からの全面的な理解を得られなかったのであろう。

三　堀越公方への礼銭

本節では、堀越公方の経済的基盤のうち贈与にかかわる収入としての礼銭に着眼して考察を試みる。中世における礼銭の意義については、改めてその重要性を論じるまでもない。[41]ここではその事例として、まず鶴岡八幡宮が堀越公方に対して起こした同領武蔵国吉富郷（関戸）の訴訟における礼銭のあつかいから検討をはじめたい。

寛正二年（一四六一）、吉富郷の代官であった田口氏は、堀越公方が伊豆に下向してまだ間もない同年九月、宇津宮某が同郷に入部したとの一報を鶴岡八幡宮に伝えている。[42]これに対して鶴岡八幡宮は、つぎのような行動をとったのであった。すなわち鶴岡八幡宮は、吉富郷に社僧を派遣してこの件についての現地交渉を進めるとともに、関東管領山内上杉氏の推挙状を得たうえでこれを伊豆の堀越公方に対して訴え、その解消を目指したのである。鶴岡八幡宮がこの問題を堀越公方に訴えた理由は、吉富郷に入部した宇津宮某が、その正当性を「布施之渡状」つまり堀越公方府奉行人奉書に求めたことによるとみられる。そして鶴岡八幡宮は、この訴訟の過程で、堀越公方に対して然るべき礼銭を用意していたことがわかる。その具体的な金額は、『香蔵院珍祐記録』寛正二年十一月条によると「三十三貫文、豆州」であった。ここに堀越公方は、この吉富郷の訴訟に関する礼銭として鶴岡八幡宮から三十三貫文を手にしていることが明らかとなる。

堀越公方の関東下向は、関東における新たな訴訟機関の出現であり、それは一面においてこれを契機に不知行地回復の機会が設けられたことを意味する。それゆえ、この時期の堀越公方には多くの訴訟が持ち込まれたと考えることができよう。そして、訴訟のさいに多額の礼銭が必要であった当時の慣習に鑑みれば、訴訟に関連する礼銭から得られる堀越公方の収入は等閑視できないと考えられる。ただ前述したように、関東の諸勢力が、それまでの在地秩序を無視する堀越公方を訴訟機関と認識していたのは、その下向当初のきわめて短い期間であったとみられる。このため、訴訟にかかわる礼銭の授受は比較的早く減少したのではなかろうか。しかし、鎌倉公方の後身としてその権威のみで得ることのできる公帖礼銭については、この限りであったとは考えられない。そこでつぎに、公帖礼銭に関する考察を試みる。

　当時、公帖はその発給の過程でやはり礼銭の授受をともなうことを通常としていた(43)。それゆえ堀越公方にとって、公帖発給と密接なかかわりを持つ鎌倉寺社の補任権の所在については注目が集まるところであろう。そこでこの点について、まず鎌倉五山の公帖のあり方からみてゆきたい。『蔭凉』寛正四年十二月十五日条に「関東五山公文御判之事、自二主君様（足利政知）一依二管領一被二望申一、雖レ然上杉方添状無レ之、凡先規之御法也、不レ然則可レ為二違恨一乎」とある。ここに鎌倉公方の後身たる堀越公方は、鎌倉五山の最終的な公帖発給権を有する室町幕府に対して、公帖発給のための取次ぎをおこなう権限を有していたことがうかがえる。しかしその一方で室町幕府は、この堀越公方の要請を、関東管領山内上杉氏の副状がない場合、公帖の発給は望ましくないとの基本方針であったことも明らかとなる(44)。とするならば、ここでひとまず問題とすべきは、このとき室町幕府が、関東管領の副状を添えなかった堀越公方の行動を問題とした理由であろう。そこで当時の政治情勢をふまえつつ、そうした動向の背景について若干触れておきたい。

　室町幕府は、いわゆる享徳の乱で崩壊した関東の政治秩序を再構築するにあたって、当初は堀越公方を中心とする政治秩序の構築を志向していた。しかし室町幕府は、『蔭凉』寛正三年四月十六日条に「布施民部大夫押妨

（中略）可レ命二上椙雑掌加藤一之事被レ仰也、以二上椙方一為二奉行一之故也」と記されるように、すでに寛正三年四月頃から、寺社領の押領をくり返す堀越公方近臣らの行動を問題視し、山内上杉氏を重視した支配体制への移行を試みはじめていたといえる。この点をふまえれば、このときの五山公帖をめぐる室町幕府のうごきは、前述した渋川義鏡の更迭と政治的一体性をもつもので、かつ室町幕府の方針を堀越公方に再認識させるためのものであったと考えられる。

また、『蔭涼』文正元年（一四六六）五月二十五日条に「円覚寺玄泉西堂、寿福寺受寅西堂、公文御判被レ遊也但此公文自二主君一被レ申也、依二関東管領未一レ定而、京都管領畠山尾張守（政長）有二吹嘘状一、与二伊勢守（伊勢貞親）一評レ之、以二此由一披二露之一、仍御領掌也」とあることも注目される。この文正元年五月、関東管領の職は、山内上杉房顕が死去した直後の未補期間であった。しかし堀越公方は、かつて関東管領の副状がないことを理由に室町幕府から公帖発給を拒まれたことを逆手にとるかのように、この関東管領の未補期間という政治的空白にまたもや円覚・寿福両寺の公帖を申請したのである。とくに室町幕府管領の副状をわざわざ添えていることには、そこに意図的なものを感じざるをえない。このように、鎌倉五山の公帖申請の手続をめぐっては、経済的思惑も絡んでこれを運用しようと試みる堀越公方と、それを政治体制の問題と据えて関東管領山内上杉氏の介在を条件に抑制しようとする室町幕府のあいだで、政治的な駆引きがくり広げられていたと考えられるのである。その背景には、関東における支配体制の問題まで見通す室町幕府と、目先の財政事情に関連して、公帖礼銭の問題に多大な関心を向けていたであろう堀越公方とのあいだに、認識の差があったとみることができるのではなかろうか。

いずれにせよ、鎌倉五山の公帖は、室町幕府の東国政策とも深く関連するものであったため、堀越公方の意向どおりに事が運んだとは思われない。ただ堀越公方は、鎌倉五山以外の寺社の補任や推挙についてはその権限を行使できたとみられる。たとえば足利政知は、神守院弘尊を鶴岡八幡宮別当職に還補している[45]。これは堀越公方が、鶴岡八幡宮の補任権を掌握していたことを示している。また足利政知は、景操西堂の京都臨川寺公帖発給にかかわる推挙をおこなっている[46]。これは一般的な立場での推挙ならば、堀越公方も京都寺院の公帖発給の推挙ができたことを示している。こうした鶴岡八幡宮など鎌倉五山以外の南関東諸寺社の補任、ならびに一般的な京都寺院公帖の推挙にかかわる礼銭は、堀越公方の安定的な収入たりえたのではなかろうか。

四　堀越公方と都鄙和睦

文明十四年（一四八二）末、堀越公方の政治経済的基盤の根幹を揺るがし、さらには足利政知自身の存在理由さえ問われかねない事態が起こった。いわゆる都鄙和睦である。これは関東管領山内上杉氏が、その被官長尾景春の反乱に苦慮した結果、長尾景春を支援する古河公方が要求した足利将軍と古河公方の和睦を斡旋したことによって実現したのであった[47]。本節ではその都鄙和睦が、堀越公方の政治経済的基盤におよぼした影響について検討する。

まず礼銭とのかかわりからみてみると、十刹の鎌倉禅興寺の住持竺雲顕騰が、室町幕府に対して五山建長寺の公帖を申請したときの『蔭凉』延徳四年（一四九二）六月二日の記述が注目される。同日条によれば竺雲顕騰は、五山建長寺の公帖をうける資格を主張するため、すでに獲得していた十刹禅興寺の公帖を京都へ送達してきたのであった[48]。その公帖が同日条に転写されているのだが、「禅興寺住持職事、任二先例一可レ被二執務一之状如レ件」との「文明十五年八月十日」付の公帖は、すでにその発給者が古河公方足利成氏に替わっている[49]。つまり堀越公方は、文明十四年末の都鄙和睦によって、鎌倉公方の後身という政治的正当性を古河公方に奪われ、あわせて関東における十刹以下の公帖発給権を喪失しているのである。これら公帖発給権の喪失が、そのまま堀越公方の礼銭収入の減少に直結していたであろうことは想像に難くない。

ついで所領関係の動向についてみてみると、都鄙和睦の条件として確定された堀越公方の立場はつぎの文書案から明らかとなる。

就二御和睦之儀一、豆州様(足利政知)御事、被レ進二上伊豆国一、可レ被二刷申一之旨、四郎殿(上杉顕定)へ被二仰定一候之由、御注進之通致二披露一候、殊自二古河様(足利成氏)一別而可レ被レ進二御料所一之由候、旁以可レ然之旨、上意候、仍御申条々悉以事行候、御面目之至候、

同(文明十四年十一月二十七日)日　　同前(伊勢貞宗)

謹上　上杉民部大輔殿(房定)[50]

このように足利政知は、和睦の条件として伊豆一国の支配が認められるのみとなったのである。ただその内実は、上杉氏一族がその総意として古河公方との和睦を急ぐあまり、山内上杉氏が守護職をもつ伊豆国の支配権を表向き放棄して足利政知に割譲し、室町幕府と堀越公方の政治的体面をとり繕ったにすぎない。なぜなら後述のように、堀越公方府には上杉氏一族の意志が反映される仕組みが備わっており、足利政知にとって経済的側面での実質的変化はまったくなかったといえるからである。むしろ、以前から所領的規模では一国の守護級であった堀越公方が、この和睦によってその政治的位置にいたるまで名実ともに一国の守護級に降下した点にこそ注意を払うべきといえよう。

ところで、伊豆国支配権と地域経済との関連では、文明三年正月から四月にかけて伊豆国三嶋社で東常縁から連歌師宗祇への古今伝授がおこなわれていることが注目される。[51]このとき東常縁は、室町幕府奉公衆として堀越公方の支援のため三島に下向していた。それゆえ当時の三島は、堀越公方の統制下にあったといえる。そしてその三島には、旧来から伊豆国府中関が設置されていた。[52]伊豆国支配権を確保した堀越公方は、当然この伊豆国府中関からの関銭は確保できたと考えられる。交通の要衝である箱根山系のふもとに位置する伊豆国三島の府中関

は、かつて年一五〇貫文で請負われた実績をもつ規模の関所であった(53)。

さらに、都鄙和睦後の堀越公方居館の周辺の様相を示すものとして、つぎに掲げた『蔭凉』文明十九年七月八日条の記述も注目される。

瑞泉寺前住文粛西堂、諱中盛、八十六歳、以二此書立一白二相公（足利義政）一曰、此仁曾於二天龍寺一勤二秉拂一、豆州主君（足利政知）曾寵レ之、今亦被レ置二近辺一、若君様（天龍寺香厳院清晃）就レ之御学問云々、然間天龍寺公帖之事有二御望一、

このように堀越公方の居館周辺には、鎌倉瑞泉寺の前住持であった文粛中盛が起居しており、足利政知の子息に学問を教えていたというのである。この文粛中盛という老僧は、かつて足利政知が天龍寺香厳院主であったときから知己の僧で、それゆえ鎌倉瑞泉寺住持の経歴を経て政知子息の扶育にたずさわっていたのであろう。このとき足利政知が、文粛中盛に京都五山天龍寺の公帖が発給されるよう室町幕府に推挙した背景には(54)、同年五月に政知の子息が天龍寺香厳院清晃（のち足利義澄）として上洛したため(55)、それまでの文粛中盛の労に報いる意図があったと考えられる。また、この記述からは、堀越公方府には文粛中盛のような老僧を政知子息の学問の師として招くだけの経済的余裕があったことも明らかとなる。これは、足利政知の子息を新院主に迎えることを望んだ天龍寺香厳院の側が(56)、堀越公方府に対して一定の金銭的援助をしていた可能性を含めて注目に値する記事といえよう。

いずれにしても都鄙和睦によって鎌倉公方の後身としての政治的位置づけを失った足利政知は、それと同時に京都へ帰洛することも選択肢の一つであったはずである。しかし足利政知は伊豆国に留まり続けた。そうした背景には、その政治的立場はともかく、伊豆国のみとはいえ軋轢を生みながらも地域支配を確立し、すでに一定の経済的基盤を確保していたことが家政運営の裏づけとして存在していたためと考えられるのである。

おわりに

以上、史料残存量の問題から詳らかにならないことも多いが、堀越公方の存立基盤について、膝下伊豆国との関係を中心に経済的側面の考察を加えてきた。

まず、堀越公方の居館が円成寺という尼寺を包摂して整備されたことは、その経済的・地理的関係を含めて注目すべきものがある。鎌倉期以来の既成空間を利用したことは、政治権力による都市編成の観点からも注目されるところであろう。また、堀越公方が居館を構えた伊豆国北条の周辺地域が、北条得宗家の本拠から円成尼寺領を経て堀越公方の拠点となったのち、伊勢宗瑞（北条早雲）の本拠地になったことも重要な論点といえる。伊勢宗瑞が、駿河国興国寺からこの地に移って生涯ここに留まり続けた背景には、東国支配権の継承という象徴的な意味合いばかりでなく、歴史的にみて権利関係の錯綜が少なかったであろう同地が持つ実質的な経済的有用性があったと考えられるのである。

堀越公方府は、もともと所領にかかわる経済的基盤が皆無であった。そのため伊豆国北部を中心にして、上杉氏系寺院との一体化や、京都寺院伊豆領の押領というかたちでそれらを経済的基盤として取り込んでいった。しかしそれは、いわゆる享徳の乱によって鎌倉を離れた古河公方が、旧鎌倉府御料所であった下総国「古河」をその移転先として選んだこととは対照的な行為であったといえよう[57]。

また堀越公方近臣による伊豆国内での所領獲得は、いわゆる「寺社本所一円領・武家領体制[58]」とよばれる室町期の土地制度のなかでも、「寺社本所一円領」の掌握に的を絞ったものであった。しかし留意すべき点は、それがもはや「寺社本所一円領・武家領体制」の恣意的運用といった範疇からも逸脱した行為で、とくに下地については「寺社本所一円領」の「武家領」への換骨奪胎というべき行為にひとしかったことにある。堀越公方は、伊豆国以外の在地領主を積極的に新規の奉公衆として登用することもなく、それをみずからの政治経済的基盤として編成するという発想を持たなかったのである。押領として訴えられた一連の行為も堀越公方近臣による自己の所領獲得手段であり、鎌倉公方の後身として東国支配を担うべきであった足利政知にしては、あまりにも偏った主従制の展開であったといえよう。そうしたことが、最終的には堀越公方が鎌倉公方としての役割を果たしえなかった要因の一つであったと考えられる。

堀越公方は、所縁のない東国での軍事体制の確立が喫緊の課題であったため、長期的展望のもとでの諸事項の立案ができなかったのであろう。ただ堀越公方近臣が荘郷の名主・侍分層と接触し、上層武家権力と村落の距離が一気に縮まったことは、その後の戦国期武家権力の形成に向かっての媒介になったと評価することはできよう。

そして堀越公方がいわゆる礼銭を政治と直結させて財源の一部としたことも、特徴のひとつとしてあげることができる。しかし、文明十四年末の都鄙和睦によって鎌倉公方の後身としての政治的位置づけを失った堀越公方は、それに付随する公帖礼銭などの収入獲得手段を失ったのであった。堀越公方に残されたものは、およそ伊豆一国に限定された地域経済のみであった。それゆえこうした堀越公方の置かれた政治的立場は、足利政知をして室町幕府の管領細川氏との協調関係へと進ませ、古河公方征討の再開を目論んだのではないかという指摘とも関連してゆく[59]。つまり足利政知は、将軍足利義尚の死去にともなう後継将軍をめぐる室町幕府内の抗争において、その子息天龍寺香厳院清晃（のち足利義澄）を足利義材（のち義稙）の対抗馬としておす管領細川氏と組み、その子息を将軍職に就けることによってみずからの政治的立場の再浮上を画策した可能性があるのである。

しかしながら伊豆下向以来の堀越公方の諸政策をみると、この時期の堀越公方にそうした高度な政治構想を想定することが本当に可能なのか、若干の疑問を感じざるをえない。しかし現実問題として、そうした事態が発現に向けて動きだした時、それは逆に古河公方と和睦した上杉氏一族と足利政知の政治的対立を表面化させ、これが堀越公方府内で上杉派の在地領主がおす足利茶々丸の相続問題とむすびついて内部崩壊し、滅亡への過程をたどっていったのである。なぜなら堀越公方の居館には、かつて寛正二年に室町幕府から足利政知のもとへ派遣された犬懸上杉政憲が[60]、堀越公方府の滅亡直前までいまだ家宰職として在ったからである。犬懸上杉政憲は、上杉氏一族と渋川氏の政治的軋轢に苦しんだ父上杉教朝の自害のあとを受け派遣された経緯があり、上杉氏一族との連携を政治基調にしていたことが明らかである。事実、犬懸上杉政憲は、堀越公方の政治的立場を失わせた文明十四年の都鄙和睦の交渉過程にも深く関与していたのであった[61]。

また堀越公方府では、足利義澄と同母（武者小路隆光女、円満院殿）の弟である潤童子を堀越公方に据えようとする一派よりも、異母兄弟の茶々丸をおす在地領主のほうが優勢であったとみられる。なぜなら伊豆国中・南部では、伊勢宗瑞（北条早雲）が堀越御所を急襲した明応二年（一四九三）から四年たっても、いまだ足利茶々丸派の在地領主が伊勢（北条）氏に抵抗し、相応の勢力を保っていたことが知られるからである[62]。ただそれは、はからずも堀越公方の家政運営の中核となる領域が、伊豆国北部に限られていたことを明示している。東国武家の在伊豆制度を確立できなかった堀越公方は、いつしか伊豆中・南部の在地領主の動向によって左右される地域権力となっていたのである。しかしその経緯はともかく、結果として、在地国人層や名主・侍分層の結集によって地域権力としての領国形成を果たしたかたちになったことは、戦国期にみられるいわゆる地域国家の原初形態のひとつとみることもできよう。

さて、近年の東国史研究では、鎌倉公方と古河公方をあわせて関東公方と呼ぶべきとの提言がなされている[63]。この見解は、血縁的な継承関係を重視し、近世への連続性を見通す視点からいえば首肯されるべきものである。しかし東国における政治権力の「正当性」という視点でみるならば、多分の問題を含むものと言わざるをえない。なぜなら本章でも明らかにしたように、鎌倉公方の後身として継承されるべき「正当性」は、足利政知が長禄元年に還俗して以降、文明十四年の都鄙和睦までは堀越公方の側にあったことが明白だからである。室町期から戦国期までの東国における足利氏権力を包摂する用語の設定は、その必要性に比していささか難渋な問題といえる。総じて「鎌倉殿」とあらわすのが適当と考えるが、今後の課題としたい。

（1）『山科家礼記』長禄元年十二月十九日条に「カマクラ《（鎌倉）》殿、左馬頭付ヲコナ《（行）》ワル、御名字、政知《（足利）》」とある。

（2）拙稿「室町幕府における錦御旗と武家御旗――関東征討での運用を中心として――」（二木謙一編『戦国織豊期の社会と儀礼』吉川弘文館、二〇〇六年、本書第一編第一章）。

（3）『長興宿禰記』文明七年九月十七日条に「鎌倉左兵衛督殿室町殿御弟政知朝臣、去九日被レ叙二従三位一云々、当時伊豆国御坐」とある。

（4）『実隆公記』延徳三年五月二十八日条に「鎌倉殿左兵衛督政知、慈照院殿同甲子御舎弟、去四月三日薨給、自二正月一御不食云々、（中略）、則土ヨ葬于二寝殿西方庭一云々」とある。

（5）堀越公方に関する論考には、渡辺世祐「堀越御所について」（日本歴史地理学会編『伊豆半島』仁友社、一九一三年）、湯山学「堀越公方と相模国」（佐藤博信編『戦国大名論集三　東国大名の研究』吉川弘文館、一九八三年、初出一九七七年）、同「伊豆堀越公方の奉行人近江前司教忠について」（『鎌倉府の研究』岩田書院、二〇一一年、初出一九八一年）、小和田哲男「堀越公方の政治的位置――足利政知文書の検討を通して――」（『中世の伊豆国』清文堂、二〇〇二年、初出一九八三年）がある。また堀越公方にかかわる自治体史として、『鎌倉市史』総説編（一九五九年、文責高柳光寿）、『神奈川県史』通史編一（一九八一年、文責百瀬今朝雄）、『韮山町史』第十巻通史Ⅰ（一九九五年、文責小和田哲男、のち前掲『中世の伊豆国』所収）がある。

（6）家永遵嗣「堀越公方府滅亡の再検討」（『戦国史研究』二七、一九九四年、のち次掲『室町幕府将軍権力の研究』所収）、同『室町幕府将軍権力の研究』（東京大学日本史学研究叢書、一九九五年、第二部）、同「北条早雲の小田原奪取の背景事情――全国的な政治情勢との関わりから――」（『おだわら――歴史と文化――』九、一九九五年）、同「明応二年の政変と伊勢宗瑞（北条早雲）の人脈」（『成城大学短期大学部紀要』二七、一九九六年）、同『静岡県史』通史編二（一九九七年）、同「北条早雲の伊豆征服——明応の地震津波との関係から——」（黒田基樹編『伊勢宗瑞』戎光祥出版、二〇一三年、初出一九九九年）、同「北条早雲研究の最前線」（『奔る雲のごとく』北条早雲フォーラム実行委員会・北条早雲史跡活用研究会〈小田原市・沼津市・韮山町〉、二〇〇〇年）。

（7）『御所之内遺跡第一次発掘調査概報』（韮山町教育委員会、一九八三年）、以下現在も続刊中である。関連する論考として、小特集「伊豆韮山の中世を読む」（『月刊歴史手帖』二三―九、一九九五年）、池谷初恵「遺物組成からみた中世韮山の空間構成」（小野正敏・藤澤良祐編『中世の伊豆・駿河・遠江』高志書院、二〇〇五年）、同「伊豆韮山堀越御所の再検討」（内堀信雄・鈴木正貴・仁木宏・三宅唯美編『守護所と城下町』高志書院、二〇〇六年）などがある。

（8）堀越公方足利政知発給文書一覧（全五通。記載項目は日付、宛所、内容、署判形態、出典文書）をここに掲げておく。

①長禄二年九月二四日　新田左京大夫《持国》　御判御教書案　政知判　正木文書
②長禄二年九月二四日　新田三郎《成兼》　御判御教書案　政知判　正木文書
③長禄三年十一月二四日　新田左京大夫《持国》　御判御教書写　政知（花押写）　正木文書
④（寛正元年以前）四月二日　神守院《弘尊》　補任状　（花押）　荘厳院文書
⑤寛正三年十二月二日　鶴岡八幡宮　寄進状　左馬頭源朝臣（花押）　鶴岡八幡宮文書

（9）『香蔵院珍祐記録』長禄三年十一月条に「主君《足利政知》様々年内中、山ヲ可レ有ニ御越ー由其聞在レ之」とある。

（10）『香蔵院珍祐記録』長禄四年（寛正元年）八月条に「自ニ豆州ー可レ有ニ御越山ー之由在ニ其聞ー」とある。

（11）「御内書案」（『続群書類従』二十三輯下）。

（12）大日本古文書『上杉家文書』九号。

（13）田辺久子「国清寺と上杉氏——伊豆国奈古屋と相模国鎌倉と——」（『静岡県史研究』五、一九八九年）、同『上杉憲実』（吉川弘文館、一九九九年）。

（14）「鹿王院文書」（鹿王院文書研究会編『鹿王院文書の研究』思文閣出版、二〇〇〇年、四五七・四五八号）。

(15)「祇樹林歴鑑録所収文書」(『静岡県史』資料編八中世四付録一、中世資料編補遺八三号)。なお、覚海円成の逝去は、『常楽記』康永四年八月十二日条に「北条大方殿他界」とみえる。
(16)三浦吉春「北条貞時後室覚海円成尼について――伊豆国円成寺の創建とその時代背景――」(『地方史静岡』五、一九七五年)、湯之上隆「覚海円成と伊豆円成寺――鎌倉禅と女性をめぐって――」(『静岡県史研究』一二、一九九六年)。
(17)「北条寺文書」(『静岡県史』資料編六中世二、二二八号)。
(18)「上杉系図」(『続群書類従』六輯下)。
(19)前掲「北条寺文書」参照。
(20)堀越公方は、すぐさま居住できる建造物が必要であったうえ、尼僧と堀越公方が同一建造物に居住することはないと思われる。それゆえ現実的には、堀越公方が円成寺の主要部を接収して改良を加えつつ堀越御所として居住し、南北朝期にくらべて居住尼僧が減少していたであろう円成寺は、敷地南西部の建造物を改良・再利用するかたちで縮小移転したとみるのが整合的かとの作業仮説を提示しておく。今後の発掘調査のさらなる進展を待ちたい。
(21)綿貫友子『中世東国の太平洋海運』(東京大学出版会、一九九八年)。
(22)杉橋隆夫「北条時政の出身――北条時定・源頼朝との確執――」(『立命館文学』五〇〇、一九八七年)。
(23)「剣持文書」(前掲『静岡県史』六三五号)。
(24)『親元日記』寛正六年正月四・六日、四月二十四日、八月九・十二日条。
(25)『吾妻鏡』文治二年二月十九日、文治五年十一月一日、建久五年正月三十日条によれば、伊豆国産の甘苔は、鎌倉期からすでに伊豆国の特産物として知られており、鎌倉幕府を通じて朝廷に進上されるほどであった。また、御器・椎茸についても伊豆国の林業関連の産業として発達したものと想定される。
(26)『親元日記』寛正六年正月四日、四月二十四日、八月九日条、「守矢文書」(『新編信濃史料叢書』第七巻、信濃史料刊行会、一九七二年)。こうした指摘は家永前掲註(6)書による。
(27)「古簡雑纂六」(『新編高崎市史』通史編二中世付録中世資料補遺)。

(28)『今川記』には、のちの文明八年（一四七六）の駿河守護今川義忠討死にともなう堀越公方勢の駿河出兵の描写として、「伊豆の御所より上杉治部大輔政憲を大将として三百余騎にて馳向ふ」とある。こうした伊豆勢のみで編成される堀越公方勢には、伊豆国内の名主・侍分層も動員されていたとみるべきであろう。

(29)『仏光国師語録』巻九（鈴木学術財団編『大日本仏教全書』第四八巻禅宗部全、講談社、一九七一年）。

(30)「安国寺文書」五九号（『綾部市史』史料編）。

(31)「正木文書」一八九号（『群馬県史』資料編五中世一）。

(32)「西来庵文書」（『鎌倉市史』史料編第三・四、二三九号）。

(33)「西来庵文書」（『鎌倉市史』史料編第三・四、二三一号）。

(34)前掲「御内書案」参照。

(35)前掲「上杉系図」参照。

(36)「尊経閣古文書纂所収宝菩提院文書」（前掲『静岡県史』二五二一号）。

(37)『経覚私要鈔』長禄四年閏九月十六日条に「朝日《経顕院守役也》」とある。経顕院は香厳院の音通で、元院主の堀越公方足利政知を指すものである。

(38)「尊経閣古文書纂所収宝菩提院文書」（前掲『静岡県史』一一二五号）。

(39)『伺事記録』延徳二年九月三日条。

(40)『親元日記』寛正六年八月九日条。

(41)室町期の礼銭にかかわる贈与論については多くの論考がある。ここでは主要論考の一部として、筧雅博「饗応と賄」（朝尾直弘・網野善彦・山口啓二・吉田孝編『日本の社会史』第四巻、岩波書店、一九八六年）、田中浩司「中世後期における「礼銭」「礼物」の授受について——室町幕府・別奉行・東寺五方などをめぐって——」（『経済学論纂』三五—四、一九九四年）、桜井英治「日本中世の贈与について」（『思想』八八七、一九九八年）、金子拓『中世武家政権と政治秩序』（吉川弘文館、一九九八年、第二部）をあげるにとどめる。

(42)『香蔵院珍祐記録』寛正二年九月条。詳細については、山田邦明「享徳の乱と鶴岡八幡宮」（『鎌倉府と関東』校倉書房、一九九五年、初出一九九四年）を参照。関連する論考として、佐藤博信「室町後期の鎌倉・鶴岡八幡宮をめぐって――「香象院珎祐記録」を題材に――」（『続中世東国の支配構造』思文閣出版、一九九六年、初出一九九四年）がある。

(43) 玉村竹二「公帖考」（『日本禅宗史論集』下之二、思文閣出版、一九八一年、初出一九七五年）、今枝愛真「公文と官銭」（『中世禅宗史の研究』東京大学出版会、一九七〇年）、斎藤夏来「足利政権の坐公文発給と政治統合」（『史学雑誌』一一三―六、二〇〇四年）。

(44) 『蔭凉軒日録』寛正五年七月二十八日条にも「主君《（足利政知）》、鎌倉五山公文被レ申、雖レ然上杉方副状無レ之、古来必有之由伊勢守《（伊勢貞親）》申レ之、仍閣レ之」との記述がある。

(45) 「荘厳院文書」（『鎌倉市史』史料編第一、一九八号）。関連する論考として、佐藤博信「雪下殿に関する考察――小弓公方研究の視点を含めて――」（『古河公方足利氏の研究』校倉書房、一九八九年、初出一九八八年）がある。

(46) 『蔭凉軒日録』寛正四年四月二十日、同八月十五日、寛正五年十一月十八日条がこの関連記事である。

(47) 辻善之助「「都鄙」和睦と禅僧の居中斡旋」（『史学雑誌』一七―三、一九〇六年）、渡辺世祐「都鄙和睦について」（『国史論叢』文雅堂、一九五六年、初出一九一七年）、佐藤博信「足利成氏とその時代」（前掲註45『古河公方足利氏の研究』所収、初出一九八七年）、阿部能久「享徳の乱と関東公方権力の変質」（『戦国期関東公方の研究』思文閣出版、二〇〇六年、初出二〇〇三年）。

(48) 『蔭凉軒日録』延徳四年六月五日・六日条もこの関連記述である。

(49) この発給権移動については、家永前掲註(6)論文「北条早雲の小田原奪取の背景事情――全国的な政治情勢との関わりから――」、阿部能久「関東公方の関東禅院支配――公帖の分析を通して――」（前掲註47『戦国期関東公方の研究』所収、初出二〇〇〇年）を参照。なお、斎藤夏来「室町期関東公方の公帖発給」（『禅文化研究所紀要』二八、二〇〇六年）もこの問題を論じるが、近年の東国史研究の諸成果がまったく反映されていないため事実誤認のまま立論されており難が多い。

(50) 「諸状案文」（『静岡県史』資料編七中世三、三三二号）。

(51) 『古今和歌集両度聞書』。関連する論著として島津忠夫『連歌師宗祇』（岩波書店、一九九一年、第五章）、金子金治郎『連歌師宗祇の実像』（角川叢書、一九九九年、第三章）、井上宗雄・島津忠夫編『東常縁』（和泉書院、一九九四年）などを参照。また歴史学的視点による論考として、佐藤博信「上総大坪基清論――特に東常縁との関係を中心に――」（『中世東国政治史論』塙書房、二〇〇六年、初出一九九六年）がある。

(52)「円覚寺文書」（『鎌倉市史』史料編第二、三二〇・三三七号）。

(53)「雲頂庵文書」（『鎌倉市史』史料編第二、四〇七号）。

(54)『蔭涼軒日録』文明十九年七月二～四・八・十・十四日、八月五・十三日、十月三・四日条がこの関連記事である。

(55)『蔭涼軒日録』文明十九年五月二十八日条に「香厳院新主（清晃＝足利義澄）、戌刻入洛、御伴衆三百人許云々、自二伊豆州一御上洛也、輿五丁・騎馬三騎・荷持八十人許云々」とある。

(56)『蔭涼軒日録』文明十七年四月一・二日、六月十二日、七月五・六日条、『親元日記』文明十七年九月二十六日条による。

(57)下総国古河の位置づけについては、萩原龍夫「旧利根河畔の中世文化」（『駿台史学』二二、一九六八年）、稲垣泰彦「古河公方と下野」（『日本中世の社会と民衆』三省堂、一九八四年、初出一九七四年）、市村高男「古河公方の御料所についての一考察――「喜連川家料所記」の基礎的分析――」（『古河市史研究』七、一九八二年）、同「古河公方の権力基盤と領域支配」（『古河市史研究』一一、一九八六年）、山田邦明「鎌倉府の直轄領」（前掲註42『鎌倉府と関東』所収、初出一九八七年）などを参照。

(58)工藤敬一「荘園制の展開」（『荘園制社会の基本構造』校倉書房、二〇〇二年、初出一九七五年）、同「荘園制社会の基本構造――概観――」（前掲『荘園制社会の基本構造』所収、初出二〇〇二年）などを参照。

(59)末柄豊「細川氏の同族連合体制の解体と畿内領国化」（『中世の法と政治』吉川弘文館、一九九二年）、家永前掲註(6)論文「明応二年の政変と伊勢宗瑞（北条早雲）の人脈」。

(60)前掲「御内書案」参照。

(61)大日本古文書『蜷川家文書』一〇四号。

(62)小和田哲男「北条早雲と大見三人衆」（前掲註5『中世の伊豆国』所収、初出一九九一年）。

（63）　阿部前掲註（47）書『戦国期関東公方の研究』の「序章」による。

〔追記〕　本章初出以後、関連する研究としてつぎの論考が発表された。

桜井英治「応永二年『都鄙和睦』交渉について」（『日本史研究』五五五、二〇〇八年）、拙稿「堀越公方と足利鑁阿寺」（栃木県立文書館『文書館だより』四六、二〇〇九年、本書第二編補論）、家永遵嗣「堀越公方と伊豆金山」（『戦国史研究』五八、二〇〇九年）、同「今川氏親の名乗りと足利政知」（『戦国史研究』五九、二〇一〇年）、同「応仁二年の「都鄙和睦」について」（『日本史研究』五八一、二〇一一年）、同「甲斐・信濃における「戦国」状況の起点――秋山敬氏の業績に学ぶ――」（『武田氏研究』四八、二〇一三年）、松島周一「堀越公方と室町幕府――奉行人布施為基の軌跡――」（『日本文化論叢』一八、二〇一〇年）、池谷初恵『鎌倉幕府草創の地』（新泉社、二〇一〇年）。堀越公方に関する研究は、文献史学と考古学的発掘調査の両分野においてなお進展しつづけている。

堀越公方足利政知発給文書集

一　足利政知御判御教書案　（正木文書）

就成氏（足利）刑戮事、被参御方之条尤以神妙、速被致忠功者、
可有其賞状如件、

長禄二年九月廿四日　　政知（足利）判
新田左京大夫（持国）殿

二　足利政知御判御教書案　（正木文書）

就成氏（足利）対治事、被参御方之条誠以神妙、速可被抽軍功之
状如件、

長禄二年九月廿四日　　政知（足利）判
新田三郎（成兼）殿

三　足利政知御判御教書写　（正木文書）

今度於羽継原、捨身命及合戦之条神妙、弥可被励忠功之
状如件、

長禄三年十一月廿四日　　政知（足利）（花押写）
新田左京大夫（持国）殿

四　足利政知補任状　（荘厳院文書）

鶴岡八幡宮別当職事、如元可有執務候也、

四月二日　（花押）（足利政知）
神守院（弘尊）

五　足利政知寄進状　（鶴岡八幡宮文書）

奉寄　鶴岡八幡宮
相模国東大友半分松田左衛門尉跡事
右、為当社領所令寄附之状如件、

寛正三年十二月廿一日
左馬頭源朝臣（足利政知）（花押）

補論　堀越公方と足利鑁阿寺

(一)　序

室町幕府の八代将軍足利義政は、長禄二年(一四五八)、庶兄足利政知を還俗させ、鎌倉公方の後身として関東に下向させた。これは、当時の公方足利成氏が室町幕府に抗して鎌倉から古河に移座したことにともなう東国政策の一環であった。しかし足利政知は、ときの政治情勢が箱根山を越えることを許さず、その生涯を伊豆国の堀越で終えたのであった[1]。このため足利政知は堀越公方と呼びならわされている。

鑁阿寺《ばんなじ》は下野国足利に所在し、旧足利氏館の持仏堂が転化したとの伝承をもつ真言宗の寺院である。室町期を通じて京都・関東いずれの足利氏一族からもあつく尊崇された足利氏の氏寺であった。

堀越公方と鑁阿寺の関係は『鑁阿寺文書』によって知ることができる。同文書には、表1のごとく堀越公方にかかわる文書が十一通含まれている。ところが、この堀越公方関係文書群は従来まったく検討されていない。本論の目的は、そうした研究状況の欠を補うことにある。

(二)　堀越公方と鑁阿寺の関係

元来、堀越公方と鑁阿寺には通交がなかったようである。両者のはじめての接触を示す①(以下、番号は表1

表1　「鑁阿寺文書」にみえる堀越公方関係文書

年　月　日	様　　式	発給者　署 名	宛　　所	番号
①(文明3)，8，3	書状	佐渡守為基(花押)	鑁阿寺年行事＊	480
②(文明3)，8,19	書状〔折紙〕	金用(花押)	年行事御坊参	197
③(文明3)，8,20	書状〔折紙〕	金用(花押)	普賢院御同宿中	371
④(文明3 ，8,27)	書状案	—	—	185
⑤(文明4),12,17	書状	佐渡守為基(花押)	鑁阿寺衆徒中御返報＊	482
⑥ 文明5 ,12,17	奉行人奉書	佐渡前司(花押)	鑁阿寺雑掌	20
⑦ 文明6 ,12,18	奉行人奉書	佐渡前司(花押)	鑁阿寺雑掌	17
⑧ 文明7 ,12,18	奉行人奉書	佐渡前司(花押)	鑁阿寺雑掌	15
⑨(文明7),極,18	書状〔折紙〕	佐渡前司為基(花押)	鑁阿寺延命寺御坊＊	296
⑩(文明8),12,16	書状	佐渡前司為基(花押)	鑁阿寺御返報＊	145
⑪(文明9),12,20	書状	佐渡前司為基(花押)	鑁阿寺供僧中＊	146

注１：宛所欄の＊印は、謹上書の書札礼をもつ書状。
　２：番号欄は、「鑁阿寺文書」（『栃木県史』史料編中世一）の文書番号。

に対応）には、それまで「一向御無音」であったとの記述がみえる。加えて堀越公方の鑁阿寺に対する態度は、接触当初から「于レ今 凶徒（足利成氏）御同心分候歟」などと高圧的なものであった。それは両者の接触の契機が、文明三年（一四七一）六月の足利成氏の古河退去にあったためであろう。

また、『鑁阿寺文書』にみえる堀越公方府の発給文書はすべて奉行人布施為基によるものである。堀越公方足利政知みずからが発給した文書は伝存しない。これは『鑁阿寺文書』に自身の発給文書を多くのこす古河公方とは対照的な行為であった(2)。おそらく鑁阿寺と接触した当時の堀越公方の優勢な政治環境がそうした態度をとらせたのである。

②③を発給した平澤金用は、関東管領山内上杉氏の被官とみられる。それゆえ外見的には両文書に堀越公方とのかかわりはみえない。しかしその著述内容にふみこむと両文書には堀越公方との連関性をもつ記述がみえる。すなわち、鑁阿寺に対して「豆州御使節御僧」の要求をうけ入れるよう連日にわたって政治圧力をかけているのである。その文言からみてこれが伊豆国の堀越公方府から派遣された、使僧の要求斡旋にかかわる書状であることは間違いない。ここに②③を、それに対する鑁阿寺

側の返書案④とあわせて、堀越公方関係文書群として一緒にあつかう必要性が認められる。④の草案全文をつぎに掲げる。

豆州《(足利政知)》江御巻数明日廿八可レ致二進上一候、御吹挙《(上杉顕定カ)》尤《(ママ)》所仰候、仍供僧一人参上之事者、都鄙共御定之時毛致二参上一事先規無二其儀一候、長春院《(足利持氏)》殿様自二駿州一還御之刻、近年者成氏《(足利)》様自二上州一御帰座之砌毛別而不二申上一候き、其已後乱中至レ于レ今雖二御陣近所候一終為二御礼一令二参陣一事無レ之候、是更非二供僧之緩怠一候、雖下不レ始レ于レ今事上当寺《(鑁阿寺)》者以二異レ他子細一致二規模一候、敢非二心之所曲《(ママ)》一候、争限二当御代《(足利政知)》一可レ存二新儀一候哉、寺家之事者、恒例之御祈禱無二怠慢一令二勤行一、巻数致二進上一計候、乍レ恐為二御心得一如レ此令レ啓候、

右の④で鑁阿寺は、堀越公方の要求のうち巻数進上は受諾するが、伊豆国への寺僧「参上」は拒否すると返答したことがわかる。巻数進上は旧鎌倉公方の時代からの「先規」であるが寺僧派遣という堀越公方の「新儀」には応じられない、というのが鑁阿寺の主張であった。

堀越公方が⑤で「去年御進上之処、連々依二御無沙汰一御返事無レ之候」と、昨年はわざと長日御祈禱御巻数（以下、巻数と略）の請取状を書かなかったと述べているのは、鑁阿寺がとったそうした態度へのささやかな報復行為といえる。

堀越公方と鑁阿寺の安定的関係がみえるのは、文明五年（一四七三）から同七年（一四七五）にいたる三ケ年の⑥⑦⑧である。この三年間は、巻数請取状の文書様式が書状ではなく奉行人奉書であることがそれをうかがわせる。

また⑨からは、文明七年に鑁阿寺の年行事職であった延命寺が、[3]巻数とともに「韻《(印)》籠」もあわせて贈りはじめたことが判明する。それまでの鑁阿寺はおそらく巻数を進上するのみであった。そして翌年の⑩にもつづけて巻数とともに「香合」を進上したとの記述がみえる。両者の関係は、そのまま進展するかにみえたのであった。

しかし事態は急変する。文明八年（一四七六）六月、長尾景春の乱が勃発したのである。同乱によって武蔵国五十子にあった関東管領山内上杉氏の軍陣が翌九年正月に崩壊、翌々十年正月、山内上杉氏は長尾景春を支援する古河公方との和睦を選択したのであった。ここに鑁阿寺は、堀越公方の政治的意義の喪失を認識したことであろう。⑪に、巻数は伊豆国まで届いたが香合は路次で「取失」ったとあるのは、そうした文明九年中の東国秩序の不安定さと、以後の両者の関係途絶を予測させるのに充分な記述である。

これ以降、堀越公方と鑁阿寺の関係を示す文書はみられない。堀越公方と鑁阿寺の関係は、文明三年から同九年までのわずか七年間で終わったのであった。

(三) 結び

以上、堀越公方と鑁阿寺の関係について考察した。

堀越公方と鑁阿寺はもともと通交がなかったとみられる。これは鑁阿寺の側が、堀越公方との積極的な関係を築く必要性を認めなかったためであろう。おそらく鑁阿寺は、古河公方との関係を重視していたのである。

堀越公方と鑁阿寺の接触は、文明三年、足利成氏がひとたび古河から没落したことに端を発する。それによって堀越公方が、鑁阿寺に政治圧力をかけうる環境が出現したのであった。

堀越公方が鑁阿寺に要求したのは、歳末の巻数進上と伊豆国への寺僧派遣であった。鑁阿寺は、寺僧の派遣については拒否したが巻数進上の要求には応じた。これによって堀越公方と鑁阿寺の関係はひとたび安定した。ただしそれは文明九年（一四七七）までのわずか七年間だけであった。

関係が途絶した原因は、長尾景春の乱にある。鑁阿寺は、古河公方と関東管領の和睦という政治情勢の転換に鑑み、堀越公方に対する巻数進上を打ち切る判断を下したのであろう。

（1）拙稿「堀越公方の存立基盤――経済的側面を中心として――」（『國學院大學紀要』四六、二〇〇八年、本書第二編第三章）などを参照。

（2）佐藤博信「古河公方をめぐる贈答儀礼について――特に下野鑁阿寺の場合を中心に――」（『続中世東国の支配構造』思文閣出版、一九九六年、初出一九九〇年）。

（3）佐藤博信「鑁阿寺文書覚書――供僧十二院の干支の分析を中心に――」（『中世東国の支配構造』思文閣出版、一九八九年、初出一九八二年）。

第三編　室町幕府の東海・南関東政策

第一章　室町幕府奉公衆葛山氏

はじめに

葛山《かずらやま》氏は、富士山と箱根山に周囲をかこまれる駿河国駿東郡葛山を本領とする国人である(1)。葛山氏は、戦国期になると駿河今川氏、相模北条氏、甲斐武田氏の緩衝地帯領主として特色ある発展をとげたことが知られる。その存在形態は、駿河今川氏との関係に軸足をおきつつも独自の領域支配を展開し、さらに相模北条氏や甲斐武田氏とのあいだにも婚姻関係をむすぶというものであった。そうした種々の特徴的な事象が認められることから葛山氏は、相対的自立領主権力としての性格を持ついわゆる戦国領主の典型として素材にされることも多く、戦国期葛山氏についての研究は枚挙にいとまがない。

しかし室町期の葛山氏に関する本格的研究はいまだない。戦国期の前史あるいは当該地域史のなかで論じられたことはあるものの(2)、室町幕府の地方統制策のなかに葛山氏を位置づけるという巨視的な研究視角によって進められた研究はないのである。そのため室町期葛山氏の位置づけも明確にされているとは言い難い。しかし室町期の箱根山麓をとりまく政治情勢を概観すると、室町幕府の東国政策のなかに葛山氏を位置づける作業の必要性を感じざるをえない。

室町幕府は、当初、東国の統括を鎌倉府に委任するという行政形態をとっていた。しかし鎌倉府はしだいに自立して室町幕府との対決姿勢をあらわにした。その結果、室町幕府と鎌倉府の管轄国の接点にあたる箱根山麓、つまり駿河国と相模国のあいだには政治的国境が形成されたのであった。

室町幕府と鎌倉府の対立は、永享十年（一四三八）、将軍足利義教と鎌倉公方足利持氏の登場によっていわゆる永享の乱へと展開する。そのとき箱根山麓が室町幕府と鎌倉府の攻防の最前線となったことはいうまでもない。以上のように室町期の箱根山麓が室町幕府と鎌倉府の政治的国境として政治的緊張のつづく地域であったことを勘案すれば、その国境地帯の国人である葛山氏の存在意義を室町幕府とのかかわりのなかに見出す作業は不可欠といえる。そこで本章では、室町幕府と鎌倉府の対立期における葛山氏の位置づけを室町幕府の東国政策という視座から論じることとしたい。

一　鎌倉・南北朝期の葛山氏

葛山氏はいわゆる国人層に属する。そこでまず室町期葛山氏にかかわる前提として、それ以前の葛山氏の系譜をごく簡単にではあるが「葛山」姓を称する者の動向を中心に考察しておきたい。

葛山氏の発祥は、『大森葛山系図』(3)や『葛山家譜』(4)などの関連系図類によれば、いずれも藤原伊周の曾孫「維兼」を始祖とする点で一致している。しかし「維兼」以後の記述は系図諸本での異同が激しく、鎌倉期以前の葛山氏の動向を系図類に依拠して論じることは生産的でない。そこでひとまず確実な史料が残る鎌倉・南北朝期の葛山氏の動向からみることとする。

鎌倉前期の葛山氏を代表する人物としては、源実朝が宋への派遣を試みた使節の首班で『善隣国宝記』(5)にも名がみえる「葛山五郎入道願性（もと景倫）」があげられる。(6)源実朝の近習だった葛山願性は、承久元年（一二一九）、源実朝の鶴岡八幡宮での横死とともに出家して高野山へのぼった。『高野春秋編年輯録』(7)によれば葛山願性は、高野山禅定院（のちの高野山金剛三昧院）に入院して「実朝将軍之菩提」を「追悼」しつづけたという。

　また葛山願性は、『金剛三昧院文書』[8]や『金剛三昧院紀年誌』[9]によると源実朝の菩提を弔う「住山資縁」として北条政子から紀伊国由良荘地頭職をあたえられたという。そしてその由良荘内に西方寺なる寺院を建立して「限二四至一、立二券契一」て寺領を定め、同寺において源実朝と北条政子の菩提を弔わせたという。さらに葛山願性は、由良荘地頭職の残得分についても高野山金剛三昧院へ寄進し、金剛三昧院でも源実朝と北条政子の菩提を弔わせることにしている。これは、前述西方寺の後身である興国寺が伝蔵する『紀州由良鷲峰山法燈円明国師之縁起』[10]や『鷲峰開山法燈円明国師行実年譜』[11]に描かれた葛山願性像とも一致するところである。そして葛山願性が高野山金剛三昧院で源実朝の菩提を弔いつづけた話は、無住著の『雑談集』[12]第六巻錫杖事にも仏教説話の題材としてとりあげられている。

　このように葛山願性は、鎌倉幕府御家人としての性格を有していたことが明確となる。しかし葛山願性は、前述のように紀伊国を基盤としており駿河国駿東郡葛山に根ざした生活を送っていたわけではなかった。それゆえ葛山願性が、葛山氏本流の人物であったとみることはできない。しかし葛山願性の存在によって、鎌倉期における葛山氏の族的展開を指摘することは可能といえよう。

　鎌倉前期に葛山姓を称する者は、葛山願性のほかにも『吾妻鏡』のなかに三人ほど見出だすことができる。まず「葛山小次郎」なる人物は、承久三年（一二二一）五月二十二日、承久の乱にさいして京都へ進発する北条泰時の従軍十八騎の一人として名がみえ、翌六月十八日条の「六月十三日・十四日宇治橋合戦手負人々」にもその名が記されている。ついで同日条の「六月十四日宇治合戦討敵人々」にも「葛山太郎」なる人物の名を見出だすことができる。さらに寛元二年（一二四四）八月十五日、将軍九条頼嗣が鶴岡八幡宮放生会に御参したとき「直垂・帯剣、候二御車左右一」する十一人の供奉人の一人として「葛山次郎」の名がみえる。以上の三人が『吾妻鏡』にみえる葛山姓の者たちである。この『吾妻鏡』の記述からは、「葛山小次郎」のように北条得宗家の被官としての性格を強めてゆく者がいたことに注目すべきであろう。

　鎌倉後期になると、そうした傾向はなお一層明瞭なかたちであらわれる。徳治二年（一三〇七）五月、北条貞時が定めた父北条時宗の月忌大斎の結番注文である「円覚寺毎月四日大斎結番事」[13]には、二番に「葛山左衛門尉」、三番に「葛山六郎兵衛尉」の名がみえる。この両名は、その名乗りから内管領長崎円喜邸での法華宗論の様相を描いた『鎌倉殿中問答記録』[14]に登場する「葛山六郎左衛門尉」のモデルと考えられる。この『鎌倉殿中問答記録』にみえる逸話は虚構であって史実ではない。しかし同話のなかで「葛山六郎左衛門尉」の座する位置は、北条氏一族や内管領長崎氏と同座の「御障子内」であった。これは、御内人としての性格を持つ葛山姓の者が北条得宗家の周辺にいたことを示唆するものである。また『御的日記』[15]延慶二〜四年、正和二・三・五年条にみえる「葛山小次郎惟資（葛山次郎兵衛尉惟資）」と同一人物とみられる「葛山兵衛尉」は、元亨三年（一三二三）、北条貞時十三年忌供養において「太刀一貝作・馬一疋鹿毛駮[16]」を供している。これもまた北条得宗家とのかかわりを示す事象といえよう。

　鎌倉幕府の滅亡時、北条得宗家の周辺にいたこれら葛山姓の者たちが一体いかなる軌跡をたどったのかは定かではない。しかし『御的日記』正中三年（一三二六）条にみえる「葛山孫六頼行」と同一人物とみられる「葛山孫六」が、建武三年（一三三六）六月、近江国西坂本における足利勢と後醍醐方比叡山勢力の合戦に足利方として参加していることが天野遠政の軍忠状にみえる[17]。これによって鎌倉幕府滅亡のさい御内人として北条氏一族と命運をともにした者ばかりでなく、足利方に転じた者がいたことを知ることができる。

　ついで南北朝期になると建武四年（一三三七）正月十日、「葛山備中三郎」なる人物が、足利直義から「遠江国凶徒対治之間、致二軍忠一之条尤以神妙也、於二恩賞一者追可レ有二其沙汰一之状如レ件[18]」と軍忠を賞されている。

また、『太平記』[19]巻三十一新田起義兵事によると観応三年（一三五二）閏二月、観応の擾乱において直義党として蜂起した新田義宗のもとに馳参じる者の一人として「葛山」の名がみえる。このことから、草創期室町幕府において直義党としての道を選んだ者がいたことを知ることができる。[20]

このほかにも『太平記』巻三十七畠山入道道誓謀反事付揚国忠事には、康安元年（一三六一）十一月、伊豆国に立籠った関東執事畠山国清討伐の初期段階において、伊豆周辺地域での兵粮米賦課と人夫徴収をめぐって鎌倉府勢主力の平一揆と闘諍をおこす「葛山備中守」が描かれている。この「葛山備中守」と前掲「葛山備中三郎」の系譜関係は定かでない。しかし『太平記』の逸話は、伊豆周辺地域にあたる駿河国駿東郡葛山に葛山姓を名乗る者が存在していたことを示唆するものである。

本章で主題とする葛山氏は、この駿河国駿東郡葛山に本拠をおいた一流である。一方、武蔵国橘樹郡太田渋子の地頭職をもつ「葛山六郎左衛門尉定藤」なる人物が、応永二十七年（一四二〇）七月、佐々木吉童子からその領家職を違乱したと訴えられている。[21]このことから、両流の関係は詳らかではないが室町期には、駿河国のみでなく武蔵国にも葛山姓を名乗る一流が存在していたことが明らかとなる。[22]

以上、鎌倉・南北朝期に葛山姓を名乗る者たちの考察をおこなった。しかし相互の系譜関係はほとんどわからず、不明な点はあまりにも多い。これは鎌倉・南北朝期における葛山氏の政治的重要性の度合いが深く関係していたといえる。しかし『太平記』の描写が示唆するように、葛山姓を名乗る者のなかで駿河国駿東郡葛山を本拠とする一流が室町期以前から同地に存在しつづけていたことは間違いない。そしてその駿河国駿東郡葛山を本拠とする一流が、室町幕府と鎌倉府の政治的対立が混迷の度を深めた室町中期、両府の政治的国境地帯に位置するという地理的条件もあいまってにわかにその姿をあらわすのである。

二　室町幕府と葛山氏の接近

室町幕府と葛山氏が接近する様相が判明するのは、正長元年（一四二八）である。事の発端は同年九月、新将軍足利義教が、室町幕府に対して不穏なうごきをみせる鎌倉公方足利持氏を牽制するため、[23]上杉禅秀の乱によって甲斐国を追われていた武田信重を帰国させようと画策したことにはじまる。足利義教は、その足がかりとして『満済准后日記』（以下『満済』と略）同年十月二十三日条に「甲斐武田刑部大輔入道（信重）、駿河国ニ両所被レ下レ之、佐野郷・沢田郷也」とあるように、武田信重に対して駿河国駿東郡葛山の近隣地である同郡佐野・沢田両郷をあたえ、甲斐帰国に備えさせようとしたのであった。しかし武田信重は同地拝領を辞退し、一方、葛山氏は佐野郷の拝領を要求したのである。そのため事態が紛糾し、葛山氏を含む一連の経緯が、室町幕府中枢としてこの問題に関与した三宝院満済の日記に著されることとなったのであった。

ここでまず、問題となった沢田・佐野両郷の性格を明らかにし、その政治的位置づけを詳らかにしておきたい。

沢田郷は、暦応二年（一三三九）四月五日、足利直義が伊豆国北条の円成寺に同郷を寄進して以来、円成寺々領群の一角を構成する土地であった。しかし沢田郷は、つぎのような性格を持ち合わせていたことに注目すべきである。すなわち円成寺は、伊豆国内の寺院であるため寺院自体は鎌倉府の管轄地域にあるのだが、寺領のひとつである沢田郷は室町幕府管轄国の駿河国内に存在するため、沢田郷にかかわる種々の権限は室町幕府の管轄下に属することとなっていたのであった。これは、嘉慶元年（一三八七）の「沢田郷役夫工米」の「京済」や、[24]応永三年（一三九六）の「沢田郷段銭幷守護方所役已下」の「免除」が、[25]室町幕府の管領斯波義将奉書によって命じられていることからも明らかである。

このように、寺院自体は鎌倉府管轄国に立地しながら寺領の一部が室町幕府管轄国に存在する、という管轄権のねじれ現象を起していたのは、もう一方の佐野郷についてもまったく同様であった。

佐野郷は、『空華日用工夫略集』[26]永和元年（一三七五）二月十七日条に「大高形部少輔（成氏）自二鎌倉一来告、公議以二佐野郷一捨三入于二円覚寺一、是乃府君（足利氏満）預所レ約、為二伽藍再興一也」とみえ、永和元年に鎌倉円覚寺の寺領となっている。『円覚寺文書』によるとその後の佐野郷は、当初こそ土肥氏、河村氏、狩野氏ら西相模・伊豆の国人層が遵行のために両使として佐野郷に派遣されるなど[27]、鎌倉府管轄下の土地として鎌倉府権力による支配がみられる。しかし、永徳二年（一三八二）の大高氏代官請負[28]、応永七年（一四〇〇）の大森氏代官請負[29]、などを経てしだいに駿河守護今川氏の影響下に包摂されていったのであった。そして応永二年（一三九五）、遠江守信広なる人物が円覚寺に対して「佐野郷半済事、自二守護一依レ承二子細一、雖二相綺候一於二向後一者不レ可レ有二其儀一候」[30]との押書を提出しており、ひとたびは駿河守護すなわち室町幕府権力の浸透が顕著となっていたことが明らかである。ところが『満済』正長元年（一四二八）十月二十三日条には「佐野郷ハ大森当知行」とみえる。この記述から佐野郷は、上杉禅秀の乱にさいして鎌倉公方足利持氏の生命の危機を救った大森氏の影響下に帰するところとなっていたことがわかる[31]。つまり正長元年段階の佐野郷は、ふたたび鎌倉府色の濃い土地となっていたのである。

こうした佐野・沢田両郷の性格や経緯に鑑みると、そもそもの武田信重への両郷充行は室町幕府が、駿河国駿東郡における鎌倉府管轄下寺院の寺領群を足がかりとして、国境地帯における鎌倉府色の強い土地の掌握を意図していたことは明白である。加えて武田信重への佐野・沢田両郷充行が決定された前日には、『満済』正長元年十月二十二日条に「今河総州（範政）申入分国他人知行在所預所望申間、五ケ所御免、此内相国寺領等在レ之」とある。つまり室町幕府は、同時期に駿河守護今川範政に対しても駿河国内の他人知行地五ケ所の権限委譲を認めているのである。こうした点に鑑みると佐野・沢田両郷の問題は、不穏なうごきをみせる鎌倉公方足利持氏を牽制するために室町幕府がおこなった種々の東国政策の一環であったと評価することができる。室町幕府が武田信重に対して国境地帯の佐野・沢田両郷をあたえようと画策したことは、室町幕府がこの駿河国駿東郡の地理的・政治的重要性を認識していた証左とすることができるのである。

しかしそうした室町幕府の東国政策が進むなかで葛山氏は、佐野郷は葛山氏本領であると主張したのであった。それは『満済』正長元年十月二十七日条につぎのように著されている。

就二駿川(河)葛山所領佐野郷当時大森知行事一、以二奉行飯尾肥前(為種)一被レ仰、子細在レ之、此在所事去廿三日被レ下二武田(信重)一キ、雖レ爾此在所武田(信重)可二辞退申入一旨申歟、爾者葛山以二支証一本領由嘆申入也、可レ被レ下歟云々、御答云、此在所事已御教書拝領之間、無二左右一辞退申入事ハ不レ可レ在歟、乍レ去在所不レ思之間可二如何仕一哉旨内々嘆申入候、爾者於二武田(信重)一者被レ計三下替地一、於二此在所一者可レ被レ下二葛山一歟之由申入了、

このように将軍足利義教は、一度は佐野郷を武田信重に充行ったものの拝領辞退を申し出られた次善の策として、佐野郷は葛山氏本領であるとの葛山氏の訴えに注目し、佐野郷を葛山氏に下したらどうかとの修正案を三宝院満済に諮問したのであった。満済は、御教書でなされた決定をくつがえすのは異例のこととしながらも武田信重の申し出を優先し、佐野郷を葛山氏に下すという代案に賛意を伝えている。こうして将軍足利義教の決定がくつがえり、佐野郷が葛山氏に下されることとなったのであった。その背景には、ここに著された以外にも多くの要因が重複していると考えられ、さらに検討を加えるべき重要な問題といえる。

まずその主因としては、『満済』応永三十二年（一四二五）閏六月十一日条の「於二竹田(武)事一ハ、在国事是非不レ可レ叶由条々嘆申入」との記述が注目される。このように武田信重は、かつて応永三十二年に甲斐帰国を求められたときにもこれを拒んでおり、武田信重の甲斐帰国拒否の意思が非常に強固であったことが第一にあげられる。

また、将軍足利義教の政治姿勢についても検討すべきところがある。足利義教は、一般的には専制政治と形容されることが多い。しかしそれは後年のことであり、正長元年時点の足利義教は、同年正月に籤で次代将軍に指

名されたばかりであった。足利義教は、同年三月に還俗、四月に評定始・判始をおこなったものの、このとき将軍宣下はいまだおこなわれていなかった。そうした足利義教の政治環境も深く関係していたのであろう。武田信重に佐野郷の拝領を辞退された新将軍足利義教は、国人階級の葛山氏の訴えにも真摯に耳を貸し、これに期待するしかなかった可能性を想定する必要があるのである。

さらに正長元年中の駿河国の政治情勢も注目されるところである。それは管領畠山満家が、三宝院満済を通じてつぎのように将軍足利義教に申し入れていることが知られるからである。すなわち『満済』応永三十五年（正長元年）二月十日条に「今川播磨不レ申二御假(暇カ)一自由出家シテ上洛間、未レ及二対面一也、雖レ爾駿川(河)国伊豆堺ニテ此者計心安様存者也、有二御免一早々可レ被レ下歟」とみえる記事である。このように駿河国と伊豆国の国堺安定にきわめて重要な役割を果たし、かつ駿河国東部地域に大きな政治的影響力をおよぼしていたとみられる蒲原今川氏の「今川播磨守」が「自由出家」して上洛したため、駿河国東部地域が政治的空白地帯となっていたことを想定せねばならないのである。

こうした駿河国の政治状況をみると室町幕府は、駿河国東部地域において室町幕府に忠実な勢力を早急に育成する必要に迫られていたとみてよいであろう。それゆえ葛山氏の訴えも、室町幕府が事を急いでいたゆえに将軍足利義教の目に止まり、その要求が認められたと考えられるのである。

そうしたことは、佐野郷が葛山氏の訴えのとおりに葛山氏本領だったのか、きわめて疑わしいことからも明らかとなる。たとえば前載『満済』正長元年十月二十七日条は、葛山氏が佐野郷は葛山氏本領であるとの「支証」をもって室町幕府に訴えたと記している。ところが応永十一年九月の「佐野郷半済之事」に関する駿河守護今川氏奉行人奉書は、その宛所が「御目代殿」となっているのである[32]。これは、佐野郷に対する駿河国衙機構の関与を示すものといえる。つまり佐野郷の基本的性格は、鎌倉円覚寺に寄進された国衙領とすることができ、佐野郷に葛山氏本領の徴証は見出だせないのである。それにもかかわらず足利義教が葛山氏に対する実質上の佐野郷充行を即決し、武田信重の佐野郷拝領辞退を簡単に許可していることは注目されるところである。

これは前に述べたとおり、室町幕府が足利将軍と直結する親室町幕府勢力を駿河国駿東郡に育成することを最優先課題と据えたためではなかろうか。つまり、室町幕府にとって佐野郷が葛山氏本領であるか否かはこのさいさして重要な問題ではなかったと考えられるのである。この問題の根底には、室町幕府が駿河国駿東郡に対する早急な政治施策の必要性に迫られていたという事情があり、基本的には葛山氏が室町幕府に恭順の意思を示したことで室町幕府は国境地帯における親室町幕府勢力育成の意図を達したとすることができるのである。

ここでさらに視野を広げ、室町幕府の東国政策という枠組みのなかで葛山氏を位置づける作業をおこなう。具体的には、室町幕府による正長元年の関東・東北地方に分布する「京都扶持衆」への施策を明らかにし、これと葛山氏登用との関連を考察する。ここでいう「京都扶持衆」とは、室町幕府と鎌倉府の対立期に鎌倉府管轄地域にありながら室町幕府とむすびついた輩のことで、そうした東国武家は、山入佐竹氏、小栗氏、真壁氏、大掾氏、宇都宮氏、那須氏など十数氏におよんでいたことが知られている。(33)

第一に関東地域について考察する。『満済』正長元年八月十一日条をみると「佐竹（祐義）江同可レ被レ遣二御書一」とある。ここに正長元年八月、山入佐竹祐義と室町幕府の接触が確認される。そして同年十月二十日条には「自二（宇都宮）藤鶴方一返事（中略）具申了」との記述もみえる。ここに宇都宮藤鶴丸（のち等綱）と室町幕府の音信も確認される。このように室町幕府は、武田信重に駿河国佐野郷をあたえることを画策した正長元年の秋、山入佐竹祐義や宇都宮藤鶴丸に対しても働きかけをおこなっていたのである。室町幕府がこうして常陸国佐竹氏、下野国宇都宮氏という北関東の守護階級の二氏に対して同時期に接触したのはけっして偶然ではあるまい。室町幕府は、正長元年の秋、一連の東国政策として武田氏・佐竹氏・宇都宮氏という鎌倉府管轄国の外縁部に位置する鎌倉期以来の伝統的雄族をより積極的に統制しようとしていたのである。

第二に東北地域についてである。『満済』正長元年十月二十五日条に「奥・伊達・蘆名・白河・石橋・懸田・岩城・岩崎・標葉・楢葉・相馬、此方へ御教書被レ成レ之」とある。このように室町幕府は、やはり正長元年の秋、篠川公方足利満直をはじめ伊達氏・葦名氏・白川（白河結城）氏・塩松石橋氏・懸田氏や、海道五郡一揆を構成する岩城氏・岩崎氏・標葉氏・楢葉氏・相馬氏など、南奥州諸勢力にも接触をはかっていたことが明らかとなる。こうしたことから、室町幕府による鎌倉府包囲網の構築意図はなお一層明確となるのである。

室町幕府の東国政策における葛山氏の位置づけも、これら室町幕府の施策の一環としてとらえるべきものである。室町幕府は、東海道側の施策として『満済』正長元年十月二十二日条に「今河上総守（範政）来、明日駿河国へ罷下」とあるように、おなじ正長元年の秋、駿河守護今川範政の駿河下国を推進するとともに、駿河国駿東郡における親室町幕府勢力の育成をはかったのである。葛山氏は、そうした過程で武田信重の代役として室町幕府から期待されるにいたったといえよう。葛山氏は、みずからの積極的意思も認められるにせよ、室町幕府の東国政策において応分の役割を負わされることとなったのである。

三　葛山氏と駿河守護今川氏

永享年間に入ると将軍足利義教は、永享元年（一四二九）八月から翌二年八月にかけて、駿河国勢を関東へ進発させようと再三画策した(34)。一方、鎌倉公方足利持氏も永享年号の使用を拒むなど、室町幕府と鎌倉府の政治的対立は混迷の度を深めてゆく。

事態がひとまず小康状態に入った永享三年以後、なお緊迫した政情のなか葛山氏にもとめられた役割は、各種の情報を室町幕府にもたらすことであった。そしてそれは、懸案の鎌倉府に関する情報に限定されていた訳ではない。たとえば『満済』永享五年（一四三三）四月二十七日条には「駿河国ヨリ富士大宮司注進状幷葛山状等一見了、国今度不慮物忩事申入了」とある。これは葛山氏が、永享五年四月、駿河守護今川範政の後継家督問題によって駿河国内が混乱している様子を室町幕府に伝えたことを示している。

関東地域と国境を接する駿河守護今川氏の家督問題は、室町幕府の東国政策にとってもきわめて重要な問題であった。それゆえ今川氏の家督相続に介入する室町幕府と、独自の家督擁立を目指す駿河国人や今川内者らとの政治的葛藤が『満済』には詳しく著されている。しかし、この問題で葛山氏が『満済』に登場することは皆無である。つまり葛山氏は、駿河守護今川氏の家督問題について室町幕府の意向と異なる家督を擁立しようと積極的にうごいた形跡がまったくないのである。それは葛山氏が、このときすでに室町幕府との直接的関係を得ていたためではなかろうか。地理的にも駿河府中から遠く、また室町幕府と直接むすびつくことによって自己の立脚基盤を固める葛山氏にとって、ほかの駿河国人とともに行動をおこし、あえて室町幕府の意向に添わない守護家督を望む必要はなかったと考えられるのである。

ついで、最大の懸案事項である鎌倉公方足利持氏の動向を伝える葛山氏注進状についてである。葛山氏注進状は、政治的節目にかならず葛山氏から室町幕府に送達されている。たとえば、『満済』永享六年十月二十八日条に「関東野心既現行」とみえ、駿河国から注進状が五通到来したことが著されている。そのうち一通には「葛山今河方へ注進状」とあり、駿河守護今川氏を通じて室町幕府に提出された葛山氏注進状があったことがわかる。

この永享六年は、首都京都の政治情勢も非常に不安定な年であった。七月に比叡山勢力がおこした騒乱は、『満済』永享六年七月四日条に「山門辺事、雑説不可説存候、此儀五月比申者候キ、不可説題目候間、申者乗阿加二切諌一了、関東同三心山門一儀、会不レ可レ有之由存也、仍関東辺此儀ニ付テ無二其沙汰一由今河民部大輔（範忠）状、以二日野黄門一備二上覧一之由申了」とあり、京都の市井では比叡山勢力が鎌倉公方足利持氏と通じているとの風説が飛びかっていたのである。[35] そうした緊迫した政情のなか駿河守護今川範忠から注進される情報は、室町幕府中枢において風説の真偽を判断する素材として重要な役目を負っていたのであった。そして、その駿河守護今川範忠のもとにもたらされる葛山氏注進状は、室町幕府が注視する鎌倉公方足利持氏にかかわる情報を、東国に対する最前線から駿河守護今川氏を通じて室町幕府に報じていたのである。ここに葛山氏は、室町幕府の情報源としてその一翼を担っていたとすることができる。

さて、ここで改めて葛山氏と駿河守護今川氏の関係について触れておきたい。一般的に室町幕府と直接的関係をむすんだ国人は、足利将軍の直轄軍である室町幕府奉公衆に編成されることが多い。次節で述べるように葛山氏も当然、室町幕府奉公衆に加えられた。その室町幕府奉公衆については、守護使不入や京済の権利が認められることなどを根拠として、[36] 従来は守護に対する奉公衆の独立性が強調されている。ところが『満済』の記述から垣間みえる駿河守護今川氏と葛山氏の関係は、室町幕府への葛山氏注進状が駿河守護今川氏を通じて提出されるなど、葛山氏による駿河守護今川氏への従属という姿勢が顕著なのである。

しかしそうした葛山氏の様相はけっして特殊なものではない。室町幕府奉公衆の守護に対する従属をうかがわせる事例はほかにも存在する。たとえば室町幕府奉公衆二番方佐波氏庶流の佐波赤穴正連は、[37] 応永二十二年（一四一五）四月、庶子「孫四郎」と「こんなう」への「おきふミ《（置文）》の事」のなかで「公方さま《（様）》・守護殿の大事の時きやう《（京都）》とへのほる《（上）》へき事候ハゝ、たんせん《（段銭）》・五十分一・わうはん《（垸飯）》ハさしさたまり《（定）》て候、そのほか赤穴の大事ハ、一人ニかきらす《（限）》、物の入候ハゝふけん《（分限）》ニしたかつて《（従）》さたす《（沙汰）》へき物なり、もしふ沙汰あらはふけう《（不孝）》の子として譲状共ニ法師かかた《（方）》へかゑさる《（返）》へきなり」[38] と述べている。つまり「公方さま《（様）》」のみでなく「守護殿の大事」に対しても佐波赤穴氏が対処できるよう定めているのである。

このように国人階級出身の室町幕府奉公衆については、守護使不入や京済などの制度面における独立性を強調しつつも、守護に対する従属性という一面を見落としてはならない。そうでなければ『満済』の記述にみえた駿河守護今川氏と葛山氏の関係や、つぎにみる永享十年の鎌倉公方足利持氏征討（永享の乱）での軍事行動における駿河守護今川氏と葛山氏の関係はまったく説明がつかないのである。

永享の乱における葛山氏のうごきは『足利将軍御内書幷奉書留』所収の文書案から知ることができる。たとえば永享十年七月晦日の今川範忠宛御内書案には、「就㆓関東之時宜㆒、被㆑相㆓副蔦(葛)山駿河守書状㆒御注進之趣、則披露申候了(39)」とある。これは葛山駿河守が、永享の乱勃発時、駿河守護今川氏を通じて速やかに「関東之時宜」を室町幕府に注進したことを明らかにしている。葛山氏の注進状は、やはり駿河守護今川氏を通じて室町幕府にもたらされているのである。

さらに注目したいのは、駿河守護今川氏と葛山氏の軍事上の関係を示したおなじく『足利将軍御内書幷奉書留』所載のつぎの御内書案である。

駿河国半国山東事、今河左(右カ)衛門佐入道入国、毎事無㆓等閑㆒可㆑被㆑致㆓忠節㆒之由、被㆓仰出㆒候、恐々、

八月十九日

狩野介殿　蔦(葛)山駿河守殿　入江尾張守殿

奥(興)津美作守殿　富士大宮司殿　富士右馬助殿

庵原周坊(防)入道殿　由(比カ)河衛門入道殿(40)

この御内書案は、葛山駿河守をはじめ狩野氏、興津氏、庵原氏、富士氏など駿河国東部地域の国人八名に対して発給されたものである。室町幕府は、このとき葛山駿河守らに対して今川貞秋と比定される「今川左(右カ)衛門佐入道(41)」への忠節を命じたことがわかる。このように、室町幕府が当時若年であった駿河守護今川範忠の後見人的存在である今川貞秋に対して「駿河国半国山東」の統制にあたらせたことは、室町幕府が東国との接点である「駿

河国半国山東」に対してその軍事的重要性を見出だしていたからにほかならない。

この「駿河国半国山東」つまり駿河・伊豆国堺の重要性については、三宝院満済から関東情勢を尋問された今川下野守の答申内容が注目される。すなわち『満済』永享六年十二月三日条に著されたつぎの記事である。

伊豆勢、駿河国堺へ可二罷入一事ハ不レ可レ有レ程歟、二・三里之間候、自二駿河府一富士下方・伊豆堺辺マテハ十六里計路間、自二駿河府一打立勢ハ可二遅々一歟、マシテ他国遠江・三河辺御勢合力事、風渡ノ御用ニハ不レ可レ立候歟、

伊豆国の鎌倉府勢は、わずか二・三里で駿河・伊豆国堺に達することができる。ところが駿河府中から伊豆堺までは十六里もの道程がある。それゆえ駿河府中勢ですら行動が遅々とすることが予想される。ましてや遠江・三河両国の合力軍勢などは危急のさいにいかほどの役に立つであろうか。駿河国に土地勘をもつ今川下野守は、上記のように発言したのであった。

この記述の存在によって、室町幕府が「駿河国半国山東」の軍事に関する御内書をとくに発給した要因としてつぎのことが指摘できる。すなわち室町幕府は、幕府方の拠点である駿河府中から鎌倉府勢との戦端がひらかれると予想される駿河・伊豆国堺までの距離的不利を克服するため、その中間に位置する在地勢力を把握し、万一の場合、すみやかな軍事対応を可能にしようとの意図を持っていたのである。当時、室町幕府が駿河国東部地域をいかに重視していたのかは、こうした点からも明らかとなる。しかし、ここでの室町幕府の葛山駿河守に対するあつかいはほかの駿河国東部地域の国人となんら変わらず、特別な措置はなされていない。つまり、永享の乱での駿河国軍事秩序において葛山氏は、駿河守護今川氏への従属が明確に定められているといって良い。

『今川記』[42]においても永享の乱での葛山氏は、駿河守護今川範忠の「先かけ（駆）の大将」として描かれている。この描写もまた、葛山氏に駿河守護今川氏への従属がもとめられていたことを示している。葛山氏の駿河守護今川

氏に対する関係は、身分秩序的には室町幕府奉公衆として独立しながらも、軍事的には駿河守護今川氏への従属を求められる場合があったということは留意せねばならぬ点であろう。(43)

四　葛山氏と足利将軍

正長元年（一四二八）、佐野郷についての一件で足利将軍とのあいだに一定の関係を築いた葛山氏は、そのまま足利将軍との通交を密にしたことが知られる。『昔御内書符案』には、前掲『足利将軍御内書幷奉書留』にみえたのと同一人物とみられる「葛山駿河守」が、永享三年四月四日、足利義教から発給された「太刀一腰・柏樹一本到来了、神妙候也」(44)との御内書案が所載されている。これはまさに足利将軍と葛山氏の通交関係の一端をうかがわせるものである。

また、そうした足利将軍と葛山氏の交流は、おなじく『昔御内書符案』所載のつぎの葛山駿河守宛の御内書案からも明らかとなる。

太刀一腰・馬一疋黒・富士松二本・富士川苔三百帖・鵞眼三千疋到来、神妙候也、

同　十月九日

葛山駿河守とのへ

この御内書案は無年号である。しかし日付上に「同」とある。そこで『昔御内書符案』の本文書の前掲御内書案に発給年を照合すると「永享六年」とわかる。さらにその頭註には「若公様御誕生御礼」とも記されている。この永享六年（一四三四）、将軍足利義教に誕生した男児は『御産所日記』(45)によるとのちの七代将軍足利義勝であった。ここに葛山駿河守が進上したこれらの品々は、将軍足利義教の子息足利義勝の誕生祝の進上品であったことが判明する。

その進上品の内容であるが、『昔御内書符案』の本文書の後掲御内書案の頭註にもまた「若公様御誕生御礼」とある。それゆえ葛山駿河守の進上品の内容は、この前後二通の御内書案にみえる進上品の内容と比較検討することができる。なお前掲御内書案は奥州塩松の石橋氏宛、後掲御内書案は南奥州の篠川公方足利満直宛である。両者の進上品は、ともに「太刀一腰・馬一疋」のみであった。葛山氏による献物品目の多さは注目されるところである。

そしてそれは葛山氏の経済状況を反映したものとみることができよう。たとえば『円覚寺文書』には「葛山関」[46]の存在を示す文書が残されている。このことから交通路管理からの収入が見込める葛山氏の財政は、比較的恵まれていたとみることができる。また「若公様御誕生御礼」への献物の拠出品目の多さからは、室町幕府に対する葛山駿河守の考え方を推量することもできる。葛山氏は、室町幕府の礼秩序に積極的に組み込まれることによって、みずからの領主支配の立脚基盤をさらに確固たるものにしようとしていたと考えられるのである。

つぎに室町幕府の身分秩序における葛山氏の位置づけを明確にする作業をおこなう。ここで注目すべきは、足利将軍の直轄軍である室町幕府奉公衆の全貌を示すとされる番帳に「葛山」の名が散見されることである。まず葛山姓の者が記載される番帳名・配属番・記名を列挙するとつぎのようになる。

文安年中御番帳[47]	四番	在国衆　葛山
蜷川家文書所収幕府番帳案[48]	四番	在国衆　葛山
室町殿文明中番帳[49]	四番	葛山源次六
久下文書所収四番衆交名[50]	四番	葛山兵庫助

従来、右記の葛山氏は、室町幕府奉公衆の研究においては飛驒国吉城郡葛山（岐阜県上宝村葛山）を本領とする国人と比定されている[51]。一方、戦国期駿河今川氏の研究からは駿河国駿東郡葛山を本領とする国人と比定され

ている。つまりこれまで見解が統一されていないのである。しかし室町幕府奉公衆の研究では右記の葛山氏を飛驒国人と比定する明確な根拠を示していない。おそらく室町幕府奉公衆は近江・尾張・三河の三ケ国に集中するという特質にもとづき、その地域周辺に存在する「葛山」の地名に比定根拠をもとめたと推測される。したがって実際には飛驒国吉城郡葛山に国人葛山氏が存在していたのかさえ不明である。これに対して駿河国駿東郡葛山を本領とする葛山氏は、室町幕府と直接的関係をむすび足利将軍と交流を持っていたことが、前載『昔御内書符案』の記載内容から明らかである。それゆえこの番帳にみえる葛山氏は、駿河国の葛山氏と比定することが穏当である。

なお上記四冊の番帳の作成年代は、『文安年中御番帳』と『蜷川家文書所収幕府番帳案』が文安年間の作成、『室町殿文明中番帳』が宝徳〜享徳年間の作成、『久下文書所収四番衆交名』が長禄三年〜寛正六年の作成とされている。ここではそれら作成年代の厳密な比定には言及しない。しかし上記四冊は、ほかにも数冊の奉公衆番帳が伝存しているなかで、作成年代が早いとされる番帳ばかりであることには注目すべきである。

つまり葛山氏の名は作成年代の遅い番帳になると番帳に記載されなくなるのである。これは足利将軍と葛山氏の関係が変化したことを示すものとみることができる。その要因としては、葛山氏が『文安年中御番帳』や『蜷川家文書所収幕府番帳案』に「在国衆」とあるように、駿河国での在国が原則であったことが関係していたと考えられる。『室町殿文明中番帳』と『久下文書所収四番衆交名』には「在国衆」とは記されていない。しかしそれは分類細項目を設けない両番帳の記載法上の特質と考えられる。当時の葛山氏が在京奉公だったことを示すのではあるまい。葛山氏は、あくまでも駿河国での在国が基本だったのであろう。

また長禄二年（一四五八）、伊豆国に足利氏一族の堀越公方足利政知が下向してきた。これも足利将軍と葛山氏の関係に一定の影響をおよぼしたのではなかろうか。足利政知下向以後の葛山氏は、おそらく堀越公方府の地域的政治秩序に組み込まれたと考えられ(52)、これも足利将軍との関係に変化をもたらすひとつの要因になったと考えられるのである。

さらに葛山氏が所属していた奉公衆四番方それ自体も、『大乗院寺社雑事記』文明十八年（一四八六）八月十五日条に「一乱以後、四番衆小人数也」とあるように、応仁の乱によって人的打撃をうけ統制を欠いていたことが知られる。これもまた足利将軍と葛山氏の関係に微妙な影響をあたえたと考えられるのである。

結果として葛山氏は、当参の在京奉公衆に比して室町幕府との関係が疎遠になったことは否めない。『和簡礼経』(53)に所載されたつぎの文書案はそれを如実に物語っている。

知行分駿河国沼津郷事、就二葛山押妨一被レ成二奉書一之条無二相違一之処、号二代官職一重而可二入部一云々、事実者言語道断次第也、所詮、早任二御成敗之旨一、退二違乱之族一弥可レ被レ全二領知一之由所レ被二仰下一也、仍執達如レ件、

文明十四年七月十九日　加賀守（飯尾清房）判

大和守（飯尾元連）判

曾我上野介（教助）殿

葛山氏は、文明十四年（一四八二）七月、奉公衆一番方曾我教助の知行分とされる駿河国沼津郷に代官職と号して入部し、違乱押妨をくり返したと曾我教助から訴えられたのである。この駿河国沼津郷については、建武三年（一三三六）十月十五日、高師直が駿河守護石塔義房に発給した「曾我奥太郎時助申駿河国沼津郷公藤右衛門尉跡事、任二去二月八日御下文之旨一、可レ被二沙汰付一之状、依レ仰執達如レ件」との施行状案が『和簡礼経』に所載されている。このことから曾我氏にはたしかに駿河国沼津郷に対する建武年間以来の由緒を認めることができる。しかし曾我教助は一体なぜ突然この文明十四年、駿河国沼津郷の知行回復を目指したのであろうか。その背景には室

町幕府奉公衆のあり方にかかわる問題が含まれており注目すべき事由である。

この文明十四年は、足利将軍と室町幕府奉公衆の関係にとってひとつの画期となる年であった。当時の室町幕府は、八代将軍足利義政が子息足利義尚に将軍職を譲りながらも政務を握っていた。しかし前年の文明十三年十月、足利義政は長谷聖護院山荘へ移り、十二月に沙汰を停止した[54]。これにともない九代将軍足利義尚は文明十四年四月に伊勢貞宗邸から小川御所へ移り[55]、この文明十四年七月、ついに義尚は足利義政から政務の委譲を受けたのである[56]。

その足利義尚の政権基盤は、当参の室町幕府奉公衆を支柱としていたことはすでに指摘されるとおりである[57]。そしてこの文明十四年七月、足利義尚の政務開始と同時に、当参奉公衆の曾我教助に対して知行回復を命じる奉行人奉書が発給されていることが注目される。これは、足利義尚政権においてはおなじ奉公衆であっても当参奉公衆曾我氏と在国奉公衆葛山氏のあいだに格差が設けられていたことを示しているのではなかろうか。いずれにせよ葛山氏と足利将軍の関係は薄れゆく一方だったのである。

こうして葛山氏と足利将軍の関係が揺れるなか、明応五年（一四九六）十二月二十一日、十一代将軍に就任した足利義澄は、葛山氏に対してつぎのような室町幕府奉行人奉書を発給した。内容は「御代始御礼事、先規厳重申来候処于レ今無沙汰太不レ可レ然、□（軽カ）ニ公儀一者歟、但有ニ子細一者令ニ上洛一可レ被レ明ニ申之一、猶以令ニ遅怠一者於ニ所帯一者可レ有ニ御成敗一之由被ニ仰出一候也、仍執達如レ件[58]」というものである。すなわち将軍足利義澄は、葛山氏に対して新将軍就任に対する「御代始御礼」が無沙汰であることを非難したうえで上洛して釈明することを命じ、これにしたがわなければ葛山氏の所領を没収すると報じたのであった。この奉行人奉書案からは、明応年間における葛山氏と足利将軍の関係を明らかにすることができる。

この室町幕府奉行人奉書について、さきの文明十四年の沼津郷押妨にみられる葛山氏の領主基盤の拡張と関連させ、そこから葛山氏の戦国領主への変貌や転換を読みとることは容易である。しかしそれのみではこの室町幕府奉行人奉書の表層をとらえたに過ぎないのではなかろうか。事の本質は、将軍足利義澄が堀越公方足利政知の子息であるため、葛山氏が堀越公方府の地域的政治秩序に包摂されていただろうこととの関係を考慮しなければならないといえよう。

明応年間の政治的動向をみると、明応二年（一四九三）、京都における明応の政変に加担して足利義澄の異母弟堀越公方足利茶々丸をねらい伊豆国に襲撃した伊勢宗瑞（北条早雲）は、なおも生き延びた足利茶々丸との抗争を明応七年までくり広げていたことが知られる。また伊勢宗瑞は、これと同時に明応元年から甥の駿河守護今川氏親とともに甲斐武田氏の内紛へ介入、また明応三年からは遠江斯波氏との戦闘も開始していた。つまり室町幕府奉行人奉書が葛山氏へ発給されたこの明応五年という年は、伊勢宗瑞らにとって軍事的緊張がもっとも高まった時期だったのである。(59)

そしてその伊勢宗瑞らの一連の行動は、異母弟足利茶々丸によって自身の実母円満院と同母弟潤童子を殺害された将軍足利義澄の支持を得ていた可能性が高い。それゆえ明応五年の将軍足利義澄による葛山氏への室町幕府奉行人奉書の発給は、伊勢宗瑞らの行動とは若干の距離をおく葛山氏に対して将軍みずから政治圧力を加えるとともに、言外に伊勢・今川両氏への協力を葛山氏に要請するものであった可能性が考えられるのである。

おわりに

以上、駿河国駿東郡葛山に本領を持ち室町幕府奉公衆の分布域のなかで地理的には最東端に位置するであろう葛山氏の動向について述べてきた。

室町期の葛山氏にもっとも影響をあたえたのは、将軍足利義教と鎌倉公方足利持氏の政治抗争であった。この室町幕府と鎌倉府の対立は、両府の政治的国境地帯に位置する葛山氏が室町幕府に対して自己の存在を主張する機会をあたえ、さらに室町幕府も葛山氏に耳を傾けざるをない政治環境を生みだしたのであった。京都から遠くはなれた駿河国の片隅のけっして有力国人とはいえない葛山氏が、室町幕府奉公衆として編成された意義はここにもとめられる。

かつて西端九州に分布する室町幕府奉公衆筑前麻生氏をとりあげた川添昭二氏は、奉公衆研究の主要な方向性として、室町幕府―守護体制における国人領主の意義の重要性に鑑み、国人領主の奉公衆を個別に研究して進化させることの必要性を提言した(60)。この点、葛山氏は、本章で述べたように微力ながらも将軍権力の地方拠点としての意義を持っており、遠隔地における国人階級出身の奉公衆の一典型ととらえることができるのではなかろうか。しかし留意せねばならぬことは、葛山氏にそそがれる将軍権力の矛先は、中央地域で指摘されるような守護権力の牽制に向けられたのではなく、鎌倉府という外的権力にその矛先が向けられたという事実である。

従来、室町幕府奉公衆の研究は、地域的には近江・美濃・尾張・三河の奉公衆、構成的には足利氏一門・守護庶流家・足利根本被官層を出身とする奉公衆に注目が集まっている。それゆえ奉公衆と守護の関係については、守護の領国形成を阻害する要因であるという負の側面について論じられることが多い。しかし葛山氏の場合は、守護権力との葛藤よりもむしろ駿河守護今川氏との協調関係がうかがえる。これは、国人階級出身の奉公衆のひとつのあり方として注目される存在形態といえる。この背景には、室町幕府の東国政策という政治的要因が大きく作用しており、中央政界の動向が奉公衆の動向にあたえる影響の大きさを物語っている。こうした葛山氏の存在形態は、いわゆる当参奉公衆の存在形態とはきわめて異なるものであるが、それゆえ室町幕府奉公衆は単純に均質な集団とはいえないことをまさに証明しているといえよう。

また、駿河国駿東郡という鎌倉府との政治的国境地帯に室町幕府奉公衆が存在した事実は、室町幕府がみずからの組織を駆使して鎌倉府対策にのぞんでいたことを示しており、室町幕府における東国政策の重要性を再認識させられる事象といえる。室町幕府奉公衆の個別研究の集積もさることながら、室町幕府の地方統制における組織構造の解明をさらなる課題としたい。

(1) 駿東郡の呼称は中世後期からみられるが、それ以前は駿河郡の呼称が一般的であった。本章では便宜上、駿東郡の呼称を統一してもちいることとする。
(2) 室町期の葛山氏に触れる論考として、有光友學「葛山氏の様態と位置」(『戦国大名今川氏と葛山氏』吉川弘文館、二〇一三年、初出一九八六年)、伊東和彦「南北朝期の大森・葛山氏」(『小山町の歴史』六、一九九二年)がある。関連する自治体史として、『小山町史』第六巻原始古代中世通史編(一九九六年、文責伊藤和彦・池上裕子)、『裾野市史』第八巻通史編Ⅰ(二〇〇〇年、文責東島誠・有光友學)などがある。
(3) 『続群書類従』六輯下。
(4) 『甲斐叢書』八巻(第一書房、一九七四年)。
(5) 『続群書類従』三十輯上。
(6) 葛山願生の人物論については、五来重『増補高野聖』(角川書店、一九七五年)、榑林一美「葛山景倫葛願生房を題材に――鎌倉期葛山氏の面影――」(『小山町の歴史』二、一九八八年)、松崎真吾「鎌倉時代の葛山氏――葛山景倫を題材に――」(『裾野市史研究』一一、一九九九年)などを参照。関連史料として、『円福寺舎利伝記』(「瑞巌寺所蔵文書」『南北朝遺文』東北編一八三九号)がある。
(7) 日野西眞定編集校訂『新校高野春秋編年輯録』増訂版(名著出版、一九九一年)。
(8) 高野山史編纂所編『高野山文書』五巻(高野山文書刊行会、一九三六年、八八・八九・九〇・九一号)。
(9) 前掲『高野山文書』三八一号。
(10) 奥田正造編輯『法澄国師』(光成館書店、一九三三年)。
(11) 『続群書類従』九輯上。

(12) 中世の文学『雑談集』(三弥井書店、一九七三年)。
(13) 「円覚寺文書」(『鎌倉市史』史料編第二、四二号)。
(14) 『改定史籍集覧』第二七冊。
(15) 『新編埼玉県史』資料編七中世三記録一。
(16) 「円覚寺文書」(前掲『鎌倉市史』六九号)。
(17) 「天野文書」(『大日本史料』第六編之三、四七三頁)。
(18) 「思文閣待賈文書」(『静岡県史』資料編八中世四付録一、中世資料編補遺八六号)、現在は大阪青山短期大学所蔵。
(19) 日本古典文学体系『太平記』三(岩波書店、一九六二年)。
(20) 「古案写葛山文書」(『大日本史料』第六編之十九、五五五頁)によれば、正平九年(一三五四)五月十九日、「葛山次郎」なる人物が兵部権大輔孝光奉書によって南朝方の春日殿(北畠氏一族の者ヵ)と呼ばれる人物から「年来相続忠功」を賞されている。ここに南朝方に身を投じた葛山姓の者がいた可能性がある。しかし本文書の真偽には若干の疑問が残るため参考として記すにとどめたい。
(21) 「佐々木文書」(『神奈川県史』史料編三古代中世(三上)、五六一五・五六一六・五六一七号)。
(22) 寛正三年十二月七日付の足利義政御内書案には「葛山遠江守」の名がみえる(「御内書案」『続群書類従』二十三輯下)。武蔵国内の土地問題にかかわる内容であるため、この「葛山遠江守」は武蔵国流葛山氏の可能性がある。
(23) 足利義教の六代将軍就任に不満をもった鎌倉公方足利持氏は、正長元年(一四二八)に上洛を企てたが関東管領上杉憲実により諫止されている(『建内記』正長元年五月二十五日条)。
(24) 「北条寺文書」(『静岡県史』史料編六中世二、一〇五六号)。
(25) 「北条寺文書」(前掲『静岡県史』一二〇七・一二〇八号)。
(26) 辻善之助編著『空華日用工夫略集』(太洋社、一九三九年)。
(27) 「円覚寺文書」(前掲『鎌倉市史』二〇七・二七九・二八〇・二八一・二八二・二八八号)。

(28)「円覚寺文書」(前掲『鎌倉市史』二五七号)。
(29)「円覚寺文書」(前掲『鎌倉市史』三一三号)。
(30)「円覚寺文書」(前掲『鎌倉市史』三〇二号)。
(31)東島誠「中世駿東の歴史的位置――佐野郷再検討の試み――」(『裾野市史研究』六、一九九四年)。
(32)「円覚寺文書」(前掲『鎌倉市史』三一六号)。
(33)田辺久子「京都扶持衆に関する一考察」(『三浦古文化』一六、一九七四年)、渡政和「「京都様」の「御扶持」について――いわゆる「京都扶持衆」に関する考察――」(『武蔵大学日本文化研究』五、一九八六年)。
(34)『満済准后日記』永享元年八月十八日、永享二年八月六日条。
(35)『看聞日記』永享六年八月十八日条にも「山門ニも公方を奉二呪咀一、関東上洛事申勤云々、驚入者也」とあり、比叡山勢力と鎌倉公方足利持氏が通じているとの風説が京都の人々に広く浸透していたことがわかる。
(36)小林宏「室町時代の守護使不入権について」(小川信編『論集日本歴史五　室町政権』有精堂、一九七五年、初出一九六六年)、百瀬今朝雄「段銭考」(宝月圭吾先生還暦記念会編『日本社会経済史研究』中世編、吉川弘文館、一九六七年)。
(37)佐波赤穴氏に関する論考として、藤岡大拙「赤穴氏について――惣領佐波氏との関係を中心に――」(『島根地方史論攷』ぎょうせい、一九八七年、初出一九七〇年)がある。
(38)「中川四郎氏所蔵文書」(『大日本史料』第七編之二十二、一七三頁)。
(39)東京大学史料編纂所架蔵影写本『足利将軍御内書并奉書留』九六号。
(40)前掲『足利将軍御内書并奉書留』一〇一号。
(41)この今川左衛門佐入道については、「左」衛門佐入道を「右」衛門佐入道の誤りとみなして今川貞秋に比定し、その今川貞秋が永享十年(一四三八)に駿河国東部地域に関与することとなったとする見解が支配的である(『静岡県史』通史編二中世、三七七頁、文責山家浩樹)。
(42)『続群書類従』二十一輯上。
(43)『今川記』は、応仁の乱勃発にともない上洛する駿河守護今川義忠に関する描写において「葛山」を今川義忠の「後陣」の一人として表現している。これもまた葛山氏の駿河守護今川氏に対する軍事的従属関係を示唆する記述といえよう。

(44)「大館記(三)」(『ビブリア』八〇、一九八三年)。
(45)『群書類従』二十三輯。
(46)「円覚寺文書」(前掲『鎌倉市史』二四九号)。
(47)『群書類従』二十九輯。
(48)大日本古文書『蜷川家文書』三〇・三一号。
(49)『裾野市史』第二巻資料編古代中世、三三六号。
(50)今谷明「『室町時代大名外様附』について――奉公衆の解体と再編――」(『室町幕府解体過程の研究』岩波書店、一九八五年、初出一九八〇年)。
(51)福田豊彦『室町幕府と国人一揆』(吉川弘文館、一九九五年、Ⅰ部)。
(52)家永遵嗣『室町幕府将軍権力の研究』(東京大学日本史学研究叢書、一九九五年、第二部)。
(53)『改定史籍集覧』第二七冊。
(54)『大乗院寺社雑事記』文明十三年十二月六日条。
(55)『大乗院寺社雑事記』文明十四年五月十六日条。
(56)『大乗院寺社雑事記』文明十四年七月二十五日条。
(57)百瀬今朝雄「応仁・文明の乱」(『岩波講座日本歴史』七中世三、岩波書店、一九七六年)、鳥居和之「応仁・文明の乱以後の室町幕府」(『史学雑誌』九六―二、一九八七年)、設楽薫「足利義尚政権考――近江在陣中における「評定衆」の成立を通して――」(『史学雑誌』九八―二、一九八九年)、野田泰三「東山殿足利義政の政治的位置付けをめぐって」(『日本史研究』三三九、一九九五年)。
(58)「室町家御内書案」(『改訂史籍集覧』第二七冊)。
(59)家永前掲註(52)書、同「明応二年の政変と伊勢宗瑞(北条早雲)の人脈」(『成城大学短期大学部紀要』二七、一九九六年)。

（60）川添昭二「室町幕府奉公衆筑前麻生氏について」（『九州中世史の研究』吉川弘文館、一九八三年、初出一九七五年）。

〔追記〕本章初出以後、関連する研究としてつぎの論著が発表された。『沼津市史』通史編原始・古代・中世（二〇〇五年、文責鈴木一行・木村茂光）、鈴木一行「沼津郷と領主曾我氏について」（『沼津市史研究』一五、二〇〇六年）、嶋田哲「室町期における駿河守護職と東駿河――「守護今川金吾」をめぐって――」（『日本歴史』七四二、二〇一〇年）。とくに沼津市史の編纂にともなって室町幕府と鎌倉府の国境地帯に関する地域史研究が進展した。

第二章　室町幕府と甲斐守護武田氏

はじめに

室町幕府による鎌倉府の創設以降、甲斐国は鎌倉府の管轄国とされ、甲斐守護は鎌倉公方の統轄下におかれた。甲斐守護は、南北朝期の武田信武以降、一貫して甲斐武田氏が任じられ鎌倉公方に従属していた。(1)応永二十三年(一四一六)の上杉禅秀の乱勃発時、甲斐守護に補任されていたのは武田信満であった。武田信満は、娘を前関東管領上杉禅秀に嫁がせていた関係から同乱では禅秀方にくみした。しかし翌二十四年、武田信満は、態勢をたてなおした鎌倉公方足利持氏勢に甲斐国まで攻め込まれ、同年二月これに敗れて甲斐国木賊山《とくさやま》で自害した。武田信満が同乱に加担して敗死したことは甲斐武田氏一族に多大な混乱をもたらし、その弟武田信元や嫡子武田信重らは甲斐国からの脱出を余儀なくされ上洛したのであった。この結果、甲斐守護は鎌倉府体制から遊離し、甲斐武田氏は鎌倉府よりもむしろ室町幕府との関係を深めることとなったのである。

しかし甲斐武田氏嫡流の者が室町幕府体制下へと逃れたことは、同時期の甲斐武田氏の様相を室町幕府関係者の諸記録に残させることとなった。それは室町幕府と甲斐武田氏の関係論という研究視角を可能にすることを意味する。この研究視角は、古文書の残存量がきわめて少ないことから、(2)甲斐国内の関係史料によってその様相を探ることが困難とされている室町期の甲斐武田氏研究においては、(3)これを補完するのにきわめて効果的な方法といえる。また甲斐国内の事象や鎌倉府体制との関係にその関心を集中させている室町期武田氏の研究動向に鑑みると、室町幕府と甲斐武田氏の関係論という研究視角にはいまだ研究の余地が多く残されていると考えられるのである。

本章で中心史料としてもちいる『満済准后日記』（以下『満済』と略）は、室町幕府中枢からの甲斐武田氏に対する見方がよくあらわれている。そこでこれを足利将軍発給の御内書類とあわせて論じれば、室町幕府による上杉禅秀の乱以降の甲斐国や甲斐武田氏に対する種々の施策を明らかにすることが可能といえる。また同乱以降の室町幕府が、不穏なうごきをみせる鎌倉公方足利持氏対策を最大の政治課題としていたことは改めて指摘するまでもない。それゆえ室町幕府と鎌倉府の政治的国境にあたる甲斐国と甲斐守護武田氏を室町幕府の東国政策のなかに位置づけることは意味のある作業といえる。そこで本章では、室町幕府と甲斐武田氏の関係について、鎌倉府や甲斐国内の動向を交えつつ論じることとしたい。

一　室町幕府と武田氏の接近

室町期の甲斐武田氏は、南北朝期とは異なり室町幕府とのあいだに必要以上の関係を築いていなかった。ところが上杉禅秀の乱にともなう武田信満の敗死によって、信満近親の弟武田信元や子息武田信重らは室町幕府体制下へと逃れた。ここに室町幕府と甲斐武田氏の緊密な政治的関係がふたたびはじまったのである。

室町幕府は、上杉禅秀の乱では鎌倉公方足利持氏を援助する姿勢をとった。しかし鎌倉府権力に対しては総じて抑制策を基調としていた。それゆえ室町幕府は、乱の終息直後から室町幕府体制下へと逃れた甲斐武田氏一族を擁護しつつもこれを駆使し、室町幕府の権限を駆使して鎌倉府への牽制を開始している。たとえば『満済』応永二十四年六月八日条にみえる「甲斐当守護」は、以後の動向を考慮すれば前守護武田信満の弟武田信元と比定できる。つまり室町幕府は、武田信満の敗死後わずか四ケ月にして、早くも後任の甲斐守護に室町幕府の意にかなう弟武田信元の補任を決めたのであった。この決定は、甲斐国の管轄者である足利持氏にとっては本意とするところではなかったとみられる。しかし室町幕府は、甲斐守護の補任権を持ちその対象者も保護していたため、鎌倉府をおさえて甲斐国に対する積極的な政策を展開することができたといえよう。

新守護武田信元は、『満済』応永二十五年二月十五日条に「竹（武）〔　〕守護自二去年一以来入部」とみえ、応永二十四年中に甲斐国への帰国を果たしたことがわかる。しかし、甲斐国内における前守護武田信満敗死の余波はきわめて大きなものであった。同日条に甲斐国内において「甲斐国事、地下一族蜂起」とあるように、武田信元が帰国した翌二十五年になっても地下一族蜂起の様相を呈し、政情の安定を欠いていた。背景には、上杉禅秀の乱後の甲斐統治をめぐる室町幕府と鎌倉府の主導権争いの影響があったといえる。地下一族蜂起は、この上部権力同士の政治的軋轢の産物ということができるのである。

甲斐国をめぐる同乱の乱後処理は、同二十五年二月二十一日条に「御使頌西堂既進発〔　〕条目〔　〕条上総国守護□甲斐国事」とみえる。このように甲斐国は、かつて上杉禅秀自身が守護に補任されていた上総国の処理と同様、室町幕府と鎌倉府の政治的懸案事項となっていたのである。このとき室町幕府は、そうした交渉をおこなう使節として「頌西堂」を鎌倉へ下向させたのであった。

しかしこの甲斐・上総両国の処理についての交渉は、頌西堂の鎌倉下向によっても解決をみなかった。翌月の三月十日条には「鎌倉使節日峯和尚京着云々、甲斐国・上総国等事」とあり、今度は鎌倉府側が日峯和尚を鎌倉府使節として上洛させたことが確認される。この鎌倉府のうごきには、甲斐国に対する室町幕府の政治的影響力を極力排除しようとする足利持氏の志向性をうかがうことができる。そしてそれもまたこの問題を紛糾させる一因となっていたのであった。いずれにせよ室町幕府から選定された甲斐守護武田信元は、足利持氏の統治構想にはまったく受け入れられていなかったのである。それゆえ甲斐国は、その間隙を突く地下一族蜂起の条件も整い、政情の安定を保ちえなかったのである。

こうした事態に室町幕府は、武田信元の軍事基盤を強化するため、信元の甥小笠原政康に命じて隣国の信濃国勢を甲斐国へ派遣させた。『勝山小笠原文書』[4]のうち「（応永二十五年）二月二十一日」の足利義持御内書によれば小笠原政康は、将軍足利義持から室町幕府使節である「頌西堂」への接触を指示されるとともに、武田信元への「合力」を命じられている。ここに小笠原政康は、武田信元の軍事基盤としての貢献を室町幕府から期待されていたことが明らかとなる。守護権力が弱体化した甲斐武田氏に対して信濃国の軍事力を投入するこの体制は、これ以後、室町幕府の甲斐政策における基本施策のひとつとなってゆくのである。

一方、室町幕府からの積極的な援助を得た武田信元は、『勝山小笠原文書』にある「（応永二十五年）十月二十八日」の足利義持御内書によると、室町幕府を通じて信濃国勢の軍事援助を得ながら「南部・下山」など甲斐国河内地域の確保をめざすうごきがみられる。この武田信元のうごきは、従来、もともと信元が穴山姓を称していたため穴山氏の本拠ともいえる河内地域の確保を試みたものと解されている。しかし『満済』永享六年十一月二日条には「甲斐国事、為二駿河国一自レ何箇要」との記述がある。このことからのちの室町幕府中枢には、甲斐国の安定は駿河国の安定のための重要な要素、との認識があったことがわかる。一連の室町幕府の積極的な支援に鑑みると、こうした武田信元のうごきの背景には、このときすでに政治的国境化していた甲斐・駿河国堺の確保をめざす室町幕府の意図を見出だすべきであろう[5]。

しかし武田信元は、甲斐に帰国してから四年を経ず死去したとみられる。すると室町幕府は、ふたたび在京する甲斐武田氏一族のなかから後任の甲斐守護を登用することを試みたのであった。そして、上杉禅秀の乱による上洛以後そのまま在京しつづけていた武田信重を新甲斐守護とする方針をかためたのである。それは、足利持氏に宛てられた『昔御内書符案』所収の「四月二十八日（応永二十八年）」の足利義持御内書案にみえる「甲州事、申二付武田三郎（信重）入道一之間、悉属二無為一候処、被レ下二両使一之由其聞候、事実者不レ可レ然候、早々被二召返一候者可二目出一候」（6）との文言から判明する。これによって武田信重の甲斐守護就任への方針が明示されたのであった（7）。しかし武田信重はこの応永二十八年、正式に甲斐守護へと補任されたわけではない。室町幕府による武田信重への正式な補任は、『満済』応永三十年六月五日条に「甲斐国竹田（武）守護職拝領、御判同前」とあることから、二年後の応永三十年六月のことである。

　このように二年間にわたって正式な守護補任のなされなかった武田信重が、応永三十年六月、突如として正式に補任された理由は明らかにすべき問題といえる。

　その主因としては、同日条に「重畳関東御振舞不儀之間如レ此御計」とあることが注目される。つまり室町幕府は、前守護武田信元の補任時と異なり、甲斐国を管轄する足利持氏との軋轢を配慮して持氏の承認をまちつづけ、このときまで武田信重への正式な守護補任を控えていたのである。しかし足利持氏が進める上杉禅秀の乱の乱後処理に不信をつのらせ路線を転じ、ついに持氏の承認に関係なく甲斐守護補任を強行するにいたったといえよう。それは後述するように、この応永三十年中、室町幕府が武田信重の守護補任とともに鎌倉府との政治的国境地帯へ出兵して、軍事圧力をかけていることからも明らかである。武田信重への守護補任の強行は、そうした軍事行動と一体関係にある室町幕府の東国政策の一環であったと位置づけることができるのである。

　ところがこの甲斐守護補任について武田信重は、守護就任には応じるが甲斐帰国は拒否するとの見解を表明したのであった。武田信重の主張は、『満済』応永三十二年閏六月十一日条に「在国仕候者、国事更ニ不レ可レ叶、辺見・穴山等打出、乱国ニ可二罷成一間、不レ可レ有二正体一候、其時ハ可レ為二生涯一」とみえる。すなわち武田信重は、もし甲斐在国となると国の安定どころか逸見・穴山らの国内諸勢力と武力抗争になる可能性があり、そのときには身の危険が避けられない、として甲斐への帰国拒否を表明したのであった。

従来、武田信重が甲斐帰国を拒否した理由は、ここに記されるように甲斐国内における逸見・穴山らの不安定要因を懸念したためとされる。たしかに帰国拒否の主因がそこにあったことは間違いない。しかし武田信重の帰国拒否の理由はその問題のみに集約されるべきではない。なぜなら同日条には、甲斐守護のあり方について、甲斐国の管轄者である足利持氏の主張がつぎのように著されており、足利義持も「其謂在様ニ被二思食一」と同意せざるをえなかったからである。

関東進止国ヲ知行シナカラ在京奉公時ハ関東分国一国被二召放一義ニ相当ル也、外聞実儀失二面目一者也、然者竹《(武)》田入道事、不日令二在国一、一族親類間一人可レ在二鎌倉一旨、堅可レ被二仰付一由也、

鎌倉府の規定では、室町幕府管轄国の守護に在京が義務づけられるのと同様、鎌倉府管轄国の守護にも在鎌倉が義務づけられていた。[8] このとき足利持氏は、甲斐武田氏の一族親類のうちから一人を鎌倉へ出仕させるようにとの控え目な提案をしている。しかし武田信重は、甲斐守護に就任したならば原則として守護当人の鎌倉出仕がもとめられるという鎌倉府の規定を心得ていたはずである。そして当時は、足利持氏による上杉禅秀の乱の加担者一族への対応が峻烈をきわめていた。そのことを勘案すれば武田信重は、たとえ鎌倉へ出仕せずとも、甲斐国への帰国自体がみずからの身を危険にさらすことを充分予期できる社会状況にあった。それゆえ武田信重は、閏六月十二日条に「竹《(武)》田事（中略）何様ニ雖レ申在国事ハ不レ可レ叶」とあるように、あくまでも「在国」という室町幕府の要請を拒否しつづけたと考えられるのである。

この武田信重の訴えは、やがて三宝院満済ら室町幕府中枢の理解するところとなった。そして彼らの尽力もあって足利義持にもその訴えが認められ、信重の甲斐帰国は中止が決定された。[9] しかし武田信重はこの帰国要請への抗命により甲斐守護を解任され、『満済』正長元年九月二十二日条に「先守護竹《(武)》田刑部大輔入道、両三年以来

四国辺隠居」とあるように、応永三十二年以降、京都からの退去を余儀なくされ四国において隠居せざるをえない政治的環境に陥ったのであった。鎌倉出仕や甲斐帰国という要請条件の放棄は、主従制の本質にかかわる問題である。それゆえ室町幕府中枢の者たちも武田信重に一定の理解を示しながらも、提案の両条ともを拒否した武田信重を京都においておくわけにはいかなかったのであろう。

　こうして四国での隠居によって足利義持との軋轢を避けていた武田信重だが、義持の死去による新将軍足利義教の登場はその状況に変化をもたらした。足利義教は、みずからの将軍就任にともなう足利持氏の不穏なうごきに対して、武田信重の甲斐帰国をふたたび画策したのである[(10)]。そして、その足がかりとして甲斐国南隣の駿河国駿東郡佐野・沢田両郷を武田信重にあたえることとし[(11)]、鎌倉府との政治的国境地帯における幕府方の拠点づくりにおいて武田信重の登用をはかったのであった[(12)]。

　この足利義教の要請に対して武田信重は、またもや同地の拝領を拒否し抗命している[(13)]。しかし足利義教は武田信重を冷遇しなかった。むしろ足利義持期における帰国要請への抗命を許し、『満済』正長二年（一四二九）二月二十一日条に「自二御所様一甲斐前守護武田中務(刑部カ)大輔入道二萬疋被レ下レ之、在京計会御訪」とあるように、三年間にわたる四国での隠居を解いて京都へとよび戻したのである。

　これ以後、足利義教は武田信重を在京させたまま扶持しつづけており、永享四年（一四三二）六月十三日条に「武田刑部少(大カ)輔入道来、今朝御判拝拝(領カ)摂州溝株(杭カ)庄」とあるように、幕府御料所の摂津国溝杭庄隼人司領分を武田信重にあたえたことが知られる。足利義教は、室町幕府と鎌倉府の対立が混迷の度を深めるなか、来るべき時節にそなえて室町幕府の甲斐施策での正当な守護候補として決定的役割を担うであろう武田信重を、京都で保護しつづけたのである。

　いずれにせよ正長二年以降の武田信重は、永享の乱勃発にともなう甲斐帰国までの期間、将軍足利義教や三宝院満済と交流を持ちながら京都ですごしていたのである。『満済』には、武田信重が歳首御礼や歳末御礼のために三宝院満済を来訪する姿が散見される[14]。

二　在京都期の武田氏と甲斐情勢

室町幕府は、応永三十年（一四二三）、上杉禅秀の乱の乱後処理をめぐる対立から鎌倉府に軍事圧力をかけるため、両府の政治的国境地帯へ出兵した。同年七月五日、室町幕府は「属二刑部大輔（武田信重）光増手一可レ致二忠節一候也」との御内書を、甲斐国内にとどまった武田氏一族の「武田伊豆守、武田彦六、武田右馬助、武田兵庫助、武田修理亮、武田治部少輔、武田左馬助、武田兵部少輔、武田修理亮入道」ら九名に発給している[15]。この御内書に名がみえる者たちは、『花営三代記』応永三十一年二月五日条に「甲斐・信乃（濃）・駿河討手共被二召返一」とある室町幕府方に属した甲斐国勢を構成していたと考えられる。

室町幕府は、甲斐守護に補任した武田信重の帰国拒否によって守護主導による甲斐統制は果たせなかった。しかし甲斐国内に残留する武田氏一族を駆使し、鎌倉府対策を進めていたといえよう。なかでも「武田右馬助」こと武田信長は、甲斐国内の武田氏一族でもっとも勢力を誇り反鎌倉府の姿勢を明確にした。その武田信長は、鎌倉府から再三にわたって軍事圧力をかけられる姿が『喜連川判鑑』などにみえる。しかし応永三十三年八月二十五日、ついに鎌倉府から大規模な征討をうけその軍門に降った[16]。これ以後、武田信長は永享四年四月銘の『相模大山寺造営奉加帳』[17]に名を連ねていることから、自身の鎌倉出仕を余儀なくされたとみられる。これによって甲斐国は、完全に鎌倉公方足利持氏の統制下に組みこまれ、室町幕府は甲斐国への実質的な干渉手段を失ったのであった。

ところで『鎌倉大草紙』は、この時期の甲斐守護を武田信長の子息武田伊豆千代と描写している。この甲斐守護武田伊豆千代との描写は、足利持氏による甲斐直轄支配を暗喩したものとみるのが穏当であろう。つまり、さきに足利持氏が室町幕府との交渉でもとめた甲斐武田氏の一族親類から一人を鎌倉へ出仕させるという主張にもとづき、武田信長の鎌倉出仕によって体面を整えこそすれ、甲斐国は実質上、足利持氏の専制影響下にあったとみることができるのである。それは、このころの鎌倉府の武家故実を著したといわれる『鎌倉年中行事』(18)が、甲斐守護の規定についてまったく記していないことにも反映していると考えられる。またそれは、足利義持が足利持氏に向けて発給した『昔御内書符案』所載のつぎの御内書案からもうかがえる。

一、応永卅四年

相国寺領甲州八幡庄事、故御所被レ成二内書一、今度又申候之処未二事行一、不レ可レ然候、厳密被レ渡二付寺家雑掌一候者可レ為二本意一候、委細仰二含上総介殿一之状如レ件、

六月二日

左兵衛督（足利持氏）殿(19)

このように京都相国寺は、かねてから室町幕府を通じて寺領である甲斐国八幡荘の遵行を鎌倉府に要求していたが、その遵行がなされた様子はまったくないのである。おそらく鎌倉府は、相国寺が室町幕府管轄下の寺院であることからその遵行要求を黙殺していたのである。なぜなら、前掲「四月二十八日」（応永二十八年）の足利義持御内書案によれば同年以前、足利持氏は遵行使としての機能を担うことができる鎌倉府「両使」を甲斐国へ派遣した実績がある。しかし鎌倉府が、相国寺のもとめに応じて甲斐国八幡荘の遵行をおこなった形跡はない。この点、足利持氏の行動には矛盾が認められるのであり、そこには鎌倉府管轄国における遵行発令者である足利持氏の恣意的意図を見出だすことができるのである。

そして足利持氏による甲斐専制支配の予兆は、前述の甲斐国への両使派遣という行為自体からも推測される。

そもそも両使は、守護機構による遵行がなされない場合に派遣されることが間々ある。それゆえ甲斐国への両使派遣には、足利持氏の甲斐守護機構への否定的意思を認めることができるのである。また、両使には当該地近隣の有力国人が任ぜられることが多い。このことから先の鎌倉府両使の一方には、甲斐有力国人の逸見氏が選ばれていた可能性がある。その逸見氏に関しては、かつて武田信重が逸見氏を理由に甲斐帰国を拒んだ事実や、その真偽はともかく『鎌倉大草紙』には逸見有直が甲斐守護職を望んだとの描写がある。そうした鎌倉公方足利持氏の与党逸見氏の威勢に鑑みても、甲斐国に対する足利持氏の強い影響力を感じざるをえないのである。

また、以上の事項を足利持氏の志向する鎌倉府の支配体制に位置づけてみても、この時期の持氏は相模国・武蔵国・上総国・安房国の四ケ国に対する直轄支配を試みていたことが知られる[20]。それゆえ甲斐国もこれらの国々と同様、足利持氏の直轄支配構想に含まれる地域であった可能性を指摘することができるのである。

一方、鎌倉に出仕し足利持氏専制下の鎌倉府ですごしていた武田信長は、『満済』永享五年（一四三三）六月六日条に「武田右馬助(信長)没二落甲斐国一、徘二徊駿河辺一」とみえ、永享五年に鎌倉を逐電して甲斐国へ向かったという。そしてさらに駿河国へ逃れたとの一報が室町幕府に伝えられ、そうした状況は翌六年末にまでおよんでいる[21]。

この武田信長逐電の理由は、『一蓮寺過去帳』[22]に武田信長の弟仁勝寺宗印など永享五年四月二十九日付の死者が多数みられることから、『鎌倉大草紙』に描かれる日一揆と輪宝一揆の抗争のためと考えられる。しかし事の真相はいまひとつ疑問として残るところである。なお足利持氏はそれに対して、『鎌倉大日記』永享五年条に「三月一日、武田右馬助信長鎌倉依逐電、同日村山追跡甲州発向」とあるように武田信長追討をおこなった。また、それにともない闕所地となった「甲斐国鶴郡押野村半分[23]」を鶴岡八幡宮へ寄進している。しかし応永三十三年の信長追討のように大規模な軍事動員をおこなった形跡がないのである。その理由として足利持氏は、室町幕府との関係悪化を避けるために大規模な軍事介入を見送ったと考えることができる。また闕所地の場所をみると武田信長の活動範囲は、およそ郡内地域に限られていたとみられる。したがって武田信長の逐電には、信長の国内基盤の脆弱さが関係しているであろう、という以上のことは不明といわざるをえないのである。

ところで武田信長与党の日一揆と対立した輪宝一揆の頭目は、跡部氏とされる。その跡部氏については、『満済』永享五年七月二十七日条に「甲斐国跡部・伊豆狩野等、令レ合二力富士大宮司ヲ一可レ発二向守護（駿河）在所一風聞在レ之」とみえる。この永享五年七月、室町幕府は跡部氏が駿河守護所に発向するとの風説を聞いたのである。当時の駿河府中は、駿河守護今川氏の家督問題で揺れていた。その家督問題で室町幕府から動向が注視されていた狩野氏らとともに跡部氏の動向が風説の対象となっていることは注目される。理由としては、跡部氏の抗争相手であった武田信長の駿河国への逃亡という政情との関係が想定される。いずれにせよ跡部氏にかかわるこのような風説の出現は、甲斐国内における跡部氏の存在感の増大を物語るものといえよう。

跡部氏の存在は、そうしたこともあいまって甲斐国への干渉手段を失っていた室町幕府から大いに注目されたとみられる。それは『満済』永享六年十一月二日条に「自二管領（細川持之）一以二使者安富筑後守一申（中略）武田刑部大輔（信重）入道事、甲斐国人跡部以下者共大略意ヲ通、雖二何時一罷下候者、可レ致二忠節一之由連々申」とあり、これ以後、室町幕府管領の細川持之が跡部氏との接触をはじめた様子を知ることができるからである。また細川持之は、武田信重の甲斐帰国時には跡部氏の協力が得られるとの言質を得たと三宝院満済に報告したうえで、「刑部大輔（武田信重）ヲ可レ被レ下二遣甲州一事、可レ為二何様一哉」との提案をおこない、跡部氏との協調関係が成立したので武田信重の甲斐帰国が可能である、との判断を示している。こうした細川持之の言動からも跡部氏の去就は、室町幕府中枢において武田信重の甲斐帰国の可否を判断する決定要因となっていたことがわかる。

これは、武田信重自身の動向においても同様であった。それは三ケ月後の『満済』永享七年正月五日条に「武田刑部大輔（信重）来、旧冬晦日、在国御暇事不レ可レ有二子細一之由被二仰出一」と、それまで強固に甲斐帰国を拒んできた武田信重が、跡部氏の協力が得られることが判明した途端、一転して甲斐帰国に向けて動きだしていることからもうかがえる。甲斐国における跡部氏の位置づけは、ここからもその重要性が明確となる。

また、度重なる足利将軍の帰国要請を拒否しつづけていた武田信重が、一転して甲斐帰国の意思をかためた過程においては、室町幕府中枢のなかで三宝院満済と細川持之の二人が深くかかわっていたことが注目される。

まず三宝院満済についてである。満済は、跡部氏の協力が得られることを知らされた武田信重の来訪をうけ、信重からつぎのように告げられた。それは『満済』永享六年十一月八日条に「甲州へ密々可レ下二遣僧一、其子細ハ、万一関東雑説現行時者、定甲州へ可二罷下一由可レ被二仰付一歟、其時若甲州跡部以下者共心中非レ如二日比一者公私不レ可レ有二正体一歟、左様次第猶可二尋決一」とみえる。このとき満済は、武田信重から自身の手による使僧を甲斐国へ派遣し、帰国に備えて跡部氏の存念を再確認したい旨を相談されたのである。こうした武田信重の行動をみると、四国隠居からの上洛以後その交流をつづけていた満済は、武田信重にとってよき理解者であったとすることができよう。

ついで管領細川持之がこの跡部氏問題に深く関与していることも注目される。たとえば『満済』永享六年十二月二十六日条に「武田刑部大輔（信重）入道来、自二跡部方一注進持参、以二経祐法眼一即遣二管領（細川持之）方一」、翌二十七日条に「跡部状自二武田刑部大輔（信重）入道方一進之間、以二経長一遣二管領（細川持之）處一」とある。このように跡部氏から武田信重へ送られた書状は、すべて満済を通じて管領細川持之に届けられたのであった。細川持之が室町幕府中枢において跡部氏問題に対応する中心人物であったことは明らかであろう。またこの細川持之の跡部氏問題への関与は、一見すると幕府管領としての職務によるものとみえる。しかしこれは管領の立場にもとづくものではなかったようである。なぜならかつて応永三十二年に武田信重が甲斐帰国を拒否したとき、その問題の協議にあたっていたのは、同年八月二十四日条に「付二甲斐守護竹（武）田刑部大輔（信重）下国事一、細河右京大夫（満元）方へ被二仰談一旨在レ之」とあるように、当時はまだ管領でなかった細川満元と三宝院満済の両名だったからである。詳しくは次節で述べるが、こうしたことからも細川氏は、管領という立場に関係なく甲斐国と甲斐武田氏の問題に深く関与していたとすることができるのである。

戻って跡部氏についてである。甲斐国の国内事情も関係しているのであろうが、跡部氏にとっても室町幕府との接触は望むところであった。とくに室町幕府との協調関係成立によって一度は決定した武田信重の甲斐帰国が、室町幕府中枢の情勢判断によってひとまず延期されたのちの跡部氏の行動(24)、すなわち永享七年三月の跡部氏上洛はことに注目される。

跡部氏は、武田信重の甲斐帰国が延期されるとただちに反応した。そして『満済』永享七年三月十一日条に「跡部参洛、為二熊野参詣一云々」とあるように、熊野参詣にかこつけてわざわざ上洛したのである。加えてこの跡部氏の熊野参詣は、十八日条に「関東ヨリ種々雖レ被レ留、大略令二隠密罷立一」とあるように、鎌倉府の制止を振り切っての隠密行動による上洛であった。こうした跡部氏の行動からは、当時の鎌倉府と跡部氏の微妙な関係を知ることができる。またそれゆえ跡部氏側も、室町幕府との協調関係をたもつ必要に迫られていたとすることができるのである。

そうした突然の跡部氏上洛に対して室町幕府は、京都での跡部氏の行動については跡部氏の意思を尊重することとした。そして跡部氏の申し出にそって武田信重との対面のみおこなうことを決している(25)。さらに同月二十七日、跡部氏との対面を終えた武田信重は、満済に対して「全身シテ始終可レ罷二立御用一心中」との室町幕府に対する跡部氏の存念を伝えている。そして翌二十八日、武田信重はこの「跡部申入事」を足利義教に提出すべく書状をしたためたのであった。この武田信重書状は実際に足利義教へと披露された。翌々二十九日、この書状をみた足利義教は武田信重の申請事項を確認し、さらに信重に御剣一腰をあたえた。これは「御腰物一金装束・太刀一腰被レ下、武田入道（信重）定跡部ニ何様物出度心中候はん、仍為二御助成一被レ下」とあるように、武田信重の跡部氏に対する面目を考慮して信重が跡部氏にあたえるために用意させた贈答品であった。これまでも幕府御料所をあたえるなど武田信重に手厚い保護を加えてきた足利義教の配慮のほどがうかがえる行為といえよう。なお同晦日条には「跡部ニ自二公方一御剣今日被レ下」とある。ここから跡部氏は、武田信重を介した下賜品とは別に足利義教から御剣を拝領していることがわかる。このとき足利義教と跡部氏の御対面はなされなかったが、ここに足利将軍と跡部氏の直接的関係が構築されたことが確認できる。

　結果として、この永享七年三月の跡部氏上洛によって室町幕府の甲斐政策は大きく前進した。それまでは不可能であった武田信重の甲斐帰国構想は現実味をおび、室町幕府は効果の期待できる実質的成果を得たといえる。そして三年後の永享十年、武田信重は、永享の乱における鎌倉公方足利持氏征討において跡部氏の協力のもと甲斐帰国を果たしたのであった。

三　甲斐帰国後の武田氏と細川一門

　永享の乱勃発にともなう武田信重の甲斐帰国が実現した永享十年（一四三八）以降、室町幕府中枢と甲斐武田氏の関係をとらえるうえで見逃すことのできない事象は、甲斐武田氏と細川一門の関係である。まずは武田信重宛と考えられるつぎの書状案に注目したい。

　国々御判幷安堵御判就二御拝領事一、太刀一腰・千足送給候、祝着候、仍太刀一腰進レ之候、恐々、

（永享十年）八月廿五日

武田殿（信重）

この書状案は発給者が記されていない。しかし『足利将軍御内書幷奉書留』所載の文書案であることが重要で

ある。同書の奥書によれば、その原本は細川氏内衆の安富元盛によって著されたものとわかる。それゆえ本文書の発給主体は、細川氏本宗家や細川典厩家など細川一門とすることができる。(26) つまりこの『足利将軍御内書幷奉書留』所載の書状案は、はからずも甲斐武田氏と細川一門の関係を証明することとなる。

かえりみれば、かつて足利義持期に武田信重が甲斐帰国を拒否して隠居したのは四国であった。その四国は、細川氏本宗家の讃岐国をはじめ細川一門の本拠地であった。このことを考慮すればすでに四国隠居のころから武田信重の背後には細川一門の関与が想定できる。また既述したように永享六年、武田信重と跡部氏の関係が進展したとき、そのかたわらには常に細川一門の関与がみられた。そうした事実を、室町幕府では各勢力に対する室町幕府中枢での責任担当者が決まっていたとの提言をふまえれば(27)、甲斐武田氏については細川一門がその任にあたっていたとすることができるのである。

ところでこの『足利将軍御内書幷奉書留』は、甲斐武田氏関連の書状案を数通所載し、甲斐武田氏・甲斐国問題と細川一門の関係をよく示している。たとえば、武田信重の帰国時に「跡部掃部助」へ発給された「十月四日」（永享十年）の信重入国に関する書状案は、細川一門が永享七年三月に跡部氏が上洛したのちも交流を持ちつづけ、甲斐国に関わるすべての問題に一貫して関与していたことを示している。

ついで武田信重宛の「御息被㆓執立申㆒条現形間、不㆑能㆓陳答㆒」との文言を含む書状案も注目される。これは、結城合戦後の鎌倉公方のあり方に関する室町幕府中枢の考えを細川氏を通じて武田信重に示したものである。これもやはり甲斐武田氏と細川一門の緊密さをうかがわせるものである。

さらに結城合戦に関するつぎの書状案は、足利将軍と甲斐武田氏の交流において細川一門の果たした役割の重要性をうかがわせるものである。

結城館事、去十六日被㆓責落㆒之由御注進同廿日到来、則致㆓披露㆒候了、上意御快然無㆓是非㆒候、殊随分之者共於二当手一被二討捕一由以二注文一御申候、神妙之旨被二仰出一候、御感之事者追而可レ被レ仰候、先頸早々可レ有二御進上一候、巨細之段曾祢可レ申候、恐々、

（嘉吉元年）四月廿六日

武田刑部大輔（信重）殿

武田信重は、書札礼の関係から足利将軍を直接の宛所として文書発給できないという事情があった。そこで武田信重は、この文面からうかがえるように細川一門の者を足利将軍に対する取次ぎとしていることが判明する。それは、このほかにも「去年十二月十二日并今月一日合戦次第御注進之趣令二披露一候」との文言が含まれる武田信重宛書状案が『足利将軍御内書并奉書留』に所載されていることからも明らかである。ここに甲斐武田氏が足利将軍に対して送達した文書の披露者は、細川一門の者がこれを専務していたとすることができる。

こうした甲斐武田氏と細川一門の密接な関係は、『勝山小笠原文書』からも読みとることができる。同文書群には文安三年（一四四六）、前信濃守護小笠原政康の子息小笠原宗康と、その従兄小笠原持長が起こした家督争乱に関するつぎの書状が残されている。

就二信州事一、御註進之趣委細令二披露一候了、抑小笠原大膳大夫（宗康）方事、無二是非一次第候、殊被レ落レ力候御心中察存候、雖レ然忠節之至、被二感思召一候、仍遺跡并守護職等事、被レ仰二付六郎（光康）方一候、其旨可レ有二御存知一候、巨細猶清左近将監可レ申候、恐々謹言、

（文安三年）五月四日　　沙弥道賢（細川持賢）（花押）

謹上　武田刑部大輔（信重）殿

右のように、争乱で敗死した小笠原宗康の「遺跡并守護職等」を宗康の同母弟小笠原光康に付与する、との意向を伝える武田信重宛の細川持賢書状がなぜか小笠原氏の文書群に伝存しているのである。これは注目すべきこ

とである。

この書状が、もし文安三年からそう遠くない時期に武田信重から小笠原光康へわたったとすれば、武田信重が細川一門の内意をうけ小笠原氏の家督問題に介入していたことを示すことになる。そしてさらに注意を払うべきことは、それにもかかわらず程なく室町幕府の管領が細川勝元から畠山持国へ交替すると、信濃守護もこの争乱に勝利した従兄小笠原持長に改替されているのである。前掲細川持賢書状の内容に反して小笠原持長の信濃守護補任が実現した背景には、小笠原氏の系図所伝が小笠原持長と畠山氏の外戚関係をその理由としてあげていることが注目される。[28] 案ずるにこの背景には、室町幕府中枢における細川氏と畠山氏の権力抗争が深く関係しているのではなかろうか。[29] 信濃守護に小笠原宗康・光康兄弟をおす細川氏は、本宗家家督の細川勝元が若年ゆえ典厩家の細川持賢が後見をつとめるものの、小笠原持長をおす畠山持国におされ気味であった。そこで細川一門との関係を持つ武田信重が、信濃国に介入して細川氏のおす小笠原光康を扶助するように求められたと考えることができるのである。いずれにせよこの細川持賢書状は、甲斐武田氏と細川一門の関係をなお一層明らかにするものなのである。

甲斐武田氏と細川一門の関係は、武田信重の次世代以降もつづいていた。たとえば『蔭凉軒日録』寛正四年（一四六三）三月二十四日条には「甲斐武田伊豆千代丸（信昌）、就レ于二細河右馬頭殿（持賢）一、以二乾受西堂一臨川寺入院之事望二申之一」とある。ここに武田信重の孫武田伊豆千代丸（のち武田信昌）は、乾受西堂の京都臨川寺への入院申請のさい室町幕府への取次ぎとしてやはり細川典厩家の細川持賢をたてていることがわかる。この入院申請は、二十八日条に「臨川寺乾受西堂但甲斐武田伊豆千代所レ申也公文御判被レ遊」とあり、乾受西堂への臨川寺公文はすみやかに発給されたことがわかる。そして翌四月十日条によると武田信昌は、その御礼にさいして「甲斐武田所（信昌）レ申之臨川寺前住乾受西堂、可レ懸二御目一之由、細河右馬頭（持賢）引而被レ参レ献二千疋一」と、やはり細川持賢をもって室町幕府への仲介役としているのである。

このように甲斐武田氏と室町幕府の関係は、のちの武田信昌期となっても細川一門とりわけ細川典厩家が大きな役割を果たしていたのであった。

そうしたことは武田信昌と足利将軍の交流においてもやはり認められる。たとえば『蔭凉軒日録』寛正四年十月十三日条には「勝智院殿（日野重子）御仏事銭三千疋分、甲斐武田伊豆千代丸（信昌）進二上之一」とある。ここに武田信昌は、寛正四年十月、勝智院殿こと日野重子（足利義政の母）の仏事銭として三千疋を拠出したことがわかる。また翌五年八月二十八日条にも「甲斐国武田五郎（信昌）、為二勝智院殿（日野重子）一周忌仏事一献二千疋一」とみえ、武田信昌は日野重子一周忌にもふたたび仏事銭千疋を拠出していることがわかる。ここで注目すべきは、その一周忌法要の仏事銭の請取りが同五年十月二十二日条に「勝智院殿（日野重子）一周忌御仏事銭進上、請取細川右馬頭殿（持賢）幷甲斐武田五郎（信昌）方遣レ之」とあるように、武田信昌と細川持賢のものが一緒にあつかわれていることである。こうした点からも細川典厩家の細川持賢は、武田信昌と足利将軍の交流においてもやはり仲介役として関与していることがわかるのである。

さらに翌寛正六年、武田信昌は室町幕府に対して大長御馬を進上していることが知られる。それは『親元日記』寛正六年六月五日条に「甲州武田五郎源信昌大長御馬事就二御尋一、一疋河原毛、印雀目結進二上之一、去三月六日京着、仍御書事、自二細川典厩（持賢）一依二御催促一駿河殿江被レ仰二遣之一」[30]とみえる。このことから、この御馬進上にもやはり細川持賢がかかわっていたことが確実である。

これらの事例をみると、甲斐武田氏が室町幕府との円滑な関係をたもつことのできた背景には、細川一門とりわけ細川典厩家がそこに介在していたことを忘れてはならないといえよう。

この寛正六年以後、甲斐国の国内争乱は深刻さを増してゆく。[31] それゆえ一見すると甲斐武田氏と室町幕府中枢の関係は希薄となり、甲斐武田氏は室町幕府体制下から遊離したかのような印象を持つ。しかし永禄二年（一五五九）作成とされる『諸国庄々公用之事』に「かい《甲斐》の武田当年弐千疋到来、然共一向悪銭にて千疋ハ使出立に仕て悪せん《銭》やう〳〵千疋到来」[32]とあることを見逃してはならない。甲斐武田氏は、室町幕府に対して御馬進上などの儀礼的関係のみではなく、守護としての実質的な経済負担をひき受けつづけていたことは間違いないのである。

おわりに

以上、足利将軍と甲斐武田氏嫡流の関係を中心として、室町幕府の東国政策における甲斐国への施策を交えながら、室町期における甲斐守護武田氏の様相について考察してきた。

上杉禅秀の乱による上洛以降、室町幕府体制下でときをすごした武田信重は、足利将軍の帰国要請に抗命をくり返しながらも保護されていた。その背景には、室町幕府が武田信重の甲斐帰国をただ単純に援助したのではなく、室町幕府の東国政策における甲斐国の重要性から、正当な守護候補の武田信重が室町幕府体制下で保護されている事実そのものに政治的意義を見出だしていたとすることができよう。この前提にたてば甲斐国は、従来その管轄権が鎌倉府から室町幕府へ中途変更されたと考えられているが、それは事の表層をとらえたにすぎない。むしろ内実としての鎌倉府管轄国の守護でありながら在京を余儀なくされた甲斐武田氏と、これを駆使しようとする足利将軍のより実際的な主従関係を強調すべきである。

また、これまで室町期の甲斐国を論じる場合、その多くは北隣信濃国との関係に注目してきた。しかし南隣駿河国との関係にも深い注意を払うべきといえる。甲斐国と駿河国の一体的関係は、武田信元による甲斐・駿河国堺への進出、武田信重に対する足利義教の駿河国内での知行充行、武田信長の駿河国への逃亡などからも明らかといえる。これらの動向は足利義持期にはじまるが、足利義教期に大きく展開した。このことから、とりわけ永享四年の足利義教富士遊覧との関連を想定することができる。さらに寛正六年（一四六五）十二月八日、古河公方足利成氏征討のさい足利義政は、甲斐守護武田信昌と駿河守護今川義忠の両名に対して堀越公方足利政知への軍事協力を指示する御内書を発給している。[33] このことから、これ以後の甲斐国は堀越公方府の地域的政治秩序に組み込まれたとみることができる。[34] 甲斐国と駿河国・伊豆国方面との一体的関係は、のちの室町幕府の東国政策にも継承されているのである。

そして、これら室町幕府と甲斐武田氏の関係を支えたのが細川一門であった。在京当初から武田信重は細川満元の「指南分」[35]とされており、このときすでに甲斐武田氏と細川一門の関係は室町幕府の政治構造のなかに組み込まれていたとすることができる。

従来、室町中期以降の甲斐国は、国人層の独自的な領主化と甲斐武田氏による地域的領主制への再編過程と評価され、これにともなう国内争乱は甲斐国の独立した国内問題としてとらえられてきた。しかしこの国内争乱によって室町幕府と甲斐武田氏の関係が遊離したわけではなかった。室町幕府の『文安年中御番帳』は、その最末尾に「武田、甲斐守護」を掲げている。甲斐守護は、室町幕府―守護体制と無関係でないということを改めて認識すべきであろう。そうしたなか甲斐武田氏と細川一門のような関係はともすれば見落とされがちであるが、結合関係を基礎とする室町幕府の地方統制策を探るうえでは重要な指標になると考えられる。そうした点の広範な考察は今後の課題としたい。

（1）　佐藤進一『室町幕府守護制度の研究』上（東京大学出版会、一九六七年）の「甲斐」項を参照。
（2）　網野善彦「甲斐の中世文書――伝来とその特色――」（『山梨県史』資料編四中世一県内文書、山梨日日新聞社、一九九九年）。
（3）　室町期の甲斐守護武田氏に関する論考として、渡辺世祐『関東中心足利時代之研究』（雄山閣、一九二六年）、

高島緑雄「一五・六世紀における甲斐国人の動向」（柴辻俊六編『戦国大名論集十　武田氏の研究』吉川弘文館、一九七五年、初出一九六〇年）、奥野高廣「甲斐守護武田信縄」（『甲斐史学』特集号、一九六五年）、磯貝正義『武田信重』（武田信重公史蹟保存会、一九七四年）、上野晴朗『甲斐武田氏』（新人物往来社、一九七四年）、柴辻俊六「守護武田氏と戦国初期動乱」（『戦国大名領の研究』名著出版、一九八一年）、手塚寿男「落合御前信昌」（『甲斐路』六二、一九八七年）、服部治則「甲府盆地中央部の諸豪族」（『武田氏家臣団の系譜』岩田書院、二〇〇七年、初出一九八八年）、秋山敬「上杉禅秀の乱後の甲斐国情勢」（『甲斐武田氏と国人』高志書院、二〇〇三年、初出一九九一年）、同「『一蓮寺過去帳』にみえる合戦記事」（前掲『甲斐武田氏と国人』所収、初出一九九六年）、同「当国守護武田伊豆千代と国主武田五郎信長」（『武田氏研究』十八、一九九七年〈のち改稿「武田信昌の守護補任事情」として前掲『甲斐武田氏と国人』所収〉）がある。

（4）『新編信濃史料叢書』第十二巻（信濃史料刊行会、一九七五年）。

（5）『満済』応永二十五年二月二十五日条に「御合力□両国勢発向」と記される甲斐国へ発向した両国勢とは、駿河国勢と信濃国勢を指すと考えられる。こうした点からも室町幕府が甲斐・駿河国堺に強い政治的関心を抱いていた可能性は高いといえる。

（6）「大館記（三）」（『ビブリア』八〇、一九八三年）。

（7）応永二十九年十一月二十五日の銘をもつ甲府市一蓮寺蔵『渡唐天神像賛』には、「甲州太守武田東川増公」との文言がみえる。これにもとづけば応永二十九年当時、武田信重は京都の人々から甲斐守護と認識されていたということになる。

（8）山田邦明「室町時代の鎌倉」（五味文彦編『都市の中世』吉川弘文館、一九九二年）、江田郁夫「鎌倉府体制下の在鎌倉制について」（『室町幕府東国支配の研究』高志書院、二〇〇八年、初出一九九五年）。

（9）『満済』応永三十二年十二月三日・五日条。

（10）『満済』正長元年九月二十二日条。

（11）『満済』正長元年十月二十三日条。

（12）拙稿「室町幕府奉公衆葛山氏」（『国史学』一七二、二〇〇〇年、本書第三編第一章）。

(13)『満済』正長元年十月二十七日条。

(14)『満済』正長二年（永享元年）正月八日、永享二年正月五日、同三年正月七日、同四年正月七日、同七年正月五日条には、武田信重が三宝院満済に対する歳首御礼に来訪する姿がみえる。また、永享二年十二月二十九日条にはおなじく歳末御礼に来訪する姿がみえる。これら一連の記述から、武田信重と三宝院満済のあいだの交流の一端を知ることができる。

(15)前掲「大館記(三)」所収。

(16)「諸州古文書廿四」(『神奈川県史』資料編三古代・中世(三上)、五七六八号)。

(17)「相州文書所収大住郡大山寺八大坊文書」(前掲『神奈川県史』五八七一号)。

(18)『日本庶民生活史料集成』二十三巻（三一書房、一九八一年)。

(19)前掲「大館記(三)」所収。

(20)小国浩寿「持氏期鎌倉府の守護政策と分国支配」(『鎌倉府体制と東国』吉川弘文館、二〇〇一年、初出一九九一年)。

(21)『満済』永享六年七月十九日、十一月三日条。

(22)甲斐叢書刊行会編『甲斐叢書』八巻（第一書房、一九七四年)。

(23)「神田孝平氏旧蔵文書」(前掲『神奈川県史』五八八九号)。

(24)『満済』永享七年正月二十二日・二十四日条。

(25)『満済』永享七年三月二十四日条に「跡部申事為㆓門跡㆒可㆑申㆓武田入道《(信重)》㆒」とあり、跡部氏と武田信重の対面は跡部氏の意思にそって決定されたことがうかがえる。しかしこれ以前、十八日条に「甲斐跡部参洛之由被㆓聞食㆒了、此次御対面アテ、甲州辺事モ委細被㆓聞食㆒度条如何」とあるように、室町幕府では将軍足利義教と跡部氏の御対面の可否も問題となっていた。この諮問をうけた三宝院満済は、同日条に「武田刑部大輔《(信重)》入道方へ罷出モ以外隠密儀云々、然者可㆑懸㆓御目㆒事、若難儀ニモヤ存申候ハムスラン、此者ハ無㆓京奉公㆒ト存候哉、愚意之旨ハ、先此子細お跡部ニ内々以㆓武田㆒被㆓裏問㆒、被㆑任㆓彼申状㆒、御対面有無可㆑有㆓御治定㆒」と著している。満済は、鎌倉府の制止を振り切って隠密に上洛した跡部氏の立場を配慮し、京都における跡部氏の行動は跡部氏の意向を重んじるよう足利義教に勧めている。しかし鎌倉府への配慮を常とする満済の政治姿勢にもとづけば、武田信重のみとの対面を求めた跡部氏の申請は事前に満済の内意をうけていた可能性も充分に考えられる。

(26) 小泉恵子「細川家関係故実書について」（代表研究者桑山浩然『室町幕府関係引付史料の研究』昭和六三年度科学研究費補助金一般研究（B）研究成果報告書、一九八九年）。

(27) 本郷和人「『満済准后日記』と室町幕府」（五味文彦編『日記に中世を読む』吉川弘文館、一九九八年）。

(28) 「清和源氏義光流小笠原」（『新訂寛政重修諸家譜』第三、続群書類従完成会、一九六四年）。

(29) 今谷明「文安土一揆の背景——第二次徳政論争によせて——」（『室町幕府解体過程の研究』岩波書店、一九八五年、初出一九七四年）、同「文安の土一揆拾遺——『押小路文書』所収『康富記』断簡について——」（『室町時代政治史論』塙書房、二〇〇〇年、初出一九九二年）。

(30) 『親元日記』寛正六年六月二日・三日、七月八日条もこの関連記述である。

(31) 『蔭凉軒日録』文正元年閏二月二十日条に「甲斐国武田（信昌）対治彼被官之乱」とある。

(32) 「大館記（七）」（『ビブリア』八六、一九八六年）。

(33) 「御内書案」（『続群書類従』二十三輯下）。

(34) 家永遵嗣『室町幕府将軍権力の研究』（東京大学日本史学研究叢書、一九九五年、第二部）。

(35) 『満済』応永三十二年閏六月十二日条。

【参考】室町期甲斐武田氏略系図

—信武—信成—信春—信満—信重—信守—信昌—信縄—信虎—晴信—

信春の子：信満、信元

信満の子：信重、信長—伊豆千代、仁勝寺宗印、上杉禅秀室

信昌の子：信縄、信恵

〔追記〕　本章初出以後、関連する研究として数多くの論著が発表された。

『山梨県史』通史編二中世（二〇〇七年、文責渡邉正男）、桜井英治「披露の達人」（『山梨県史のしおり』山梨県史資料編五中世二下県外文書、二〇〇五年）。山梨県史の編纂にともなって室町期の甲斐国や甲斐武田氏にかかわる総論が公刊・公表された。

秋山正典「守護武田氏の権力構造――武田信重帰国後の動向から――」（『武田氏研究』二七、二〇〇三年）、同「明応～永正期の甲斐武田氏における内訌」（『武田氏研究』三四、二〇〇六年）、丸島和洋「室町～戦国期の武田氏権力――守護職の評価をめぐって――」（『戦国大名武田氏の権力構造』思文閣出版、二〇一一年）。甲斐守護に関する個別研究は、戦国初期を主題としたものが進展している。

秋山敬「穴山氏の河内入部をめぐって」（『甲斐』一一〇、二〇〇六年）、同「穴山信懸」（『武田氏研究』三九、二〇〇九年）、平山優『穴山武田氏』（戎光祥出版、二〇一一年）。穴山氏の個別研究についても戦国初期を中心に進展した。

秋山敬「武田氏の国人被官化過程と政権意識」（『甲斐武田氏と国人』高志書院、二〇〇三年、初出二〇〇二年）、同「跡部氏の強盛と滅亡の背景」（前掲『甲斐武田氏と国人』所収、初出二〇〇三年）、同「国人領主逸見氏の興亡」（前掲『甲斐武田氏と国人』所収、初出二〇〇三年）、同「国人領主栗原氏の武田氏被官化過程」（磯貝正義先生追悼論文集刊行会編『戦国大名武田氏と甲斐の中世』岩田書院、二〇一一年）。室町期の甲斐国人に関する研究は、有力国人層と武田氏の関係論、ならびに跡部氏、逸見氏、栗原氏についての個別論考が発表されている。

第三章　室町期上総武田氏の興起の基底
――武田信長の動向を中心として――

はじめに

上総武田氏は、室町期における古河公方の成立とともに興起し、戦国期にいたると上総国の有力領主として発展を遂げた。そして、戦国期の房総地域において重要な政治的位置を占めていたことが知られる。その上総武田氏に関する研究は、関連史料が戦国期に偏って残存しているため、とくに戦国期における動向を中心にして考察が深められてきた(1)。それゆえこれまでの上総武田氏に関する研究は、上総武田氏の祖とされる武田信長が、上総国において興起するにいたった経緯を充分に論じているとはいえない状況にある。しかしながら武田信長に関しては、わずかながらも信頼に値する一次史料が残されている。そこでこれを、近年進展する室町期東国社会の研究とあわせて論じれば、上総武田氏の興起にかかわる社会的背景を少なからず明らかにすることができると考えられるのである。

また武田信長に関しては、室町中期の甲斐守護武田信満の子息「武田右馬助」と比定されているため、すでに甲斐武田氏研究の一環としてその前半生を中心に考察がおこなわれている(2)。しかし、甲斐とのかかわりがみえなくなる武田信長の後半生については、いまだ充分な考察がおこなわれているとはいえない状況にある。さらに武田信長の動向を考えるうえでは、信長とその兄武田信重の関係や、関東の政治秩序における信長の位置づけが注目されるべきであるのだが、この点もやはり充分に論じられているとはいえない状況にある。そしてこれが、上総武田氏の興起の経緯に不明な点を多く残させる原因になっていると考えられるのである。

こうして武田信長をめぐる社会情勢を概観すると、上総武田氏の興起をめぐっては、甲斐武田氏研究を含めた広い視野に立って研究を進めることが必要と考えられるのである。そこで本章では、上総武田氏の祖とされる武田信長の動向を中心に、甲斐国内や武田一族の様相、そして当時の政治情勢を交えつつ、室町期上総武田氏の興起の基底を探ることとしたい。

一　公方足利持氏期の武田信長

武田信長の名があらわれるのは、応永二十三年（一四一六）の上杉禅秀の乱からである。『鎌倉大草紙』の描くところによれば武田信長は、上杉禅秀方に加担する父の甲斐守護武田信満とともに同乱に参戦したとされる。また同書によると武田信長は、同乱で父武田信満が敗死したのちも甲斐国内において、郡内地域の加藤入道梵玄らとともに足利持氏勢の与党逸見氏との抗争をくり広げていたとされる。この時期の武田信長については良質な一次史料が残されていないものの、『鎌倉大草紙』の描写にもとづけば武田信長は、一貫して鎌倉公方足利持氏との対決姿勢を鮮明にしていたとすることができよう。

これに対して『喜連川判鑑』には、足利持氏が再三にわたって武田信長の追討を試みる様子が描かれている。しかし武田信長は、室町幕府による鎌倉府対策もあいまってこの足利持氏による軍事圧力を退けていた。鎌倉府への抵抗を続ける武田信長の背後に室町幕府の影響力があったであろうことは、応永三十年（一四二三）七月五日、室町幕府が武田信長ら甲斐武田氏一族の九名に対して御内書を発給し[3]、甲斐国内における反鎌倉府勢力の結集をはかっていることからも明らかである[4]。

ところで、これに一ケ月ほど先立つ同年六月五日、室町幕府は、上杉禅秀の乱後の難を避けて上洛し在京していた武田信長の兄武田信重を甲斐守護に任じている(5)。つまり室町幕府は、甲斐に残って主導的役割を果たしていた武田信長を甲斐守護には補任せず、京都で保護していた武田信重を甲斐守護に補任したのである。そして、甲斐国において実際に反鎌倉府の闘争をくり広げていた武田信長には、この年七月五日、武田信重の支配下に入ることを命じたのであった。

しかしこの室町幕府の決定こそが、最終的には武田信長を甲斐から離れさせ、上総へ入部させるその行動にきわめて大きな影響をあたえることになったと考えられるのである。それは『鎌倉大草紙』が、この時期の甲斐守護は武田信長の子息武田伊豆千代であって、実質的には信長がこれを支えていたと描写していることからも想定される。

つまり甲斐に残留して主導的役割を果たしながらも室町幕府から守護正員として認められない武田信長は、のちの永享の乱や結城合戦にともなって一変した政治情勢の推移にあわせ、室町幕府から甲斐守護正員と認められた兄武田信重とは一線を画し、甲斐を離れ、上総へ入部する道を選択したと考えられるのである。詳しくは次節で述べるが、室町期における上総武田氏興起の基底には、室町幕府から推された甲斐守護正員の武田信重が、上杉禅秀の乱後、長期間在京したままであったものの永享の乱にともない甲斐へ帰国した、という武田氏一族内の事情がその理由のひとつとして存在していたと考えられるのである。

武田信長は、応永三十三年八月、ついに鎌倉公方足利持氏の軍事圧力のまえに屈服する。足利持氏がこの応永三十三年の武田信長征討に大規模な軍事動員をかけていたことは、これに参加した鎌倉府勢の軍忠状が、相模善波氏(6)・武蔵江戸氏(7)・白旗一揆久下氏(8)と、南関東の比較的広範囲で認められることからも明らかである。そしてこの結果、武田信長は、足利持氏による鎌倉への出仕要求にもとづき(9)、これ以後は鎌倉への出仕を余儀なくされたと考えられるのである。それは武田信長が、永享四年（一四三二）八月銘の『相模国大山寺造営奉加帳』に、「奉加馬一疋、右馬助信長」(10)と名を連ねていることからも明らかである。

このように武田信長は、応永三十三年以後、しばらくのあいだは鎌倉に出仕し、鎌倉府秩序に従属していたとすることができる。しかし武田信長は、甲斐守護正員ではなかったためか、この頃の鎌倉府における武家故実を著したとされる『鎌倉年中行事』(11)には甲斐守護に関する規定が記されておらず、鎌倉府における武田信長の詳細な動向を知ることはできない。

ところが永享五年（一四三三）三月、武田信長は、『喜連川判鑑』や『鎌倉大日記』によると突然鎌倉を逐電したとされる。その原因としては、『鎌倉大草紙』が同年中の出来事として、甲斐国荒川における「日一揆」と「輪宝一揆」の抗争を描いていることが注目されよう。また『一蓮寺過去帳』が、同年四月二十九日付の死亡者を多数記していることも注目される。そうしたことから、永享五年の甲斐国内におけるこの争乱が武田信長の鎌倉逐電の主因と考えられるのである。

しかし武田信長は、この争乱において「日一揆」にくみしたものの、跡部氏を頭目とする「輪宝一揆」に敗北したとみられる。そして、甲斐から逃亡したのである。この点、『鎌倉大草紙』は武田信長の逃亡先として信濃をあげているが、この描写は信憑性に乏しいといえる。なぜなら、甲斐における武田信長の活動範囲は、加藤入道梵玄との逸話からも明らかなようにおよそ郡内地域に限られていたと考えられ、その活動範囲が信濃と接する地域にまでおよんでいたとは考えられないからである。甲斐から没落した武田信長は、ただちに駿河へ逃亡したと考えることが適当なのではなかろうか。それは、『満済准后日記』永享五年六月六日条に「自二関東一、就下武田右馬助（信長）没二落駿河一事上、以二御状一被二申入一事在レ之」と記されるように、はやくも六月六日には、鎌倉公方足利持氏によって武田信長の駿河没落が室町幕府に伝えられていることからもうかがえる。この足利持氏の行為は、持氏が逃亡後の武田信長の様子を把握していたゆえに可能であったと考えられ、駿河逃亡というこの記述には信憑性が見込まれるのである。

さて同日条によれば、足利持氏がこの情報を室町幕府にもたらした理由は、持氏が室町幕府に対して「被レ加二誅伐一様被二仰付一可二畏入一」との要請をおこなったためである。つまり足利持氏は、駿河国の管轄権を持つ室町幕府に対して、駿河国内に逃亡した武田信長の誅伐を要請したのである。

この足利持氏の要請は、当初、室町幕府中枢においても正当な主張と考えられたようである。それは、同日条に続けて「上杉安房守（憲実）状同前、就二此事一諸大名意見御尋処、管領以下大略同前申入也」と記されており、鎌倉の関東管領上杉憲実のみならず、この問題を協議した室町幕府中枢の諸大名さえも、足利持氏の要請に賛同する見解を示していることが知られるからである。しかしこれに対して、室町幕府中枢のなかで三宝院満済のみは「其身誅罰事ハ不レ可レ然歟、只駿河国中ニ不レ被レ置様可レ被二仰付一」と主張し、武田信長の駿河退去によって一連の事態を収拾しようとしたのであった。

三宝院満済がそうした主張をした背景には、永享五年中、駿河国が、守護今川範政の後継者問題によって政治秩序を乱していたこととの関連が想定される。満済は、室町幕府と鎌倉府の政治的国境にあたる駿河国にあらたな軍事的緊張が発生することを嫌ったと考えられるのである。畢竟、この満済の主張は将軍足利義教や諸大名にも受け入れられることとなった。そして、同日条に「此儀御治定歟、可レ然関東へ可レ有二御返事一云々、先武田右馬助（信長）駿河居住不レ可レ然由、以二管領状一可二申遣一由被二仰付一」とあるように、室町幕府は、足利持氏に対して持氏が求める軍事行動はとらないことを返答することとし、武田信長の駿河退去のみを政策として決定したのである。

こうして武田信長は、室町幕府によって駿河からの退去を求められたのだが、『鎌倉大草紙』によると信長は室町幕府から遠江国蒲御厨に千貫の土地をあたえられたという。しかし、この記述も信憑性に乏しい。なぜなら『満済准后日記』永享六年七月十九日条には「自二駿河国一注進関東雑説事、武田右馬助甲斐没落事」とあり、この永享六年七月以前、武田信長はふたたび甲斐に在国している形跡があるからである。また、同年十一月三日条によれば駿河守護今川範忠は、室町幕府に対して「如二風聞説一者、武田右馬助(信長)ヲ駿河守護許容ニ依テ富士下方へ可レ入二一勢一云々」との情報、つまり武田信長討伐を名目とする足利持氏の駿河出兵の風説を注進しているのだが、これに対して三宝院満済が「武田右馬助(信長)事ハ、去年自二関東一内々被レ申旨在之間、京都御分国内不レ可レ叶由被二仰付一」との見解を示していることも注目される。

　ここに記されるように、三宝院満済がすでに武田信長は室町幕府の管轄する「京都御分国」から退去させた、と主張していることをみても、室町幕府が「京都御分国」である遠江国において武田信長を保護していたとは考え難いのである。さらに、同日条には「駿河辺事既被レ払レ之了、当年又立帰、駿河辺徘徊事ハ、公方曾不レ被二知食一事也」とも記され、将軍足利義教は武田信長の動向について関知していない旨も記されている。これら三宝院満済の一連の言動は、駿河を退去した武田信長がふたたび甲斐に帰国していたことを示唆するものと考えられるのである。

　しかし、そうした、武田信長が室町幕府によって保護されているとの風説が鎌倉府側に出現する背景としては、武田信長が実際のところは甲斐・駿河国堺周辺に滞在していたと考えることが適当なのではなかろうか。それは三宝院満済が、武田信長の動向を記すさいには常に「駿河辺」のこととして記していることからも想定されよう。

　このように永享六年、武田信長にかかわる風説が室町幕府と鎌倉府の政治問題となって以降、しばらくのあいだ武田信長の動向を知ることはできない。『鎌倉大草紙』は武田信長が京都へ上洛していたと描写するものの、三宝院満済の一連の言動に鑑みるとこれも俄かには信じ難い。鎌倉からの逐電によって鎌倉府の政治秩序から脱落した武田信長は、永享の乱における鎌倉公方足利持氏敗死までのあいだ、甲斐・駿河国堺周辺において逼塞を余儀なくされていたと考えられるのである。(12)

二　公方足利成氏期の武田信長

武田信長の動向をふたたび知ることができるのは、永享十二年（一四四〇）に勃発した結城合戦からである。武田信長は、永享の乱にともない京都から帰国した兄武田信重らとともに室町幕府勢として結城合戦に参加していたことが知られる。結城合戦における武田信長の動向は、『結城戦場記』の「武田右馬助（信長）分捕頸、不レ知ニ名字一」(13)との記述からその様相の一端をうかがうことができる。そして武田信長は、結城合戦に室町幕府勢として参加し勝利を得た結果、この合戦後にきわめて多くの賞を受けていたことが判明するのである。まずは、次の書状案に注目したい。

地蔵院領相州三浦郡武・林以下等之事、自ニ京都一被ニ仰下一候上者、早々無ニ相違一様御成敗候者可レ然候、

恐々謹言、

嘉吉弐　五月廿八日　　兵庫頭清方（上杉）在判

謹上　武田右馬助（信長）殿(14)

この書状案は、武田信長が、関東管領上杉清方から相模国三浦郡における京都醍醐寺地蔵院領の成敗をおこなうように命じられたものである。この当時の上杉清方は、公式には上杉憲実の代理という立場にあったため施行状による伝達形式はとられていない。しかしこの書状案は、武田信長の相模守護への就任を示唆するものと考えてよいであろう。(15)そしてここに武田信長は、関東における有力者の一人として復帰したことを知りえるのである。

この相模の守護職は、翌嘉吉三年にはすでに上杉清方自身が担っており、(16)武田信長が相模守護であったのはき

わめて短い期間であったと考えられる。しかし、たとえ結城合戦直後の短期間であったとはいえ、武田信長に相模守護の徴証が認められることは、信長が関東の政治秩序において政治的復権を果たしたことを知るには充分といえよう。この点、ひとたび失脚した武田信長にとって、結城合戦の意義は絶大なものであったと考えることができる。

また武田信長は、相模守護への就任が示唆されるばかりではなく、『鎌倉大草紙』によると結城合戦の賞として相模国曾比・千津島という二ケ所の土地をあたえられたという。この記述は、同書の史料的性格ゆえそのあつかいには慎重にならざるをえない。しかし、次のような文書写が残されていることからおおよそ認めることができるのではなかろうか。

相州曾比郷・千津嶋村、野州瓦田郷、上総国造細郷等事、知行不レ可レ有二相違一候、謹言、

四月十六日　（足利成氏カ）（花押影）

武田右馬助入道殿（信長）[17]

この文書写は、足利成氏のものに似せる花押が据えられているものの発給者は未詳で、さらに文章表現についても多少の疑問が残る。しかし、この文書写がたとえ足利成氏発給文書の正文写ではないとしても、これに込められた意図を見出だすことは必要であろう。そこでまず、ここに列挙された四ケ所の地についてその性格を明らかにする作業をおこなう。

第一に、相模国曾比・千津嶋に関してである。この二ケ所は近接した土地で、現在の小田原市曾比と南足柄市千津島に比定することができる。このうち曾比については、鎌倉法泉寺を媒介として、旧来から甲斐武田氏と深いかかわりのある土地であったと考えられている[18]。また『鎌倉大草紙』によると、その真偽は定かでないものの武田信長の祖父武田信春は、甲斐から鎌倉へと出仕するさいこの曾比・千津嶋を中宿にしていたとの描写がなさ

れている。これらの様相にもとづけば曾比・千津嶋は、相模国内の土地であるとはいえ甲斐武田氏にとって由緒のある土地であったとすることができるのである。

第二に、下野国瓦田郷についてである。これは、現在の栃木市川原田に比定することができる。しかしこの瓦田郷については関連史料がほとんど残されておらず詳細は不明で、その性格を詳らかにすることはできない。

第三に、上総国造細郷についてである。これは造「網」郷の誤りと考えられ、「つくろうみ」と読むいわゆる「作海郷」に比定できよう。現在の富津市竹岡から萩生にかけての一帯とみられている。この作海郷に関しては、応永二十四年（一四一七）十月十七日、足利持氏が「あのゝ局」なる人物に発給した「上総国あまうの郡の内はきう・つくらうミの郷皆吉伯耆守跡事、御料所として御ちきやう（知行）候へきよし申させ給へ、あなかしく[19]」との所進状が注目される。これは足利持氏が、前年の上杉禅秀の乱で没落した「皆吉伯耆守」の旧領である「つくらうミの郷」を、持氏の生母一色氏に対して御料所として贈ったことを示している。また、この足利持氏の所進状を受けた関東管領上杉憲基は、同地の打渡のため、同日付で大坪孫三郎と佐々木隠岐守に対して両使遵行を命じていることも知られる[20]。このように作海郷は、応永二十四年以降、鎌倉府の御料所として設定されていたことがわかるのである。しかもそれは、足利持氏の生母一色氏のための御料所という名目である。こうした点からも作海郷は、元来、鎌倉公方家とも非常にかかわりの深い土地であったとすることができるのである。

以上、某文書写に列挙された四ケ所の地についての性格を探ってきた。しかしここで今ひとつ注目すべき点がある。それは、甲斐国内の土地がひとつも掲げられていないことである。案ずるにその要因として、この時すでに甲斐には、室町幕府から守護正員と認められた武田信重が、永享の乱を契機として京都から帰国を果たしていたことが関係しているのではなかろうか。なぜなら、甲斐における武田信長の政治的位置づけは、兄武田信重の甲斐帰国によって決定的に低下することになったと考えられるからである。つまり武田信長は、足利将軍と直接の関係を持つ兄武田信重や、永享五年の抗争で信長を破って勢力を伸ばした跡部氏と再度争い、ふたたび甲斐国内で主導権を握ることはもはや不可能な政治的環境に陥ったと考えられるのである。

いずれにせよ、この某文書写から見出だすべき様相は、武田信長が甲斐から全面的に撤退し、甲斐国外に獲得した所領を新たな基盤としてみずからの政治的復権の可能性を求めたと考えられることにあるのである。

さて、武田信長にとっての政治的復権とは、かつて離反した鎌倉府体制において再びその主要構成員として復帰することであったと考えられる。事実、武田信長は、足利持氏の子息足利成氏のもとで復興された鎌倉府に、(21)ふたたび祗候している。そして、足利成氏のもとで重要な政治的立場を獲得するにいたっていたことは、つぎの文書案から明らかとなる。

　関東事、委細御註進旨既披露仕候、仍長尾左衛門入道（景仲）幷太田備中入道（道真）等事、隠遁之由承候、於レ于レ今者属二無為儀一候哉、随而長棟（上杉憲実）帰参以下事、任二御申請旨一被レ成二御教書一候、目出度候、恐々、

　五月廿七日（宝徳二年）　　　　徳本（畠山持国）

　　武田右馬助入道殿（信長）(22)

この文書案は、宝徳二年（一四五〇）、公方足利成氏と関東管領山内上杉氏被官長尾・扇谷上杉氏被官太田両氏の対立から勃発した、いわゆる江の島合戦の乱後処理をめぐる室町幕府と鎌倉府の交渉に関するものである。そしてこの交渉に武田信長が関与していることから、鎌倉府内における信長の政治的立場の高さを知ることができる。

さらにここで注目したいのは、武田信長が、この交渉の過程で室町幕府管領畠山持国と関係を持っていることである。なぜなら、武田信長が管領畠山氏との関係を持ったということは、甲斐武田氏一族に政治的分裂が起こった可能性を想定させるからである。

この当時、室町幕府中枢では、畠山氏と細川氏のあいだで政治抗争がくり広げられていた。そうした情勢のなか、武田信長の兄武田信重は、細川氏ときわめて密接な関係を維持していた徴証がある[23]。それゆえもし武田信長が、細川氏との関係を基軸とする兄信重とは異なり畠山氏と関係を持ったならば、室町幕府中枢における政治抗争が甲斐の武田氏一族にも影響をおよぼしていたことになるのである。このように、武田信長が甲斐から撤退した背景には、室町幕府中枢における政治抗争の影響が甲斐武田氏一族にも波及していたことを想定すべきといえよう。

また、甲斐を撤退した武田信長が足利成氏との関係を深めていった背景としては、江の島合戦の原因ともなった公方足利成氏勢力と関東管領上杉氏勢力の対立もその要因と考えられる。なぜなら武田信長は、かつて結城合戦の賞として獲得した相模守護職を、上杉氏によって奪われた形となっていたからである。

上杉氏が武田信長から相模守護職を与奪した背景には、武田氏一族が甲斐・相模二ケ国の守護職を獲得し、関東において上杉氏に准ずる大きな影響力を持つことを嫌ったということが考えられる。しかし、兄武田信重との政治的葛藤を抱えながら鎌倉府体制において政治的復権を目指す武田信長にとって、この上杉氏の行動は、自己の伸張を阻害するものだったのではなかろうか。そうしたこともあいまって武田信長は、関東管領上杉氏と対立する足利成氏との関係を深め、鎌倉公方を中心とする鎌倉府体制の再構築を志向していったと考えられるのである。

武田信長が、享徳三年（一四五四）十二月の関東管領山内上杉憲忠謀殺や、これに続く享徳の乱の諸戦において、古河に移座した公方足利成氏にくみして転戦したことは『鎌倉大草紙』や『武家事紀』の描写をみるまでもない。

三　上総武田氏の展開

武田信長の上総への入部時期は、現在のところ明確にすることができない。しかし、康正二年（一四五六）正月の下総国市川合戦後という『鎌倉大草紙』の描写がその指標といえる。実際に、この市川合戦以降、下総が古河公方足利成氏の勢力圏に包摂されており、武田信長の上総入部もこれら足利成氏勢の動向と関連をもつものと考えられるのである。

さて、武田信長の上総入部の理由のひとつには、古河公方足利成氏が、その勢力圏として房総地域の確保をもとめたことにあるとされている。武田信長の上総入部を足利成氏の軍事政策の一環として位置づけることは従来から指摘されているが、この点、『応仁武鑑』続編一（近世・弘化二年編纂）が「所レ賜二武田右馬助信長一之物」との注記をもつ「鎌倉成氏朝臣旗」の図を載せていることは(24)、改めて注目されるべきであろう。武田信長の軍事行動は、足利成氏の軍事政策にもとづくものであったことがここに一層明らかとなるのである。

また、武田信長の上総入部の前提としては、南北朝期以前から上総に存在していたとみられる武田姓の者たちとの関連が注目される。『勝山小笠原文書』(25)によると、建武二年（一三三五）九月二十七日、小笠原貞宗は「武田孫五郎長高跡」である「上総国姉崎社」の地を足利尊氏からあたえられ、さらに康永三年（一三四四）十一月十二日、子息小笠原政長に譲与したことが知られている。また、「武田七郎三郎資嗣」なる人物は、観応二年（一三五一）七月十六日、両使として「上総国市原八幡宮別当職」の打渡をおこなっていることが知られている(26)。

これらの事実は、武田信長の子息武田信高が、「武田孫五郎長高」と同様の通字「高」をもちい、また信長の孫武田清嗣が、「武田七郎三郎資嗣」と同様の通字「嗣」をもちいていることとあいまって非常に興味深い。南北朝期以前から上総に存在していたとみられる武田姓の者たちについては、武田信長の上総入部の前提としてのみではなく、上総武田氏が長南や真里谷などに分立してゆく過程において、武田信長の子孫によるこれら武田姓の者たちへの入嗣という可能性を含めて注目すべき点と考えられるのである。

つぎに、武田信長の上総入部の地についてであるが、この点も現在のところ詳らかにすることができない。しかし武田信長と上総の関係については、既述したように旧鎌倉府御料所作海郷との関連が想起され、また、南北朝期以前から武田姓の者が存在していたという族的前提も認められる。さらに武田氏と同時期に安房へ入部したとされる里見氏は、古河公方による水上交通の統制策と深く関係していたとされ(27)、武田氏にもこれと同様の性格を求めることを否定はできない。以上の点をふまえれば、上総武田氏は、その当初から長南や真里谷など上総国の内陸部に入部したと考えずとも良く(28)、今後とも検討を要する課題といえよう。

しかし上総国内には、武田信長が、ごくわずかな年月で基盤を構築できる素地が整っていたことは間違いない。それは次に掲げた足利義政御内書案からもうかがうことができる。

成氏（足利）事、既被レ成二治罰　綸旨一之処、猶奉レ蔑二如朝憲一之条、不レ可レ遁二天譴一、所詮、早速馳二参御方一可レ励二忠節一、委曲貞親（伊勢）可二申遣一、於レ抽二軍功一者可レ有二恩賞一也、

御判（足利義政）出事同前

十月廿一日（寛正元年）

武田右馬助入道殿（信長）悪八郎事也(29)

この御内書案は武田信長が、寛正元年（一四六〇）十月、将軍足利義政から古河公方を離反して室町幕府方に従属するように求められたものである。ここで注目したいのは、この寛正元年、足利成氏征討への参加を求めるこの類の御内書が関東・奥羽の諸氏に対して広く発給されていることである。つまりこの御内書案は、寛正元年段階で武田信長が室町幕府から一定以上の勢力を持つ領主として認識されていたことを示すことになる。ここに武田信長は、寛正元年、すでに上総において一定の基盤を確立していたとすることができるのである。

しかしこれ以後、武田信長の名は史料にみられなくなり、上総武田氏も長南・真里谷の二流を軸として分立してゆくこととなる。その動向については、現在までに多くの研究が論じており、また本章における考察の範疇を越えている。そこで本章では、上総武田氏が長南・真里谷両流に分立した時期について、従来の研究では等閑視されているとみられる点を、文明三年（一四七一）の上総武田氏両流による古河公方への対応を中心に若干考察しておきたい。

まず、長南武田氏についてである。長南武田氏の当主は、従来、名字を冠せず「上総介」と記される人物がこれにあたるとされている。その「上総介」[30]に対しては、文明三年九月十七日、将軍足利義政が「今度於レ国最前参二御方一之旨、上椙四郎（顕定）註進到来、尤以神妙、弥可レ抽二戦功一候也」[31]との御内書を発給していることが注目される。つまり「上総介」は、文明三年、古河公方から離反し、室町幕府方に従属したとみられるのである。これは、同日付で「角田若狭守」なる人物が「上総介事、依二計略一早速参二御方一之条、尤神妙、可レ抽二忠節一候也」[32]との御内書を発給されていることからも明らかといえよう。この文明三年という年は、足利成氏が、上杉勢の軍事圧力に耐え切れずひとたび古河から下総南部への移座を余儀なくされた時期である。「上総介」の古河公方離反の背景には、このような政治情勢が関係していたと考えられよう。これに加えて、室町幕府方である詫間上杉憲能の娘が「庁南武田宮内少輔」に嫁したとの所伝があることも注目される。[33]これは長南武田氏が、室町幕府方に従属していた時期のあることを示すものと考えられるのである。

これに対して真里谷武田氏は、「前三河守清嗣（武田）」の名が「享徳十一年」の不改年号をもちいる菅生庄飯富社の梵鐘銘に記されていることが知られる。[34]したがって真里谷武田氏は、改元を拒みつづけた古河公方足利成氏と強い関係を維持し、文明三年段階でも古河公方に従属していた可能性が高いといえる。そして、この頃の菅生庄鋳物師大野氏が古河公方との強い関係を維持していたとされることも、[35]これを示唆するものといえる。さらに『鎌倉大草紙』には、足利成氏が文明三年に古河から下総南部へ逃れたとき、これに「上総の両武田」が集ったとの描写がある。この「両武田」のうち長南武田氏は、文明三年、古河公方から離反したとみられるためこの記述は正確性に欠ける。しかしこの記述から、上総武田氏のなかで古河公方に従属しつづけた者がいたことを見出だすことは可能なのではなかろうか。

以上のように長南・真里谷の上総武田氏両流は、文明三年の足利成氏の政治的危機に対して、それぞれ異なる対応をとったことが示唆されるのである。これは文明三年、すでに長南・真里谷の上総武田氏両流が完全に分立していたことと表裏の関係にあると考えられるのである。

おわりに

以上、武田信長の動向を中心にして、上総武田氏の興起にいたる経緯やその政治的背景、ならびに上総における武田氏の初期段階の展開状況について述べてきた。

まず本章では、武田信長の甲斐撤退と上総入部の要因を探るため、信長の動向をその後半生にいたるまで詳らかにした。その結果、武田信長をめぐる一連の動向の基底には、甲斐の守護職獲得をめぐる兄武田信重との競合関係や、相模の守護職獲得をめぐる関東管領上杉氏との対立関係という政治的背景が存在することを見出だした。この点、関東の政治秩序における守護職獲得の持つ意味は改めて認識されるべきである。しかしそれ以上に注目すべきことは、兄武田信重の在京問題や京都における細川氏と畠山氏の権力抗争など、中央政界の動向が、武田信長の動向に少なからず影響をおよぼしているという点である。これらを鑑みるに、上総武田氏の興起をめぐっては、関東の社会情勢のみではなく、京都における政治情勢をも充分に考慮したうえで論じるべきであるといえよう。

また、このような武田信長のおかれた政治的環境は、結城氏や里見氏などとは異なって持氏期における勲功のない信長が、足利成氏に重用されたことにも通じてゆくといえる。それは武田信長にとって、新公方足利成氏はみずからの政治的課題を解決してくれる可能性を残した唯一の人物であったという側面と一体関係にあるからである。

関東では、上杉禅秀の乱以降、みずからの政治的課題を打開するために室町幕府とむすぶ輩が多かった。しかし武田信長の場合は、上杉禅秀の乱後に京都へ逃れた兄信重が、すでに足利将軍と密接な関係をむすび甲斐守護正員と認識されていた。このため武田信長は、甲斐守護に擬せられる実力を持ちながらも、兄信重をしのぐ室町幕府との関係を築くことができなかった。そのうえ信長は、永享五年の鎌倉逐電によって、鎌倉府の政治秩序からも脱落してしまったのである。こうした背景に鑑みると、信長は結城合戦を契機として政治的立場を回復したにもかかわらず、もはや復興された鎌倉府において、新公方足利成氏に従属しながら対関東管領上杉氏という政治課題を基軸として復権をはかるしか、自己伸張のための方策は残されていなかったと考えられるのである。

以上のように、上総武田氏の興起の基底となるものは多少なりとも明らかにすることができたが、上総武田氏の確立過程の問題、つまり上総における武田氏の初期段階の展開状況については依然として不明な部分を多く残した。これには史料残存量の問題があげられ、またそれゆえに従来の見解を超えることは容易でない。しかし、同様な史料残存量の問題を抱えながらも多くの成果をあげている前期房総里見氏の研究などにその分析視角や研究手法を学び、史料の希少性を克服してゆくことが肝要と考えられる。これらは、今後の課題としたい。

（1）　上総武田氏に関する論考には、小笠原長和「『笹子落草子』にみる戦国の映像――上総武田氏とその内争――」（『中世房総の政治と文化』吉川弘文館、一九八五年、初出一九八〇年）、湯山学「上総国小櫃川流域の荘園――

上総武田氏の登場――」(『中世南関東の武士と時宗』岩田書院、二〇一二年、初出一九八五年)、川名登「上総武田氏について――その発給文書を中心として――」(『戦国近世変革期の研究』岩田書院、二〇一〇年、初出一九八九年)、佐藤博信「房総における天文の内乱の歴史的位置――とくに上総真里谷武田氏の動向を中心として――」(『中世東国政治史論』塙書房、二〇〇六年、初出一九九一年)、黒田基樹「上総武田氏の基礎的検討」(『袖ヶ浦市史研究』六、一九九八年、のち『戦国の房総と北条氏』〈岩田書院、二〇〇八年〉改稿所収)、木村修「上総武田氏に関する伝承系図」(『中世房総』一〇、一九九八年)、千野原靖方『新編房総戦国史』(崙書房、二〇〇〇年)がある。

(2) 武田信長は、室町中期における甲斐国および甲斐武田氏の動向について論じられるさいには必ず触れられる人物である。このうち、武田信長の前半生を網羅的に把握する論考としては、秋山敬「当国守護武田伊豆千代と国主武田五郎信長」(『武田氏研究』一八、一九九七年、のち「武田信昌の守護補任事情」〈『甲斐武田氏と国人』高志書院、二〇〇三年〉改稿所収)があげられる。

(3) 「昔御内書符案」(「大館記(三)」『ビブリア』八〇、一九八三年)。

(4) 『花営三代記』応永三十一年二月五日条。

(5) 『満済准后日記』応永三十年六月五日条。なお、武田信重の動向を網羅的に把握する論考としては、磯貝正義『武田信重』(武田信重公史蹟保存会、一九七四年)があげられる。

(6) 「諸州古文書廿四」(『神奈川県史』資料編三古代・中世(三上)、五七六八号)。

(7) 「牛込文書」(『新編埼玉県史』資料編五中世一、七五五四・七五五五号)。

(8) 「松平義行氏所蔵文書」(前掲『新編埼玉県史』七五五六号)。

(9) 『満済准后日記』応永三十二年閏六月十一日条。

(10) 「相州文書所収大住郡大山寺八大坊文書」(前掲『神奈川県史』五八七一号)。

(11) 宮本常一他編『日本庶民生活史料集成』二十三巻(三一書房、一九八一年)。

(12) 駿河国駿東郡上土狩(静岡県長泉町上土狩)には、巨勢氏館跡との伝承をもつ遺構が残され、また、近隣の中土狩には巨勢伊予守の墓との伝承をもつ「嘉吉三年卯月廿日」銘の地蔵石仏が残されている(『駿河志料』第五編〈静岡郷土研究会、一九三〇年〉、『駿河記』下巻〈臨川書店、一九七四年〉）。これらの伝承は、武田信長の弟武田信賢が巨勢（巨勢村）氏を称していたこととあいまって非常に興味深い。この点、武田信長をはじめとする甲斐武田氏一族の者が、甲斐・駿河国堺周辺に滞留していた時期のあることを示唆している可能性がある。あくまでも伝承の域を出るものではないが、参考としてここに記しておきたい。

(13)『結城市史』第一巻古代中世史料編。

(14)「醍醐寺地蔵院領文書案」（京都府立総合資料館架蔵写真帳『東寺観智院金剛蔵聖教文書』第一五〇箱、二六―一号）。

(15)佐藤博信「室町時代の相模守護」（『中世東国の支配構造』思文閣出版、一九八九年、初出一九七七年）。

(16)「覚園寺文書」（『神奈川県史』史料編三古代・中世（三下）、六〇三七号）。

(17)「士林証文二」（『小田原市史』史料編原始古代中世Ⅰ、二〇二号）。ただし、東京大学史料編纂所架蔵写真帳によって本文書に据えられた花押の人物比定を試みた。

(18)飯森富夫「甲斐武田氏と西相模・鎌倉」（黒田基樹編『武田信長』戎光祥出版、二〇一一年、初出一九九七年）。

(19)「上杉家文書」（『新潟県史』資料編三中世一文書編Ⅰ、六二五号）。この点、山田邦明「鎌倉府の直轄領」（『鎌倉府と関東』校倉書房、一九九五年、初出一九八七年）を参照。

(20)「上杉家文書」（前掲『新潟県史』七九二・七九三号）。

(21)佐藤博信「足利成氏とその時代」（『古河公方足利氏の研究』校倉書房、一九八九年、初出一九八七年）。

(22)「南部家所蔵曾我文書」（『南部家文書』吉野朝史蹟調査会、一九三九年、二五三号）。ただし、同書所載の本文書冒頭部分には「一、右京亮事、自㆑元無㆑誤間参上事雖㆓度々申㆒」の一文が加えられている。しかしこの一文は、『鎌倉大草紙』によって同書前掲文書の一部と判明するため、これを削除改変した。

(23)拙稿「室町幕府と甲斐守護武田氏」（『國學院大學大学院紀要』文学研究科三二、二〇〇一年、本書第三編第二章）。

(24)これは近年、古河歴史博物館によって復元制作されている（展示図録『古河公方展――古河足利氏五代の興亡

――』古河歴史博物館、一九九七年、六頁）。関連する論考として、久保賢司「享徳の乱における古河公方方の戦略的配置と御旗」（前掲註18『武田信長』所収、初出一九九八年）がある。

(25)『新編信濃史料叢書』第十二巻（信濃史料刊行会、一九七五年）。

(26)「尊経閣文書」（『千葉県史料』中世篇県外文書、三二五・三二六号）。

(27)房総里見氏に関する研究史や近年の知見については、『里見氏稲村城跡をみつめて』第三集シンポジウム「里見氏再考」（里見氏稲村城を保存する会、一九九八年）において総括されている。とりわけ前期里見氏と江戸湾交通との関係については、千野原靖方『房総里見水軍の研究』（崙書房、一九八一年）、滝川恒昭「房総里見氏と江戸湾の水上交通」（『千葉史学』二四、一九九四年）、佐藤博信『江戸湾をめぐる中世』（思文閣出版、二〇〇〇年、第一部）を参照。

(28)武田氏の上総入部をめぐるこの様な指摘は、伊禮正雄「真里谷城の性格と構造」（『真里谷城跡』木更津市教育委員会、一九八四年）、滝川恒昭「上総天神山湊と野中氏」（『千葉県の文書館』四、一九九九年）などにもみられる。

(29)「御内書案」（『続群書類従』二十三輯下）。

(30)この「上総介」に対しては、すでに文正元年（一四六六）六月三日、将軍足利義政が、「成氏追罰事、不レ移二時日一馳二参御方一、致二戦功一者可レ被レ行二勧賞一也」との御内書を発給している（前掲「御内書案」所収）ことが知られる。

(31)「御内書符案」四四号（『栃木県史』史料編中世四）。

(32)前掲「御内書符案」四八号。

(33)「上杉系図」（『続群書類従』六輯下）。

(34)『千葉県史料』金石文篇一（海上郡円福寺・一号）。

(35)佐藤博信「上総大野家文書の再検討――雪下殿についての覚書――」（『続中世東国の支配構造』思文閣出版、一九九六年、初出一九九〇年）、市村高男「中世房総における鋳物師の存在形態」（中世房総史研究会編『中世房総の権力と社会』高科書店、一九九一年）、木更津市文化財調査集報Ⅲ『上総鋳物師大野家文書調査報告書』（木吏津市教育委員会、一九九四年）。

【参考】室町期甲斐・上総武田氏関係略図

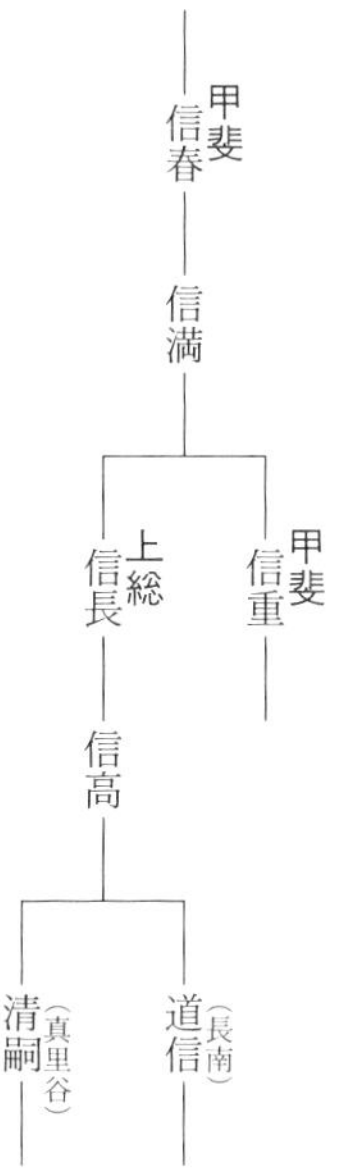

〔追記〕本章初出以後、関連する研究としてつぎの論著が発刊・発表された。

黒田基樹編『武田信長』（戎光祥出版、二〇一一年）。中世関東武士の研究シリーズの第二巻として発刊された。上総武田氏に関する主要論考と関係史料集が所載され至便である。

黒田基樹「初期の上総武田氏をめぐって」（『千葉史学』六〇、二〇一二年）。足利義政御内書にみえる「上総介」は千葉氏庶流の上総氏であると問題提起した。これに関連して検証すべき所伝がある。国立公文書館所蔵本『千学集抜粋』の「上総介家系」にみえる「一、千葉介常長二男常晴相馬五郎、第一常晴上総介、（中略）、常持、氏常、成常、已上十六世成常の時退転也」との記載である。上総氏最後の当主という「成常」の実名はおそらく足利成氏からの偏諱拝領であろう。それゆえ問題の解決には上総成常の「退転」時期の正確な年代特定が必要である。のちに上総介を名乗る長南武田氏の関係者が文正元年以前に上総成常の権益を継承あるいは奪取していた可能性がなお残るからである。改めて室町期上総国における千葉氏庶流上総氏、角田氏らの動向や様相を緻密に再検証する必要がある。史料残存量の問題はあるが今後の課題としたい。

第四章　室町期の箱根権現別当と武家権力

はじめに

中世の箱根権現は、伊豆山権現とともに二所と称され、関東・奥羽の諸階層から広くその信仰をあつめる存在であった。とくに鎌倉期の箱根権現は、源頼朝が石橋山合戦で敗北したさい当時の箱根権現別当行実やその弟永実らが頼朝を匿ったことから[1]、のちに鎌倉幕府将軍となった頼朝の庇護をうけ、その後も『御成敗式目』の神文に掲げられるなど歴代の鎌倉幕府中枢から崇敬されつづけたことが知られる。それは箱根権現に関する記述が『吾妻鏡』のなかに多くみられることからもうかがうことができよう。また、そうした様相は室町期となってもほぼ変わることなく、二代鎌倉公方足利氏満の母による箱根参詣の逸話が伝えられるなど[2]、箱根権現の宗教的権威は、鎌倉府体制のもとでなおも健在であった。

中世の箱根権現については、まず信仰の対象としての宗教的意義が強調されるべきことはいうまでもない。しかし室町期の箱根権現をめぐる情勢を概観すると、そうした箱根権現の宗教的意義のみならず、その政治的意義についても検討する必要があると考えられる。なぜなら箱根権現の鎮座する箱根山麓は、当時、しだいに対立を深めていった室町幕府と鎌倉府のあいだの政治的国境地帯となったことが知られるからである。実際に箱根山麓は、永享十年（一四三八）の将軍足利義教による鎌倉公方足利持氏征討のさい両府の軍事攻防の最前線となったのであった。また箱根山麓は、それ以前に勃発した応永二十三年（一四一六）の上杉禅秀の乱においても、鎌倉を追われた足利持氏が箱根権現に逃げ込むなどその舞台となっていたことが知られている。

　このように室町期の箱根山麓は、地理的な要因も重なって、東国で争乱が勃発したさいにはきわめて重要な地域としての役割を果たしていたのであった。そしてその箱根山麓にもっとも影響力をおよぼしていたのは、箱根権現のもとに結集した勢力であったと考えられるのである。

　そこで本章では、箱根権現を統率する立場にあった歴代の箱根権現別当の動向を中心に、箱根権現の政治的意義を考察することとしたい。

　こうした問題を考えるうえでは、室町期の箱根権現別当が一体いかなる人物との関係を重視していたのかについて把握することが有効な分析視角と考えられる。しかし室町期初頭の箱根権現別当については、鎌倉府中枢の武家らとともに智感版『大般若波羅蜜陀経』(3)の刊記七巻分（巻一七、五二、一一六、一二二、一二五、一三二、一七九）にその名を刻む「筥根別当定実」のほかは、史料残存量の問題もあって当該期の様相を知ることが難しい(4)。そこで本章では、実際の活動痕跡が確認される三十四世別当弘実の還補時点からを考察の対象にすることとしたい。なお室町期の箱根権現別当に関しては、中世箱根山に関する包括的考察(5)や、近隣自治体史において関連記述はみられるものの(6)、史料的な制約もあって具体的な個別研究はこれまでみられないようである。

一　三十四世弘実の還補と頼印大僧正

　箱根権現別当の歴名は、『筥根山別当東福寺金剛王院累世』(7)によって知ることができる。しかし現在の箱根神社には戦国期以前の関連史料がほとんど伝存しておらず、この記述の真偽を判断することは難しい。ただし本章で考察の対象とする三十四世弘実以降の歴代別当は、関連史料によってその実在がほぼ確認できる。また、就任順もこの記載どおりと認められる。そこで行論の都合上、まず『筥根山別当東福寺金剛王院累世』が伝える室町前期から戦国初期までの箱根権現別当の歴名をここで提示しておきたい。

三十四世 弘実僧正　三十五世 宋実僧正　三十六世 證実僧正　三十七世 実雄僧正
三十八世 禅雄僧正　三十九世 海実僧正 入海トモ云フ　四十世 長綱僧正 北条氏綱二男菊寿丸　四十一世 融山僧正

はじめに、この歴名の注記部分について若干触れておく。たとえば四十世長綱の幼名が「菊寿丸」であったことは事実であるが、彼は「北条氏綱二男」ではなく伊勢宗瑞（北条早雲）の子息で氏綱とは兄弟であったなど、この注記には検討の余地が残る。しかし箱根権現別当の歴名自体については後述するようにほぼ正確な記述とすることができる。そこで本章では、これを当該期における箱根権現別当の歴名とみなし、なお必要のある場合には順次詳細な検討を加えながら論を進めることとしたい。

さて、ここに掲げた歴代別当のうち、その出自が特定されているのは三十六世證実以降の人物である。まず證実・三十七世実雄・三十九世海実の三名は在地領主大森氏の出身である。(8) そして四十世長綱は、その大森氏を滅ぼして箱根山麓の諸権益をひきついだ伊勢（北条）氏の出身であった。(9) また四十一世融山は、そうした伊勢（北条）氏と密接なかかわりを持って活動していた人物であったことが知られている。(10) このように三十六世證実以降の箱根権現別当は、三十八世禅雄の出自がいまひとつ不明であるものの、基本的には、箱根山麓に影響力を持った武家権力とかかわりの深い人物が就任していたとすることができるのである。

しかし三十五世宋実より以前の箱根権現別当については、いまだそうした存在形態は確立していなかったとみられる。それならば、宋実以前の箱根権現別当には一体いかなる性格の人物が就任していたのであろうか。そこでこうした点についてを、鎌倉府体制との関係に留意しつつ、まず『頼印大僧正行状絵詞』(11)第十巻のなかの、つぎの記述から検討をはじめることとしたい。

箱根別当弘実ハ、行実別当嫡々トシテ社務ノ相続仁也、爰ニ建武大乱ノ時、恩ヲ忘讒ヲ構ヘテ、実感法印、伯父契実別当ヲ打テ社務職ヲ掠給ハリショリ以来、両派ニ分テ互ニ非ヲアゲ底（疵カ）ヲモトム、永徳元年五月廿四日夜、弘実ガ被管（官）ノ者夢ミル、院主、弘実相伝ノ文書ヲ持シテ御所ヘ参テ申云、弘実相伝ノ文書如ㇾ此、御裁許尤然ベシトミル、翌日、侍所ノ沙汰ノ時、当別当宗実、山上ニヲヒテ衆徒十三人ヲ誅罰セシ罪ニヨリ、弘実、理運ニマカセテ還補シ本意ヲ達事、併院主ノ恩力ナリトテ、武州忍郷ヲモテ永代院主ヘ寄附申ケリ、

ここには三十四世弘実が、三十五世宋実の過失によってふたたび箱根権現別当に還補された経緯のほか、当時の箱根権現の様相を伝える興味深い内容が記述されている。

たとえば箱根権現では、鎌倉幕府滅亡にともなう建武期動乱のさい実感法印なる人物とその伯父契実なる人物が「社務職」を争っていたという。そしてその結果、建武期以降の箱根権現では、衆徒らが二派にわかれて抗争をくり広げていたと記されている。また、永徳元年（一三八一）五月、当時の別当宋実が箱根権現内で衆徒十三人を誅罰した一件は、鎌倉府の「侍所ノ沙汰」によって裁許された、との記述も注目されるところであろう。さらにこの文脈によると、室町期における箱根権現別当の補任権は、鎌倉公方がこれを握っていたとみることが可能である。

これら『頼印大僧正行状絵詞』の記述を信じるならば、室町前期の箱根権現は、鎌倉府侍所によってその検断権が握られるなど、まさに鎌倉府体制の直接支配下にあったとすることができよう。また、これに関連して箱根権現と鎌倉府の関係でいまひとつ注目されるのは、室町中期の鎌倉府における武家故実を記したといわれる『鎌倉年中行事』群書類従本に、「上野介ハ勝長寿院并箱根惣奉行」「亡父者勝長寿院并箱根惣奉行」との記述がみられることである。この記述によって、鎌倉府には箱根惣奉行が設置されており、海老名季長が同奉行であった時期のあることを知ることができる。この箱根惣奉行については、関連史料が乏しくその詳細な職掌を知ることは

できない。しかし箱根惣奉行のようないわゆる別奉行の存在は、それ自体、鎌倉府と箱根権現の密接なかかわりを如実に示すものといえよう。

そして鎌倉府に箱根惣奉行が設置されていたことは、直接的には箱根権現が鎌倉府の支配体制下におかれていたことを示しているが、間接的には箱根権現のきわめて良好な経済状況を示しているといえる。なぜならこの当時、いわゆる別奉行の維持費というものは、原則として被設置者側の当事者負担であったことが知られるからである。とするならば箱根惣奉行の存在には、そこに箱根権現の有する一定の経済力を想定することができるのである。

その具体的な財源としては、まず箱根権現への参詣行為に付随した利潤を指摘することができよう。たとえば「筥根山衆徒」は、明徳四年（一三九三）十一月十六日、連署して「旦那・引導・先達職」の安堵状を発給している。[12]この事実は、当時の箱根権現がこれら安堵状の発給にともなう礼銭からの利潤が見込めたことを想定できる。

また、すでに永和二年（一三七六）中には「筥根山別当関所」が存在していたことも知られる。[13]これもまた箱根権現の経済的一面を示唆するものといえよう。このように室町期の箱根権現には、一定の経済力が備わっていたとみてほぼ間違いないのである。そしておそらく箱根惣奉行は、そうした経済的裏づけのもとで、鎌倉府と箱根権現の関係を円滑なものとするために設置されていたと考えられるのである。

こうしたことに加えて、前載の『頼印大僧正行状絵詞』にはいまひとつ注目される記述がある。それは弘実が、ふたたび別当に還補されたことを同書の主人公である頼印大僧正の「恩力」ゆえと発言していることである。しかし同書の著述は、あくまでも頼印大僧正を顕彰するための記述であることを考慮せねばならない。つまり、頼印大僧正と弘実のあいだの関係というものはもっと世俗的なものであった可能性があるのである。そこでそうした問題を『頼印大僧正行状絵詞』第六巻のなかのつぎの記述と関連させながら検討することとしたい。

永和三歳十一月ノ頃、弘実、夢ミラク、独リノ沙門来テ云、鎌倉遍照院法印ハ則地蔵菩薩ノ分身ナリ、然トイヘドモ唯錫杖ヲ持シテ宝珠ヲ持セズ、是ニ俗体不足ナリ、所詮、汝ガ所持ノ舎利ヲモテ院主ニ与ベシ、然バ汝モ自他ノ本意ヲ達シ、彼モ又利益無辺ナラムト、弘実、心ニ驚トイヘドモ、件ノ宝珠ヲ他ノ有ニナサム事ヲ悋惜シテ是ヲ与ヘズ、翌年二月十五日夜、又弘実夢ミル事先ノゴトシ、此度若承引セズムバ汝ヲ罰スベシト、弘実、今度ノ感夢ニ驚テ、侍ヲ使トシテ御舎利ヲ院主ニ献ズ、

この記述によると永和四年（一三七八）二月、弘実は、みずからが獲得所持していた「舎利」を頼印大僧正に献上したという。ここでは同書の性格ゆえであろうか、事の発端は、前年十一月につづいていわゆる夢告が重なったためとされている。しかし実際のところはこの舎利が一体どのような経緯で頼印大僧正へ進上されたのかについて、なお検討の余地が残されているといえよう。つまりこの舎利献上の逸話には、もっと政治的な背景を想定する必要があるのではないかと考えられるのである。

まず、さきに掲げた『頼印大僧正行状絵詞』第十巻によると室町初期の箱根権現は、衆徒らが二派にわかれて派閥抗争をくり広げていたと記されていた。また弘実が箱根権現別当に還補されたさいには、弘実自身これを非常に喜び、頼印大僧正に対して武蔵国忍郷を永代寄進したとも記されていた。これらの記述をあわせて考えるならば、弘実が箱根権現別当に還補された背景には、箱根権現内で熾烈な派閥抗争をくり広げていた弘実が、鎌倉府護持僧として鎌倉府中枢に影響力を持つ頼印大僧正を通じてみずからに有利な裁許を獲得したと解することができるのである。そうすると『頼印大僧正行状絵詞』第六巻に記された舎利献上の逸話も、じつは箱根権現内での勢力伸張を目指す弘実が、鎌倉府に影響力を持つ頼印大僧正に対して表面的には宗教的臣従を装いながらも、本質的には政治的接近をはかっていた姿を暗示していると考えることができるのである。

このように室町前期の箱根権現別当は、鎌倉府体制に包摂されてはいたものの、それら武家権力との関係においては、いまだ頼印大僧正のような宗教者の介在が重要な意味を持つ時代であったと考えられるのである。

二　三十六世證実の登場と大森氏一族

永徳元年に還補された別当弘実のあとを継いだのは、三十六世證実である。その證実は、箱根山麓に本拠をおく在地領主大森氏の出身であった。證実は、まさに武家権力を存立基盤とする人物であったといえる。なお『鶴岡八幡宮寺社務職次第』は鶴岡別当弘賢が「箱根山」の別当を兼帯していた時期があるとするが、詳らかでない。そしてこの證実以降、箱根権現別当には、箱根山麓とかかわりの深い武家出身者のみが就任することとなる。このことを考えれば證実の登場は、箱根権現別当職にとってまさに一つの歴史的転換点であったとすることができよう。また、そうした證実の性格について考える場合、まず注目すべきは證実の出自とされる在地領主大森氏の動向といえる。そこで本節では、三十六世證実が登場した社会的背景について、箱根山麓における大森氏一族の政治経済的動向と関連させながら考察してゆくこととしたい。

大森氏は、元来、地理的に箱根山麓と接する駿河国駿東郡に本領をもつ国人であった(14)。しかし鎌倉期の大森氏については『吾妻鏡』に一切登場しないためその詳細な動向を知ることはできない。わずかに、徳治二年（一三〇七）に定められた北条時宗月忌大斎の結番定文に「三番」として「大森右衛門入道(15)」の名がみえ、また元亨三年（一三二三）の北条貞時十三年忌に供物を捧げた者として「銀剣一・馬一疋栗毛、大森右衛門入道(16)」との記載がみられるのみである。そして、箱根山麓がしばしば合戦の舞台となった南北朝動乱においても大森氏の名を関連史料に見出だすことはできず、『太平記』巻三十一新田起義兵事のなかに観応三年（一三五二）の新田義宗挙兵に応じる者のひとりとして「大森」の苗字がみられる程度である。このように鎌倉・南北朝期の大森氏は、けっして有力国人とはいい難い存在であった。そして当然、この時期の大森氏には、箱根西麓の駿河国部分に対してさえその影響力をおよぼすことなど適わなかったものと考えられるのである。

それでは大森氏は、一体いかにしてまず箱根西麓に影響力を持つ足掛かりを摑んだのであろうか。この点、室町期大森氏の動向を示唆するものとして、関所運営にかかわっていたことを示す史料が『円覚寺文書』に残されていることが注目される。たとえば康暦二年（一三八〇）六月八日、当時の鎌倉公方足利氏満は、円覚寺長老に対して「円覚寺造営要脚関所事、為三大森・葛山関務半分替二所三寄附一也」[17]との御教書を発給している。この記述のみからでは大森氏の運営する関所の場所まで特定することは難しい。しかしこの関所は、少なくとも箱根西麓に設置されていたとみることが可能である。なぜなら、のちの応永十三年（一四〇六）七月一日、箱根権現別当證実の兄大森頼春は、円覚寺に対して「円覚寺法堂造栄(営)料伊豆国苻(府)中関所事、右、彼関之請料毎年百五十貫文可二運上一候、若無沙汰儀候者、可レ領(預カ)二殊御沙汰一候、仍領状如レ件」[18]との押書を提出し、実際に箱根西麓において関所運営を請け負っていることが知られるからである。しかもここで大森頼春が関所の運営を「百五十貫文」で請け負っていることは、この時すでに大森氏が、一五〇貫文という金額の支出に耐えうるだけの経済力を身につけていたことを示している。そしてそれらの財源は、それこそ大森氏が、これ以前から箱根西麓でたずさわっていた「関所」運営で獲得した利潤によって担保されたものであったと考えられるのである。

このように室町期の大森氏は、箱根西麓における交通路管理からの収入によって急速な経済的伸長を遂げたとみられるのである。そして大森氏は、それらの関所運営が鎌倉府の経済政策と連動していたこともあいまって[19]、箱根西麓における政治的主導権を握ることにも成功したと考えられるのである。さらに大森氏の関所運営は、箱根山麓をその活動範囲としていたため、畢竟、そこに宗教的影響力をおよぼしていた箱根権現との関係を深めていったことも想像に難くない。大森氏出身の證実は、そうした大森氏の箱根山麓に対する複合的かつ実際的な影響力を背景として、少なくとも応永年間には箱根権現別当に就任していたものと考えられるのである。

その證実ら大森氏一族の存在が脚光をあびたのは、応永二十三年（一四一六）の上杉禅秀の乱であった。当時、箱根権現別当であった證実は、上杉禅秀によって鎌倉を追われた足利持氏をひとまず箱根山上の箱根権現で匿い、ついで箱根山下にあった兄大森頼春の駿河国大森館へと案内し、さらには駿河守護今川氏のもとへ逃したのであった。ただ同乱における證実の動向は、一次史料から知ることはできない。わずかに『鎌倉大草紙』の「七日午の刻に箱根別当證実御供申、是を案内者として駿河国大森か館へ落給ひ、爰も分内せまく小勢にて如何にも叶ひかたし、其上甲州の敵程近し、是より駿府今川上総介を御頼可然と評定有りて駿河の瀬名へ御通り有る」など、歴史書類の描写からうかがえるのみである。しかしここに記された大森頼春・證実兄弟の行動は、ほぼ事実とみられるのである。なぜなら歴史書類に描かれるこうした足利持氏の行動は、『満済准后日記』応永二十三年十月十八日条の「今当国駿河大森ニ御座云々」、また『八幡愛染王御修法雑記』応永二十三年十月三十日条の「鎌倉殿（足利持氏）ハ駿川（河）国大森之館ニ御没落」という関連記述と符合するからである。こうした点からも、箱根から駿河国内へと逃れた足利持氏が、大森頼春館に滞留していた時期があったことは事実とみられるのである。

いずれにせよ箱根権現別当證実とその兄大森頼春ら大森氏一族は、上杉禅秀の乱における公方足利持氏の危機を兄弟一族をあげて救ったのであった。それゆえ同乱終息ののち、證実は、『鎌倉大草紙』に「箱根別当、僧正に申預了」と描写されるように、持氏専制下の鎌倉府体制のもとでその確固たる宗教的立場を得たのであった。また兄大森頼春も、同書に「大森にハ、土肥・土屋か跡を給り小田原に移り」と描かれるように、すでに影響力を獲得していた箱根西麓（駿河国）側に加えて、箱根東麓（相模国）側への進出も保証されたのであった。ここに大森氏一族は、箱根山上の箱根権現を結節点として、箱根山麓全域の支配権を手に入れたとすることができるのである。

證実とその兄大森頼春ら大森氏一族の動きは、こうした室町期の箱根山麓をめぐる政治経済的趨勢と密接なかかわりをもちながら推移していたとすることができるのである。

三　三十六世證実の勢威と鎌倉府体制

證実は、上杉禅秀の乱において足利持氏の政治的危機どころかその身体生命の危機さえ救ったと評価することができる。それゆえ證実は、足利持氏から絶大な信頼を得たのであった。それはまず応永二十四年（一四一七）二月一日、「熊野山新宮衆徒神官」が「箱根別当御坊（證実）」に送達したという書状写から知ることができる[20]。同文書は、『紀伊続風土記』所収文書というその史料の性格上、文章表現などに検討の余地が若干残る。しかしその内容をみると、興味深い問題を見出だすことができるのである。たとえば熊野三山のひとつ熊野新宮（熊野速玉大社）は、證実に対して上杉禅秀の乱における同宮での祈禱の成果を主張するとともに、それを「公方様（足利持氏）御事一向乍レ恐可ニ憑入一候、被レ懸ニ御意一候者弥御祈禱可レ為ニ専一一候」と足利持氏に披露するよう依頼していることがわかる。関連文書によるとこの書状が作成された背景としては、熊野新宮が、同宮の遷宮造営用途であった安房国々衙領の円滑な知行化を図るため、安房国を管轄する足利持氏との下交渉と位置づけて内々にこの交渉にのぞんでいた様子がうかがわれる。なぜなら関連文書によると、こうした場合、熊野新宮は室町幕府を通じて御教書によって鎌倉府へ申し入れるのが本来の手続きであったとみられるからである。しかし熊野新宮が、そうした正式な手続きのみならず證実に対して内々に足利持氏への取次ぎを求めたことは、それ自体、證実が上杉禅秀の乱後の鎌倉府体制においていかに大きな政治的影響力を持っていたのかを示すものといえる。この書状写は、そうした證実の立場というものが、おなじ権現信仰ということも関係しているのであろうか、熊野三山の情報網によって遠く紀伊国熊野にまで聞こえていたことを示しているといえよう。

また證実は、足利持氏からのそうした個人的信頼を獲得したのみならず、箱根権現内の堂舎修造費の獲得という箱根権現別当として最大の宗教的営為も実現したのであった。それを示すのがつぎに掲げた文書写である。

熊野堂造営要脚上総国段別銭十疋事、所レ被レ寄二当社造営方一也、厳密充二取之一、可レ終二修造之功一、但造畢以後、以二其余分一可レ令レ修二理筥根社一、然者駿河入道(二階堂行崇)・備前前司(東満康)相二談之一、可レ終二造営之功一也、可レ令レ存二知其旨一之状如レ件、

応永廿四年十一月廿七日　御判(足利持氏)

筥根山別当御房(證実)(21)

この文書写は金沢文庫に伝えられたもので、当時の称名寺僧苭弥が、上総国内領の運営過程において収集したものとみられる。そしてここに記されるように證実は、足利持氏から「上総国段別銭十疋」の寄進を獲得し、箱根権現内の堂舎修造費の財源を確保したのであった。またこの文書写で注目されるのは、證実が、箱根権現のみならず「熊野堂」の管領権も獲得したとみられることである。従来、この熊野堂は箱根権現内の摂末社とみなされることが多い。しかしこの熊野堂は、鎌倉の大倉熊野堂なのではなかろうか。なぜなら『鶴岡八幡宮社務職次第』によると当時の大倉熊野堂別当職は、上杉禅秀の子息鶴岡別当快尊が、父禅秀の乱の鎮圧過程で応永二十四年正月に横死するまでこれを兼帯する要職であったからである。また『鎌倉年中行事』よると、大倉熊野堂とみられる「熊野」には毎年正月二十三日、鎌倉公方が鶴岡社参の帰途に御参することが恒例とされている。これを前述した禅秀の乱後の鎌倉府体制における證実の立場とあわせみれば、前鶴岡別当兼帯の要職であってまた鎌倉府の儀礼にも組み込まれていた大倉熊野堂の別当職は、同乱後、證実がこれを兼帯していたとみて良いのではないかと考えられるのである。いずれにせよそこには、鎌倉府権力と一体化した證実の姿をみることが可能といえる。

また、そうして鎌倉府権力と一体化していった證実の存在は、箱根権現の宗教的権威そのものまで浮上させたとみられる。その詳細は、応永三十五年（一四二八）、足利義持が朝鮮国王世宗に送ったとされる『善隣国宝記』[22]所載の同年「三月」付国書案から知ることができる。なお、同年中の遣朝使節については、朝鮮国側の正史である『世宗実録』[23]戊申世宗十年（宣徳三年、一四二八）条にその関連記述をまったく見出だすことができず、この国書が実際に朝鮮国へ送達されたのかについては疑問を持たざるをえない。そしてまた足利義持は、同年一月、すでに死去していることにも問題が残る。

しかしここでは、この国書が実際に朝鮮国に送達されたのか否かを問題としているわけではない。そこで本章では、この国書案を室町期における箱根権現の様相を伝える描写とみなし、ひとまずその記述内容の検討をおこなうこととしたい。箱根権現に関して注目されるのは、その国書案のなかのつぎの記述部分である。

吾州伊豆州泰籙山東福教寺者東方霊区也、故事以㆓二月十六日㆒修㆓大法事㆒、号曰㆓蔵経会㆒、隣近数州之民皆奔㆓走之㆒、雖㆑然往古以来、未㆑能㆑安㆓置経本㆒、只設㆓其会㆒而已、方今主㆓寺務㆒者、号㆓澄実法印㆒、思㆓其鈌典㆒、発㆓大願心㆒、要㆑求㆓法宝於貴国㆒、乃以㆓其事㆒聞㆓之於東方元師㆒、元師咨㆓之於余㆒、余感㆓其丹悃㆒、故発㆓専使㆒、願送㆓七千全備之経㆒、鎮㆓此霊区㆒、則千秋万歳、利㆓済一方之民㆒者也、

はじめに問題となるのは、箱根権現を指しているとみられる「伊豆州泰籙山東福教寺」との表現である。それは箱根権現が鎮座するのは、伊豆国ではなく相模国だからである。しかし箱根山はまたの名を泰録山と呼ばれていたうえ、その山裾は伊豆国にまでおよんでいた。さらにこの当時の箱根権現は、いわゆる神仏習合の神宮寺で、その名を箱根山東福寺といったことが知られる。これらの状況に鑑みればこの記述は、やはり室町期における箱根権現の宗教的様相を伝える記述とみなすことができよう。そしてこの記述によると応永年間の箱根権現では、毎年「二月十六日」に「隣近数州之民」が集って「蔵経会」をおこなっていたが、「経本」がないために「会」を

設けるのみであったという。そこで、このとき箱根権現を司っていた「澄実」（證実カ）は、「東方元師（帥カ）」（足利持氏）を通じて、「余」（足利義持）に対し、「貴国」（朝鮮国）からの大蔵経の輸入を希望したというのである。

しかしながらこの時期、すでに室町幕府と鎌倉府の関係はきわめて深刻な対立状況に陥っていた。そのため足利持氏が、本当にこのような要請を室町幕府におこなったのかということ自体にも疑問が残る。しかしこの当時の箱根権現が、関東・奥羽の民衆から篤い信仰を集めていたことは紛れもない事実である(24)。それゆえ箱根権現で「隣近数州之民」が集う「蔵経会」がおこなわれていたことは事実なのであろう。そして、そこでの宗教行為を主宰する人物として證実の名が登場するのである。

こうした点からも、箱根権現別当證実の名は、この時期の関東・奥羽に広く知れわたっていたと考えられるのである。また、そうした関東・奥羽での社会的立場も関係しているのであろうか、證実が死去したとの報は、『満済准后日記』永享二年（一四三〇）十月十日条に「筥根別当（證実）、去月死去由御物語、関東以外周章云々」と記されるように、京都の室町幕府中枢においても話題にのぼったのであった。

いずれにせよ證実は、上杉禅秀の乱を契機として鎌倉公方足利持氏との関係を深め、鎌倉府体制におけるみずからの立場を上昇させたのであった。そしてその存在形態は、前別当弘実の時代とは明らかに一線を画し、鎌倉公方や在地領主といった武家権力との一体化によってそれを実現したのであった。

四　三十七世実雄と永享の乱

證実の死後、三十七世別当を継いだのは證実の甥でおなじ大森氏出身の実雄であった。それゆえ実雄は、證実と同様、大森氏や鎌倉公方との関係を重視したであろうことは想像に難くない。また三十七世実雄の時代には、永享の乱が勃発し、箱根山麓は室町幕府勢と鎌倉府勢の軍事攻防の最前線となった。しかし同乱における実雄の動向は、その関係史料が残されていないため詳細は不明といわざるをえない。わずかに『今川記』の「九月十日、箱根山を越ける程に持氏の御味方大森伊豆守・箱根法印等、わつかに百騎斗にて水呑の辺にまちかけ高山より一文字に突てかゝりし程に、京方人々散々打負（中略）同十一日攻来る処に、筥根別当・大森の人々くつきやう（究竟）の悪所に引かけ、先のことく山上より懸下しけれハ、京勢引退き三嶋にもたまり得す」など、歴史書類の描写からうかがうことができるのみである。しかしここに描かれるように実雄は、上杉禅秀の乱を契機として鎌倉府奉公衆となった兄大森憲頼とともに(25)、鎌倉府勢として室町幕府勢との戦闘を箱根山麓でくり広げていたとみられるのである。この点、実雄は、大森氏一族と一体的な行動をとっていたとみて良いであろう。そこでこの三十七世別当実雄の動向については、当時の大森氏一族の行動を追うことによって実雄自身の動向として跡づけることとしたい。

まず、『看聞日記』永享十年（一四三八）九月二日条には「関東事、管領《上杉》分国《伊豆》大森拝領、而大森城郭没落云々」とある。このように京都では、大森氏が足利持氏から伊豆国を拝領し、城郭を構えているとの情報が飛び交っていた。これは大森氏が、伊豆国にまで山裾の広がる箱根山麓全域の防衛を任されていたことを示しているといえよう。そして実際に大森氏は、『今川記』に描写されていたように室町幕府勢との攻防戦を箱根山麓でくり広げたのであった。その具体的な様相は、『看聞日記』永享十年九月二十四日条の「遠江国人大谷（甲斐一族）、大森合戦、大谷勝レ軍、大杜（森）一族共討死、頭十二・三上洛」との記述から知ることができる。大森氏一族の首級が京都へ送られている事実は、大森氏が箱根山麓における戦闘において鎌倉府側の主導的立場にあったことを示している。そして前述したように、三十七世別当実雄もこうした箱根山麓における諸合戦に大森氏一族とともにみずからかかわっていたとみられるのである。

大森氏が足利持氏から箱根山麓の防衛を任された背景としては、大森氏が箱根西麓の駿河国部分の諸事情に精通していたこととの関連性を考慮すべきであろう。実際に大森氏は、上杉禅秀の乱後、その勢力圏を箱根東麓の相模国内にまで広げたものの、[26]依然として箱根西麓の駿河国内部分にも影響力を残していた。

そうしたことは、まず旧円覚寺領であった駿河国駿東郡佐野郷の知行をめぐる推移からうかがうことができる。たとえば大森氏は、円覚寺の文書目録のなかに「一、壹通、佐野郷大森彦六入道押書状応永五・九・廿七」[27]との記述がある。このことから大森氏は、旧来から佐野郷の代官職を請け負っていた経歴のあることがわかる。そして上杉禅秀の乱後における佐野郷は、『満済准后日記』正長元年（一四二八）十月二十三日条に「佐野郷ハ大森当知行」、同二十七日条に「佐野郷当時大森知行」と記されるように、大森氏の当知行地へと転化していたのであった。[28]

また、おなじ駿河国駿東郡内の二岡神社には、応永末年の年号をもつ数通の大森氏寄進状が残されている。[29]これもまた大森氏の駿河国内への関与を示す痕跡といえよう。

このように大森氏は、鎌倉府奉公衆であったにもかかわらず、なおも室町幕府の管轄地域にあたる駿河国駿東郡との関係を持ちつづけていたのであった。これらの事実は、大森氏がその支配軸のひとつとしていた箱根山麓の交通路管理にとって、箱根西麓の駿河国部分が掌握できなければ、それらの支配権が確立したとはいえなかったことを示しているといえよう。それゆえ大森氏は、鎌倉府権力の管轄権外とはいえ、元来は駿河国駿東郡に本領を持つ国人であったという歴史的前提もあって、箱根西麓駿河国部分での支配権行使を希求したと考えられるのである。そして、実際に箱根山麓全域の支配権を掌握した大森氏は、禅秀の乱を契機とした足利持氏との密接な関係もあって、やがて鎌倉府の対室町幕府政策における駿河国内への橋頭堡として、[30]重要な役割を担うことになったと考えられるのである。

なおこの点に関連して、大森氏の名が『満済准后日記』永享六年（一四三四）十二月十六日条に「駿河狩野介・興津以下相二憑関東一、本間ト大森ト両人方へ狩野・三浦・進藤以下以二連署一申二遣使者僧於伊豆国一、駿河守護被官者行逢、不二事問一召取罷三帰駿河二了」と記される一件で登場することは注目される。ここに記されるように、守護今川氏の家督問題で動揺する駿河守護所には、このとき鎌倉公方の政治的影響力を利用すべく、鎌倉府管轄国の伊豆国に向けて使者を派遣するうごきがあったことがわかる。そして、そこから鎌倉公方への取次ぎを期待された人物の一人として「大森」氏の名があげられているのである。このように大森氏は、室町幕府と鎌倉府の政治的国境地帯において、鎌倉府側にたつ武家として駿河国人層から広く知られる存在であったといえよう。大森氏が足利持氏から箱根山麓の防衛を任された背景には、そうした実情が大きく作用していたと考えられるのである。

さてくり返しになるが、三十七世実雄については、関連史料が残されていないため、その具体的な動向を知ることはできない。しかし大森氏出身の実雄が、これまで述べてきたようなうごきをみせる大森氏一族と一体的行動をとったであろうことは前述のとおりである。とするならば実雄は、前別当證実と同様、やはり在地領主大森氏との関係を基軸として、その上部権力である鎌倉公方との一体化によって存立していたと考えられるのである。それゆえ『永享記』などの歴史書類では永享の乱後の実雄について、結城合戦の頃まで反室町幕府の行動をくり広げていたと描写している。しかしながら実雄は、室町幕府勢の箱根突破とともに箱根権現別当職を改替されたとみるのが自然であろう。そして実雄の後継三十八世別当には、これまでとはまったく性格の異なった人物が就任したとみられるのである。

五　三十八世禅雄と室町幕府

実雄のあと箱根権現別当に就任した人物については、まさに謎につつまれている。まず前掲『筥根山別当東福寺金剛王院累世』では「禅雄」としていた。しかし太田道灌詠艸との奥書をもつ『慕景集』[31]には「箱根の別当長巽法師」なる人物が登場する。そしてその長巽法師の「巽」は「実」の草書ときわめて似ているため、この人物は歴代別当と同様の通字「実」をもった「長実」の誤記とするむきもある。このように箱根権現別当三十八世については、その人名すら確定できない状況にあるのである。しかしそのことは三十八世別当が、前二代の箱根権現別当とは異なって大森氏出身ではなかったことを逆に想定させるのである。

それでは、この人名すら確定できない箱根権現別当三十八世とは一体どのような性格の人物だったのであろうか。そうしたことを考えるうえで注目すべき史料と考えられるのが、つぎに掲げた『建内記』永享十一年（一四三九）二月二日条に著された伝聞記事である。

伝聞、自二関東一前筥根別当瑞禅先日上洛、彼自二京都一為二御勢一下向之者也彼者、依レ違二関東之議一、自二先年一在京者也、而有二讒者一称下可二申披一之由上参洛之、或説、鎌倉武衛（足利持氏）御免《和睦》事、房州（上杉憲実）執申趣彼申次、仍被レ召二置伊勢守（伊勢貞国）宿所一、以外恐怖云々、一昨日已下向之、已申披之故歟云々、所詮、無二御進発一者、鎌倉武衛（足利持氏）被二切腹一之条、無二左右一難レ有之由申レ之歟云々、奇怪之申状哉、為二事実一者無二勿体一事也、

このように「前筥根別当瑞禅」なる人物が、永享十一年二月、足利持氏の切腹をめぐって緊迫する京都と鎌倉のあいだの交渉の使者として登場するのである。この人物は、すでに「前」箱根別当と記されていることに多少の疑義が残るものの、『筥根山別当東福寺金剛王院累世』のいう「禅雄」とその通字「禅」が一致することとあいまって非常に興味深い。ただ、この「瑞禅」と「禅雄」が同一人物であるか否かの判断はきわめて難しい。しかしこの記述は、三十八世別当となった人物が、室町幕府とかかわりの深い人物であったことを暗示しているといえよう。

顧みれば前年の永享十年、当時の箱根権現別当であった実雄は、大森氏とともに箱根山麓において室町幕府勢との軍事衝突をくり返していた。室町幕府勢は、ほどなく箱根山麓を突破して鎌倉に攻め込んだものの、軍事上の要衝に位置する箱根権現の別当職をそのまま実雄に在職させておいたり、空職にしておいたとは考え難いので

ある。このようにみると箱根権現別当三十八世とは、やはり室町幕府権力に推されて就任した人物であった可能性が高いと考えられるのである。そして、箱根権現別当三十八世の名乗りが通字「実」を使用しないかたちで伝わることが多い背景には、三十八世別当に就いた人物が、それまでの歴代別当とは異なって室町幕府権力との関係にその存立基盤をおく人物であったためと考えられるのである。そしてそれは、永享の乱にともなう鎌倉府体制崩壊と表裏の関係にある現象であったということができよう。いずれにせよ箱根権現別当三十八世は、『建内記』に「彼者、依レ違二関東之議一自二先年一在京者也」と注記されるように、その出身地こそ関東であったとみられるものの、関東の武家権力を直接的基盤としない人物であったとみられるのである。

　このように箱根権現の三十八世別当は、当時の政治情勢もあって、ひとたび鎌倉公方や大森氏との関係を切り離されたとみられるのである。そしてその結果、箱根権現は、箱根山麓に対する影響力を縮小させていった徴証がある(32)。しかしそれでも三十八世別当には、ふたたび大森氏出身の海実が迎えられたのであった。ところが今度はその大森氏が、ほどなく伊勢宗瑞（北条早雲）によって滅ぼされることとなる。伊勢（北条）氏は、大森氏が握っていた諸権益を奪取するにあたって、それらを直接入手することなく箱根権現領に転化させ、大森氏出身の三十九世別当海実から伊勢（北条）氏出身の四十世別当長綱へと迂回させるかたちでこれを獲得したとみられる(33)。このように三十九世海実以後の箱根権現別当は、今度は戦国期武家権力ともいうべき伊勢（北条）氏との関係にその存在を規定されてゆくこととなったのである。ここに箱根権現別当の存在形態は、次時代の新たな画期を迎えることになったといえよう。

おわりに

以上、室町前期から戦国初期における箱根権現別当の存在形態について、きびしい史料的制約はあるものの、歴代別当の動向を中心に考察を加えてきた。

まず箱根権現別当の存在形態は、従来から指摘されるように三十六世證実の登場にひとつの画期を見出だすことが可能である。前別当弘実が永徳元年に還補されたとき、そこには鎌倉府護持僧頼印大僧正の政治的介入が垣間見られた。つまり弘実が別当に還補された背景には、表面的とはいえ、いまだ宗教的影響力が重要な意味をなしていたとみられるのである。しかし三十六世證実の場合はそうではなかった。證実は、箱根山麓での経済活動によって利潤を獲得していた在地領主大森氏の出身であったことに大きな意味があったと考えられるのである。つまり證実は、箱根山麓の政治経済とむすびついた世俗的な理由によって誕生した箱根権現別当であったとみることができるのである。

そしてその證実が箱根権現別当として飛躍したのは、応永二十三年に勃発した上杉禅秀の乱であった。兄大森頼春とともに鎌倉公方足利持氏の危機を救った箱根権現別当證実は、持氏の絶大な信頼を獲得したのであった。そしてここに箱根山麓という領域は、大森頼春・證実兄弟による「大森氏・箱根権現別当体制」によって掌握されることとなったのである。

その後、永享十年、室町幕府と鎌倉府が軍事衝突を起こしたとき、箱根山麓をめぐる支配権はすでに大森氏次世代の大森憲頼・実雄兄弟の手に移っていた。しかし、彼ら兄弟もまた足利持氏への忠節を尽くしたのであった。これは「大森氏・箱根権現別当体制」というものが、持氏専制下の鎌倉府体制に順応し、その支配体制の一翼を担っていたことを示している。

しかし箱根権現は、室町幕府と鎌倉府の政治的国境地帯に位置するという地理的・軍事的重要性もあって、鎌倉府のみならず室町幕府からもその存在が注目されるところであった。それを如実に示しているのが、永享の乱直後における箱根権現別当三十八世の異質性である。その異質さは、箱根権現別当というものが、関東の鎌倉府のみならず遠く京都の室町幕府からも注視される存在であったことを示すものといえよう。

箱根権現別当は、その後も在地領主にとってなお重要な存在でありつづけた。なぜなら室町期箱根権現別当の基本的な存在形態であった「大森氏・箱根権現別当体制」は、のちに大森氏を滅亡させ戦国期武家権力として発展した伊勢（北条）氏さえも、当初はこの体制に依拠していたことが知られるからである。つまり伊勢宗瑞（北条早雲）が、この「大森氏・箱根権現別当体制」を、子息長綱を箱根権現別当に据えることによって「伊勢（北条）氏・箱根権現別当体制」へと換骨奪胎したことは、箱根権現別当を包摂した在地領主こそが、箱根山麓という領域の統治者たることを認識していたゆえの行動であったと考えられるのである。室町期の箱根権現別当とは、そうした政治的意義を確立した存在であったのである。

（1）『吾妻鏡』治承四年（一一八〇）八月二十四・二十五日条。
（2）『鎌倉九代後記』永和四年（一三七八）条に「十月十五日、大方殿氏満母儀伊豆・筥根二所権現参詣」との描写がある。また、『鎌倉年中行事』四月項中には鎌倉公方による箱根権現への神馬奉納の記事がみえる。
（3）熊原政男「智感版大般若経覚書」（『金沢文庫研究』七〇・七一号、一九六一年）、貫達人「円覚寺蔵大般若経刊記に就て」（『金沢文庫研究』七六・七八〜八一・八三・八四号、一九六二年）。
（4）『空華日用工夫略集』応安六年（一三七三）十月十二日条に「筥根別当、承二府命一来二祈禱一」とある祈禱に関する記述と、『頼印大僧正行状絵詞』第十巻に「応安七年正月十九日夜、少輔法印貞厳（中略）夢ミル、貞厳箱根へ登山ノ処ニ、別当定実法印、礼堂ノ縁ヨリ落テ頓滅ス」とある夢話が管見に触れるにすぎない。
（5）岩崎宗純『中世の箱根山』（神奈川新聞社・かなしん出版、一九九八年）。
（6）『小田原市史』通史編原始古代中世（一九九八年）などがあげられる。
（7）『箱根神社大系』上巻（箱根神社々務所、一九三〇年）。
（8）「大森系図（乗光寺静岡県小山町所蔵）」（『小山町史』第一巻原始古代中世資料編）が伝えるところの室町期大森氏の

略系図を便宜上ここに参考として掲げておきたい。

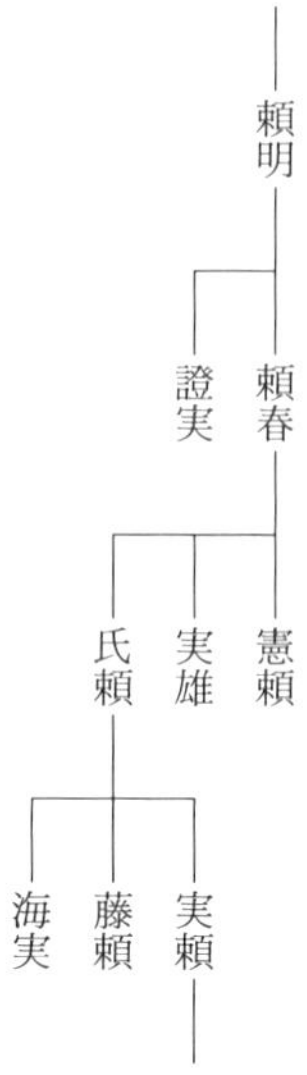

(9) 黒田基樹「久野北条氏に関する一考察——北条宗哲とその族縁関係を中心として——」(『戦国大名北条氏の領国支配』岩田書院、一九九五年、初出一九八九年)。

(10) 小笠原長和「安房妙本寺日侃と相房の関係——北条氏康と相州箱根権現別当融山僧正——」(『中世房総の政治と文化』吉川弘文館、一九八五年、初出一九七一年)、宇高良哲「箱根権現別当金剛王院融山について」(『大正大学研究紀要』仏教学部文学部六一、一九七五年)、加増啓二「領国危機と修法——「妙本寺文書」所収北条氏康・金剛王院融山の往復書状写をめぐって——」(千葉歴史学会編『中世東国の地域権力と社会』岩田書院、一九九六年)。

(11) 『続群書類従』九輯上。同書に関する論考として、山田邦明「鶴岡遍照院頼印と鎌倉府」(『関東学院大学文学部紀要』五八、一九九〇年)、小国浩寿「『頼印大僧正行状絵詞』と『鎌倉大草紙』——小山義政・若犬丸・小田諸乱の記述について——」(『中央大学文学部紀要』史学科四八、二〇〇三年)がある。

(12) 「八槻文書」(『福島県史』第七巻古代・中世資料、三五—五号)。

(13) 「集古文書巻十一所収三浦文書」(『神奈川県史』資料編三古代中世(三上)、四七六九号)。

(14) 大森氏に関する論考としては、大森頼忠「後北条氏以前の小田原城主——大森氏研究序説——」(『大森氏研究ほか史論集』六甲出版、一九九四年、初出一九七三年)、関恒久「相模沼田城址の歴史的背景——沼田氏・大森氏を中心として——」(『駒沢史学』二二、一九七五年)、福田以久生「禅秀の乱前後の西相模——大森氏研究序章——」(『駿河相模の武家社会』清文堂、一九七六年、初出一九七五年)、伊東和彦「南北朝期の大森・葛山氏」(『小山町の歴史』六、一九九二年)、佐藤博信「大森氏の時代」(『中世東国足利氏・北条氏の研究』岩田書院、二〇〇六年、初出一九九八年）などがあげられる。

(15)「円覚寺文書」（『鎌倉市史』史料編第二、四二号）。

(16)「円覚寺文書」（前掲『鎌倉市史』六九号）。

(17)「円覚寺文書」（前掲『鎌倉市史』二四九号）。

(18)「雲頂庵文書」（前掲『鎌倉市史』四〇七号）。

(19)室町期東国の関所については、井原今朝男「幕府・鎌倉府の流通経済政策と年貢輸送――中世東国流通史の一考察――」（永原慶二編『中世の発見』吉川弘文館、一九九三年）、風間洋「鎌倉府の関所支配について」（『鎌倉』七五、一九九四年）を参照。

(20)「紀伊続風土記所収文書」（滝川政次郎・村田正志・佐藤虎雄編著『熊野速玉大社古文書古記録』清文堂、一九七一年、一一〇号）。

(21)「金沢文庫文書」（『金沢文庫古文書』第七輯所務文書篇全、五六四八号）。本史料について閲覧の機会と種々のご教示を頂いた神奈川県立金沢文庫永井晋氏、西岡芳文氏には記して深謝申しあげる次第である。

(22)田中健夫編『善隣国宝記 新訂続善隣国宝記』（集英社、一九九五年）。

(23)『中国・朝鮮の史籍における日本史料集成』李朝実録之部一（国書刊行会、一九七六年）。

(24)「青山文書」（前掲『福島県史』六九―三号）、「八槻文書」（前掲『福島県史』三五―一〇・一一号）、「下屋文書」（『静岡県史』資料編六中世二、一七〇二号）。

(25)山田邦明「鎌倉府の奉公衆」（『鎌倉府と関東』校倉書房、一九九五年、初出一九八七年）。

(26)「鶴岡八幡宮文書」（前掲『神奈川県史』五八七八号）。

(27)「円覚寺文書」（前掲『鎌倉市史』三一三号）。

(28)東島誠「中世駿東の歴史的位置――佐野郷再検討の試み――」（『裾野市史研究』六、一九九四年）。

(29)「内海文書」（前掲『静岡県史』一六三九・一六四七～一六四九・一六七六・一六七七号）。

(30)田辺久子「足利持氏伊豆国支配の一段面――駿河国への接近と関連して――」（『三浦古文化』四九、一九九一年）。

(31) 『続国歌大観歌集』(紀元社、一九二五年)。
(32) 「大庭文書」(『鎌倉市史』史料編第一、三五八号)。
(33) 「箱根神社文書」「箱根神社棟札銘」(『戦国遺文』後北条氏編第一巻、三七・五六号)。

〔追記〕 本章初出以後、関連する研究としてつぎの論考が発表された。
岡田清一「鎌倉幕府の二所詣」(『鎌倉幕府と東国』続群書類従完成会、二〇〇六年、初出二〇〇四年)、田辺旬「鎌倉幕府二所詣の歴史的展開」(『ヒストリア』一九六、二〇〇五年)、森幸夫「鎌倉・室町期の箱根権現別当」(二木謙一編『戦国織豊期の社会と儀礼』吉川弘文館、二〇〇六年)、展示図録『二所詣――伊豆箱根二所権現の世界――』(箱根神社、二〇〇七年)、関口崇史「摂家将軍期における二所詣」(阿部猛編『中世政治史の研究』日本史史料研究会、二〇一〇年)、矢田美保子「二所詣の参詣形態から探る鎌倉幕府における将軍と執権の攻防」(『歴史民俗資料学研究』一八、二〇一三年)。箱根権現と武家権力の関係論は、鎌倉期を中心とした研究が進展した。

第四編　室町幕府の東北・北関東政策

第一章　室町幕府と下野「京都扶持衆」

はじめに

室町幕府は、応永二十三年（一四一六）の上杉禅秀の乱後、鎌倉府の管轄地域にありながら親室町幕府の姿勢を明確にした者たちの掌握をはかった。そして、それらの者たちをもって室町幕府に対して不穏なうごきをみせる鎌倉公方足利持氏への牽制としたことが知られる。そうした者たちはこれまでにも「京都扶持衆」として把握され(1)、その考察が深められてきた(2)。それら研究の結果、こうしたうごきは室町幕府による集権的政策のあらわれと評価され、その扶持の基本形態や、それが生みだされた政治的背景などが明らかにされている。

しかしそうした研究にも少なからざる課題が残されている。たとえば従来の研究によって全体としての包括的な把握はなされたものの、それら諸氏と室町幕府の具体的な関係についての検討はいまだ充分とは言いがたい状況にある(3)。そうしたなか本章で考察の対象とした下野国は、当時、鎌倉府が一元支配を試みていた奥羽両国に向かう関東からの入口部分に位置し、奥大道とよばれる鎌倉と奥羽両国をむすぶ陸路の咽喉部に位置していた(4)。それゆえ下野国の「京都扶持衆」をめぐるうごきは、鎌倉府の動向に対して室町幕府が一体いかなる施策をとっていたのかとも密接な関係にある。

ところがそうした室町幕府と下野「京都扶持衆」の関係に視点をおき、その詳細を検討した論考はこれまでみられないようである。そこで本章では、下野国に本拠をおく「京都扶持衆」の分析精度をさらに高めるべく、従来からもちいられる関東地域の関連史料のほか、室町幕府の関係史料をこれに加えて考察をおこなうこととしたい。またそうした作業を進めると同時に、あわせて室町幕府の対鎌倉府政策との関連性についても考えてゆくこととする。具体的には、室町中期における下野国の「京都扶持衆」であった宇都宮氏と那須氏をめぐる動向が考察の中心となる。

まず宇都宮氏についてであるがこの時期の宇都宮氏は、ときの当主であった宇都宮持綱が、上杉禅秀の乱後、下野国に本拠をおく人物であったにもかかわらず上総守護に補任されたため、とくに上総国との関係に考察の力点がおかれてきた(5)。それゆえ宇都宮持綱が、応永三十年、常陸小栗氏の乱に加担して敗死した前後の時期における下野国との関係についてはこれまで後景にひいているのが現状である。そこで本章では、この時期の宇都宮氏のあり方について、宇都宮持綱の上総守護補任問題のほか、下野国内における宇都宮氏一族全体の動向にも留意しつつ考察を進めることとしたい。

ついで那須氏についてであるが、この時期の那須氏に関しては宇都宮氏以上に史料的制約が大きく、主要な論点はすでに従来の研究によって見出だされている(6)。そこで本章では、やはり室町幕府による那須氏への対応を中心に、室町中期における那須氏一族の様相について検討を加えることとする。

そして、それら宇都宮・那須両氏に関するそれぞれの個別研究を進めながら、あわせて下野国に対する室町幕府の統制策のあり方を考えてゆくこととする。とりわけ、従来は「京都扶持衆」の問題と無関係に論じられてきた下野守護の問題を積極的にとりあげることとしたい(7)。それは、室町幕府の東国政策において守護制度の運用と「京都扶持衆」の問題が一体関係にある施策であったと考えるからである。本章では、そうした鎌倉府管轄国の守護補任権と「京都扶持衆」の問題を、室町幕府の東国政策との関連からあわせて考察することとしたい。

一　室町幕府と宇都宮持綱

宇都宮氏が室町幕府と本格的な関係を持ちはじめたことが明らかとなる時期は、上杉禅秀の乱のころである。ときの宇都宮氏当主は宇都宮持綱であった。その宇都宮持綱については、これまで上総守護としての動向が注目されてきた。しかし「京都扶持衆」としての側面を論じるには、室町幕府との関係や、下野国内での動向を明らかにする必要がある。そこで本節ではそうした側面を中心に考察を進めてゆくこととしたい。

宇都宮氏は、鎌倉府の創設後もなお室町幕府と一定のかかわりを持ちつづけていた。たとえば宇都宮氏の系図類が、室町前期の宇都宮氏当主（基綱、満綱）の母を、斯波高経や細川頼元ら室町幕府中枢の娘たちであったと伝えることもそれを示唆するものといえよう。そうした動向は当然これまでにも注目されており、『満済准后日記』（以下『満済』と略）応永二十一年（一四一四）十二月十七日条の「公方様渡二御畠山播磨守（祐順）亭一云々、宇都宮使者参申」との記述は、室町幕府と下野宇都宮氏が密接なかかわりを維持していた徴証とみなされる場合がある。ところがこの当時の下野宇都宮氏は、在鎌倉が原則であった[8]。それゆえここに記される宇都宮氏とは、おそらく室町幕府奉公衆五番方の美濃系宇都宮氏であろう[9]。しかし、この当時の下野宇都宮氏が依然として室町幕府とのかかわりを保持していたことは間違いない。とくに宇都宮持綱が上杉禅秀の乱を契機として室町幕府との関係をなお一層密接なものとしたことは、同乱にかかわる『満済』の一連の記述から明確に知ることができる。

たとえば『満済』応永二十三年十二月十五日条には「宇都宮御返書趣令二披露一」、翌々十七日条には「自二管領一宇都宮（中略）へ御教書送給」との記述がみえる。ここに宇都宮持綱は、すでに上杉禅秀の乱の最中から室町幕府とのあいだに通交関係を持っていたことがわかる。また『結城古文書写』には「応永廿四年正月七日到来、自二宇津宮館一」[10]との頭注をもつ駿河守護今川範政の書状写が残されている。発給者の今川範政は、室町幕府が上杉禅秀鎮圧のために派遣した軍勢の主力を担う人物であった。つまりこの書状写は、室町幕府が同乱にともなう白川（白河結城）氏への情報伝達について、宇都宮持綱を中継しておこなっていたことを示している。さらに『満済』同二十四年正月十一日条には「昨夕自二宇都宮一注進、今日披露御悦喜」との記述もある。これは宇都宮持綱が、室町幕府に対して同乱の終息を伝える注進をおこなっていたことを明らかにしている。このように宇都宮持綱は、上杉禅秀の乱において関東における室町幕府の情報源としての役割を果たしていたのであった。

　加えて宇都宮持綱は、同乱において室町幕府が足利持氏擁護の立場をとったことに同調して持氏方にくみしたことも注目される。従来、宇都宮持綱は、のちに室町幕府とむすんで「京都扶持衆」となったため同乱では禅秀方にくみしていたとみなされることが多い。それゆえ宇都宮持綱が、同乱の最中から室町幕府と音信があったことを確認できることは重要である[11]。ここに宇都宮持綱は、自己の去就を決するにあたって、すでにこのとき室町幕府との関係にその判断基準をおいていたとみることができるのである。

　また宇都宮持綱は、そうした行動のゆえであろうか、上杉禅秀の乱後それまで禅秀自身が補任されていた上総国の守護職を室町幕府から推挙されることとなったのであった。しかしこれに対して同国を管轄する鎌倉公方足利持氏は難色を示し、これ以後、室町幕府と鎌倉府のあいだで上総守護の補任問題をめぐる熾烈な政治的かけ引きがくり広げられたのであった。

『満済』には、その宇都宮持綱の上総守護補任問題に関して、応永二十四年五月二十八日条の「宇都宮（中略）御吹挙事［　］有二子細一由被二仰出一」との記述を初見として、約一年半にもわたる室町幕府と鎌倉府のやりとりが記されている。断続的な記載であるが、まずそれらの関係記事を列挙するとおよそつぎのようになる。

①応永二十四年八月七日　　宇都宮状［　］上総国御吹挙治定由被二仰下一

②応永二十四年十月十七日　　自二宇都宮一注進状、上総国御吹挙処［　］異儀由事懸［　］了、重可レ有二御

③応永二十五年二月二十一日　関東御使頌西堂既進発［　］条目［　］条上総国守護□(事)・甲斐国事・御料所下知㆒由御返事、

④応永二十五年三月十日　［　］事、［　］方へ内々以㆑状此由申遣了、

⑤応永二十五年三月十一日　鎌倉使節日峯和尚京着云々、甲斐国・上総国等事云々、

⑥応永二十五年五月二十五日　宇都宮状懸㆓御目㆒了、

⑦応永二十五年九月十五日　自㆓宇都宮方㆒状懸㆓御目㆒、

⑧応永二十五年九月十六日　自㆓宇都宮方㆒上総国守護職事、無㆓相違㆒自㆓鎌倉㆒補任由畏申、□披露、御所様御悦喜、但今日不㆑及㆓披露㆒、

⑨応永二十五年十月十二日　宇都宮注進之趣、今日披露、御悦喜、

関東使節僧花宗和尚明日下向之間、為㆓暇請㆒来臨、一昨日十日御返事被㆑下云々、今度三ケ条□(之)内、一ケ条宇都宮上総守護職事、無㆓相違㆒御領掌、

これらの記事は欠損があるため判読しづらい部分もあるが、従来からとくに注目されてきたのは⑦をめぐる解釈である。とりわけそこでもちいられる「自㆓鎌倉㆒補任」との表現は、①や②にみられる「御吹挙」の表現とあいまって、鎌倉府が管轄する各国守護の補任権は鎌倉府の意向のほうが室町幕府のそれよりも優越する、との見解のよりどころとなってきたのであった[12]。たしかに、①②⑦のみによる解釈ではそうした見解が穏当のようにみえる。しかしこの見解には疑問を呈せざるをえない。なぜならもしそうした原則が確立していたならば、鎌倉府は③のような室町幕府使節に呼応するかたちで、わざわざ④のように京都へ鎌倉府使節を派遣して政治折衝をおこなったうえ、あまつさえ⑦や⑨のように自己の主張を取り下げる必要はないと考えるからである。ここでは、③④⑨のような京都・鎌倉間における両府使節の相互往来の事実を重視すべきであろう。

つまり鎌倉府は、室町幕府からの推挙者がいた場合にはそれを承認する方向で調整がもとめられる立場にあった、と考えるほうがこのうごきをより整合的に理解することができるのである。そして室町幕府は、鎌倉府の創設後も関東各国の守護補任権をにぎりつづけていた、と考えるほうが適当であろう。これはのちに触れるが、応永三十年の室町幕府による結城光秀の下野守護補任に向けてのうごきともかかわる重要な問題といえる。

さて宇都宮持綱は、こうした紆余曲折のすえに上総守護へと就任し、実際に足利持氏のもとでその責務を果たしている。それは足利持氏が、応永二十六年（一四一九）十二月二十五日、宇都宮持綱に対して「上総国加津社内三佐古村東西事」[13]の遵行にかかわる御教書を発給していることからも明らかである。この宇都宮持綱の上総守護補任が実現した理由としては、上総国内の京方所領の問題などいくつかの複合的な要因が想定できる。しかしいずれにせよその背景として宇都宮持綱に対する室町幕府の強力な政治的支援があったことは間違いない。そこでつぎに、その関係の基礎をなしていた両者の通交関係について、贈答儀礼を中心にいま少し具体的に考察してゆくこととしたい。

まず宇都宮氏側から室町幕府への進上についてみてみると、『満済』応永二十四年十月四日条に「自㆓宇都宮㆒御馬二疋・鳥目萬疋進㆑之、若君《（足利義量）》御方へ御馬一疋・太刀一振進㆑之」、同二十八年三月六日条に「宇都宮、御馬二疋進上河毛、月毛、御方御所《（足利義量）》一疋」との記述がみえる。このように宇都宮持綱は、上総守護として鎌倉公方との主従関係に重きが求められるにもかかわらず、京都の将軍足利義持との関係をみずから積極的に望んでいたのである。そのうえ宇都宮持綱は、将軍足利義持に対して進上をおこなう場合、かならずその継嗣足利義量にも進上品を送っていることが注目される。これは宇都宮持綱が、足利将軍との関係継続および発展をいかに強く望んでいたのかを示している。一方、そうした宇都宮氏からの進上に対して室町幕府の側では、返礼として「一両白□・御太刀一腰」[14]を送達した事例がある。このように足利将軍と宇都宮氏は、贈答儀礼のうえでも密接な関係を構築していたことが間違いないのである。宇都宮持綱は、これらの前提のうえにたって、上総守護補任問題などの経験を経て室町幕府への依存をなお一層強くしていったといえよう。

それでは、こうした室町幕府と宇都宮氏の通交関係を支えていたのは一体どのような者たちだったのであろうか。つぎに、この点について考察してゆきたい。

室町幕府と宇都宮氏の通交を支えた人物としては、一人目として『満済』応永二十四年八月三日条に「自二宇都宮一戒浄上洛」とみえる「戒浄」なる人物をあげることができる。この戒浄の性格については、翌々二十六年五月二十六日条に「宇都宮使者□(山)臥戒浄馬進上」とあることが注目される。ここに室町幕府と宇都宮氏の通交関係は、戒浄のような「山伏」によって仲介される場合があったことを知ることができる。ただこの戒浄については史料が乏しくその詳細な動向を知ることは難しい。しかしのちの坂東屋富松氏のようないわゆる政商としての側面をもつ山伏であった可能性も残されており、[15] この戒浄についての人物研究は今後の課題である。

また二人目の人物として、『満済』応永二十三年十一月三日条に「宇都宮方へ御内書今日渡遣、白久入道、夜中門出明暁可二罷立一由加二下知一了」と記される「白久入道」なる人物をあげることができる。この白久入道の性格については、その子息とみられる白久永訴についての記述とあわせて考えることとしたい。すると同三十年七月四日条には、「宇都宮使者僧白久但馬入道息云々、名字永訴、去月十一月国於立テ廿餘日北国ヲ経テ参着云々、鎌倉殿(足利持氏)未二武蔵ニ御座一云々、宇都宮依二京都御左右一可二進退一由申三入之一也」とある。このように白久但馬入道の子息白久永訴は、応永三十年、宇都宮持綱が常陸小栗氏の乱に加担して鎌倉公方足利持氏に反旗を翻すこととしたとき、その最終判断を室町幕府にあおぐため下野国から二十日余をかけて奥会津（伊南・伊北）・北陸経由で上洛したのであった。ここに白久氏は、父子二代にわたって室町幕府と宇都宮氏の通交関係を支えていたことが明らかとなる。

なおこの白久但馬入道・永訴父子は、その身分としては宇都宮氏の被官であったとみられる。それは『皆川文書』のなかに、「宇都宮右馬頭持綱郎等(党)白久但馬入道、京都江為レ使懸二南山内伊北一罷上之間搦捕討レ之[16]」との文言を含む「応永三十年十一月」付の某軍忠状が残されていることから明らかとなる。そしてこの文書によると父白久但馬入道は、子息白久永訴とともに奥会津・北陸経由で室町幕府に宇都宮持綱の注進状を送達していた道中、奥会津の「伊北」において持氏方勢力に討たれたことがわかる。ここにさきに掲げた『満済』の白久永訴に関する記事は、父但馬入道の犠牲のうえにたって子息永訴のみが何とか京都へ無事にたどり着いたことを伝える記述であったことが明らかとなる。

そしてまた京都と下野国が奥会津・北陸経由で直接むすばれていたことは、宇都宮持綱が、鎌倉府からの影響が比較的少ないかたちで室町幕府と音信ができる地理的環境にあったことを意味している。宇都宮氏被官の白久氏父子は、そうした宇都宮氏と室町幕府の通交関係において両者の紐帯として重要な役割を担っていたのである。

ところで、白久但馬入道・永訴父子が、この応永三十年中にその命を賭して宇都宮持綱と室町幕府のあいだをつないだ理由は一体どこにあったのであろうか。そうした問題を考えるうえで注目されるのが、『満済』同年七月五日条の「宇都宮・結城上野介等方へ御内書今日被レ出間、則使者僧ニ渡遣」との記述である。つまり白久氏父子の使命は、宇都宮持綱が武力蜂起する時期の判断を仰ぐとともに、この「結城上野介」の処遇について室町幕府の意向を直接確認することにあったのである。そしてこの「結城上野介」なる人物については、同十日条の「結城上野介光秀、下野守護職可レ被二仰付一由被レ仰」との記述からその重要性を知ることができる。つまり室町幕府は、このとき「結城上野介光秀」を「下野守護」に補任しようとごいていたことが判明するのである。この事実は、室町幕府の東国政策の根幹にかかわる問題として注目すべきである。これに関連して留意すべきことは二点ほどある。

第一に室町幕府は、これが実現したのか否かは別として、鎌倉府の意向にかかわりなく結城光秀の下野守護補任を強行しようと試みている点である。この事実は、室町幕府が依然として鎌倉府管轄国の守護補任権を留保していたことを示している。これは、さきに考察した上総守護の補任権の所在とも関連する問題として重要な点である。

第二に室町幕府は、このときなぜ下野国の伝統的雄族であって「京都扶持衆」でもあった「宇都宮」や「那須」という苗字の者を守護職に据えず、「結城」なる苗字の人物を推しているのかという点である。とくにこの前後の時期、宇都宮持綱自身が下野国の守護職を望んだ形跡もみられない。そうするとこの点については、当時の下野国をとりまく政治情勢との関係において考える必要があろう。とりわけこの当時の下野守護職は、隣国の下総結城氏の結城基光が、かつての下野守護小山氏を血縁的にとり込むかたちで同職を獲得していた(17)。それゆえ室町幕府は、これに対応するかたちで結城氏庶流の結城光秀を下野守護に就任させ、その正統性の与奪を試みたと考えられるのである。こうした動きは、室町幕府の政治的志向性を示すものとして注目すべき問題といえよう。

そして、これら一連の室町幕府の施策には、下野国の国内事情に精通する宇都宮持綱からの献策が想定できる。とくにこうした一種の戦時体制では、守護権を持つ者の存在が、自派への軍事動員における正当性の面で有利にはたらくことは間違いない。それゆえ宇都宮持綱は、下野守護結城氏の庶流にして親室町幕府の立場をとった結城光秀を新守護に迎えようとしたのであろう。宇都宮持綱みずからが守護職を望まなかったのは、やはり当守護結城氏からの正統性与奪の側面に配慮したためと考えられるのである。また、室町幕府がこうした施策を発現するにいたった背景には、従前からの室町幕府と宇都宮氏の密接な通交関係も大きく作用していたといえる。そしてそれを可能にしたのは、下野国が、奥会津・北陸経由で室町幕府と直接音信ができる地理的条件が備わっていたことがあるといえよう。

しかし宇都宮持綱は、この応永三十年八月、そうした室町幕府との連携にもかかわらず、鎌倉府勢のまえに敗死したのであった。次節では、その宇都宮持綱敗死後の宇都宮氏一族の動向について考察してゆくこととする。

二　室町中期宇都宮氏一族の推移

宇都宮持綱は、『満済』応永三十年（一四二三）六月五日条に「宇都宮不レ可レ随二関東成敗一由被レ下二御内書一」とあるように、室町幕府からの要請に呼応するかたちで常陸小栗氏の乱に加担して敗死したのであった。そのとき宇都宮持綱敗死後の宇都宮氏一族は、持氏専制の進む鎌倉府に対し、一体いかにしてその関係をたもったのであろうか。この点を明らかにするのが本節の課題である。

そもそも宇都宮持綱が小栗氏の乱に加担した理由は、いま述べた室町幕府との関係が示唆されること以外、その史料的制約からまったく明らかにすることができない。また同乱において宇都宮持綱が敗死した理由についても、敗死した場所が下野国内における宇都宮氏一族の塩谷氏所領内との所伝があることから(18)、一族中からの反発が表面化したと考えられること以外やはり史料残存量の問題から明確にされていない。しかし宇都宮持綱敗死の理由については、従来の研究ではまったく検討されていない次掲の『満済』紙背文書（応永三十年九月四日条裏）によって、その理由の一端を明らかにすることができる。

去月廿日御注進今［　］到来、委細承候、抑芳賀［　］振舞言語道断事候、［　］退治条、目出存候、此事［　］内々風聞之儀候間、先［　］寄便宜進レ状候き、定自［　］可レ進候哉、真壁大［(19)

この紙背文書は欠損がきわめて多く、判読しづらい部分が多い。しかしここでその「振舞」が「言語道断」とされている「芳賀」氏の行動こそ、宇都宮持綱敗死の原因だったのではなかろうか。それは、この当時の芳賀氏の立場をみるとなお一層明らかとなる。たとえば「芳賀右兵衛尉」なる人物は、応永二十七年十二月二十日、宇都宮持綱から「地蔵院雑掌申上総飫富社別当職并本納・加納両郷等事、早任去廿四年十二月廿七日御判之旨、可被退恵命院法印代官之状如件」[20]との遵行状を発給されている。これは「芳賀右兵衛尉」が、上総守護宇都宮持綱のもとで上総守護代をつとめていたことを示している。このように芳賀氏は、上総守護宇都宮持綱のもとで上総守護代をつとめるほどの有力被官だったのである。また芳賀氏は、いわゆる「清党」[21]の旗頭として独自の軍事力を組織していたことも知られる。それゆえ芳賀氏の去就は、当然、宇都宮持綱の動向にもきわめて大きな影響をあたえたと考えられるのである。

これらをみるに宇都宮持綱が敗死した要因としては、有力被官の芳賀氏が、応永三十年九月以前に室町幕府側からみて言語道断の振舞、つまり常陸小栗氏の乱にさいして持氏方に転じる行動をとった可能性を指摘することができるのである。そして、このように芳賀氏の政治的転換が宇都宮持綱敗死の原因に深くかかわっていたと考えると、これまでその見解がわかれていたつぎの文書についても一定の評価が可能となる。

寄附　西方内大和田郷上分田数壱町事

右、彼所者停止萬蔵(雑)公事被寄附所也、然者早令領掌、守先例可被致沙汰之状、依仰執達如件、

応永三十二年六月十三日　　右兵衛尉（花押影）

一向寺[22]

従来この文書発給者の「右兵衛尉」は、あるいは宇都宮氏一族中の武茂氏と比定され、または宇都宮氏被官の芳賀氏に比定されるなど、これまでその見解は統一されていない。そのおもな理由は、この文書の書止文言が「依仰執達如件」であるにもかかわらず、すでに宇都宮持綱敗死後の発給文書であることから、この「右兵衛尉」が一体だれの仰せを受けているのかが判明しなかったことにある。またそうしたことからこの文書は、その「文言、書体からして、正文とするには躊躇せざるをえない」[23]との評価すらあたえられたのであった。たしかに

東国において寄進状が奉書形式で発給されることはきわめて稀で、また「依レ仰執達如レ件」との書止文言をもつ奉書も、関東管領や鎌倉府政所執事など鎌倉府中枢の発給文書がそのほとんどである。そのうえ宛所の一向寺は、建治二年（一二七六）、宇都宮景綱が創建したとの所伝をもつ歴代宇都宮氏が厚く保護した時宗寺院であり、当時の鎌倉府中枢が同寺にこうした文書を発給したとも考え難い。しかしながら、この文書がたとえ正文ではないとしてもそれが一向寺に伝存したことの意味は考える必要があろう。とくに先掲史料との関連でいえば、宇都宮持綱敗死の原因として芳賀氏の政治的転換が深くかかわっていたと想定すると、この文書に対する評価もおのずから異なってくる。宇都宮持綱のもとで上総守護代をつとめた芳賀氏当主の官途が「右兵衛尉」であったことはすでにみたとおりである。とするならばこの文書は、宇都宮持綱敗死後の宇都宮氏の体制が、持氏方に転じた芳賀氏や、敗死した持綱とは政治的路線を異にする宇都宮氏一族によって掌握されていたことを示唆する文書、との評価があらためて可能になると考えられるのである。

それでは、そうした芳賀氏のうごきに対して宇都宮氏一族のなかで呼応した者は一体だれだったのであろうか。そこでつぎにこの点を考察してゆくこととしたい。

宇都宮氏一族のなかでそうした行動をとった可能性がある人物としては、「宇都宮少弼四郎」と「宇都宮伊予守」の二人の存在をあげることができる。

まず宇都宮少弼四郎については、『満済』応永三十一年二月五日条に「自二宇都宮少弼四郎方一音信」、翌六日条に「自二宇都宮少弼四郎方一、伊勢因幡入道（貞長）・同伊勢守（貞経）両人へも音信書状等在レ之」とある。このように「宇都宮少弼四郎」が宇都宮持綱の敗死とともに室町幕府に対して音信を求めていることは、この少弼四郎こそ、宇都宮持綱敗死後の宇都宮氏一族内において持綱にとって替わろうとした人物であったとの想定がひとまず可能である。

そして、この少弼四郎が持氏方にたっていたであろうことは、足利持氏がその少弼四郎の父とみられる「宇都宮弾正少弼」に対して、「下野国二依郷事、被［　］長沼淡路入道候之処、宇都宮右馬頭持縄（綱）致二押領一候、忠節異レ他之仁候、早速可二渡付一候、謹言」[24]との文書を発給していることからもうかがうことができる。少弼四郎の父とみられる「弾正少弼」が、こうして宇都宮持綱の押領した土地の遵行を命じられていることは、宇都宮氏一族のなかで「（弾正）少弼」を名乗る一流が足利持氏からその与党として認知されていたことを示していよう。

つぎに宇都宮伊予守についてであるが、その実名は関連文書にみえる「前伊予守家綱」[25]とすでに比定されている。そしてこの伊予守家綱は、鎌倉府から日光山にかかわる奉行人奉書を発給されるなど[26]、宇都宮持綱敗死後の下野国内で精力的な活動をおこなっていた徴証がある。これもまた宇都宮氏一族のなかで伊予守家綱が、足利持氏からその与党として認知されていたことを示していよう。ちなみにこの伊予守家綱については、系図類にもとづいて宇都宮持綱を討った塩谷氏一族中の塩谷家綱と比定されている。塩谷氏が、広くは宇都宮氏一族に含まれることはいうまでもない。

ただし、この「伊予守家綱」を「少弼四郎」の後身とみなし、両者を同一人物と比定するむきには検討の余地が残る。なぜなら、のちの寛正二年（一四六一）、武蔵国吉富郷（関戸）を押領する「宇津宮」の「少弼」なる人物の存在が知られるからである[27]。これは「（弾正）少弼」を名乗る一流が、その後も宇都宮氏一族のなかで確固たる立場を築いていたことを示している。こうした点からも宇都宮氏のなかで「（弾正）少弼」を名乗る一流は、塩谷氏とは別流であったとみたほうが良いといえる。

つまり宇都宮持綱の敗死後、宇都宮氏一族のなかで持氏与党の立場をとった人物は、かならずしも一名に限定する必要はないのである。そうしたことは、『看聞日記』永享十年（一四三八）十一月六日条に「宇津宮関東方大合戦、宇津宮討死、余党降参之由注進云々」とあるように、のちの永享の乱において宇都宮氏一族中から足利持氏に与同した人物が複数いたとみられることからも想定できる。これまで検討してきた「少弼四郎」や「伊予守」

は、そうした持氏与党の立場をとった複数の宇都宮氏庶流のなかの一員であったにすぎないのである。

以上ここまでは、宇都宮持綱敗死後の宇都宮氏が、宇都宮持綱とは政治的路線を異にした宇都宮氏庶流の一族や、政治的転換をはかった有力被官の芳賀氏らによって掌握された可能性を指摘してきた。史料残存量の問題からこれ以上の詳細は明らかにできないが室町中期の宇都宮氏は、持綱の敗死後、鎌倉府体制との関係を重視した者たちがその主導権を握ったといえる。

ところがこれらのうごきに同調しない者もいた。敗死した宇都宮持綱の子息宇都宮藤鶴丸（のち等綱）である[28]。それではこの宇都宮藤鶴丸は、父持綱の敗死後、一体いかなる行動をとったのであろうか。つぎにこの点を考察してゆきたい。

宇都宮藤鶴丸は、父持綱の敗死とともに本拠宇都宮を没落した。しかし『満済』応永三十一年三月三日条に「自二宇都宮藤鶴丸方一使者僧参洛」とみえるように、はやくから室町幕府との接触を試みていたことが知られる。ただその後しばらくのあいだ、宇都宮藤鶴丸についての詳細な動向は定かではない。宇都宮藤鶴丸の消息は、四年後の『建内記』正長元年（一四二八）五月二十五日条に「宇津宮辺注進」、また『満済』同年十月二十日条に「自二藤鶴方一返事」とみえるまで具体的な行動を知ることはできない。しかしこの翌年の永享元年（一四二九）十月二十五日条に、「自二宇都宮藤鶴丸方一注進状（中略）備二上覧一了、旁被レ成二御教書一」とある頃から、ふたたびその様相を知ることが可能となる。具体的には、その翌日の十月二十六日、将軍足利義教が、篠川公方足利満直に発給した「宇都宮藤鶴丸、属二御手一可レ致二忠節一之由申候、別而被レ加二御扶持一候者本意之状如レ件」[29]との御内書案から知ることができる。ここに宇都宮藤鶴丸は、南奥州の篠川公方足利満直のもとへ逃れ、そこで保護されていたことが明らかとなるのである。

そして宇都宮藤鶴丸は、こうした室町幕府や篠川公方からの支援と保護を得ることによって宇都宮氏惣領としての復権を意図していたといえる。それはこのとき政治的対立を深めていた室町幕府と鎌倉府が、永享三年（一四三一）、ひとたび和睦することとなったとき、室町幕府が鎌倉府に提示した条件の一つとして「宇都宮藤鶴丸、如レ元可レ被二沙汰居一事」[30]があったことからも知ることができる。このように宇都宮藤鶴丸は、室町幕府や篠川公方からの政治的支援を背景として、鎌倉公方足利持氏に宇都宮氏惣領としての復権をもとめたのであった。

結果として宇都宮藤鶴丸は、永享七年（一四三五）までに鎌倉府体制のなかで宇都宮氏惣領としての地位を回復したとみられる。それは同年五月三日、それまで宇都宮伊予守に対して発給されていた鎌倉府奉行人奉書が、「宇都宮右馬助」こと宇都宮等綱（もと藤鶴丸）に対して発給されるようになったことからも知ることができる。[31]ここに室町幕府は、家督の認定においてその介入の正当性が留保されていた「上意」[32]を、下野宇都宮氏に対しても行使していたことが明らかとなる。またこれによって室町幕府は、下野国における親室町幕府勢力の橋頭堡を再構築したとみることもできる。いずれにせよ宇都宮等綱をめぐる一連の動向をみると、宇都宮氏本宗家にとって室町幕府との関係は、依然としてきわめて重要なものであり続けたとすることができるのである。

三　室町中期那須氏一族の推移

室町幕府は宇都宮持綱の敗死によって下野国中部への影響力を失った。一方、鎌倉府は下野国北部の那須地域まで行動をおこすことが可能となった。しかし同地に盤踞する那須氏は、やはり室町幕府から「京都扶持衆」として把握されていたことが知られる。ただし室町幕府との関係を持ったのは、いわゆる上那須氏（太郎・肥前守を名乗る惣領系）で、これに対して下那須氏（五郎・越後守を名乗る庶子系）は鎌倉公方との関係を重視したのであった。

さて、宇都宮持綱の敗死によって下野国中部への影響力を失った室町幕府は、次善の策として上那須氏との関係を重視する姿勢を明確にした。しかしその結果、室町幕府とのかかわりをもった上那須氏は、鎌倉公方足利持氏による軍事圧力を一身にうけることとなったのであった。本節では、そうした下野国北部におけるこの時期の室町幕府と鎌倉府の軍事摩擦の様相について上下那須氏の動向を中心に考察してゆくこととする。

まず『満済』応永二十四年（一四一七）五月二十八日条には「那須状共懸［　］」とある。ここに上那須氏は、すでに上杉禅秀の乱直後から室町幕府とのかかわりを持っていたことが明らかとなる。またそれゆえであろうか上那須氏は、宇都宮持綱が敗死したさい足利持氏からその与同者として討伐を受けることとなったのであった。それは同三十年八月十八日、足利持氏が南奥国人の小峰氏に対して発給した書状に、「就二宇都宮事一、暫可レ在二陣那須一」[33]とあることから明らかとなる。上那須氏は、足利持氏から反鎌倉府勢力とみなされ、持氏勢によって本拠那須に軍事圧力をかけられたのである。そしてこのときの下野国への軍事圧力が相当なものであったことは、当時、室町幕府にその管轄権が委譲されていた下野国足利荘の代官神保氏が[34]、『満済』同三十一年七月二十三日条に「足利代官事、神保去年無二正体一罷上違二上意一候間、則又突鼻仕候」とあるように、足利荘の代官としての職務を放棄して帰京してしまったことからもうかがうことができる[35]。

この上那須氏に対する鎌倉府勢の軍事行動では、下那須氏がその軍勢の中核として積極的な役割を果たしていた。それは関連文書によると、足利持氏が「就二那須越後守《（資之）》合力一度々合戦」[36]との文書を南奥小峰氏に発給していることや、ここに名のあげられた「前越後守資之」自身が、「黒羽城無レ程被二責落一候間大慶」[37]との書状をやはり小峰氏に送っていることからも明らかである。そして、ここに名のみえる那須資之こそ那須氏一族における持氏与党であった下那須氏当主に比定することができよう。

しかしこのとき上那須氏は、宇都宮持綱とは異なって没落や敗死は免れたものとみられる。ただ下那須氏がこれを契機として足利持氏とのむすびつきを強め、上那須氏をしのぐ勢力として台頭したのであった。そうしたことは持氏与党となった下那須氏の那須資之が、那須氏庶流であるにもかかわらずつぎのような書状を発給していることからも知ることができる。すなわち「就二弥太郎殿（長朝）御事一（中略）伊王野入道（法泰）一期之後可二申談一候、可レ然様二小峯殿江被レ懸二御意一候者恐悦候」(38)とあり、那須資之は、那須氏一族である伊王野法泰の後継家督を小峰氏から迎えるにあたってこれに深く関与し、強い影響力をおよぼしている様相がうかがえるのである。(39)こうして伊王野氏の家督問題で積極的な役割を果たしているところをみると、那須資之は、持氏専制の進む鎌倉府体制においてその支配体制の一翼を担いつつ、那須氏一族中における持氏与党の主導的役割を果たしていたといえよう。

そして足利持氏は、この下那須氏を梃子として、従来から室町幕府寄りの姿勢をみせる上那須氏に対してくり返し圧力を加えていったのであった。それは正長二年（一四二九）六月、足利持氏がいわゆる南奥争乱に乗じて、(40)那須地域への軍事行動をふたたび画策し、近臣の一色直兼らを同地へ発向させたことからも知ることができる。(41)ただこうした足利持氏の軍事行動はいち早く察知され、その一ケ月前には篠川公方足利満直を通じて室町幕府に伝えられたのであった。それは『満済』同年五月晦日条に、「自二奥篠河殿（足利満直）一就二那須事一御注進在レ之」とあることから明らかである。そしてこの知らせをうけた室町幕府中枢では、翌日の六月一日、ただちに「就二那須事一御談合、御急事候」とこの問題に対する協議を開始したのであった。さらに翌々日の三日条には、はやくも「奥佐々河方（足利満直）へ御内書幷国人伊達・葦名以下十三人歟方へ同御内書被レ遣レ之、子細ハ自二関東一就二那須事一白河可レ被二対治一由已現行了、爾者為二京都一此等面々方へ被レ成二御内書一可二合力一旨可レ被二仰下一」とみえ、室町幕府中枢は、すみやかに上那須氏らの支援を決定している。そして室町幕府寄りの姿勢をみせる南奥国人らに対して「合力」を命じたのであった。(42)こうした一連の迅速な対応は、室町幕府が下野国北部から陸奥国南部にかけてを一体的な領域として把握し、鎌倉府の軍事圧力を正面にうける下野国北部の確保をとくに強く意識していたゆえのうごきであったといえよう。

そしてこの那須地域における合戦は、またもや上那須氏の居城を中心におこなわれたのであった。それは、『満済』同年七月二十九日条に「於二那須館一合戦」とあることからもうかがえる。上那須氏は、鎌倉府勢からその本拠の那須館をふたたび包囲されたのである。しかし上那須氏は、室町幕府による南奥国人への合力要請が功を奏し、ここでも鎌倉府勢の軍事圧力に耐えたのであった。それは翌八月十八日条の「白河弾正少弼氏朝、為二那須合力一則那須館黒羽城ニ罷籠」との記事から明らかとなる。このように上那須氏は、南奥国人の白川氏朝がみずから出兵して「那須館黒羽城」に立籠もるなど、親室町幕府勢力からの合力を得ていたのである。これは白川氏朝が血縁的に那須氏と深いつながりを持っていたことも関係しているが[43]、さきに述べた室町幕府の政治的意志が南奥の親室町幕府勢力に対して明確に発せられたことが大きく影響していたといえよう。

そうしたなか鎌倉府は、一体いかなる口実をもって上那須氏に対する軍事行動を起こしたのであろうか。鎌倉府側の主張は、のちの『満済』永享三年（一四三一）三月二十日条につぎのように記されている。

那須御退治事、先京都へ聞へ候分大ニ相違候、那須五郎於惣領ニ可レ被レ成儀ニテ御沙汰分会ナキ事候、那須五郎庶子分澤村ト申知行分於惣領太郎押領間、自二鎌倉殿（足利持氏）一及二度々御成敗一処、太郎不レ応二御下知一間、彼在所ヲ五郎ニ為レ被二沙汰居一被二仰付一了、雖レ然猶不二事行一間、可レ被二治罰一処、那須事為二京都内々御扶持一事候間、不レ可レ然由上杉阿（安）房守一向支申間、于レ今無二其儀一候、

ここに記されたのは、あくまでも鎌倉公方足利持氏や関東管領上杉憲実らの弁明であることに留意せねばならない。しかし足利持氏は、鎌倉府とむすぶ下那須氏の「那須五郎」に命じて、上那須氏の「那須太郎」に対して所領問題で圧力を加えたこと自体は事実関係として認めたのであった。そしてここでいまひとつ注目されるのは、上杉憲実が、上那須氏は京都から内々に扶持をうける人物であるということを理由として足利持氏に那須地域への軍事行動を控えるよう進言していた、とも記されていることである。上那須氏が室町幕府とむすんでいること

は、すでに上杉憲実ら鎌倉府中枢にとっては周知の事実だったのである。

こうしてみると上那須氏が再三にわたる鎌倉府勢の軍事圧力に耐えることができた背景には、[44]室町幕府による上那須氏擁護の意思表示が鎌倉府中枢への政治圧力として一定の効果を果たしていたとみてよいであろう。またその裏づけとして、室町幕府の意向にそった下野国北部でのうごきが白川氏による合力などのかたちで実際に体現されていたことも大きく影響していたといえる。また、そうした事情も関係しているのであろうか永享三年、室町幕府と鎌倉府が一時的な和睦をむすぶこととなったとき、室町幕府はその条件の一つとして、「那須」の「向後不レ可レ有二対治儀一事」[45]をもとめたのであった。

この和睦以後、鎌倉府勢による那須出兵はしばらく知られないため、この条件は実際に履行されたと考えられる。しかし持氏期に台頭した下那須氏は、これ以降そのまま順調に発展し、戦国期ついに本宗家たる上那須氏を包摂することに成功するのである。これらの事実は、室町幕府の下野国に対する政策が那須氏らの本宗家をいわば点と線のみで掌握し、遠隔地であるがゆえに在地社会との関係がほとんど考慮されていなかったことを示しているといえよう。

おわりに

以上、室町幕府が下野国における「京都扶持衆」とみなしていた宇都宮・那須両氏の動向を中心として、室町幕府と鎌倉府の対立期における下野国内の様相を交えつつ、室町幕府の東国政策を「京都扶持衆」のあり方から考察してきた。

これまで「京都扶持衆」の淵源については、上杉禅秀の乱において禅秀方にくみした者たちを室町幕府が個別に把握したということが強調されている。しかし宇都宮持綱に限ってはそうした指摘があてはまらない。なぜなら宇都宮持綱は、上杉禅秀の乱では当初から持氏方として室町幕府と音信していたからである。これは「京都扶持衆」のなかで宇都宮持綱のみの例外であった。しかしそうだからこそ宇都宮持綱は、紆余曲折がありながらも上総守護への就任が可能だったのである。またそうしたことからも「京都扶持衆」が形成された要因を、上杉禅秀との関係に集約させることは正確でない。つまり「京都扶持衆」はその扶持のあり方と同様、その扶持の契機についてもきわめて多様なものだったのである。そして「京都扶持衆」とは、あくまでも室町幕府と一対一の関係によって掌握された者たちであって、それゆえ基本的には個別領域の秩序形成が望める程度の存在にすぎず、その掌握は室町幕府の東国政策において一つの柱にすぎなかったと考えられるのである。それでは室町幕府は、一体いかなる施策の組み合わせによって東国統制を試みたのであろうか。最後に、この点について触れておきたい。

本章において室町幕府は、結城光秀なる者を下野守護に擁立することによって、下野国に対する統制策のいま一つの柱に据えようとした形跡があることを指摘した。これは結果としてそれが実現した可能性が低いため、下野守護の就任状況のみを追求したこれまでの研究では重視されなかった問題であった。しかしこの事実は、室町幕府が鎌倉府管轄国の下野国においても守護制度の枠組みをもちいた支配統制を試みていたことを示している。これは守護制度というものが、鎌倉府との対立期における室町幕府の東国政策において「京都扶持衆」の掌握とともに基本施策の両輪をなすものであったことを示している。

そして、諸勢力の動向や思惑が複雑に絡みあっている東国社会ゆえ、東国守護とその政治体制については「権力の二元論」(46)を応用して分析すべきとの新田英治氏の提言をいれるならば(47)、室町幕府は下野国の支配統制策として、「京都扶持衆」を主従制的支配のかなめとし、守護職のもつ統治権的支配の側面をいま一つのかなめとする意図を持っていたとすることができよう。つまり結城光秀の擁立をめぐるうごきは、室町幕府が主従制的支配だけでは対応できない政治課題を、守護職の持つ権能によって解決しようと試みたものであったといえる。もっともこうした複合的なかたちによる統制策は、その時期を失したため下野国では実現にいたらなかったが、鎌倉期以来の伝統的雄族が割拠する北関東の国々においては、きわめて現実的で有効な施策であったと考えられるのである。なぜなら北関東には、それぞれ既存の支配網を持った伝統的雄族が割拠し、守護権が必ずしも一国単位で機能しないというこの地域特有の歴史的前提があり、それゆえ一定領域ごとの諸勢力に対して最適な施策を組み合わせることによって、はじめて有効な政治的影響力をおよぼすことができるという現実がそこにはあったからである。これが、本章で「京都扶持衆」と守護の問題を一体のものとしてあつかった所以である。

こうしたあり方は、下野国以上に「京都扶持衆」が多く存在する東隣の常陸国においても基本的には同様であったとみられる。そうした常陸国の「京都扶持衆」をめぐる個別の問題については次章において論じることとしたい(48)。

(1)　渡辺世祐『関東中心足利時代之研究』(雄山閣、一九二六年)。ただし「京都扶持衆」の語は、本書によってはじめられた渡辺氏の造語であって厳密な史料用語ではない。

(2)　田辺久子「京都扶持衆に関する一考察」(『三浦古文化』一六、一九七四年)、渡政和「「京都様」の「御扶持」について――いわゆる「京都扶持衆」に関する考察――」(『武蔵大学日本文化研究』五、一九八六年)、遠藤巖「京都御扶持衆小野寺氏」(『日本歴史』四八五、一九八八年)。

(3)　拙稿「室町幕府と出羽大宝寺氏」(『地方史研究』三一三、二〇〇五年、本書第四編第三章)は、そうした問題意識も含めて考察をした論考である。

(4)　江田郁夫「奥大道と下野――中世大道の特質について――」(『中世東国の街道と武士団』岩田書院、二〇一〇年、初出二〇〇一年)。

（5）宇都宮持綱を主題とする論考には、山家浩樹「上総守護宇都宮持綱――満済と義持――」（江田郁夫編『下野宇都宮氏』戎光祥出版、二〇一一年、初出一九八九年）、江田郁夫「応永・永享期の宇都宮氏――宇都宮持綱について――」（『室町幕府東国支配の研究』高志書院、二〇〇八年、初出一九八九年）がある。また上杉禅秀の乱後の上総守護にかかわる論考には、湯山学「禅秀の乱後における房総三国の守護――上杉定頼の動向を中心にして――」（『関東上杉氏の研究』岩田書院、二〇〇九年、初出一九七六年）、渡政和「上杉三郎定頼に関する考察――鎌倉府体制下での位置付けを中心に――」（黒田基樹編『扇谷上杉氏』戎光祥出版、二〇一二年、初出一九八九年）、小国浩寿「持氏期鎌倉府の守護政策と分国支配」（『鎌倉府体制と東国』吉川弘文館、二〇〇一年、初出一九九一年）、島村圭一「上杉禅秀の乱後における室町幕府の対東国政策の特質について」（『地方史研究』二三一、一九九一年）、松本一夫「上総守護の任免状況とその背景」（『東国守護の歴史的特質』岩田書院、二〇〇一年、初出二〇〇〇年）がある。

（6）室町期の那須氏に関する論考には、江田郁夫「持氏期の那須氏――持氏による下野支配の展開――」（前掲註5『室町幕府東国支配の研究』所収、初出一九九四年）、同「享徳の乱と那須氏」（『下野の中世を旅する』随想舎、二〇〇九年、初出一九九五年）、荒川善夫「鎌倉～室町期の那須氏と一族・家臣」（『戦国期東国の権力構造』岩田書院、二〇〇二年）、山本隆志「鎌倉・南北朝期の那須氏」（『三田中世史研究』九、二〇〇二年）がある。

（7）室町期の下野守護に関する論考には、佐藤進一『室町幕府守護制度の研究』上（東京大学出版会、一九六七年）、新川武紀「下野国守護沿革小考」（『栃木県史研究』二一、一九八一年）、同「下野国守護沿革再論」（中世東国史研究会編『中世東国史の研究』東京大学出版会、一九八八年）、松本前掲註（5）『東国守護の歴史的特質』（第二編）、江田郁夫「下野守護論の行方」（前掲註5『室町幕府東国支配の研究』所収、初出一九九七年）がある。

（8）江田郁夫「鎌倉府体制下の在鎌倉制について」（前掲註5『室町幕府東国支配の研究』所収、初出一九八五年）。

（9）福田豊彦「室町幕府の奉公衆体制」（『室町幕府と国人一揆』吉川弘文館、一九九五年、初出一九八八年）。

（10）「結城古文書写」（『白河市史』第五巻古代・中世資料編二、四三三号）。

（11）上杉禅秀の乱にさいして宇都宮氏一族のなかで禅秀方にくみしたのは、わずかに「宇都宮左衛門佐」あるいは

「宇都宮左衛門尉」と呼ばれる人物のみであったという。この点、島村圭一「宇都宮左衛門佐とは誰か」(『季刊ぐんしょ』二七、一九九五年)を参照。

(12) 伊藤喜良「室町期の国家と東国」(『中世国家と東国・奥羽』校倉書房、一九九九年、初出一九七九年)。また、市村高男「鎌倉公方と東国守護」(『歴史公論』八一、一九八二年)も「関東の守護補任権も鎌倉公方の掌握するところ」との立場をとる。

(13) 「古文書纂」一号(『栃木県史』史料編中世四)。

(14) 『満済』応永二十四年五月九日条。

(15) 新城美恵子「坂東屋富松氏について──有力熊野先達の成立と商人の介入──」(『本山派修験と熊野先達』岩田書院、一九九九年、初出一九八一年)、小林清治「坂東屋富松と奥州大名」(『戦国大名伊達氏の研究』高志書院、二〇〇八年、初出一九八五年)、同「坂東屋富松と奥州大名補考」(前掲『戦国大名伊達氏の研究』所収、初出一九八七年)、黒嶋敏「山伏と将軍と戦国大名──末期室町幕府政治史の素描──」(『中世の権力と列島』高志書院、二〇一二年、初出二〇〇四年)。なお「米良文書」(史料纂集『熊野那智大社文書』一六五・七二八・七四三号)によれば、戒浄房は下野国七ツ石に所在したという。

(16) 「皆川文書」八四号(『栃木県史』史料編中世一)。

(17) 市村高男「鎌倉府体制の展開と結城・小山一族」(荒川善夫編『下総結城氏』戎光祥出版、二〇一二年、初出一九八四年)。

(18) 『鎌倉大日記』応永三十年条。

(19) 大日本古文書『満済准后日記紙背文書』五四号。

(20) 「尊経閣文庫文書」(『千葉県史料』中世篇県外文書、一八七号)。

(21) 石丸熙「南北朝動乱断章──紀清両党の動向をめぐって──」(安田元久先生退任記念論集刊行委員会編『中世日本の諸相』下巻、吉川弘文館、一九八九年)。

(22) 「一向寺文書」一号(『栃木県史』史料編中世一)。

(23) 『鹿沼市史』(資料編古代・中世、二一六号)の「一向寺文書」史料解説。

(24) 前掲「皆川文書」六七号。

(25) 「塙不二丸氏所蔵文書」八三号（『茨城県史料』中世編Ⅰ）。

(26) 「輪王寺文書」九二・九五号（『栃木県史』史料編中世一）。

(27) 『香蔵院珍祐記録』寛正二年九・十・十一月条。また「相州文書所収鎌倉郡荘厳院文書」（『神奈川県史』資料編三古代中世(三上)、四八三三号）には、康暦元年（一三七九）十一月段階での武蔵国吉富郷（関戸）について「宇都宮弾正少弼入道女子跡」と記されており、弾正少弼流の宇都宮氏がこの吉富郷（関戸）に何らかの由緒を持っていたことは間違いない。関連する論考として、山田邦明「享徳の乱と鶴岡八幡宮」（『鎌倉府と関東』校倉書房、一九九五年、初出一九八九年）がある。

(28) 島村圭一「宇都宮等綱に関する一考察」（前掲註5『下野宇都宮氏』所収、初出一九九二年）。

(29) 「昔御内書符案」（「大館記(三)」『ビブリア』八〇、一九八三年）。

(30) 『満済』永享三年三月二十日、四月十・十一・十三日条がこの関連記事である。

(31) 「鹿島神宮文書」三七一号（『茨城県史料』中世編Ⅰ）。

(32) 川岡勉「室町幕府―守護体制の権力構造――上意と衆議の関わりを中心として――」（『室町幕府と守護権力』吉川弘文館、二〇〇二年、初出二〇〇〇年）。

(33) 「結城神社所蔵文書」（前掲『白河市史』四四八号）。また関連文書として「真壁文書」（『真壁町史料』中世編Ⅰ、一一九号）にも「里見刑部少輔自ニ佐竹一直仁那須江被レ寄レ陣」とある。

(34) 室町期の下野国足利荘に関する論考には、村尾元忠「下野国足利庄〈代官〉管見」（『野州史学』四、一九七七年）、佐藤和彦「下野足利庄の成立と展開――内乱と足利一族――」（中世東国史研究会編『中世東国史の研究』東京大学出版会、一九八八年）、松本一夫「足利庄をめぐる京・鎌倉関係」（『古文書研究』二九、一九八八年）、同「南北朝～室町中期における足利庄支配について」（『下野中世史の世界』岩田書院、二〇一〇年、初出二〇〇一年）、江田郁夫「南北朝・室町時代の足利荘について」（前掲註5『室町幕府東国支配の研究』所収、初出一九八九年）などがある。

(35) 『看聞日記』応永三十年十二月二日条に「関東事、神保上洛」とあることから、足利荘代官神保氏が上洛したのは応永三十年中のことであったとみられる。

(36)「結城神社所蔵文書」（前掲『白河市史』四七九号）。

(37)「東北大学国史研究室保管白河文書」（前掲『白河市史』六四七号）。

(38)「結城神社所蔵文書」（前掲『白河市史』六五一号）。

(39)「東北大学国史研究室保管白河文書」（前掲『白河市史』四六四号）もこの伊王野氏の後継家督問題をめぐる関連文書である。

(40)拙稿「稲村公方と南奥社会」（『国史学』一七九、二〇〇三年、本書第二編第一章）。

(41)「角田石川文書」（『石川公追遠四百年記念誌』石川町・石川町教育委員会、一九九〇年、一七・一八号）。

(42)「結城古文書写」（前掲『白河市史』四八二号）。

(43)市村高男「戦国期白河結城氏代替わり考――白河結城文書の再検討――」（矢田俊文編『戦国期の権力と文書』高志書院、二〇〇四年）。

(44)『満済』永享二年八月六日条に「一色宮内大輔為二大将一、重可レ罷二向那須城一由有二風聞一、定可レ為二大勢一歟」とあり、永享二年中にも上那須氏に対する鎌倉府勢出兵の風説があったことが知られる。

(45)『満済』永享三年三月二十日、四月十一日・十三日条がこの関連記事である。

(46)佐藤進一「室町幕府開創期の官制体系」（『日本中世史論集』岩波書店、一九九〇年、初出一九六〇年）、同「室町幕府論」（前掲『日本中世史論集』所収、初出一九六三年）。

(47)新田英治「中世後期の東国守護をめぐる二、三の問題」（『学習院大学文学部研究年報』四〇、一九九四年）。

(48)その要旨は、すでに「室町幕府と常陸「京都扶持衆」」と題して国史学会（二〇〇四年四月二十四日）において報告の機会を得ている。本書第四編第二章。

〔追記〕本章初出以後、関連するつぎの論著が発表・発刊された。

江田郁夫「室町時代の那須一族」（『中世東国の街道と武士団』岩田書院、二〇一〇年、初出二〇〇八年）、山本隆志「白河結城文書のなかの那須文書」（村井章介編『中世東国武家文書の研究』高志書院、二〇〇八年）、同「室

町時代の白河氏・那須氏と南奥政治情勢」（前掲『中世東国武家文書の研究』所収、初出二〇〇八年）。室町期那須氏の庶流伊王野氏に関する研究が進展している。

松本一夫「鎌倉末～室町期の宇都宮一族――「宇都宮」を名乗った人々――」（『下野中世史の世界』岩田書院、二〇一〇年、初出二〇〇九年）、同「鎌倉～戦国前期における宇都宮氏の被官について」（荒川善夫・佐藤博信・松本一夫編『中世下野の権力と社会』岩田書院、二〇〇九年）。室町期宇都宮氏の一族と被官層を網羅的に検出した論考が発表された。

江田郁夫編『下野宇都宮氏』（戎光祥出版、二〇一一年）、市村高男編『中世宇都宮氏の世界』（彩流社、二〇一三年）。宇都宮氏に関する論集が発刊された。

第二章　室町幕府と常陸「京都扶持衆」

はじめに

室町幕府は、応永二十三年（一四一六）の上杉禅秀の乱後、鎌倉府の管轄地域にありながら反鎌倉公方の姿勢を明確にした者たちの掌握をはかった。そうした室町幕府と関係をむすんで鎌倉公方足利持氏に抵抗した輩については、これまでも「京都扶持衆」として把握され[1]、その考察が深められてきた[2]。前章では下野国の「京都扶持衆」に関する考察を試み、従来は関東・奥羽におけるひとつの集合体として把握されてきた「京都扶持衆」を各国別に分析することによってはじめて明らかとなる問題について提起した[3]。本章はそうした問題意識にもとづき、ひきつづいて常陸国の「京都扶持衆」に焦点をあわせて考察をおこなう。

常陸国における「京都扶持衆」としては、山入佐竹氏、大掾氏、真壁氏、小栗氏らが知られる。この常陸「京都扶持衆」は、鎌倉府に対する抵抗がきわめて激しく鎌倉公方足利持氏みずからが討伐に出陣したほどであった。ところが常陸「京都扶持衆」が執拗な武力蜂起を企てた社会背景については、上杉禅秀の乱に加担したこととのかかわりが指摘されること以外、具体的な要因がいまだ明らかにされていない。それは旧来の室町期常陸国に関する諸研究が、常陸国内の郡や荘がもつそれぞれ独自の歴史的特殊性に規定され[4]、各郡・各荘と密接な関係にある国人ごと個別分断的に論究されてきたことに原因があると考えた。

そこで本章では、室町幕府と鎌倉府の対立期における常陸「京都扶持衆」の動向について、従来の常陸国人に関する個別的研究の成果を進展させつつその統合作業をあわせておこない、いわゆる「国郡制」[5]にもとづく地域構造論的な視点から常陸「京都扶持衆」の全面的検討をおこなう。これは、常陸国に特有の各郡・各荘と国人の関係性を応用したかたちで考察を進めれば、常陸「京都扶持衆」の性格について、これまで知られていない新たな側面を見出だすことができると考えるからである。

一　室町幕府御料所の常陸国中郡荘

室町幕府と常陸国の関係についてみる場合、まず注目すべきは常陸国中郡荘の政治経済的な意義と性格である。ところがこれまで常陸国中郡荘と室町幕府の関係性について詳述した論考はみられないようである[6]。しかしつぎに考究する室町期の中郡荘にかかる推移に鑑みれば、中郡荘の重要性を等閑視することはできない。

中郡荘は、筑波山麓北側に位置する四十二郷によって構成された荘園である。同荘は地理的にみて常陸国と下野国の国境にあたり、北関東における交通の要衝であった（付図参照）。そして鋳物師など職人集団の存在も確認される[7]。

応永年間の中郡荘の様相は、同荘にかかわるつぎの文書から知ることができる。すなわち沙弥通積なる人物が、鹿島大禰宜に発給した「磯部《（中郡荘）》南方之事、二度目之御遵行成候、渡可レ申之由慇懃預二御使者一候、関東之　上意と申尤雖二渡可レ申候一、京都御料所とも成、関東御支配候へ共、当庄《（中郡荘）》之事ハ内裏御料所と申、于レ今無二相違一候間、京都へ一注進申候ハてハ代官之身と而不レ可レ有二渡申事一之由堅申候き」[8]との書状である。これによると中郡荘の「磯部南方」は、このとき「京都御料所」すなわち室町幕府御料所であったという。また同書状では、同所が「内裏御料所」とも記されている。これらをみると中郡荘の得分の一部は、室町幕府を通じて禁裏に納められ

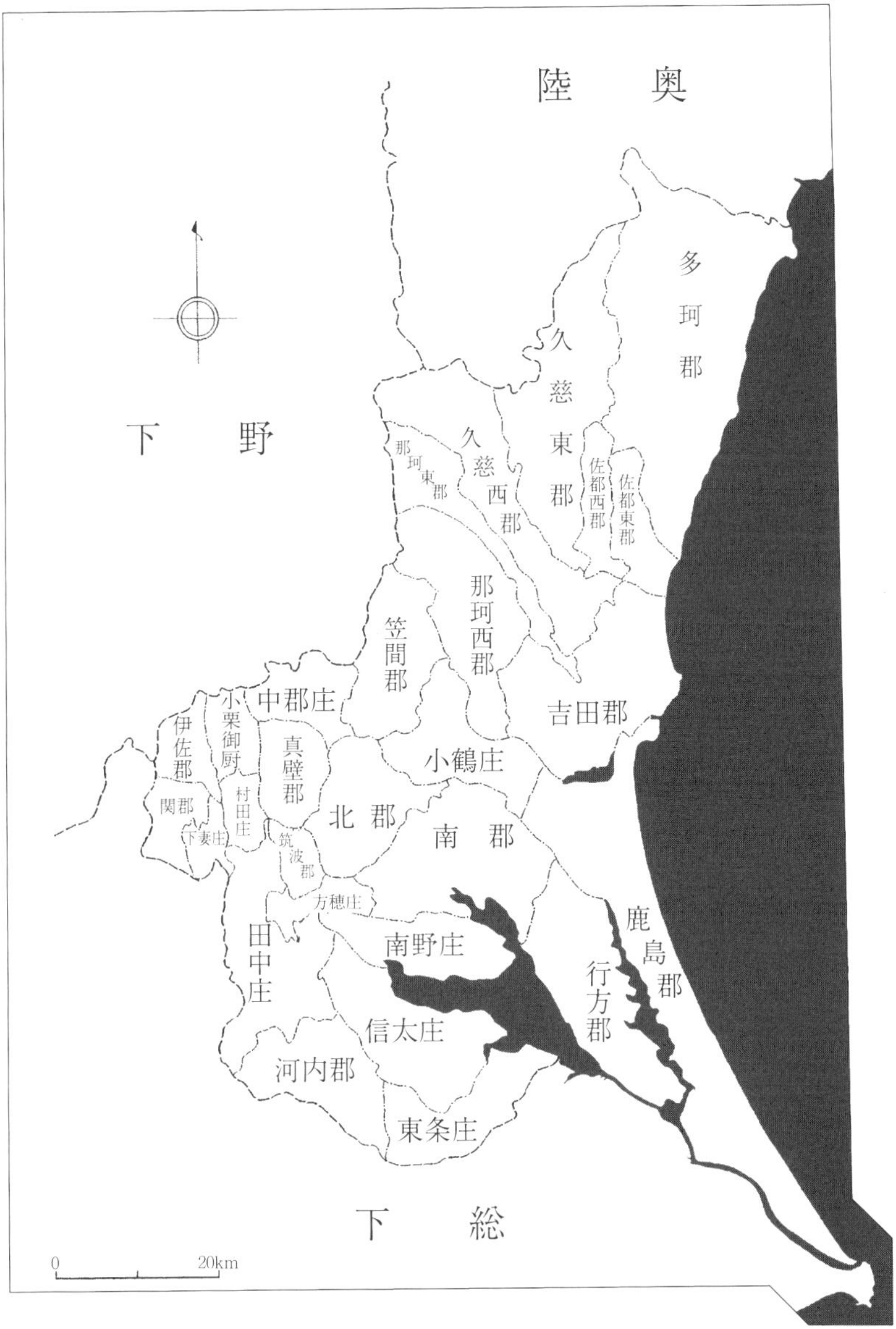

図５　室町期の常陸国
『角川地名大辞典』茨城県（角川書店、1983年）を加工。

ていたことがわかる。実際、のちの『言継卿記』永禄九年（一五六六）二月二十六日条にも「常陸国人叡山東塔西谷真善坊来、鈴、随身倉部知人云々、禁裏御料所常州中郡四十二郷有レ之、於レ被二仰下一者可二馳走一之由申レ之」とみえる。ここに中郡荘は、戦国期にも不知行ながら禁裏御料所との認識が残されていたことがわかる。

いずれにせよ室町期の常陸国中郡荘は、室町幕府の御料所であるうえ、得分の一部が禁裏御料所に設定された荘園だったのである。つまり室町期の中郡荘は、室町幕府自身がその代官請負をおこなう室町幕府と禁裏の複合的御料所であったとすることができるのである。

さて発給者の沙弥通積は、さきの主張のなかで中郡荘の代官はたとえ「関東」（鎌倉府）の命令であっても「京都」（室町幕府）の承認がなければその命令はうけ入れられない、と主張していることが注目される。その沙弥通積と中郡荘の関係はつぎのようなものであった。まず応永二十五年（一四一八）八月十六日、沙弥通積は道慶なる人物に対して「中郡庄之内門外郷御神領」の「合壹町陸段内八段日月田 八段八幡御神田」をあたえ「神察（祭）」の執行を命じている。ついで同三十二年八月二十五日、中郡荘平澤郷内の中（吽）山寺別当御房に対して「五ケ宮御神田」の「合壹町」を安堵・寄進する文書を発給している。(9) つまり沙弥通積は、中郡荘を運営する社会的立場にあった人物なのである。そしてさきの沙弥通積の言説によれば中郡荘の運営は、室町幕府の意向を尊重せねばならぬものだというのである。ここに中郡荘は、鎌倉府管轄国内にありながらも室町幕府の影響をきわめて強くうける領域であったことがわかる。これは、たとえそれが鎌倉府の影響力を排除しようとする沙弥通積の個人的な政治志向にもとづく言説であったとしても、中郡荘が室町幕府御料所であったこと自体はけっして見逃すことのできない事実である。

中郡荘の重要性は、このとき中郡荘が室町幕府の政所によって実際に運営されていたことを示すつぎの文書が残されていることからもわかる。すなわち応永二十七年（一四二〇）十月四日、室町幕府政所執事の伊勢貞経が、鎌倉府政所執事の二階堂盛秀に発給した「法花堂領中郡庄犬田郷事、支証等明鏡候上、承事候間可二去進一之由代官申付候」[10]との書状である。これによると中郡荘内の犬田郷は、室町幕府の御料所である中郡荘内にあって同郷のみは鎌倉法華堂の所領となっていた。犬田郷が鎌倉法華堂領となった契機は、貞治二年（一三六三）二月二十七日、それまで仁木義長の所持していた同郷地頭職が鎌倉公方足利基氏によって鎌倉法華堂領とされたことによるという。[11]ところが前掲書状によると犬田郷は、この応永年間までに室町幕府御料所中郡荘代官の押領するところとなっていた。しかし鎌倉法華堂は、応永二十七年、室町幕府から同郷の「去進」つまり返還を指示する文書を獲得したのであった。室町幕府政所の伊勢貞経がこうした書状を発給していることは、室町幕府御料所中郡荘の経営が室町幕府政所の強い影響下でおこなわれていたことを明らかにするものである。

そこでつぎに問題となるのは、前述の沙弥通積のような現地代官とかかわりを持ちつつ室町幕府政所の影響下で実際に中郡荘の運営をおこなっていた人物が、一体いかなる立場や性格の人物であったのかという点である。そこで注目すべきは前掲書状と同日、伊勢貞経が訓公□（首）座禅師と大田五郎左衛門入道の二人に対して「鎌倉法花堂領中郡内犬田郷事、支証等明鏡候上者、可レ被レ去二渡彼代官下地一候」との書状を発給していることである。[12]この二人のうちとくに注目されるのは、後者の大田五郎左衛門入道である。この大田五郎左衛門入道のかたわらには「中郡惣代官」との符箋が貼られている。ここから大田五郎左衛門入道は、室町幕府の中郡荘支配において「惣代官」という立場にあったとみられる。「中郡惣代官」大田氏の性格と位置については、いま少し深く検討する必要性がみとめられよう。

大田氏の性格について考えるときまず注目すべきはつぎの文書である。

去々年借用申候伍佰貫文御料足事、以二中郡庄年貢一去年可レ致二沙汰一由申候之処、依二南宮押領一于レ今無二其儀一候、非二本意一候、仍為二彼御料足一、下二大田左京亮一当代官堅申付候之間、不レ可レ有二等閑一候也、委細者

自二鹿苑寺一可レ被レ仰候之間、令二省略一候、恐惶敬白、

三月廿一日　　　　　　伊勢守貞経（伊勢）（花押）

謹上　奨讃（正續）院侍衣禅師（13）

この文書によると伊勢貞経は、鎌倉円覚寺正続院に対して、同院から借用していた五〇〇貫文の弁済にあたって「中郡荘年貢」をもってこれに充てようと試みた。しかし南宮なる人物が押領してそれを果たすことができないので、「大田左京亮」を下向させて現地の代官に申しつけるよう指示した、と著されているのである。

ここで注目すべきは、使者として東国へ派遣されたのが大田左京亮なる人物であることである。それは大田左京亮がさきに「中郡惣代官」と符箋された大田五郎左衛門入道とおなじ「大田」姓を名乗る人物だからである。この両人はおそらく同族であろう。また大田左京亮は、そもそも京都在住の人物であるうえ、この案件の処理にあたって実際に京都から常陸国中郡荘へ下向して活動したこともうかがえる。

その大田氏は、幕府政所執事伊勢氏の被官とみられる。たとえばのちの『結番日記』文明八年（一四七六）四月八日条には、「大田大炊助被レ参申、御料所被二仰付一候て去年より加州へ罷下候（中略）在所請取候」とある。大田氏は、幕府政所執事伊勢氏の被官として全国の室町幕府御料所へたびたびおもむき、その経営に関与することが多かったのであろう。これら一連の記事は、室町幕府政所による中郡荘支配が、幕府政所執事伊勢氏のもとで同被官の「中郡惣代官」大田氏の一族ネットワークを駆使しておこなわれていたことを明示している。

このように中郡荘は、鎌倉府管轄国である常陸国にあって室町幕府の影響力が非常に強い領域であったといえる。それは中郡荘が、室町幕府と禁裏の複合的御料所に設定されていたことに加え、五〇〇貫文の拠出にも耐えうる経済的規模の荘園であったためであろう。それが室町幕府の政所をして中郡荘経営に積極的にたずさわる動機をあたえていたと考えられるのである。

またのちの文明年間、伊勢氏が管轄していた室町幕府御料所を列挙した『諸国御料所方支証目録』[14]にも「常陸国中郡庄」が掲げられている。詳しくは次節で述べるが中郡荘は、応永三十年（一四二三）のいわゆる常陸小栗氏の乱を契機として漸次に室町幕府の統制下から離れ、鎌倉府の御料所に組み込まれたとみられる。のちの結城合戦のとき足利安王丸・春王丸が中郡荘木所城で蜂起したことはそれを物語る。しかし『諸国御料所方支証目録』のような後世の室町幕府御料所の目録類になお中郡荘が掲げられつづけているところをみると、幕府政所執事伊勢氏の実質的支配がみられた応永年間の中郡荘は、同荘の周辺地域に対して室町幕府の影響力を想像以上に強くあたえていたと考えられるのである。京都において世阿弥が常陸国中郡荘を舞台とした謡曲『桜川』を創作したのも偶然ではあるまい。そこでつぎに、その室町幕府御料所常陸国中郡荘が、同荘の周辺地域におよぼした影響について検討したい。

二　常陸小栗氏の乱の背景と構造

本節では、室町幕府御料所中郡荘の存在が同荘と地理的に接する領域にあたえた影響について、小栗御厨、真壁郡、笠間郡を事例として具体的に検討する。まず中郡荘の西側に位置する小栗御厨（付図参照）についてである。

小栗御厨は、すでに鎌倉期から常陸平氏一族の小栗氏がその北端部に本拠を構えていた。そして室町期においても南端部に扇谷上杉氏領が一部ある以外、小栗氏がほぼ一円的な領域支配をおこなっていた。その小栗氏は、上杉禅秀の乱後、専制体制の確立を進める鎌倉公方足利持氏に対して武力蜂起をくり返したことが知られる。そして『勝山記』応永三十年（一四二三）条に「上方（足利持氏）、小栗御発向」とあるように、応永三十年ついに小栗氏は足利持氏自身の出陣による討伐をうけたのであった。いわゆる常陸小栗氏の乱である。

小栗氏の乱の発端は、ときの小栗氏当主であった小栗満重が、上杉禅秀の乱において禅秀方に加担したことにある。そして小栗氏は同乱の翌応永二十五年五月、本拠小栗城に立籠り改めて鎌倉府に反旗を翻したのであった。(15)さらに同二十八年十月、小栗氏は上野国に出兵して同国佐貫荘合戦にも加担していたようである。(16)

従来、小栗氏にこれらの武力蜂起を可能とさせた政治経済的な理由や背景は、史料的制約からまったく明らかにされていない。しかし前節での考察をふまえればその社会的背景のひとつとして、室町幕府御料所中郡荘に隣接するという小栗御厨の立地条件を指摘することができる。また小栗氏の乱を素材とした説経節『小栗判官』が、その主人公を京都生まれと設定していることも興味深い。これらの事実にもとづけば、従来その背後関係がまったく説明されていない小栗氏のたびかさなる武力蜂起の理由は、室町幕府御料所中郡荘ひいては室町幕府の政治的影響という観点から説明することができよう。以下、具体的な史料にもとづき小栗御厨と中郡荘の関係について考察を進める。

小栗氏のたびかさなる蜂起の理由を考えるとき、はじめに注目すべきは『満済准后日記』（以下『満済』と略）応永三十年（一四二三）七月十二日条の「去月廿五日、小栗城へ結城・小山以下大勢寄懸終日相戦、寄手八十余人於二当座一被レ打、手負不レ知二其員一、城衆ハ只一人被レ打云々」との記述である。この記述でまず着目すべきは、小栗氏討伐へ向かった鎌倉府勢の主力が「結城・小山」の両氏と著されていることである。とくに結城氏は、のちに足利持氏の子息足利安王丸・春王丸らを擁して結城合戦を主導したように足利持氏の最大与党であった。また、この当時の結城氏と小山氏の関係は、結城氏がかつての下野守護小山氏を血縁的にとりこむかたちで下野国の守護職を獲得していた。(17)そうした背景もあって小栗氏の乱では、下野守護結城氏を中心として小山氏や長沼氏らの下野国勢が、(18)討伐大将上杉定頼のもと鎌倉府勢の主力を担っていたといえよう。これは小栗氏が、小栗御厨の東側に室町幕府御料所中郡荘を背負いつつ、西側では足利持氏の最大与党である結城氏の勢力伸長と対峙する、というきわめて厳しい政治的・地理的環境に本拠を構えていたことを示している。小栗氏が、鎌倉府体制に対して執拗に武力蜂起をくり返した原因や背景として、この政治的・地理的な要因の存在を指摘できよう。

さて小栗氏の乱の推移は、鎌倉府勢としてこれに参加した鳥名木氏の着到状からその様相を知ることができる。同着到状には「就二小栗常陸孫次郎（満重）御対治事一、去六月廿六日馳二参古河御陣一之処、同七月一日小栗御進発之間令二供奉一致二日々矢戦一、同八月二日城責時属二土岐美作守手一打二破南面壁一、最前切入致二散々合戦一責落」[19]とある。ここに足利持氏は、小栗氏ら「凶徒退治」の祈禱をしつつ[20]、みずから出陣して小栗氏討伐をおこなったことがわかる。こうした着到状は、武蔵白旗一揆の別苻氏が作成したものも残されている[21]。つまり小栗氏討伐に向かった鎌倉府勢は、下野国勢を中心としつつもほぼ関東全域の東国武家によって構成されていたのである。この事実は、足利持氏の小栗氏討伐への並々ならぬ力の入れようを示している。なぜなら一般的には軍事的強硬路線の印象が強い足利持氏であるが、実際に足利持氏自身が戦場に出陣したのは上杉禅秀の乱、この小栗氏の乱、そして永享の乱の三回のみだからである。これは小栗氏の乱の背景にある室町幕府と鎌倉府のあいだの政治的軋轢の根深さというものを示していよう。

ついで小栗氏の乱における室町幕府の影響力について考察する。それは同乱の顛末について著されたつぎの『看聞日記』応永三十年八月二十日条の記事からわかる。

関東事、今月二日夜討有二合戦一、佐竹・小栗・桃井京方打負、小栗・桃井討死、佐竹ハ腹切云々但没落両説未レ定也、京方軍勢若干被レ討、此由注進到来、

とくに重視すべきは、小栗氏敗北の情報とともに著された「京方軍勢若干被レ討」との記述である。この一文は、小栗氏や山入佐竹氏らいわゆる「京都扶持衆」とは別個に室町幕府とかかわりの深い「京方軍勢」なる集団が、この小栗氏の乱に小栗方として参加していたことを明示している。その「京方軍勢」こそ、小栗御厨に隣接

する室町幕府御料所中郡荘にあって同荘代官が組織する室町幕府方の軍勢だったのではなかろうか。
それは鎌倉府奉公衆宍戸氏が[22]、応永三十年三月八日、足利持氏から得た感状に「去月十五日常州坂戸合戦之時自身幷家人等被レ疵[23]」とあることからうかがえる。合戦がおこなわれた「坂戸」は、まさに室町幕府御料所中郡荘の軍事拠点であった。ここからも小栗御厨と中郡荘は、小栗氏の乱において政治的・軍事的に一体的関係のものとして推移したとすることができる。小栗氏の乱において室町幕府御料所中郡荘は、小栗方の室町幕府勢の拠点として影響力をおよぼしていたのである。

以上ここまでは、小栗氏の乱の背景について、室町幕府御料所中郡荘と小栗御厨の関係という視点から考察を加えてきた。ついで室町幕府御料所中郡荘・小栗御厨いずれとも隣接する真壁郡（付図参照）の動向について考察する。

真壁郡には、小栗氏と同族でおなじ常陸平氏一族の真壁氏が蟠踞していた[24]。その真壁氏は、応永三十年、小栗氏の乱に呼応して鎌倉府に反旗を翻した。このとき真壁氏は、事前に室町幕府とかかわりをむすんだうえで蜂起したことが知られる。それは同年二月十六日、足利義持が真壁氏に発給した「真壁安芸守秀幹申常陸国真壁郡内御庄郷々本木・安部田・大曽禰・伊々田・北小幡・南小幡・大国玉・竹来等事、任二当知行之旨一、領掌不レ可レ有二相違一状如レ件[25]」との袖判御教書から知ることができる。真壁氏は鎌倉府管轄国内の国人であるにもかかわらず、京都の将軍足利義持から直接、安堵状を得ているのである。そしてそれが発給された時期が、小栗氏の乱のあった応永三十年中であることもけっして偶然ではあるまい。こうした真壁氏の行為は、このとき真壁氏が鎌倉公方との主従関係を捨て足利将軍との主従関係を選択したことを明示している[26]。真壁氏は、政治的選択として室町幕府との関係にその存在意義をもとめたのであった。

また右の袖判御教書に掲げられた土地の場所をみると、そのすべてが真壁郡の北側に位置し、中郡荘と接する土地ばかりであることも単なる偶然ではあるまい。これらの土地は旧来から一体関係にある庄領であったとはいえ、真壁氏の武力蜂起と室町幕府御料所中郡荘の関係性を如実に示している。

一方これを鎌倉府体制側の秩序維持という観点からみると、足利持氏にとって真壁氏は、小栗氏とともに討伐すべき存在であったことになる。結果として、常陸小栗氏の乱への足利持氏の出陣時、真壁氏もあわせて討伐されたのであった。

そこでつぎに真壁氏に対する鎌倉府勢の軍事行動が一体いかなるものであったのか考察する。真壁郡における合戦の経緯は、真壁城の攻略に参加した常陸烟田氏の着到状から知ることができる。同着到状には「八月二日、以二御意一鹿島・行方・東条同心仁向二真(壁脱カ)城一致二忠節一候上、無レ程御敵没落仕候」(27)とある。真壁氏の本拠真壁城は、応永三十年八月二日、鎌倉府勢によって「没落」させられたのであった(28)。そして真壁氏の所領は、その多くが没収されたのである(29)。

さて、ここで注目すべきは「鹿島・行方・東条」ら三氏の常陸国人が鎌倉府勢として真壁城の攻略に加わっていることである。この三氏は、ともに常総内海（霞ヶ浦・北浦）周辺を郡規模でおさえる常陸国人であった。しかしこの三氏は、真壁氏や小栗氏とおなじ常陸平氏一族である。常陸平氏一族は、中世を通じて惣領大掾氏を中心に氏神鹿嶋社のもと一定の結束をたもっていたことが知られる(30)。しかし常陸平氏一族は、この小栗氏の乱において完全に分裂したのであった。従来これは、常陸平氏庶流の持つ自立化の願望と足利持氏による庶流諸氏の登用策とが利害一致したため、常陸平氏庶流である「鹿島・行方・東条」は鎌倉府勢に与同したとみなされてきた。

この見解は、このとき常陸平氏一族の惣領大掾氏が、鎌倉府勢に加わらず「鹿島・行方・東条」らとは異なって室町幕府方としてのうごきがみられることからも首肯できる。実際、『満済』応永三十年七月五日条に「京都様御扶持大丞(掾)」、同十二日条に「常陸大丞(掾)注進、今月一日々付到来」とみえ、大掾氏には室町幕府との通交関係が確認される[31]。

さらに、のちの『勝山記』永享元年（一四二九）条には「極月十三日、大様《（掾カ）》父子打ル、也」とある。これは永享元年、大掾氏父子が在鎌倉中、足利持氏によって謀殺されたことを明示している。理由は、おそらく大掾氏が室町幕府との関係を深めていたためであろう。

そして本章での分析視角からすれば、いまひとつ新たな指摘を加えることができる。室町幕府御料所中郡荘との地理的な位置関係である。つまり「鹿嶋・行方・東条」ら三氏はその本拠が中郡荘とは地理的に離れた場所にあったため（付図参照）、鎌倉府体制への与同が適当と判断したと考えられる。しかし小栗氏と真壁氏は、本拠地が室町幕府御料所中郡荘と地理的に隣接しそのかかわりが密接なため、室町幕府との関係をむすぶことを選択したといえよう。これは、のちの時代まで親鎌倉公方勢力であった鹿嶋氏、行方氏、東条氏らが[32]、小栗氏、真壁氏とは異なって常総内海（霞ヶ浦・北浦）の領主としての性格を持っていたことと無関係ではあるまい。また大掾氏が、いわゆる「京都扶持衆」でありながら小栗氏の乱において室町幕府勢として目立った行動がみえず、最終的に武力抗争を起こさないまま謀殺された理由も、やはり中郡荘との距離・位置関係から整合的に説明できるのではなかろうか。ここに室町幕府御料所中郡荘の存在意義があらためて浮かびあがるのである。

また前掲二通の着到状を比較すると、真壁城と小栗城が落城したのは同日であったことがわかる。こうしたことからも真壁氏と小栗氏のうごきには一体的関係性がうかがえる。背景には、改めて室町幕府との関係性を措定することができよう。そして真壁氏と小栗氏の敗北は、常陸国中郡荘とその周辺地域における室町幕府の政治的影響力を決定的に失わせることになったといえる。それはのちの結城合戦の勃発時、足利安王丸・春王丸が挙兵した拠点のひとつに中郡荘があったことからも推測できる[33]。なぜなら前述したように歴史的にみて権利関係の錯綜が少なかったであろう旧室町幕府御料所の中郡荘が、この小栗氏の乱を契機として鎌倉府に接収されたとみれば、中郡荘が足利安王丸・春王丸らの蜂起の拠点となった理由として説明がつくからである。中郡荘を中心としたこの領域の歴史的性格は、のちの結城合戦の様相からも読み説くことができるのである。また、小栗御厨についてものちの享徳の乱のとき山内上杉氏の拠点となったことが知られる。これも歴史的にみてその権利関係の錯綜が少なかったであろう小栗御厨が、小栗氏の乱を契機として山内上杉氏によって接収されていたとみれば整合的に説明することができよう。

以上、ここまでは真壁氏の動向を中心として、室町幕府御料所中郡荘・小栗御厨と真壁郡の関係について考察してきた。つぎに中郡荘の東側に位置する笠間郡（付図参照）の様相について若干触れておきたい。

笠間郡については、残存史料が少なく室町期の様相は詳らかでない。しかし注目すべき関連史料がひとつ存在する。それは応永四年（一三九七）、笠間郡の国人笠間氏が作成した申状写である。それによると笠間氏は、同年八月、鎌倉宝戒寺三聚院との相論において苗字の地である「常陸国笠間十二ケ郷」を知行する法的根拠として「明徳二年」の「京都安堵下文」を掲げている。(34) 問題となるのは、明徳二年という時期に常陸国内の土地の安堵状を室町幕府から獲得しているという事実である。このとき鎌倉府は、すでに二代鎌倉公方足利氏満の時代で、東国における鎌倉府の政治秩序も明確になりつつある時期であった。笠間氏は、そうした時期にもかかわらず京都の室町幕府に所領安堵をもとめたのであった。(35) これは笠間郡が、室町幕府との関係が深く、少なからずその影響をうける地域であったことを示している。ただし笠間氏は、応永三十年の小栗氏の乱では小栗氏や真壁氏に同調せず、鎌倉府側についたとみられる。それは笠間氏が翌三十一年、関東管領上杉憲実から陸奥国依上保における鎌倉府の使節遵行を命じられていることからもわかる。(36) この背景には、前述の申状写に笠間郡内のうち「石井郷」の「半分」が鎌倉府「御料所」であると著されていることが関係していたといえる。つまり笠間氏は、代官請負などのかたちで鎌倉府とのかかわりもむすんでいたのである。そうしたことが小栗氏の乱における笠間氏の行動に影響をあたえたと考えられよう。

ただ笠間氏のように、鎌倉府に与同しつつも潜在的には室町幕府との関係を意識する東国武家がほかにも存在していたことは間違いない。それは、のちの『師郷記』享徳四年（一四五五）二月十一日条に「今日関東使僧三人於二管領一被レ召二捕之一、去此於二関東合戦一、京都御扶持者多被レ討之故云々」とある記述からもうかがえる。京都の人々からいわゆる「京都扶持衆」と認識される東国武家は、「京都扶持衆」という言葉に時代性が失われたのちの時期となっても数多く存在していたのである。[37] これは、いわゆる「京都扶持衆」がさまざまな形態をとりつつ脈々と存在しつづけ、東国には室町幕府との関係を望む国人層がなお多く存在しつづけたことを明示している。

以上、室町幕府御料所中郡荘と隣接する小栗御厨、真壁郡、笠間郡の様相を中心として、小栗氏の乱をめぐる常陸「京都扶持衆」の動向について具体的検討を加えてきた。その結果、筑波山麓の北側にあたる地域は、鎌倉府の管轄国ながら室町幕府の政治的影響力が非常に強い領域であったことが明らかになった。しかし室町幕府は、小栗氏の乱の敗北によってこの領域に対する政治的影響力を失ったのであった。『兼宣公記』応永三十年八月十七日条に「関東事、自二京都一御扶持之輩大略滅亡之由有二其聴一」とあるのは、そうした認識を示すものであろう。こうした事態の推移にともなって室町幕府は、必然的にこの領域よりも北側にあたる常陸国北部の奥七郡とよばれる領域に政治的関心を移していったのである。そこでつぎに常陸国の奥七郡をめぐる問題について、同地域とかかわりが深い佐竹氏一族の動向を中心に検討を加えることとする。

三　常陸守護山入佐竹氏と室町幕府

常陸国の奥七郡（那珂西、那珂東、久慈西、久慈東、佐都西、佐都東、多珂）は、旧来から常陸国太田に本拠をおく佐竹本宗家を中心とした佐竹氏一族の本拠であった。ただし室町期の佐竹氏一族は、応永十年代以降、政治的対立のすえ本宗家と庶流山入家の二派に分裂していた。そして本宗家が鎌倉府、庶流山入家が室町幕府とそれぞれ関係をむすび激しく対立していた(38)。

事の発端は、応永十四年（一四〇七）、佐竹氏本宗家の佐竹義盛が子息なく死去したことにある。佐竹義盛はその娘婿として山内上杉氏から義憲（のち義人）を入嗣させた。そのため佐竹氏本宗家は、このとき鎌倉公方と良好な関係にあった山内上杉氏とともに鎌倉府体制に親和的な政治的立場をとったのであった。しかし佐竹氏庶流ながら血統上は直系にあたる山入佐竹与義・祐義父子は、本宗家の養子義憲に反発して室町幕府とむすんだのである。そしておなじく佐竹氏庶流ながら血統上は直系の長倉氏、稲木氏、額田氏、ならびに国人山県氏らも山入佐竹氏に同調した。そして実際に常陸長倉城に立籠るなど山入一党として鎌倉府体制に反発したのである。その意味では、山入佐竹氏らの行動意識は前節でみた小栗氏、真壁氏らの反鎌倉府抗争とは社会背景が異なるものであった。そしてそれは「京都扶持衆」の多様性を示すものといえる。

本節では、そうした山入佐竹氏をめぐる諸問題について、室町幕府の東国政策という視点から奥七郡における佐竹氏一族の相克の様相を交えて検討する。

上杉禅秀の乱のとき山入佐竹氏ら山入一党は、禅秀方に呼応して反足利持氏の立場を明確にし、常陸国太田ちかくの稲木城や常陸長倉城などで武力抗争を試みた(39)。室町幕府は、これにあわせて早くも応永二十五年、山入佐竹氏の血統上の正統性を政治利用しつつ鎌倉府を牽制するうごきをみせた。

『満済』応永二十五年十月十二日条に「常陸守護佐竹上（与義）［　］入［　］此両条難儀、可㆑有㆓御免㆒」とある。ここに室町幕府は、上杉禅秀の乱の乱後処理をめぐる室町幕府と鎌倉府の政治調整のなかで、山入佐竹与義の常陸守護補任を鎌倉府にもとめたことがわかる。なお同日条には、約一年半の交渉のすえ宇都宮持綱の上総守護補任が正式に決定した記事もあわせて著されている。一連の動向に鑑みると、室町幕府の常陸守護補任にかかわるこのうごきは、宇都宮持綱の上総守護補任が実現したことに勢いを得てのものであったとみなすことができよう。

しかし鎌倉公方足利持氏は、宇都宮持綱の場合と異なり山入佐竹与義の常陸守護補任を認めようとしなかった。そのため常陸守護をめぐる政治調整は難航した。将軍足利義持は同二十八年四月二十八日、ふたたび足利持氏に対して「常陸国守護職事、可レ被レ申二付佐竹上総入（与義）一候由雖二度々申候一、未無二其儀一候、無二心元一候、所詮早速被レ仰二付彼一候者可レ為二本意一候」[40]との御内書を発給している。ここに鎌倉府は、約二年半にわたって山入佐竹与義の常陸守護補任を拒みつづけていたことが明らかとなる。佐竹氏一族をめぐる室町幕府と鎌倉府の政治調整は、常陸守護職をだれにするのかという問題を中心に推移していったのである。

そうした背景もあいまってこの時期の常陸国内は混乱した。応永二十八年六月、鎌倉府から宍戸持朝と二階堂盛秀が常陸国へ派遣され、山入一党額田氏と本宗家佐竹義憲の調停作業が試みられるなど、在地でもさまざまな軋轢が表面化していたのである[41]。

さて常陸守護職の問題に関してはひとつの注目すべき事実がある。それは応永二十八年十月二十七日、本宗家の佐竹義憲が「御料所年貢進納事、合五貫文者大内跡分、右、京進御急事候間為二明年分一来晦日以前可レ令二進納一、若於二異儀之輩一者、下地お可レ令二上表一状如レ件」[42]との書下を発給していることである。これは佐竹義憲が、鎌倉府体制の側にありながら「京進」すべき「御料所年貢」の「進納」を急いでいたことを示すものである。とくに注目されるのは、その時期がさきに掲げた足利義持御内書が発給された半年後の出来事であることである。案ずるに、これは鎌倉府体制の側にあった佐竹義憲が、「京進」の「進納」を履行することによって常陸守護としての正統性を主張したとみることができる。そしてそれは「京進」すべき年貢の抑留が、そのまま室町幕府に恭順しないことの意思表示になるという認識があったためと考えられる[43]。

ここに常陸守護職の問題は、室町幕府が常陸国内に有する権益の問題ともむすびついていたと再評価できる。そしてそれは、場所の特定までは困難であるが常陸国内には中郡荘のほかにも室町幕府が権益を持つ小規模な御料所が存在していたこと示している。

一方この一連の事態に対して鎌倉公方足利持氏は、『満済』同二十九年十一月二日条に「佐竹上総入道（与義）為二関東沙汰一被レ誅也」とあるように、ついに在鎌倉中の山入佐竹与義を誅殺した[44]。これは、足利持氏による佐竹氏一族の内部抗争への政治介入というかたちでなされたのであった。また山入佐竹与義が誅殺されたのは、前述の小栗氏の乱の直前のことであった。ここに足利持氏は、山入佐竹氏の誅殺、小栗氏・真壁氏の征伐、という本来は政治的に性格の異なる一連の施策を周到な計画のもと一体的におこなったとみることができる。それは足利持氏が、常陸国内の反鎌倉府勢力のうごきの背後に室町幕府の政治的影響をみとめ、重要な政治・軍事課題と認識していたことを示している。

さて、誅殺された山入佐竹与義の子息山入佐竹祐義、および額田氏ら山入一党は「佐竹上総入道常元（与義）之子共以下庶子等館（立）二籠常州額田城一[45]」とただちに常陸国内で武力蜂起した。しかし常陸額田城は、小栗氏の乱の軍事行動と連動した鎌倉府勢の対応もあり、応永三十年三月ごろ小栗氏に先んじて鎮圧された[46]。そうした事態に室町幕府は、山入一党につぎのような政治的支援をおこなった。すなわち『満済』同三十年六月五日条に「今日常陸国守護職佐竹刑部大輔佐（祐）義ニ被二宛行一、御判被レ出レ之」とあるように、鎌倉府の意向に関係なく山入佐竹祐義を常陸守護に補任したのである。この日は、同日条に「必為二常陸小栗以下悪党対治一武蔵辺マテ可レ有二御発向一」とあり、室町幕府が足利持氏みずから小栗氏征伐に出陣するとの情報を得たまさにその日であった。その意味を考えれば、これは室町幕府が鎌倉府との政治調整を打ち切ったことを示す記事ということになる。

なおこれに関連する事由として、隣国の下野国において室町幕府の意向にかなう結城光秀の下野守護補任のうごきがあったのは翌七月十日のことであった。(47) ここに応永三十年時点の室町幕府は、北関東における東国政策として、下野国よりも常陸国のほうを早急に対応すべき国とみていたことがわかる。つまり北関東における常陸「京都扶持衆」の動向を注視していたのは、自身で出陣した足利持氏のみならず室町幕府もおなじだったのである。

室町幕府による山入佐竹氏擁護の姿勢は、小栗氏の乱後もなお明確でありつづけた。それは山入佐竹祐義に対して「小栗退散事無二是非一候、但依レ之不レ可レ有二退屈一、弥堅可レ踏レ国」や、「向後弥随二京都成敗一一族等令二一味同心一可レ抽二忠節一也」と著された足利義持御内書がたびたび発給されていることからもわかる。(48) 室町幕府があくまでも山入佐竹氏に対して「京都成敗」に従うよう命じたのは、小栗氏と真壁氏の敗北後、次善の策として山入佐竹氏を積極的に統制して常陸国への影響力を残そうと室町幕府が画策したことを示している。そしてこの問題は、改めて常陸守護職の補任問題というかたちで室町幕府と鎌倉府の政治的懸案事項として再燃したのであった。それは『満済』応永三十二年閏六月十一日条のつぎの記事からうかがえる。

自二鎌倉殿《（足利持氏）》一（中略）種々被二嘆申一、其様ハ、於二常陸国一ハ佐竹左馬助《（義憲）》ニ為二関東一相計了、仍又故御所・当御代安堵御判在レ之、然ヲ佐竹刑部大輔《（祐義）》ニ国事可二仰付一旨連々被二仰下一了、於二刑部大輔《（祐義）》事一ハ対二関東一不義条々在レ之、雖レ然為二京都一如レ此被二仰下一上者、於二半国一ハ刑部大輔《（祐義）》可二知行一、於二半国一左馬助《（義憲）》可二知行一、此上ハ両佐竹令二和睦一、在鎌倉候様ニ可レ被二仰付一条自レ何可二畏入一

これは室町幕府の守護制度が論じられるときよくとりあげられる記事である。しかし従来の研究には再検討すべき問題点が二つほどある。

第一は、室町幕府は山入佐竹祐義を常陸守護とみなしていたが鎌倉府は本宗家の佐竹義憲を常陸守護と認識していた、との解釈がなされることについてである。換言すれば守護補任権の所在にかかわる評価の問題というこ

とになる。

この点について鎌倉府側の主張をよくみると、本宗家佐竹義憲の常陸守護について「故御所・当御代安堵御判在レ之」と記されている。これは、関東諸国の守護補任権が室町幕府にあったことをほかならぬ足利持氏が認めていることをあらわしている。足利持氏の抗弁であるだけにかえって事の本質が表出しているといえよう。これによって関東諸国の守護補任権は室町幕府の側にあったことが明確となる。(49)前章でも考察したように、関東諸国の守護補任権は鎌倉公方の意向のほうが足利将軍のそれよりも優越する、との旧来の見解は修正されるべきなのである。

第二は、鎌倉府側が常陸守護を本宗家と山入家の佐竹氏両家でいわゆる半国守護にしたらどうかとの提案を室町幕府にしたことについての解釈である。

旧来から指摘されるように鎌倉期以来の伝統的雄族が割拠する常陸国では、もともと守護権が一国単位で機能していなかった。それゆえこの提案は、むしろ足利持氏による山入佐竹祐義のうごきを減じさせる政治的意図を持った発言としか考えられない。『喜連川判鑑』によると本宗家の佐竹義憲は、応永二十四年正月、鎌倉府の「評定ノ頭人」に任じられたという。これは佐竹義憲が、すでにこのとき鎌倉府評定衆として守護とおなじ装束や乗物を使用できる身分格式を獲得していたことを意味する。(50)つまり佐竹義憲は、ここで常陸守護に補任されずとも鎌倉府体制における政治的位置はすでに獲得していたのである。それゆえこの半国守護問題にかかる主旨は、佐竹義憲の守護就任におかれるべきではない。あくまでも山入佐竹祐義のうごきを減じさせることに主眼をおいた足利持氏の政治的意図のあらわれとみるべきであろう。

そしてこの記述は、最終的な守護補任権をもたない鎌倉府側からの提案であることも正確に理解せねばならない。つまり鎌倉府による半国守護の提案とは、鎌倉府の政治的体面を繕うための室町幕府への当てつけの言説とみることができるのである。しかも旧来は、この記述によって常陸国ではあたかも半国守護が導入されたかのようにみなす見解もみられる。しかしこの記述は、鎌倉府からそうした提案があったことを示すのみで、実際に半国守護が導入されたことは意味していない。それは『満済』翌七月五日条のつぎの記事から明らかとなる。

佐竹刑部少輔（祐義）并左馬助（義憲）和睦事、自二鎌倉殿（足利持氏）一如レ被レ申可レ有二御下知一処ニ、佐竹刑部少輔（祐義）為二対治一、自二鎌倉一里見（家基）ヲ常陸国ニ支向去年以来被レ置レ之、所詮、此里見（家基）早々被二召返一ハ、佐竹両人和睦事可レ有二御下知一旨、以二鹿苑院書状一関東明窓和尚方へ可二申遣一旨被レ仰、

このように室町幕府は、半国守護を導入する前提条件である本宗家と山入家の和睦について、鎌倉府勢による常陸国への軍事介入がつづいていることを理由に拒絶しているのである。(51)この点、半国守護を導入するための前提条件が整っていたようには思われない。つまり常陸国に半国守護が導入されたとみなす見解は、先掲史料のみを部分的に引用したことによる明確な誤りである。したがって正確な理解としては、室町幕府は応永三十年六月五日をもって山入佐竹祐義を常陸守護とみなしていたが、鎌倉府はあくまでもそれを承諾せず本宗家の佐竹義憲を常陸守護としたいとの意向を持ちつづけ、両府の主張は平行線をたどったままであった、とするのが穏当である。

なおこれらの事実は室町幕府が、たとえ鎌倉府管轄国の常陸国であっても室町幕府―守護体制による統制を基本政策のひとつとしていたことを示している。そうした類例は、甲斐守護の補任をめぐる甲斐武田氏本宗家とその庶流上総武田氏の関係にもみることができる。(52)また下野守護の補任をめぐる結城光秀の問題も本質は同様であろう。(53)この時期の東国守護の補任権をめぐる問題は、政治的に対立していた室町幕府と鎌倉府のあいだの象徴的な政治課題だったのである。これら関東諸国の守護補任権の問題は、常陸国だけを個別に検討しても正確な判断はできない。室町幕府の東国政策のなかで総合的に論じるべき問題なのである。

さて室町幕府は、さきの応永三十年の小栗氏の乱の結果、山入佐竹氏と山入一党を除き常陸国における影響力を完全に失った。室町幕府は、そうした事態に対して一体どのような政治秩序を再構想したのであろうか。それを明らかにするのが『満済』正長元年（一四二八）八月十一日条のつぎの記事である。

佐々河殿(足利満直)へ就二佐竹(祐義)御扶持一可レ被レ下二御書一歟事被二仰合一処二、未レ自二彼御方一不レ被レ申二音信一間、先御略可レ宜云云、次、佐竹(祐義)方江同可レ被レ遣二御書一歟事同前云々、但佐竹(祐義)方へ御書事重被二仰出一間、可レ為二時宜一之由申了、

これは室町幕府が、南奥州の篠川公方足利満直を中心として陸奥国南部、常陸国北部、下野国北部という領域をまとめた新たな政治秩序の構築をめざし、そこに山入佐竹氏も組み込もうとしていたことを明示している。実際に篠川公方足利満直は、『満済』永享元年（一四二九）十一月九日条に「佐々河(足利満直)へ条々申詞等承（中略）佐竹刑部大輔入道(祐義)事、御扶持御悦喜候」とみえ、山入佐竹氏との通交関係を整えたとみられる(54)。これは足利義教が将軍に就任してから明確になった構想であり、足利義持・義量の時代にはみられないものであった。常陸国北部における動乱は、正長年間の新将軍足利義教の登場によるあらたな政治秩序の構築構想ともあいまって、政治的にも地理的にもいわゆる南奥争乱と一体化していったのであった(55)。

このの ち室町幕府は、永享三年に鎌倉府側が一時的な和睦を申し入れたとき、その条件のひとつとして山入「佐竹」氏の「為二関東計一不レ可二退治一」(56)をもとめた。ただしその要求にもかかわらず鎌倉府は、山入一党に対する軍事圧力をかけつづけたことが知られる。それゆえ山入一党もまた、永享七年の常陸長倉城合戦に代表されるように正長・永享年間を通じて絶えず常陸国内の各所で反鎌倉公方の武力抗争をくり広げたのであった(57)。

永享年間の東国は足利持氏の専制体制によって一定の政治秩序を維持していたとの印象が強い。しかし常陸国北部の各所では断続的に武力抗争がつづいていたのである。これは前述した山入一党による反鎌倉府抗争の経緯

と背景が、佐竹義憲の佐竹本宗家への入嗣問題と重なり、ほかの「京都扶持衆」とは異なる社会的背景を有していたためといえる。そして山入佐竹氏と山入一党の執拗な武力抗争の背後に、室町幕府や篠川公方の政治的支援が深く影響していたことは間違いない。

おわりに

以上、史料残存量の問題から詳らかにならないことも多いが、室町幕府と常陸「京都扶持衆」の関係について地域構造論的な視点から考察を加えた。

常陸国中郡荘が室町幕府御料所であったことは重要な事実である。それは本章で明らかにしたように、室町幕府御料所中郡荘の存在がその周辺地域の東国武家に非常に大きな政治的影響をあたえていたことが認められるからである。そして常陸国では、いわゆる「京都扶持衆」であった武家相互のつながりが他国にくらべてみられることも特徴として指摘できる。これもまた室町幕府御料所中郡荘の存在が結節点としての役割を果たしていたといえる。室町幕府政所御料所のもつ政治的意義が[58]、常陸国中郡荘ではきわめて顕著に認められるのである。これは従来の常陸国に関する研究ではまったく注視されていない問題であった。室町幕府と鎌倉府の対立期における常陸国中郡荘は、室町幕府政所の直接的影響下にあった。それこそ小栗氏や真壁氏らによって常陸「京都扶持衆」に固有の特徴である武力蜂起がなされた最大の要因であったといえよう。

常陸守護をめぐる問題からは、室町幕府が鎌倉府管轄国の常陸国でも室町幕府—守護体制を基本施策のひとつとして地方統制を進めていたことがわかる。これは守護職を獲得した者が、室町期の統治組織のなかで応分の政治的位置をあたえられていたことと表裏の関係にある。鎌倉府による半国守護の提案も、秩序統制の概念ではその基底部分において室町幕府と認識を共有していたとみることができる。ただし常陸国における半国守護の問題は、室町幕府との政治交渉の手段としての足利持氏の言説とみるべきである。それゆえ常陸半国守護の事例を守護の一般的形態論と比較検討して論じるのは不適合であろう。

鎌倉府では、評定衆に守護とおなじ身分格式があたえられていた。そのため鎌倉府評定衆であった佐竹本宗家の佐竹義憲は、常陸守護に補任されずともすでに鎌倉府体制で応分の家格と政治的位置を整えていた。このことは、従来の研究ではその意味がまったく考慮されていない。しかし常陸半国守護の問題を考えるときの前提条件として、けっして見落とせない事実である。

応永三十年の小栗氏の乱によって、中郡荘、小栗御厨、真壁郡という筑波山麓北側の領域に蟠踞する親室町幕府勢力の東国武家を足利持氏に討伐された室町幕府は、奥七郡の山入佐竹氏ならびに山入一党を除いて常陸国における政治的影響力を完全に失った。そうした事態に室町幕府は、室町幕府御料所中郡荘を中心とした地域統制に替わる新たな政治的凝集核として、南奥州の篠川公方を見出した。そして篠川公方を中心とした常陸国北部、下野北部、陸奥国南部にまたがる新たな政治秩序の構築を画策したのであった。

室町期常陸国にかかわる研究は、これまで同国南部の常総内海（霞ケ浦・北浦）を中心とするものが多かった。[59]それは常総内海が鎌倉府からの影響力が強い地域であったゆえの史料残存状況に規定されたものであったといえる。ところが常陸国西部や北部では、南部とはまったく異なり室町幕府御料所を中心とした独特な領域秩序が形成されていた。これは鎌倉府体制の独自性のみを追求した従来の研究では方法論的にとらえることのできない盲点であった。また、鎌倉街道や奥大道など陸路研究でもとらえきれない問題であった。

守護制度と「京都扶持衆」の関係が一体的に連動した奥七郡の山入佐竹氏のみが鎌倉府勢による軍事圧力をはねのけ、反鎌倉公方の武力抗争をつづけることができた。それはこの二つの施策の組み合わせこそが、室町幕府の東国政策を効果的に発揮させるものであったことを明示している。つまり「京都扶持衆」が存在するだけでは室町幕府の東国政策は充分に機能しなかったのである。あわせて北関東における守護補任の問題を、伝統的雄族がもつ私的支配網の選択の問題ととらえることにも疑問がある。それは、この時期の佐竹氏は一族が内部分裂しており、守護補任がただちに私的支配網の選択とはむすびつかないからである。東国における守護制度と「京都扶持衆」の問題は、ともにこれを単純化して説明することは不適切である。そしてそれは守護制度と「京都扶持衆」の一体的な運用によってはじめて室町幕府の東国政策が有効に機能することを意味している。

本章の残された課題として、結城合戦にいたる佐竹義憲を中心とした佐竹本宗家の動向、山入佐竹氏を中心とした山入一揆とよばれる山入一党の武力抗争の詳細と変遷など、佐竹氏一族における本宗家と山入家それぞれの常陸国内での具体的様相の検討を残した。これらは新たな課題としたい。

（1）渡辺世祐『関東中心足利時代之研究』（雄山閣、一九二六年）。
（2）田辺久子「京都扶持衆に関する一考察」（『三浦古文化』一六、一九七四年）、渡政和「「京都様」の「御扶持」について――いわゆる「京都扶持衆」に関する考察――」（『武蔵大学日本文化研究』五、一九八六年）、遠藤巖「京都御扶持衆小野寺氏」（『日本歴史』四八五、一九八八年）。
（3）拙稿「室町幕府と下野「京都扶持衆」」（『年報中世史研究』三〇、二〇〇五年、本書第四編第一章）。
（4）『茨城県史』中世編（一九八六年、文責新田英治・佐々木銀弥）、ならびに茨城県内の各自治体史を参照。
（5）室町期の国郡制に関する論考として、今谷明「守護領国制下に於ける国郡支配について」（『室町幕府解体過程の研究』岩波書店、一九八五年、初出一九八二年）、同「鎌倉・室町幕府と国郡の機構」（『室町時代政治史論』塙書房、二〇〇〇年、初出一九八七年）、池上裕子「中世後期の国郡と地域」（『日本中近世移行期論』校倉書房、二〇一二年、初出二〇〇〇年）などがある。
（6）室町期の常陸国中郡荘にふれる論考として、網野善彦「常陸国の文書」（『日本中世史料学の課題』弘文堂、一九九六年、初出一九八八年）、坂本和久「室町幕府政所執事伊勢貞経の動向について」（『七隈史学』一三、二〇一一年）がある。

（7）市村高男「中世常陸における「職人」の存在形態──鋳物師・鍛冶を中心として──」（永原慶二・所理喜夫編『戦国期職人の系譜』角川書店、一九八九年）。

（8）「塙不二丸氏所蔵文書」九六号（『茨城県史料』中世編Ⅰ）。

（9）東京大学史料編纂所架蔵写真帳『諸社証文』。同文書に関しては、前掲註（6）網野論文「常陸国の文書」参照。

（10）「法華堂文書」（『鎌倉市史』史料編第一、六一七号）。

（11）「小田本宗支族系図」（『神奈川県史』資料編三古代・中世（三上）、四四四四号）。

（12）前掲「法華堂文書」（『鎌倉市史』六一八号）。

（13）「円覚寺文書」（『鎌倉市史』史料編第二、三二四号）。

（14）「内閣文庫所蔵文書」（『和歌山市史』第四巻古代・中世史料、戦国時代（一）・五二号）。

（15）「皆川文書」六〇号（『栃木県史』史料編中世一）、「水府志料所収文書」七号（『茨城県史料』中世編Ⅱ）。

（16）「喜連川文書」一〇一号（『栃木県史』史料編中世二）。

（17）市村高男「鎌倉府体制の展開と結城・小山一族」（荒川喜夫編『下総結城氏』戎光祥出版、二〇一二年、初出一九八四年）。

（18）「松平基則氏所蔵文書」一六〜一八号（『栃木県史』史料編中世二）、前掲「皆川文書」六五・八〇・八一号。

（19）「鳥名木文書」一〇号（『茨城県史料』中世編Ⅰ）。

（20）前掲「喜連川文書」四号、「護国院文書」一五号（『茨城県史料』中世編Ⅰ）。

（21）「別符文書」（『群馬県史』資料編七中世三編年史料二、一四〇四号）。

（22）室町期の宍戸氏に関する論考として、湯山学「鎌倉御所奉行・奉行人に関する考察──鎌倉府職員の機能と構成──」（『鎌倉府の研究』岩田書院、二〇一一年、初出一九八六年）、山田邦明「鎌倉府の奉公衆」（『鎌倉府と関東』校倉書房、一九九五年、初出一九八七年）、小森正明「『常陸遺文』所収「真家氏文書」について」（『日本史学集録』四、一九八七年）、風間洋「関東奉公衆宍戸氏について」（『鎌倉』八九、一九九九年）、拙稿「小田孝朝の乱にみる常陸男体山と室町幕府」（『國學院雑誌』一一二─一〇、二〇一一年）、および関連自治体史などがある。

（23）前掲「水府志料所収文書」八号。

（24）室町期の真壁氏に関する論考として、山田邦明「常陸真壁氏の系図に関する一考察」（中世東国史研究会編『中世東国史の研究』東京大学出版会、一九八八年）、小森正明「中世後期東国における国人領主の一考察——常陸国真壁氏を中心として——」（『茨城県史研究』六二、一九八九年）、海津一朗「南北朝内乱と美濃真壁氏の本宗家放逐——「観応三年真壁光幹相博状（置文）」の再検討——」（『生活と文化』四、一九九〇年）、斎藤慎一「常陸国真壁氏と亀熊郷」（『中世東国の領域と城館』吉川弘文館、二〇〇二年、初出一九九四年）、山田邦明「真壁氏の家臣団について」（『茨城県史料付録』三三、一九九四年）、真壁町『真壁氏と真壁城』（河出書房新社、一九九六年）、糸賀茂男「「真壁文書」の周縁」（『関東地域史研究』一、一九九八年）、清水亮「南北朝・室町期常陸国真壁氏の惣領と一族」（『地方史研究』二七七、一九九九年）、同「了珍房妙幹と鎌倉末・南北朝期の常陸国長岡氏」（『茨城県史研究』八九、二〇〇五年）、および関連自治体史などがある。

（25）「真壁文書」二四号（『真壁町史料』中世編Ⅰ）。

（26）前掲「真壁文書」一一七号にも「去応永卅年、以㆓勝定院殿《（足利義持）》御成敗㆒就㆓小栗常陸介《（満重）》御合力㆒被㆑成㆔下御教書㆒間、伯父安芸守《（真壁秀幹）》相共構㆓一城㆒抽㆓戦功㆒」とある。

（27）「烟田文書」二号（『真壁町史料』中世編Ⅲ）。

（28）「一木文書」一号（『真壁町史料』中世編Ⅲ）もその関連文書である。

（29）「鹿島神宮文書」五～七号、「塙文書」一号（『真壁町史料』中世編Ⅲ）。

（30）室町期の大掾氏に関する論考として、水谷類「鹿島社大使役と常陸大掾氏」（『中世の神社と祭り』岩田書院、二〇一〇年、初出一九七九年）、猪尾和広「常陸国に見る中世武士団の一側面——烟田氏を素材として——」（『茨城県史研究』五七、一九八六年）、松本一夫「常陸国における守護及び旧族領主の存在形態」（『東国守護の歴史的特質』岩田書院、二〇〇一年、初出一九九〇年）、阿部哲人「鎌倉公方足利持氏期の鎌倉府と東国寺社——鹿島社造営を素材として——」（『歴史』八八、一九九七年）、清水亮「南北朝・室町期の常陸平氏と鎌倉府体制」（『日本歴史』六三七、二〇〇一年）、和氣俊行「常陸大掾氏と下総千葉氏の人間関係——室町中期を中心に――」（『地方史研究』三三六、二〇〇八年）、中根正人「室町中期の常陸大掾氏」（『千葉史学』六二、二〇一三年）、および関連自治体史などがある。

(31)「市河文書」一号（『真壁町史料』中世編Ⅲ）にも「佐竹刑部大輔・常陸大掾・小栗常陸介・真壁安芸守等事、有二京都御扶持一」とあり、大掾氏はいわゆる「京都扶持衆」と明記されている。

(32) 内山俊身「鳥名木文書に見る室町期東国の政治状況――永享の乱・結城合戦時の霞ヶ浦周辺と足利万寿丸の鎌倉公方復権運動について――」（『茨城県立歴史館報』三一、二〇〇四年）、同「応永期における常陸東条氏の動向――旧東町福田徳林寺の虚空蔵菩薩坐像底部銘の発見から――」（『茨城県立歴史館報』三三、二〇〇六年）などを参照。

(33)「賀茂部文書」一号（『茨城県史料』中世編Ⅲ）。

(34)「税所文書」九号（『茨城県史料』中世編Ⅱ）。

(35) 伊藤喜良「鎌倉府覚書――幕府統治機関からの「自立」過程の基礎的分析を中心として――」（『中世国家と東国・奥羽』校倉書房、一九九九年、初出一九七二年）、石橋一展「関東公方の「安堵権」と東国――東国武士の視点から――」（『千葉史学』五〇、二〇〇七年）などを参照。

(36)「東京大学白川文書」（『白河市史』第五巻古代・中世資料編二、四六〇～四六三号）。

(37)「小山文書」四三号（『栃木県史』史料編中世一）にも「彼仁（足立源左衛門尉）事、京都御扶持之儀」とある。

(38) 室町期の佐竹氏に関する論考として、福島正義「東国における戦国大名領の成立過程――常陸国佐竹氏の場合――」（『史潮』七一、一九六〇年）、江原忠昭『中世東国大名常陸国佐竹氏』（私家版、一九七〇年）、志田諄一「佐竹氏の領国経営――当乱相違地をめぐって――」（『歴史手帖』一〇―三、一九八二年）、松本前掲註(30)論文「常陸国における守護及び旧族領主の存在形態」、佐藤博信「十五世紀中葉における常陸佐竹氏の動向――特に義憲（義人）・義頼（義俊）・義治をめぐって――」（『続中世東国の支配構造』思文閣出版、一九九六年、初出一九九四年）、日暮冬樹「常陸佐竹氏の権力確立過程」（『国史学』一六三、一九九七年）、佐々木倫朗「佐竹義舜の太田城復帰と「佐竹の乱」」（『戦国期権力佐竹氏の研究』思文閣出版、二〇一一年、初出一九九八年）、および関連自治体史などがある。

(39) 「飯野八幡宮文書」(史料纂集『飯野八幡宮文書』一七一号)、「彰考館所蔵文書・石川氏文書」七号(『茨城県史料』中世編II)、「城下諸氏文書巻之十二・宍戸勘四郎治央」四〇号(『茨城県史料』中世編V)。

(40) 「昔御内書符案」(「大館記(三)」『ビブリア』八〇、一九八三年)。

(41) 「喜連川家御書案留書」(前掲『神奈川県史』五六二九号)。なお「阿保文書」六号(『茨城県史料』中世編IV)も関連文書とみられる。

(42) 前掲「阿保文書」五号。

(43) 井原今朝男「東国荘園年貢の京上システムと国家的保障体制——室町期再版荘園制論(2)——」(『国立歴史民俗博物館研究報告』一〇八、二〇〇三年)。

(44) 「妙経寺文書」(『東京都古代中世古文書金石文集成』第三巻古文書編三、八八七号)に「佐竹之常源《(与義)》、公方様《(足利持氏)》之上意ニ被レ背、彼寺《(鎌倉妙本寺)》ニ被レ籠十月十三日《(応永二十九年)》攻落候」とある。さらに『満済准后日記』応永三十年六月五日条に「依二鎌倉殿《(足利持氏)》一去年佐竹上総入道《(与義)》京都異レ他御扶持處、不二事向《(問カ)》一遣二大勢一被二切腹一了」、同七月五日条に「去年佐竹上総入道《(与義)》不二事問一被二誅罰一」とある。

(45) 前掲「鳥名木文書」八号。

(46) 前掲「水府志料所収文書」二七号、前掲「鳥名木文書」八号。

(47) 拙稿「室町幕府と下野「京都扶持衆」」(『年報中世史研究』三〇、二〇〇五年、本書第四編第一章)。

(48) 東京大学史料編纂所架蔵影写本『足利将軍御内書并奉書留』一・三号

(49) 新田英治「中世後期の東国守護をめぐる二、三の問題」(『学習院大学文学部研究年報』四〇、一九九四年)、同「中世の日記を読むにあたって」(学習院大学文学部史学科編『歴史遊学』山川出版社、二〇〇一年)。

(50) 拙稿「『鎌倉年中行事』にみる鎌倉府の着装規範——鎌倉公方の服飾を中心として——」(『日本家政学会誌』五八—五、二〇〇七年、本書第一編第二章)。

(51) 『満済准后日記』応永三十二年十二月五日条にも「条々仰旨在レ之、甲斐・佐竹等事也」との関連記述がある。

(52) 拙稿「室町幕府と甲斐守護武田氏」(『國學院大學大学院紀要』文学研究科三二、二〇〇一年、本書第三編第二章)、同「室町期上総武田氏の興起の基底——武田信長の動向を中心として——」(『武田氏研究』二五、二〇〇二年、本書第三編第三章)。

(53) 拙稿前掲註(47)「室町幕府と下野「京都扶持衆」」、本書第四編第一章。

(54)『満済准后日記』永享二年九月十四日条もこの関連記述である。

(55)「秋田藩家蔵文書七・大山弥大夫義次幷組下院内給人家臣家蔵文書」一・二号(『茨城県史料』中世編Ⅳ)、前掲「鳥名木文書」一四号、「角田石川文書」(『石川公追遠四百年記念誌』石川町・石川町教育委員会、一九九〇年、一七・一八号)、前掲「阿保文書」八号、「秋田藩家蔵文書二一・小野崎権太夫通貞家蔵文書」一五号(『茨城県史料』中世編Ⅳ)。なお南奥争乱については、拙稿「稲村公方と南奥社会」(『国史学』一七九、二〇〇三年、本書第二編第一章)を参照。

(56)『満済准后日記』永享三年三月二十日、四月十一・十三日条がこの関連記述である。

(57) 前掲「阿保文書」九~一七号、「勝山小笠原文書」(『新編信濃史料叢書』第十二巻、信濃史料刊行会、一九七五年)、『長倉追罰記』(『続群書類従』二十一輯下)、前掲「角田石川文書」二〇号。なお『満済准后日記』永享六年十一月三日条にも「自㆓関東㆒佐竹可㆑被㆓退治㆒之由風聞」とある。

(58) 室町幕府御料所については、桑山浩然「室町幕府経済の構造」(『室町幕府の政治と経済』吉川弘文館、二〇〇六年、初出一九六五年)、森末由美子「室町幕府御料所に関する一考察――その経営実態を中心として――」(小川信編『論集日本歴史五　室町政権』有精堂、一九七五年、初出一九七一年)、田中淳子「室町幕府御料所の構造とその展開」(大山喬平教授退官記念会編『日本国家の史的特質』古代・中世、思文閣出版、一九九七年)、同「戦国期室町幕府の御料所支配――将軍義晴期を中心に――」(『年報中世史研究』二四、一九九九年)などを参照。

(59) 霞ヶ浦・北浦を中心とした常総内海の問題については、市村高男「中世常総の内海(入海)と地域社会」(『中央学院大学比較文化研究所紀要』一一、一九九七年)、鈴木哲雄『中世関東の内海世界』(岩田書院、二〇〇五年)、茨城県立歴史館編『中世東国の内海世界』(高志書院、二〇〇七年)などを参照。

【参考】室町期結城・小山氏関係略系図

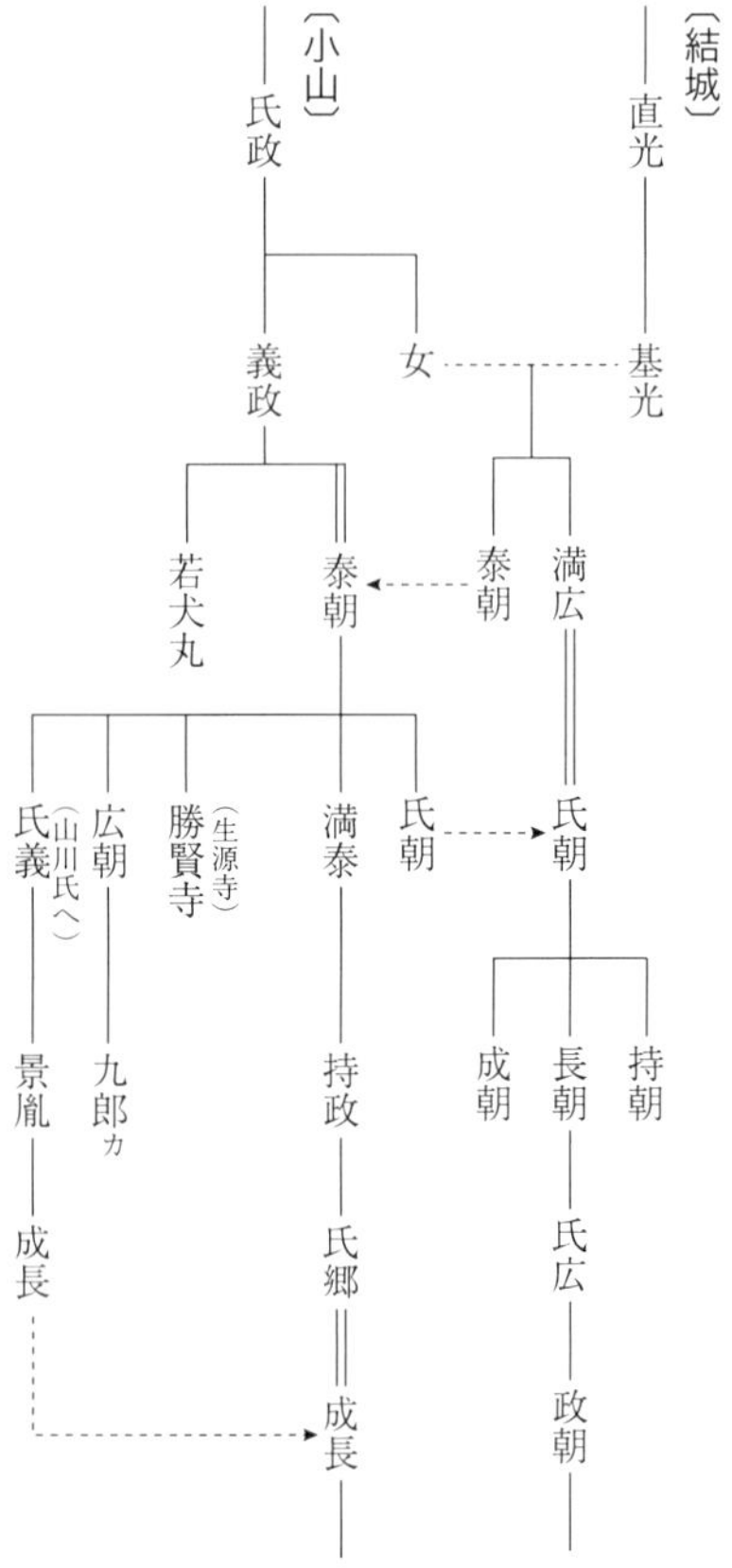

【参考】室町期佐竹氏関係略系図

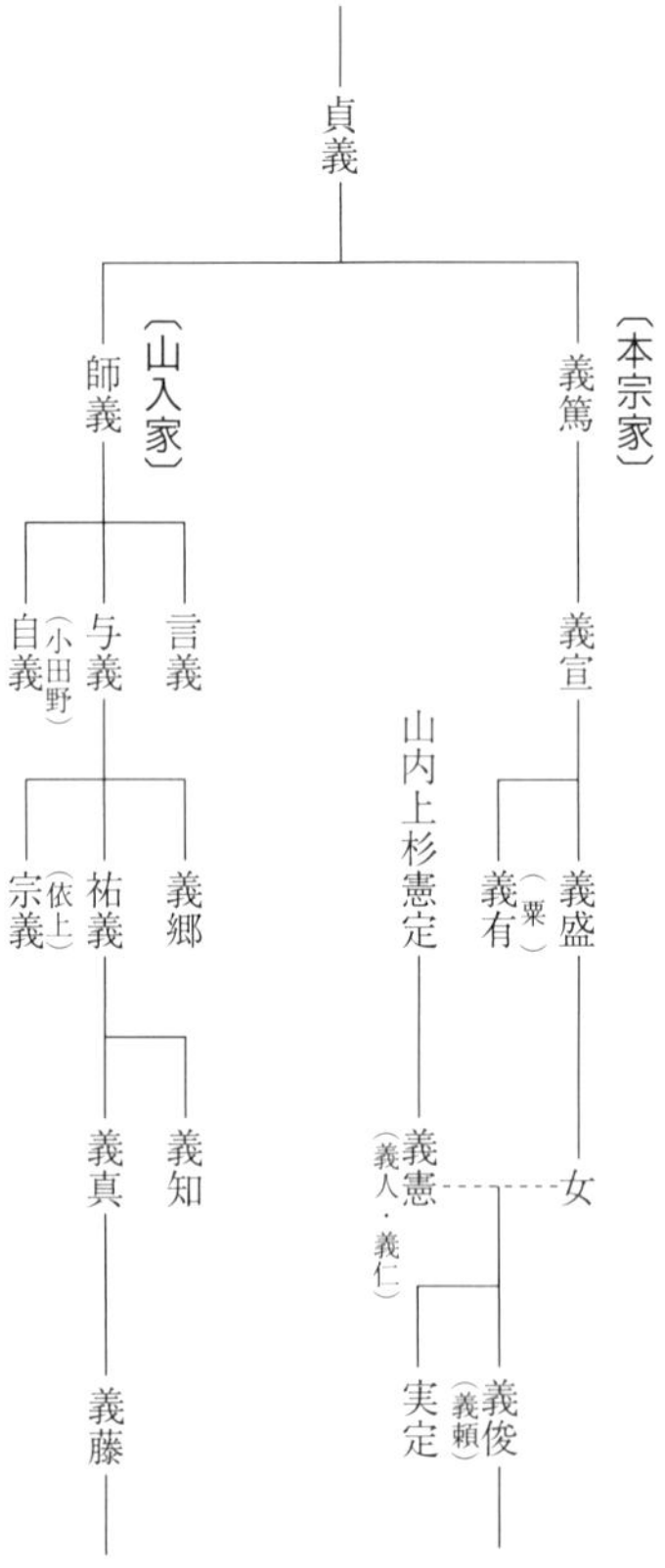

第三章　室町幕府と出羽大宝寺氏

はじめに

大宝寺氏は、出羽国大泉荘大宝寺（鶴岡）に本拠をおく国人で、その荘名を冠して大泉氏とも呼称された。この大宝寺氏と、鎌倉期に西遷御家人として九州へおもむき中世の北九州において勢力を誇った大宰少弐氏は、ともに武藤氏の一族である。

その大宝寺氏が出羽国大泉荘とのかかわりを持った端緒は、武藤氏一族が、奥州平泉合戦において西木戸太郎（藤原国衡）を討取った恩賞として、源頼朝から大泉荘地頭職をあたえられたことによるという。それゆえ『吾妻鏡』には、大泉次郎左衛門尉氏平、大泉次郎兵衛尉氏村、大泉九郎長氏など、大泉姓を名乗る人物が散見される。なかでも大泉氏平は、『吾妻鏡』承元三年（一二〇九）五月五日条によると鎌倉幕府に群参した羽黒山衆徒によって、大泉荘内外での非法を訴えられていることが知られる。その訴訟において羽黒山衆徒が主張した内容は、羽黒山は源頼朝から安堵された地頭不入地であるにもかかわらず、大泉氏平が同領の福田料田「万八千枚」を顚倒したうえ、さらに羽黒山内の事にまで口入したというものであった。ただし、この当時の大泉氏平は原則として鎌倉出仕であったと考えられるため、羽黒山へのそうした非法は大泉氏平の代官が侵したものとみられる。しかしこの『吾妻鏡』の記述は、大宝寺氏が、大泉荘の周辺地域に対して着実にその影響力を強めていたことを示唆するものといえよう。そして大宝寺氏は、鎌倉後期の一時期、その地頭職を北条得宗家に奪われたとみられるものの、(1)ほどなくみずからが居館をおいた大泉荘大宝寺を中心に庄内平野の有力領主として発展を遂げていったのであった。

さて、室町期の大宝寺氏に関するこれまでの研究は、地域史の視点から通史的に論じたものと、(2)戦国期大宝寺氏研究の一環としてとらえた論考がある。(3)しかし室町期の大宝寺氏については、史料的な制約も重なってこれまでその専論はみられなかった。しかしながら室町期の大宝寺氏をめぐる政治情勢を概観すると、そうした史料的制約をふまえつつもさらなる論究の必要性があると考えられるのである。それは当時の奥羽情勢を概観するとなお一層明らかとなる。

奥羽二ケ国は、はじめ室町幕府の管轄国であったが明徳二年(一三九一)、鎌倉府にその管轄権が委譲された。しかし室町幕府は、それ以後も依然として奥羽に対する政治的影響力をおよぼし続けていたことが知られる。そうした情勢のなか大宝寺氏の本拠地である庄内平野は、地理的に室町幕府管轄地域の北端越後国と隣接し、北陸道から奥羽にむかう入口部分に位置していた。こうしたことをみても室町期における大宝寺氏の政治的立場は、きわめて微妙なものであったことが想定されるのである。(4)またそれゆえ室町期の大宝寺氏について考察するさいには、室町幕府の奥羽に対する認識を充分に考慮して論じる必要があるといえよう。そこで本章では、室町期の大宝寺氏について、奥羽両国の様相や室町幕府との関係などに留意しつつ、当時の政治情勢を交えながら考察を進めてゆくこととしたい。

一　室町前期の大宝寺氏と奥羽情勢

大宝寺氏一族は、建武期動乱において奥羽における多くの戦闘に参加していたことが知られる。たとえば建武三年（一三三六）三月二十八日、相馬光胤が作成した軍忠状には、同二十二日の小高城合戦に「御内侍所大泉平九郎」が馳来たことや、同二十四日の標葉庄合戦で「侍所大泉平九郎」が軍忠実検をしたことなどが記されている[5]。またその「大泉平九郎」は、同二十七日の標葉庄凶徒退治にもやはり参加していたことが知られる[6]。これら一連の記述で問題となるのは、この大泉平九郎が一体いずれの「侍所」なのかであろう。なぜなら、それは大宝寺氏一族の立場を考えるうえできわめて重要な問題と考えられるからである[7]。

この点について考えるうえでまず注目されるのは、関連文書に「大将軍足利竹鶴殿侍所大□九郎殿教□[8]」と証判のある文書が残されていることである。ここに記される足利竹鶴とは、のちの斯波最上兼頼である。このことは、これらの軍事行動が斯波氏一族の主導のもとにおこなわれたものであったことを示している[9]。とするならば、前述の大泉平九郎に冠された「御内」とは、斯波氏一族の「御内」を意味することになろう。つまり大泉平九郎教□の立場は、斯波氏一族の「御内」として「侍所」の任にあったと考えられるのである。このように大泉平九郎教□は、南朝方勢力の優勢な奥羽にあってすでに建武三年には斯波氏一族に従属し、足利方として行動していたとすることができるのである。

そして大宝寺氏一族は、その後も基本的には奥羽で活動する斯波氏一族に従属していたとみられる。たとえば「大泉下野守」は、貞治三年（一三六四）九月十一日、沙弥真季なる人物とともに出羽国下大山荘や同国大曾禰荘において「御教書」に任せて相馬胤頼への打渡をおこなっている[10]。これは、同年中に斯波大崎詮持や斯波最上兼頼らの「両管領[11]」によっておこなわれた「羽州発向[12]」に関連したものとすることができよう。またこの貞治三年中には、すでに斯波最上兼頼が出羽国内で本格的な活動をはじめていたことが知られる[13]。このため、ここでの「御教書」とは、斯波最上氏の意を受けるものであった可能性が高い。こうしたことからもこの時期の大宝寺氏一族は、斯波氏一族と深いかかわりを持ちながら活動していたとすることができるのである。

しかしながら大宝寺氏の本拠地である出羽国大泉荘の周辺地域は、南朝方勢力の動きがきわめて活発な地域であった。たとえば康永二年（一三四三）二月五日、越後守護上杉憲顕は、越後の国人和田茂実に対して上杉清子（足利尊氏・直義兄弟の生母）が逝去したことへの弔問について「羽州警固」[14]を優先させるべきなので必要ない、と伝えていることが知られる。ここでの羽州警固とは、関連文書の「出羽国大泉庄藤嶋城凶徒等誅伐」[15]に対応するものと考えられよう。そしてこの「藤嶋城凶徒」とは、藤嶋が出羽国府の所在地であったことを考慮すれば、葉室光世らを中心とする南朝方勢力であったとみなすことができる。またこの藤嶋城に結集していた南朝方勢力は、関連文書に「羽州藤嶋城凶徒等寄㆓来当国㆒」[16]とあるように、「当国」こと越後国内にまで進出するほど意気盛んな勢力だったのである。

しかし、そうした藤嶋城の南朝方勢力も漸次に衰退してゆき、大泉荘の周辺地域はほどなく大宝寺氏の影響下に入ったとみられる。ここで注目されるのは、その南朝方勢力の制圧過程において、山内上杉氏が大宝寺氏とともに重要な働きをみせたとみられることである。それは明徳五年（一三九四）二月二十二日、上杉憲方が、将軍足利義満から「出羽国大泉荘」の安堵状を発給されていることからうかがうことができる。[17]同文書によるとこのとき足利義満が安堵状を発給した理由は、上杉憲方から「康安元年十月二日御下文」の紛失が申請されたためという。つまりこれらの記述にもとづけば、大泉荘は、すでに康安元年（一三六一）中には山内上杉氏の知行分になっていたとすることができるのである。そして山内上杉氏では、その後も上杉憲定を経て少なくとも上杉憲実の時代まで大泉荘を山内上杉氏知行分と認識していたことが知られる。[18]それゆえ実際に大泉荘に居住していた在地領主の大宝寺氏は、のちの明徳二年（一三九一）、奥羽両国が鎌倉府管轄下に移されるという政治情勢の推移もあいまって、鎌倉府中枢として発展した山内上杉氏とのあいだの関係をなお一層深めざるをえなかったのではないかと考えられるのである。

そうしたことは『出羽国大泉庄三権現縁起』[19]が、のちの大宝寺氏当主の大宝寺健氏について、「応仁元年丁亥五月十一日、上杉右京佐建氏殿、最上江御向アリ」と上杉姓で描写していることからもうかがうことができる。ただしこの『出羽国大泉庄三権現縁起』は、その奥書によると戦国期永正五年（一五〇八）の作成とされるため、この記述の正確性には若干の疑義が残る。しかしこうした戦国期における認識というものが、室町前期以来の歴史的な前提をふまえたうえでのものであったとみることは自然であろう。

また、それらの影響は『奥州余目記録』の「大ほうし《大宝寺》方と山内方、よりあひ《寄合》て廿間の家を二百貫文ニかひ《買》、はん《半》分ツ、宿ニス」[20]との描写からも読みとることが可能である。この描写は、従来、明徳二年まで在鎌倉の必要のなかった大宝寺氏ら奥羽諸氏が、奥羽両国の鎌倉府移管にともなって鎌倉出仕がもとめられたため、その時に利用する宿所を鎌倉市中で探したがすでに空地がなく共同居住を余儀なくされる者もいた、という室町期における都市鎌倉の住宅事情を伝えるものとされてきた。しかし前述の山内上杉氏と大宝寺氏の関係に鑑みれば、それとは異なった見方もできるのではないかと考えられるのである。つまりこの描写は、当該時点での大宝寺氏の経済状況を反映したものであって、大泉荘の実質的支配権を山内上杉氏との関係に規定されていた大宝寺氏が、鎌倉における滞在費用をそれほど潤沢に捻出できなかった姿を暗示していると考えることができるのである。いずれにせよ室町前期の大宝寺氏が、山内上杉氏から一定の影響を受けざるをえない政治的環境にあったことはほぼ間違いないところと考えられるのである。

しかしその一方で大宝寺氏は、建武動乱期にみられた斯波氏一族との関係をなお維持しつづけていた徴証がある。

それは大宝寺氏当主の歴名から読みとることができる。

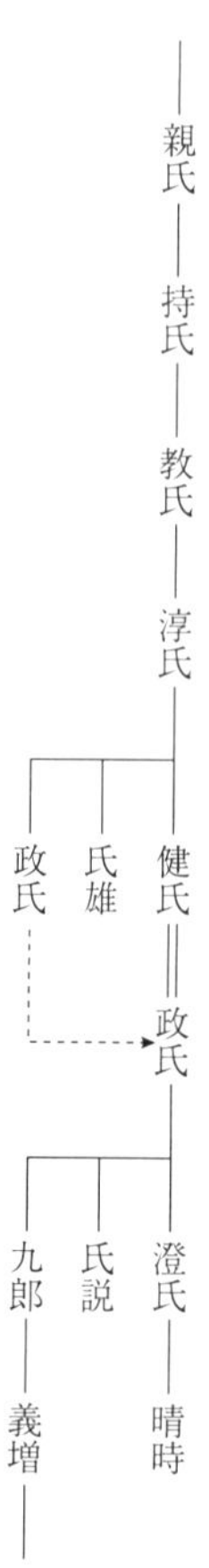

右に掲げたのは『大日本出羽国大泉荘当家藤原殿前七代系図』が伝える室町前期以降の大宝寺氏当主の系譜である。これら歴代大宝寺氏当主のうち、まず戦国期の政氏・澄氏・晴時ら三当主は、後述するように足利将軍（義政・義澄・義晴）の偏諱を拝領していたことが明らかである。しかしここで問題としたいのは、それ以前、室町期当主の偏諱である。これまでにも淳氏・健氏の二代は、室町幕府中枢の斯波本宗家（義淳・義健）からの偏諱拝領であろうとされてきた[21]。しかし前述したような室町前期における両者の関係に鑑みれば、その適用範囲はいま少し広げることができるのではなかろうか。つまり、その前代の大宝寺教氏もやはり斯波本宗家の斯波義教（応永五年まで義重）からの偏諱拝領、さらに先代の大宝寺持氏は、直持・詮持と「持」を通字とする斯波大崎氏からの偏諱拝領と考えられるのである。

このように室町前期の大宝寺氏は、奥羽両国が室町幕府から鎌倉府へ移管されるという複雑な政治情勢のなか、奥羽と室町幕府中枢に展開する斯波氏一族、そして鎌倉府中枢に位置する山内上杉氏という、室町期の政治組織のうえでもっとも重要な二氏と私的関係をむすぶきわめて特異な国人であったと評価することができるのである。

二　室町幕府と大宝寺氏の接近

前節では、大宝寺氏が、鎌倉府への出仕をもとめられながらもなお室町幕府中枢との関係をたもちつづけていた可能性を見出だした。そこで本節では、室町幕府と大宝寺氏の関係進展の状況や、それらの具体的様相について考察を深めてゆくこととしたい。

室町幕府が大宝寺氏やその周辺寺社との本格的な接触をはじめたのは、室町幕府と鎌倉府が政治的対立を深めていった足利義教期である。たとえば大宝寺（鶴岡）近隣の羽黒山では、『出羽国大泉庄三権現縁起』永享四年（一四三二）条に「阿叶ト云山伏、将軍（足利義教）ノ御判ヲ捧ゲ、為レ造二立御正体一羽黒ノ大堂江掛レ之」とあるように、足利義教が羽黒山に「御正体」を寄進したことを伝えている。そして実際に羽黒山には、「大将軍義教（足利）、大旦那細川持之、南無羽黒山三所大権現、永享三年八月一日、本願聖阿叶律師」と刻まれた御正体（懸仏）が、近世寛政八年（一七九六）に焼失するまで残されていたという[22]。これは、羽黒山衆徒三五〇〇坊が大宝寺（鶴岡）に集住して羽黒一山を構成していた[23]、といわれることをあわせみると非常に興味深い問題である。

この背景には、室町幕府が羽黒山に期待した北方蝦夷の蜂起に対する宗教観念上の役割を想定することもでき[24]、単なる政治的問題に矮小化することは正確でない。しかし『蔭凉軒日録』永享七年（一四三五）八月二十七日条に「出羽国崇禅寺、以レ有二先例一始為二十刹一」と記されるように、大宝寺（鶴岡）の禅刹崇禅寺が、ほぼ同時期に諸国十刹に列せられていることをみると[25]、こうした室町幕府の施策はやはり将軍足利義教が一連の意図をもっておこなった政策としてとらえるべきものと考えられるのである。なぜなら『鹿王院文書』によると足利義教は、わずか三ケ月前の永享七年五月十六日、京都宝幢寺鹿王院に対して「出羽崇禅寺」をその「末寺」として認めたばかりであったにもかかわらず[26]、この八月二十七日、崇禅寺を鹿王院と同格の諸国十刹に列しているからである。そして五山十刹制度が、出羽国においても室町幕府の支配体制のなかで重要な役割を果たしていたことに鑑みれば[27]、崇禅寺や羽黒山に対する一連の施策はこの時期の室町幕府と鎌倉府の熾烈な政治的対立と無関係であったとは考え難いのである。つまりこうした出羽国における室町幕府の寺社政策は、対鎌倉府政策としては間接的なものであったといえるが、当時の関東情勢と密接に関連したものであって、室町幕府の東国政策における出羽大宝寺氏の政治的位置づけと一体関係にあったということができよう。

そこでつぎに、そうした室町幕府が注視する大宝寺氏とは室町期の出羽社会において一体いかなる政治的位置づけを得ていたのかについて考察してゆくこととしたい。それを考えるうえでまずとりあげるべきは、京都醍醐寺三宝院が同領と主張した「出羽国赤宇曾」の遵行をめぐる大宝寺氏の立場についてであろう。

醍醐寺三宝院義賢は、宝徳元年（一四四九）八月二十五日、管領細川勝元奉書によって竹松殿（羽州探題斯波最上氏幼主カ）に対して出羽国赤宇曾の遵行をもとめている。[28]従来、この要請は突然のことであって、その背景は不明とされている。[29]しかし関連文書をみるとその理由の一端をつかむことが可能となる。まず、陸奥国白河まで下向して現地交渉にあたった禅僧有良の返書に注目すると、それは「禅那院」宛の三宝院義賢に対する披露状となっている。[30]その禅那院は「三宝院門跡管領諸職諸領目録」をみると、正長二年（一四二九）七月二十九日付の目録までは三宝院管領所職に含まれていないのだが、[31]文安六年（宝徳元年）四月十一日の目録になると三宝院管領所職に加わっているのである。[32]つまり出羽国赤宇曾は、この遵行要求のわずか四ケ月前、三宝院義賢が新たに管領することとなった禅那院が、そもそもの由緒を有していた所領であったと考えられるのである。それゆえであろうか赤宇曾の在地領主小介川氏は、[33]「五代十代ニも御門跡(三宝院)之御領成候て御年貢進上申たる事無候」[34]とこの遵行要求を公然と拒否したのであった。しかしそうした小介川氏の態度には、有良からの仲介依頼をうけた近隣雄勝の在地領主小野寺氏も、[35]「殊外不肖人候間一向うろん(胡乱)の様相似候」[36]「我々もいまた散々敷候」[37]などと閉口している。すると、この事態に有良は、前述の禅那院宛の披露状のなかで三宝院義賢に対して「大宝寺にても、大崎殿様にても可レ被二仰談一候」[38]と献策したのであった。つまり有良は、小野寺氏に替わる遵行使節の候補者として、まっさきに大宝寺氏の名を掲げているのである。しかも、その名が奥州探題斯波大崎氏とならんであげられていることは注目の集まるところであろう。こうした点からも大宝寺氏が、この時すでに出羽国内において重要な政治的位置づけを得ていたことは明らかといえるのである。

さて、そうした立場にあった大宝寺氏が室町幕府の東国政策のなかで実質的な役割を求められたのは、将軍足利義政のときである。大宝寺氏は、寛正元年（一四六〇）十月二十一日、足利義政から「成氏（足利）対治事、度々雖レ被二仰遣一未二事行一之間重被二仰下一候、所詮、不レ移二時日一相二催一族被官人等一別而抽二戦功一者、可レ被レ行二勧賞一、委曲尚貞親（伊勢）可レ申也」[39]との御内書を発給されたのであった。ここに大宝寺氏は、古河公方足利成氏の征討において、室町幕府勢として関東出兵をもとめられていたことが明らかとなる。ただしこのとき大宝寺氏が実際に出陣したとは考え難い。しかし大宝寺氏は、これを契機として足利将軍との関係を急速に深めていったとみられるのである。

たとえば『蔭凉軒日録』寛正四年（一四六三）十月四日条には、「大宝寺出羽守（淳氏）参洛、今晨懸レ于二御目一也、献二万疋・御馬十疋一也、以二伊勢守（伊勢貞親）一被レ見二御座式一也」とある。これは大宝寺淳氏が、寛正四年十月中に上洛して足利義政との御対面を果たしたことを示している。この上洛は、前年の寛正三年九月中、大宝寺淳氏が「右京亮」から「出羽守」に転任を認められたことへの御礼も兼ねていたとみられる。[40]それは、このときの足利義政への進上品が「万疋・御馬十疋」の多きにのぼっていることからもうかがうことができよう。また、大宝寺淳氏が伊勢貞親に導かれて御座敷を拝見していることは、幕府政所伊勢氏から将軍邸における殿中作法の指南を受けていたとみることができる。そして実際に大宝寺淳氏は、しばらくのあいだそのまま京都に滞在し、足利将軍のもとに出仕していたとみられるのである。それは、翌五年五月二十九日条に「前日大宝寺出羽守（淳氏）被レ下二御暇一、依二下国一為レ礼来問也」とあるように、大宝寺淳氏が出羽へ帰国したのが上洛から約七ケ月後の寛正五年五月中のことであった、ということからも知ることができよう。

こうして足利義政との主従関係を築いた大宝寺氏は、その後も歴代当主が足利将軍の偏諱拝領を望む姿が散見され、その関係をさらに深めていったことがうかがえる。

まず、『親元日記』文明九年（一四七七）四月十九日条には「大宝寺《羽州》黒丸就ニ元服一御字事申レ之、仍為ニ御礼一御太刀金一・貳千疋進ニ上之一」とあり、大宝寺黒丸は、その元服にあたって足利将軍の偏諱拝領を望んだことがわかる。そしてここで注目されるのは、同日条に続けて「此事朝倉弾正左衛門尉（孝景）執申、書状有レ之」とあるように、越前朝倉氏が、この件で大宝寺氏と室町幕府のあいだの仲介役を果たしていることである。朝倉氏は、大宝寺氏が旧来からかかわりを維持してきた斯波本宗家の有力被官であった。こうしてみると大宝寺氏が足利将軍の偏諱拝領を望んだ背景としては、応仁の乱によってそれまで偏諱を拝領していた斯波本宗家が衰退し、朝倉氏が実質的な越前守護となった斯波本宗家被官層内の相対的な身分上昇が、その要因として一定の影響をあたえていたと考えられるのである。

いずれにせよ大宝寺黒丸は、歴代大宝寺氏当主のなかではじめて足利将軍の偏諱を拝領した。そして翌五月二十日条に「大宝寺黒丸申　公方様御字、政氏以ニ御自筆一引合一枚ニあそハさる被レ下レ之」と記されるように、足利義政の一字を拝領して「政氏」と名乗ることが許されたのであった。(41)

さらに、それから二十数年後になると今度はその政氏の子息大宝寺澄氏が、やはり足利義澄から偏諱を拝領した証左がある。それを示すのが「為ニ字之祝儀一太刀一腰行平・馬一疋鴾毛 黒毛・鵞眼二千疋到来候、喜悦候也」との文言をもつ「大泉とのへ大法寺事也」宛の御内書案である。(42)これは「永正二六月二十五日」というその発給時期をみるに、大宝寺澄氏が、足利義澄からの偏諱拝領に関連して発給された御内書とみてほぼ間違いないところであろう。

また、明確な史料は残されていないものの、澄氏の子息大宝寺晴時もやはり足利義晴から偏諱を拝領していたとみられる。ただ『歴名土代』大永二年（一五二二）条には「従五位下大宝寺藤晴氏十月九日出羽大宝寺同日左京大夫」との記述があることから、その実名は『大日本出羽国大泉荘当家藤原殿前七代系図』の伝える「晴時」ではなく、「晴氏」であった可能性がある。しかしそのいずれの実名であったにせよ、ともに「晴」を使用した名乗りで伝えられていることは、逆にそれが足利義晴の偏諱「晴」を拝領したものであったことを強く示唆している。

このように室町中期以降の大宝寺氏は、将軍義教期に室町幕府とかかわりを持ちはじめ、やがて将軍義政期になるとみずからの上洛と将軍への拝謁、そして歴代当主の偏諱拝領というように足利将軍との関係をより一層深めていったのである。そして、こうした両者の関係の転回点には、やはり室町幕府の東国政策というものが密接に連動していたとすることができるのである。

三　室町幕府における貢馬と大宝寺氏

室町幕府と奥羽在地領主の関係をみるとき、いま一つの重要な視点として、貢馬についての問題がある。それは奥羽諸氏からみれば贈答儀礼にかかわる重要な問題であり[43]、室町幕府にとっては馬の供給にもかかわる問題であった。また奥羽のなかでも陸奥国の糠部地方とその周辺地域が良馬の生産地であって[44]、大宝寺氏の勢力圏は、地理的にみて京都への馬輸送ルートのひとつに位置していたことはいうまでもない。そこで本節では、そうした室町幕府の貢馬と大宝寺氏とのかかわりについて考察してゆくこととしたい。

寛正四年（一四六三）十月、大宝寺淳氏が上洛した時、足利義政に対する進上品のなかに「御馬十疋」があったことは前述したとおりである。そしてそれらの馬は、『蔭凉軒日録』寛正四年十月七日条に「大宝寺（淳氏）進上其外大名・奉公方所レ献之御馬、悉被二御覧一也、皆曰良馬也」と記されるように、高品質の馬であったことが知られる。

こうしたことも関係しているのであろうか、翌々六年、室町幕府が奥羽諸氏に貢馬をもとめた『親元日記』寛正六年四月十三日の記述には、南部氏、白川（白河結城）氏、奥州探題斯波大崎氏とともに大宝寺氏の名もみられる。つまり大宝寺氏は、これら三氏とともに「自㆓公方様（足利義政）㆒召之御馬事被㆓仰下㆒候、仍御馬之様別紙ニ注ヨ進之㆒候、指而御用事候間、早々尋進上者可㆑然候、為㆑其態立㆓飛脚㆒候、巨細禅久僧可㆑申候、恐々」との書状を幕府政所伊勢貞親から発給され、貢馬への関与がもとめられたのであった。

このとき室町幕府が馬を必要としていた理由は、右の書状では「指而御用事候」としか記されていないが、同日条には「来十一月御用候」との関連記述がある。このことから、この寛正六年の貢馬は、同年十一月中におこなわれた室町幕府の儀礼においてもちいられるべきものであったことが判明する。実際に寛正六年十一月中の室町幕府では、二十日に足利義視の元服、二十三日に足利義尚の誕生など、多くの重要な儀礼が重なっていたのであった。ただ、このとき集められた馬が、それらの儀礼において一体どのように差配される手筈であったのかまで特定することは難しい。しかしこれらの馬が、少なくとも室町幕府の儀礼における用途を意図したものであった以上、そこに伝統的な貢馬としての性格を見出だすことは可能といえよう。

また、前掲の伊勢貞親書状には、大宝寺氏宛書状のみに「此一通ニ親元（蜷川）副状有㆑之、仍巨細新右衛門（蜷川親元）可㆑申之由御状ニ被㆑載云々」との注記が加えられており、伊勢氏被官として幕府政所代をつとめた蜷川親元の書状が添えられる予定であったことにも注目すべきである。なぜならこの記述によって、大宝寺氏に対する伊勢貞親書状が発給された背景には、貢馬とは異なる用件が含まれていたことを想定できるからである。そして事実、蜷川親元の副状とは、前年中における大宝寺淳氏の出羽帰国に関連した内容であったとみられるのである。

『親元日記』寛正六年三・四月中の記事を通覧すると、前年の寛正五年五月に京都を発って帰路についた大宝寺淳氏は、同年十一月中、出羽への帰着報告をかねて、上洛中の謝意を表するため足利義政に「御馬二疋月毛印雀目結河原毛印同」、また伊勢貞親に「馬二疋月毛印雀目結、黒印同」を進上していたことが知られる。すると室町幕府では、寛正六年四月中、その返礼として足利義政から「御書幷御剣利守・緞子一端白・御盆堆朱」、また伊勢貞親から「太刀兼光・草花瓶一鍮鉐・小袖三重上織物二織筋」が送達されるべく準備が整えられていたのであった[45]。つまり室町幕府では、当初から大宝寺氏に対して、貢馬とは別件での音信が予定されていたのである。さらに馬の生産という観点からみても、大宝寺氏勢力圏の大泉荘内にはたしかに牧が存在した徴証はあるものの[46]、糠部地方ほどの良馬の生産地であったとは考え難い。

これらの状況に鑑みれば、この貢馬についての書状が大宝寺氏へ発給された背景としては、折りよく大宝寺氏に返書を遣わす用意のあった室町幕府が、予定された馬輸送ルートに庄内平野が位置していたこともあって、糠部地方の在地領主南部氏らとともに、大宝寺氏に対しても貢馬の要請をおこなったのではないかと考えられるのである。また、そこで室町幕府が大宝寺氏に期待したことは、主として馬の輸送支援に関するものであったと考えられるのである。それは、室町幕府が大宝寺氏に求めた依頼の内容から明らかとなる。『親元日記』寛正六年八月二十四日条には、つぎのような伊勢貞親の書状案が所載されている。

就下自二公方様(足利義政)一被二仰下一候上南部方御馬可レ有二進上一之由候、雖レ然小野寺方依二弓矢一無二通路一之旨注進候、早々被レ致二警固一、京着無二相違一之様ニ被レ仰二付之一可レ然候、巨細蜷川新右衛門尉(親元)可レ申候、恐々、

今日(寛正六年八月二十四日)　伊—(伊勢貞親)

謹上　大宝寺出羽守(淳氏)へ

このように室町幕府は、南部氏と小野寺氏の抗争によって北奥羽国境における馬の輸送ルートが確保できないことを知ると、大宝寺氏に対してその「警固」をつとめるよう命じているのである。ここに室町幕府が大宝寺氏にもとめた役割の一端として、馬の輸送支援にかかわる問題があったことが改めてうかがえよう。そしてこのことは、同日条につづけて「路次警固事、大宝寺(淳氏)方江申遣候」と記される南部氏宛の書状案が残されていることからもなお一層明らかとなる。

しかし、その南部氏宛の書状中には「可レ然大長御馬一・二疋にても早々京進候者可二目出一候」との記述もみられる。この記述をみると、南部氏からの貢馬は「一・二疋にても」とその語調が弱まっており、結局、十一月中の要用には間にあわなかったとみられるのである。それでは室町幕府は、一体どのようにして十一月中に糠部地方の生産馬を確保したのであろうか。当然のこととはいえ、ここで一計を案じたのはやはり大宝寺氏であったと考えられるのである。それを示すのが、つぎの『親元日記』寛正六年九月二日条の記事である。

大宝寺出羽守(淳氏)方ヨリ、就レ被二仰下去四月十三日一、御馬一疋黒印雀目結長五寸五分進二上之一、貴殿(伊勢貞親)江進レ状、蟬御文箱ニ入レ之、御馬ハ次郎四郎ニ渡レ之畢、以二小河一私江書状在レ之、奥口南部与小野寺依二確執一無二通路一之間不レ得レ尋云々、

このように大宝寺氏は、寛正六年九月、室町幕府に対していまだ南部氏と小野寺氏の確執によって北奥羽国境の通路が塞がれ自身も南部氏と音信不通であることを報じたうえで、あわせて「御馬一疋黒印雀目結長五寸五分」を進上してきたのであった。ここで注目されるのは、その馬が「印雀目結」の馬であったことである。雀や目結は、糠部産馬に施される焼印であった(47)。つまり大宝寺氏は、室町幕府から糠部産馬を仲介する役割を負わされたにもかかわらず、それが果たせないとみるや、みずからの手元にあった糠部産馬を室町幕府に進上したとみられるのである。そして、大宝寺氏がそこまでしなければならなかった理由は、ここ一・二年の大宝寺氏と室町幕府の関係をみれば納得がゆくのである。

大宝寺氏は、一昨年秋、大宝寺淳氏が上洛して足利義政に拝謁、半年ほど在京し、昨年春に帰国した。そして同冬に上洛中の御礼をかねて馬を進上したのであるが、今年春、その返礼品とともにこの貢馬の要請がもたらされたのであった。これら一連の動向をみれば、このとき大宝寺淳氏が室町幕府からの貢馬の要請に何らかのかたちで応えねばならぬ状況にあったことは明白であろう。大宝寺淳氏が、いわば自腹を切るかたちで糠部産馬を進上した背景には、こうした一連の動向が密接にかかわっていたと考えられるのである。

そして、このとき大宝寺氏の進上した糠部産馬が室町幕府の意を満たすものであったことは、この馬が「次郎四郎」なる人物の管理下に移されていることからも明らかである。次郎四郎は『慈照院殿年中行事』によると室町幕府の「御厩別当」であった。

いずれにせよこれら寛正六年中の貢馬に関する記述で注目すべきは、室町幕府と大宝寺氏の関係進展にさいして、貞親自身やその被官蜷川親元など、幕府政所伊勢氏の関与がみられることである。これには、この前後の時期における伊勢貞親の勢威が深く関係していたとすることができよう。とくにこの当時の伊勢貞親は、大宝寺氏が旧来からかかわりを持っていた斯波本宗家に対してきびしい政治的圧力をかけていたことが知られる(48)。それゆえ足利将軍と大宝寺氏の関係が進展した一連の推移には、その背後に、斯波本宗家の勢力削減をもくろむ伊勢貞親の策動を考慮しておく必要があるのである。そして、こうした伊勢氏と大宝寺氏の関係は、文正元年（一四六六）、伊勢貞親が政治的に失脚したのちも基本的にはそのまま維持されたとみられる。それは戦国期、天文二年（一五三三）七月との奥書をもつ『伊勢加賀守貞満筆記』に著された書札礼のなかに「大宝寺大膳大夫」の名がみえることからも知ることができるのである。

四　室町後期の北陸諸国と大宝寺氏

最後に、室町幕府への御馬進上などにみられる大宝寺氏の動向は、その輸送ルートの北陸諸国において一体いかなる痕跡を残しているのかについて考察しておきたい。

第一に越前国と大宝寺氏の接点からみてゆくこととする。まず前述したように、大宝寺黒丸が足利義政の偏諱を望んだとき、その取次を越前朝倉氏に依頼したことが想起される。そして、こうした朝倉氏と大宝寺氏の関係は戦国期にいたっても変化することはなかったとみられる。それは、のちの天文二十一年（一五五二）四月八日、朝倉宗滴が越後の国人色部氏に送った書状のなかに、「大宝寺へ馬所望之義ニ付而、只今孫次郎（朝倉義景）差下使者候」[49]とあることからもうかがえる。ここに朝倉氏は、戦国期となっても大宝寺氏との接触をはかっていたことが明らかとなる。そしてそれは、やはり馬をめぐる問題とかかわっていたのであった。

第二に加賀国における大宝寺氏の痕跡をみてみよう。『蜷川家文書』には、文明期ごろ加賀国森本に居住していたとみられる禅僧の綱玉寒室が、蜷川親元へ送った書状のなかに「公方様へ自二大宝寺一御馬進上候、此便可レ然候之間、一行令レ啓候」[50]との記述がみられる。これによれば綱玉寒室は、御馬進上のための大宝寺氏の京上使節に対して蜷川親元宛の書状を託していることがわかる。この背景には、『親元日記』寛正六年七月十六日条に「龍一禅師、出羽下向、仍寒室和尚、大宝寺方（淳氏）江親元（蜷川）書状遣レ之」とあることから、かつて綱玉寒室がその弟子龍一禅師の出羽下向にさいして大宝寺氏のもとへ蜷川親元書状を遣わすなど、この三者には以前から何らかの接触のあったことがうかがえる。いずれにしても文明期頃の大宝寺氏の京上使節が、加賀国森本のあたりを通過していたことは間違いないところであろう。[51]そしてこうした室町幕府と大宝寺氏の往来は、比較的頻繁におこなわれていたとみられるのである。なぜなら『蜷川家文書』にはこのほかにも「去年大宝寺、御判之物慈音僧ニ渡給とて、出羽守祝着被レ申候」[52]との綱玉寒室書状が残されており、室町幕府と大宝寺氏をむすぶ音信が散見されるからである。こうしてみると、のちに大宝寺黒丸が足利義政からの偏諱拝領を実現できた背景には、その前提としてこうした両者のあいだの頻繁な通交があったことを見逃してはならないといえよう。

第三に越後国と大宝寺氏の関係についてもみておきたい。室町前期における越後国と大宝寺氏のかかわりについては、すでに山内上杉氏との関係を中心に述べたとおりである。そしてそうした越後と大宝寺氏との関係は、越後国人層を中心として、室町中期以降もなお密接でありつづけたのであった。それは越後国人と大宝寺氏との接触をうかがわせる史料が多く残されていることからも明らかである。たとえば越後国人の中条房資は、応永末年に外甥黒川氏実を山浦上杉頼藤から匿うため「大宝寺江落[53]」したことが知られる。また水原弥太郎は、文安年間に「於二羽州一親父討死仕候[54]」という。さらに黒川氏実は、大宝寺に逃れていたことも関係しているのであろうか、文明年間に越後守護上杉房定から「大宝寺方へも蜜柑一合・棗一合遣候、伝達可レ為二本意一候[55]」との書状を発給され、越後上杉氏と大宝寺氏の仲介にあたっていることが知られる。そしてそれは、関連文書に「大宝寺殿へ御馬事被レ申候[56]」とあるように、やはり馬の確保についての問題がその背景あったとみられるのである。

このように大宝寺氏は、越前朝倉氏や越後上杉氏など北陸諸国の守護が糠部産馬を欲したとき、それを仲介する領主として重要な位置を占めていたとみられるのである。その背景としては、大宝寺氏の勢力圏である庄内平野が、北陸道から奥羽への入口に位置するという地理的要因が大きかったことは間違いない。そしてそれは、かつて南部氏と小野寺氏の抗争によって北奥羽国境が閉ざされたとき、室町幕府が大宝寺氏に貢馬警固を命じたことと本質的には同様なものであったと考えられるのである。

おわりに

以上、室町期の大宝寺氏について、室町幕府における政治情勢の推移や東国政策との関連、ならびに貢馬の問題などに注目しながら考察を加えてきた。

まず室町前期の大宝寺氏に関しては、京都の室町幕府や奥羽両国に広く展開する斯波氏一族、また関東の鎌倉府における山内上杉氏など、両府の中枢に位置する人物と私的関係をむすぶ、きわめて特異な国人であったことを特徴としてあげることができよう。

そして室町中期、室町幕府と大宝寺氏の関係は、室町幕府と鎌倉府が政治的対立を深めるなかしだいに伸展していったのであった。まず将軍義教期、室町幕府は、大宝寺氏とかかわりの深い寺社に対して接触をはじめたのであった。これは明徳二年、奥羽両国の管轄権が室町幕府から鎌倉府に委譲されたとはいえ、それが単純に室町幕府の支配体制から切り離されたとはいえなかったことを意味している。そして実際に将軍義政期になると大宝寺氏は、当主みずからの上洛と将軍への拝謁、そして子息の偏諱拝領と、積極的に足利将軍との関係を築いていったのであった。これらの推移を室町幕府の貢馬における大宝寺氏の立場という観点からみてみると、大宝寺氏は、その本拠地である庄内平野の地理的重要性もあって室町幕府から重視されたことがうかがえる。そしてその重要性は、室町幕府のみならず北陸諸国守護にとっても同様であったといえよう。こうしたことに関連していまひとつ注目すべきことは、幕府政所伊勢貞親が、斯波本宗家に対する政治的圧力を加えるために、寛正六年中の貢馬を契機として大宝寺氏を斯波本宗家から切り離し、足利将軍に直接従属させることを志向したと考えられることである。これらをみるに室町中期における大宝寺氏の政治的立場の上昇は、京都における中央政界の動向と密接にかかわるものであったとすることができるのである。

また、室町幕府の東国政策において大宝寺氏が格別に重視されたのは、鎌倉府体制の崩壊以後のことであったとみられる。これは出羽国が、室町幕府と鎌倉府の対立期には地理的にそれほど重視されなかったためと考えられよう。しかし鎌倉府体制の崩壊とともに大宝寺氏の重要性が増したことは、大宝寺氏が、貢馬に代表されるような奥羽両国における室町幕府の権益と密接にかかわる領主であったことを示すものといえる。室町中期以降における大宝寺氏と足利将軍の関係伸展は、そうした鎌倉府体制の崩壊にともなう室町幕府の実質的な奥羽再支配と表裏の関係にあったと考えられるのである。

（1）　豊田武・遠藤巖・入間田宣夫「東北地方における北条氏の所領」（『東北大学日本文化研究所研究報告』別巻七、一九七〇年）。

（2）『鶴岡市史』上巻（文責斎藤正一、一九六二年）、『山形県史』第一巻原始・古代・中世編（文責遠藤巖・誉田慶恩、一九八二年）、白根靖大「南北朝・室町時代の動乱と出羽」（伊藤清郎・山口博之編『中世出羽の領主と城館』高志書院、二〇〇二年）。

（3）粟野俊之「戦国期における大宝寺氏権力の性格――上杉氏・土佐林氏との関係を中心として――」（『山形史学研究』一九、一九八三年）、遠藤巖「戦国・織豊時代の出羽」（前掲註2『中世出羽の領主と城館』所収、二〇〇二年）。

（4）室町幕府と鎌倉府の政治的国境地帯におけるこうした在地領主の立場や動向については、拙稿「室町幕府奉公衆葛山氏」（『国史学』一七二、二〇〇〇年、本書第三編第一章）、同「室町幕府と甲斐守護武田氏」（『國學院大學大学院紀要』文学研究科三二、二〇〇一年、本書第三編第二章）などを通じて現在考察を進めており、本章もそれらにつづく論考である。

（5）「相馬文書」（史料纂集『相馬文書』三〇号）。

（6）「相馬文書」（前掲『相馬文書』四五号）。

（7）この大泉平九郎については平姓大泉氏ではないかとの指摘がある。しかし本章で考察するように、室町中期にまでおよぶ斯波氏一族と大宝寺氏の関係に鑑みれば、この大泉平九郎は藤姓大泉氏すなわち大宝寺氏一族中の者とみてよいのではなかろうか。

（8）「相馬岡田文書」（前掲『相馬文書』二二号）。

（9）遠藤巖「奥州管領おぼえ書き――とくに成立をめぐる問題整理――」（『歴史』三八、一九六九年）、小川信『足利一門守護発展史の研究』（吉川弘文館、一九八〇年、三七八〜三八〇頁）、原田正剛「鎌倉府成立に関する一考察――斯波家長期の鎌倉府を通じて――」（『中央史学』二六、二〇〇三年）。

（10）「相馬文書」（前掲『相馬文書』一〇八号）。

（11）江田郁夫「奥州管領大崎氏と南北朝の動乱」（『室町幕府東国支配の研究』高志書院、二〇〇八年、初出二〇〇二年）。

（12）「相馬岡田文書」（前掲『相馬文書』五六号）。

(13) 小要博「関東府と出羽――斯波兼頼の発給文書をめぐって――」(『与野市史調査報告書』七、一九八五年)。
(14) 「反町英作氏所蔵文書(三浦和田氏文書)」(『新潟県史』資料編四中世二文書編Ⅱ、一二七三号)。
(15) 「反町英作氏所蔵文書(三浦和田氏文書)」(前掲『新潟県史』一二七八号)。
(16) 「反町英作氏所蔵文書(三浦和田氏文書)」(前掲『新潟県史』一二七七号)。
(17) 大日本古文書『上杉家文書』一二二・一二四号。
(18) 前掲『上杉家文書』六二、一二一号。
(19) 『神道大系』神社編三十二出羽三山(神道大系編纂会、一九八二年)。
(20) 「余目家文書」一六号(『仙台市史』資料編一古代中世)。
(21) 家永遵嗣『室町幕府将軍権力の研究』(東京大学日本史学研究叢書、一九九五年、二四一～二四三頁)。
(22) 「羽黒山御正体銘」(前掲『神道大系』出羽三山、四九・五九四頁)。
(23) 宮家準「羽黒一山の成立と展開」(『羽黒修験』岩田書院、二〇〇〇年、初出一九九四年)。
(24) 遠藤巖「応永初期の蝦夷反乱――中世国家の蝦夷問題によせて――」(北海道・東北史研究会編『北からの日本史』三省堂、一九八八年)、誉田慶信「北方史のなかの中世羽黒山」(『中世奥羽の民衆と宗教』吉川弘文館、二〇〇〇年、初出一九九五年)。
(25) 『蔭凉軒日録』延徳四年六月二日条によると「崇禅寺出羽」は「十刹位次簿」の第十四位に位置する。また同書によると、崇禅寺公帖が周悟西堂(永享七年八月二十七日)、乾察西堂(永享十年八月十二日)、梵清西堂(長禄二年九月二十日)、正寿西堂(寛正三年二月二十五日)、梵西堂(寛正五年五月九日)、周音西堂(寛正五年八月二十九日)、周穐西堂(文正元年八月四日)、周暉西堂(文明十八年四月二十九日・五月十九日)、允楗西堂(長享二年九月二十四日)らに発給されたことが知られる。
(26) 「鹿王院文書」(鹿王院文書研究会編『鹿王院文書の研究』思文閣出版、二〇〇〇年、四二八号)。
(27) 誉田慶信「中世後期出羽の宗教」(伊藤清郎・誉田慶信編『中世出羽の宗教と民衆』高志書院、二〇〇二年)。
(28) 大日本古文書『醍醐寺文書』一九七〇号。
(29) 鈴木登「三宝院領門跡赤宇曾に関する若干の考察」(半田市太郎教授退官記念会編『秋田地方史論集』みしま

書房、一九八一年）。

(30) 前掲『醍醐寺文書』一九七一号。

(31) 前掲『醍醐寺文書』二三四四・二三四五号。

(32) 前掲『醍醐寺文書』一二三号。

(33) 吉川徹「小介川伯耆守立貞について」（本荘市文化財保護協会『鶴舞』三八、一九七九年）。

(34) 前掲『醍醐寺文書』一九七二号。

(35) 遠藤巖「京都御扶持衆小野寺氏」（『日本歴史』四八五、一九八八年）。

(36) 前掲『醍醐寺文書』一九七三号。

(37) 前掲『醍醐寺文書』一九七四号。

(38) 前掲『醍醐寺文書』一九七一号。

(39) 「御内書案」（『続群書類従』二十三輯下）。

(40) これは「大泉右京亮とのへ大宝寺事也、任出羽守也、同三年九月」との記述が前掲「御内書案」所収文書にみられることによる。

(41) 『親元日記』文明九年四月十九・二十日、五月九日条によるとこのとき大宝寺黒丸は、みずからの偏諱拝領とともに「惣領」として舎兄砂越氏雄の受領も申請している。

(42) 「室町家御内書案」（『改定史籍集覧』第二七冊）。また、前掲「御内書案」にもこの「室町家御内書案」と同文の御内書案が所収されている。

(43) 佐藤圭「御礼進上にみる奥羽大名と室町幕府」（『秋大史学』四三、一九九七年）、金子拓「室町幕府と奥州」（柳原敏昭・飯村均編『鎌倉・室町時代の奥州』高志書院、二〇〇二年）。

(44) 入間田宣夫「糠部の駿馬」（『北日本中世社会史論』吉川弘文館、二〇〇五年、初出一九八六年）、同「久慈・閉伊の駻馬」（前掲『北日本中世社会史論』所収、初出一九八八年）、同「稙宗の貢馬」（羽下徳彦編『北日本中世史の研究』吉川弘文館、一九九〇年）。

(45) 『親元日記』寛正六年三月十五日、四月一日・四日・二十四日条。またこれら一連の記述によれば幕府政所伊勢貞親は、大宝寺氏被官の「土佐林殿大宝寺若党也」に対しても返礼として、大宝寺氏とはわけて書状と太刀一腰の送達を予定していたことが知られる。
(46) 「八代恒治氏所蔵文書」(『山形県史』資料篇十五上・古代中世史料一、九三〇頁)。
(47) 「永正五年馬焼印図」(『古今要覧稿』第六巻、原書房、一九八二年)。また、関連する論著としては『日本馬政史』一(帝国競馬協会、一九二八年)、入間田前掲註(44)論文、展示図録『南部馬と人びとのくらし』(八戸市博物館、一九八七年)がある。
(48) 青山英夫「『文正の政変』に関する覚書」(『上智史学』三一、一九八六年)。
(49) 「米沢市立図書館所蔵文書(古案記録草案所収文書)」(前掲『新潟県史』二〇四二号)。
(50) 大日本古文書『蜷川家文書』六三号。
(51) 加賀国森本については、『為広越後下向日記』延徳三年四月十八日条にも「賀州(中略)森本ノ万徳院一宿也」とあり、冷泉為広は、細川政元に同道して越後へおもむいた帰路、加賀国森本で一泊したことが知られる。また往路の三月十二日条にも「モリモト橋・川」と記されており、ここに北陸道における加賀国森本の交通の要所としての位置づけが明らかとなる。
(52) 前掲『蜷川家文書』六一号。なお本文書は文明四年の発給とみられる。設楽薫「応仁の乱勃発前後における蜷川親元の動向」(『日本歴史』五四二、一九九三年)を参照。
(53) 「反町英作氏所蔵文書(三浦和田中条氏文書)」(前掲『新潟県史』一三一六号)。
(54) 「反町英作氏所蔵文書(大見水原氏文書)」(前掲『新潟県史』一五一九・一九二〇号)。
(55) 「反町英作氏所蔵文書(三浦和田黒川氏文書)」(前掲『新潟県史』一三八九号)。
(56) 「反町英作氏所蔵文書(三浦和田黒川氏文書)」(前掲『新潟県史』一三七二号)。

〔追記〕本章初出以後、関連する研究としてつぎの論考が発表された。

伊藤清郎「室町期の最上氏と系図」(羽下徳彦編『中世の社会と史料』吉川弘文館、二〇〇五年)、白根靖大「奥州管領と斯波兼頼の立場」(『中央史学』三〇、二〇〇七年)、小原茉莉子「奥州管領期の大崎氏」(『岩手史学研究』九二、二〇一一年)。いわゆる斯波最上氏に関する個別研究が進展している。

七海雅人「留守氏と「奥州余目記録」」（峰岸純夫・入間田宣夫・白根靖大編『中世武家系図の史料論』下巻、高志書院、二〇〇七年）、黒田智「絵画史料論と動物史――忘れられた馬の焼印をもとめて――」（『歴史評論』七一五、二〇〇九年）、秋保良「大宝寺義勝の庄内没収と信州への移封について」（『山形県地域史研究』三四、二〇〇九年）。『奥州余目記録』の史料論、馬の焼印をめぐる絵画史料論、天正年間以降の大宝寺氏の滅亡過程など、大宝寺氏に関連する論考が発表された。

菅原義勝「大宝寺氏と越後国守護上杉氏」（『駒澤大学大学院史学論集』四〇、二〇一〇年）。本章初出稿に仮託させるかたちで『奥州余目記録』にみえる山内氏がこれまで山内上杉氏に比定されてきたとした。もとより拙稿は山内氏が陸奥国の国人山内氏であることを前提とした著述である。菅原論考が越後上杉氏と山内上杉氏を腑分けできていないことに起因する誤謬であり、修正の必要はない。

終　章

一

本書は、従来の断絶面を強調する中世東国史研究を再考し、実証的個別研究にもとづいて日本中世社会における室町期東国の位置づけをとらえなおした。旧来の東国史料による復元では未詳であった問題にとり組み、ささやかながら室町時代史研究にひとつの方向性を提示した。

以下、本書を構成する個別論考によって詳らかとなった事実を総合的に考察し、室町幕府の東国政策の骨子を明らかにするとともに、あわせて残された課題について展望したい。

二

室町幕府は、東国社会の統括を鎌倉府にまかせていた。そのため室町幕府と鎌倉府の対立期、両府の管轄国の境界にはあたかも政治的国境が形成されたかのようであった。従来の研究が強調してきたのはこの点であった。しかし室町幕府は、平時の東国社会に対して影響力をおよぼす一定の仕組みを築いていた。室町幕府が東国政策として鎌倉府の組織構造に直接はたらきかけることができた仕組みはつぎのようなものであった。

甲斐守護（武田信重）、上総守護（宇都宮持綱）、下野守護（結城光秀）、常陸守護（山入佐竹祐義）の四事例、常

陸守護（佐竹義憲）に関する足利持氏の言説によって、室町幕府は東国守護の最終的な補任権を保持しつづけていたことが確定できた。東国守護の補任権の所在は議論のあるところであったが、これによって室町幕府が東国社会に対して影響力を行使する一般構造のひとつが浮かびあがった。それは東国守護が、鎌倉府の身分格式において関東管領、評定衆とともに三本柱の一角をなしていたことと連関して重要な意味を有する。室町幕府は、従来から指摘される関東管領に加えて東国守護の補任権もまた掌握していたことになるからである。それは一方で鎌倉公方が、鎌倉府の組織構造のなかで恣意的に運用できる制度は評定衆のみであったことを意味する。鎌倉府体制が、評定衆への道がひらかれた公方近臣を中心とした権力構造となっていったのは必然のことであったといえよう。

室町幕府が山内上杉氏に発給した伊豆守護と上野守護の補任状が『上杉家文書』に伝存することは従来から知られていた。それが、原則としてすべての東国守護に適用できることがわかったことは重要である。東国守護の補任権掌握は、室町幕府が国家公権を通じて東国社会に意志を反映する仕組みを整えていたことを示すからである。ただし北関東では守護権が一国単位で機能しない。これに対する室町幕府の対応は後述する。しかし通常、東国守護の補任をめぐって室町幕府と鎌倉府のあいだに問題が生起することはない。両府が協調関係にあるとき、その人事は懸案事項とならないのである。それは平時、東国武家層が広くは室町幕府体制のもとで社会的機能を果たしていたことになろう。

これは奥羽二ケ国が室町幕府から鎌倉府に移管された問題とも連関すると考える。これまで奥羽両国が移管された理由や背景は、関連史料が皆無なため詳細不明とされてきた。しかし奥羽二ケ国の移管は、奥羽秩序の再編作業を鎌倉府に委託するものだったのではなかろうか。奥州管領・奥州探題が室町幕府から補任される立場でありながら、斯波大崎氏が鎌倉府に伺候するという移管当初のかたちは、東国守護のあり方に准じるものとみれば違和感なく理解できる。これは、東国守護の補任権の所在が室町幕府にあったことが確定してはじめて関連づけができる事由である。

奥羽両国の移管当時、東国社会は戦時から平時に移行しつつあった。そうした社会背景が、室町幕府をして奥羽秩序の再編作業を鎌倉府に委託させたと考えられる。これも室町幕府が、平時の鎌倉府や東国社会に影響力をおよぼす一定の仕組みを整えていたことが前提にあったとみれば理解できる。

鎌倉府は、陸奥国に稲村公方を派遣して在国させた。従来、その理由も関連史料が皆無で詳細不明とされてきた。しかし鎌倉府は、折にふれ奥羽両国の一元的支配を試みている。この事実はこれまで重視されていないが、室町幕府と鎌倉府の関係を検証するうえでは重要な事象である。それは鎌倉府が、稲村公方に奥羽両国の全権を委任していなかったことを示しているからである。それが意味するところは、鎌倉府にとって稲村公方の陸奥在国とは、鎌倉公方と稲村公方の関係というものを足利将軍と鎌倉公方の関係の相似形として可視化することに眼目があった、といえるのではなかろうか。つまり鎌倉府にとって稲村公方の陸奥派遣とは、鎌倉府が下部組織を有する組織体であるとの既成事実を実体化することに重要な意味があったと考えられるのである。そしてそれは鎌倉府が、室町幕府に向けて関東と奥羽にまたがる東国社会での自己の存在意義を主張するものであったといえよう。

おそらく稲村公方は奥羽のいずれかに在国するのみで、鎌倉府から派遣された目的と意義の多くを達したのである。稲村公方が南奥州にとどまった理由は、奥羽武家からの全面的理解が得られなかった現実に加え、無理に中奥州、北奥州、出羽国まで進出する必要もなかったのであろう。これも室町幕府の東国政策という視点を導入することによって指摘できる事由といえる。

南奥州は、室町幕府と鎌倉府の対立期、親室町幕府勢力に政治転換した篠川公方のあつかいをめぐって両府の政治抗争の焦点となった。当時の篠川公方は、鎌倉に帰還した稲村公方に替わる存在となっていた。室町幕府は、鎌倉府の下部組織の象徴であった篠川公方に東国政策での政治的意義を見出だしたのである。これは鎌倉府によって創出された篠川公方が、鎌倉公方を相対化する存在としての効果を持つと室町幕府が判断したことを意味する。

ただし室町幕府は、たとえ鎌倉府との熾烈な対立状況下にあっても、鎌倉公方の存在それ自体は否定していない。この事実は、室町幕府が東国秩序のために鎌倉公方の存在は必要との社会意識を持っていたことを意味する。これは後述するが、その位置づけが難解である室町幕府の制度上における鎌倉公方の政治的立場をみるとき重要な事実である。

そして鎌倉公方の存在をあるべきものと認める室町幕府の立場は、のちの堀越公方の関東下向の場合にも通底していたといえる。堀越公方は、東国社会において充分な機能を果たしたとは考えられない。しかしその正当性を認めた足利氏一族の堀越公方が東国社会に存在することで、室町幕府は派遣した目的と意義の多くを達したのであろう。室町幕府から派遣された堀越公方が伊豆国にとどまったことと、鎌倉府から派遣された稲村公方や篠川公方が南奥州にとどまったことには、室町幕府における統治組織のあり方として相通じるものがあると考える。

鎌倉府の創出自体、東国における鎌倉幕府、鎌倉北条氏の滅亡にともなう政治的・経済的空白を生じさせないために設置された側面があった。室町幕府や足利氏一族の展開は、もともと鎌倉期以来の旧秩序に規定される側面があったのである。西国社会ではほぼみられない足利氏一族の庶子による地域支配が東国社会で特徴的にみられるのは、そうした鎌倉期以来の東国秩序の持つ連続性への対応と東国社会独自の政治的環境にあったと考えられる。

日本史上、京都にとっての東国は、争乱が勃発してからはじめて積極的に介入するものであった。平将門の反乱、源頼朝の蜂起などはその典型的な事例といえる。そして室町幕府も基本的にはそうした観念を持っていたとみえる。しかし対立が顕在化すると室町幕府は鎌倉府への軍事行動を厭わなかった。いわゆる永享の乱である。そこで永享の乱にいたる室町幕府の東国政策について特徴をまとめる。

室町幕府は、永享の乱時、種々の環境を整えたうえで鎌倉公方足利持氏討伐の軍事行動にでた。室町幕府の施策がとくに集中的におこなわれたのは東海道筋であった。両府の管轄国が接する東海道の諸国は、室町幕府の東国政策において正面口として重視されたのである。

たとえば駿河国と甲斐国では、室町幕府の施策が連動しておこなわれた。ただしそこでの室町幕府の東国政策は、鎌倉府と東国社会に向けて新たに特別な施策を講じたものではなかった。奉公衆や守護など、室町幕府における通常の組織体系をそのまま東国政策に応用したものであった。室町幕府の東国政策は、鎌倉府対策として新規制度を創出して導入するのではなく、既存の政治組織を組みあわせて対応したのである。そしてそれは箱根権現の別当補任をめぐる問題にもおよんでおり、国境地帯の宗教勢力への対応も含まれていた。これは室町幕府と東国社会の断絶面を強調する研究では等閑視されてきた問題であった。

これまで室町幕府の東国政策をとらえる場合は、駿河今川氏・信濃小笠原氏・越後上杉氏など、両府の国境線上の守護の動向から多くが論じられてきた。とくに駿河国と駿河守護をめぐる研究はその中心であった。しかし駿河国駿東郡という個別具体的な国境地帯の検討をおこなった結果、室町幕府の東国政策は、地理的条件を把握したうえで重要領域を的確に掌握していたことが明らかとなった。それは両府国境において双方をつなぐ主要陸路の経路が、意外に限られた路線しかなかったためと考えられる。従来の研究は、室町幕府の東国政策をいわば広域面であつかう思考にもとづくものであった。しかしそれは国境地帯を凝集点でおさえていた室町幕府の東国政策の実態をとらえるにはやや不適合である。東海道筋における室町幕府の東国政策は、広域面ではなく凝集点でおさえることが枢要であったと考える。

また室町幕府は、鎌倉府の管轄国内における親室町幕府勢力の掌握にも余念がなかった。特徴的なのは、いわゆる「京都扶持衆」である。ただし「京都扶持衆」どうしは一般的に相互の関係が希薄であった。「京都扶持衆」は室町幕府と一対一でむすびつくことが基本だったからである。つまり「京都扶持衆」の本義は主従制にもとづく関係性なのである。室町幕府は、さきに述べた守護制度という国家公権の原理に加え、「京都扶持衆」という主従結合の原理を組みあわせて東国社会の掌握を試みたのである。室町幕府にとって「京都扶持衆」と守護制度は、相互補完の関係にあったといえよう。なお東国守護の選任には、鎌倉期以来の伝統的雄族の一族中における特定の「家」への正当性付与という側面が含まれていた。室町期東国の伝統的雄族は、本宗家と庶子家の対立が顕在化することが多かったからである。さらにそれは、守護権が一国単位で機能しない北関東や東国社会の歴史的特質に適合するものであった。室町幕府は、関東管領を通じた鎌倉府中枢の意思決定の過程のみならず、在地社会と近い部分において東国統治とかかわる複数の手だてを獲得し、重視していたといえる。それは鎌倉府が、鎌倉期以来の伝統的雄族の支配網には容易に関与しえないという東国社会の独自性をふまえたものであった。

室町幕府は「京都扶持衆」の掌握や守護制度の運用など複数の施策を組みあわせることによって、室町幕府の政治的意図を東国社会に反映させようとした。こうした室町幕府による東国政策の組みあわせという視座にたつと、室町期東国社会のいくつかの特徴をさらに理解できる。

たとえば常陸国では、「京都扶持衆」と室町幕府御料所中郡荘が組みあわされて室町幕府の東国政策として機能した。室町幕府御料所の存在が意味を持った常陸国では、「京都扶持衆」の小栗氏らによる反鎌倉府のうごきが武力蜂起となってあらわれた。それは常陸小栗氏の乱時、室町幕府御料所中郡荘内にあった幕府勢力の関与がみえることからも明らかである。そのため小栗氏討伐には足利持氏自身が出陣したのであろう。そして小栗氏らが鎌倉府に鎮圧されると室町幕府は、次善の策として「京都扶持衆」と守護制度の組みあわせによる施策にきり替えた。多様な選択肢のもとで施策を運用できる常陸国では、反鎌倉府のうごきが永享の乱まで長期継続したのであった。

こうした室町幕府の東国政策は、管轄権が鎌倉府に移された奥羽両国でもおこなわれていた。その中心が南奥州であることは前述した。また室町幕府は、奥羽両国における地理上の重要地点に対する集中的・効果的な施策もおこなっていた。出羽国の庄内平野への対応がその典型例である。庄内平野は、中奥州、北奥州、出羽国から北陸諸国へ向かう主要陸路が集中して通過する要衝であった。これは室町幕府が、日本列島の交通・流通体系における主要拠点の掌握にも的確に対応していたことを示している。

近年、京都と東国のあいだの交通・流通体系をみる場合、海運を重視する議論が注目をあつめている。いわゆる太平洋海運や日本海海運の研究である。それはきわめて重要な指摘である。しかし海運は、陸運の重要性を減じさせるものではない。たとえば古代以来、奥羽両国における代表的産物であった「馬」は、日本最大の消費地といえる京都への輸送と流通に海運・船運がその輸送法や輸送量、輸送費において最適であったとは考え難い。その主軸は陸運だったのではなかろうか。海運・船運のみではない長距離交通体系への視線を絶やさないことが必要と考える。室町幕府の東国政策を総合的に論じることは、日本列島における室町期東日本の多様な流通経済の様相を探る手がかりになると考える。本書で具体的検討を加えた個別地域は、すべて室町幕府が重視した凝集点といえる。史料残存量が稀少で史料的制約が多い東国関連史料のなかで、分析対象とした地域に関する史料が室町幕府側の京都関係史料に残ったのもけっして偶然ではなかろう。

さて室町幕府の東国政策は、とくに新規制度を設けたわけではなかった。あくまでも室町幕府の組織体系としてすでにある既存制度を応用したものであった。それは室町幕府の組織構造と支配論理が、実は東国社会に浸透していたことを示している。室町幕府は、日本列島を全国規模で統治・統合する制度や権能、回路を潜在的に留保しつづけていたといえよう。しかし室町幕府の組織構造のなかでひとつだけ単純に対応できない職制が存在した。それが鎌倉公方という政治的立場である。

鎌倉公方の地位は、室町幕府からの補任というかたちをとらない。関東御遺跡の継承というかたちをとるのである。それは『鎌倉年中行事』が鎌倉公方の就任儀礼についてまったく言及していないことに象徴される。それでは室町幕府は、一体いかなる機会をとらえて鎌倉公方の地位とかかわる場面を整えたのであろうか。それは元服儀礼であったと考える。鎌倉公方の就任予定者は、室町幕府政所が京都で特別に調進した装束を着装のうえ、将軍偏諱を拝領する。この場面において室町幕府は、鎌倉公方の就任予定者が足利将軍家の構成員であることを人生儀礼の服飾によって可視化し、それを東国内外に明示して社会的同意を形成するという手続きをとっていたのである。平時にはそれだけで事足りたのであろう。

室町幕府が鎌倉公方の元服儀礼に関与することの重要性は、つぎの事実と逸話から知ることができる。ひとつは上杉禅秀の乱時、室町幕府が、足利持氏は将軍足利義持の「烏帽子子」(1)なのでこれを助けるべきと決した事実である。いまひとつは足利持氏が、関東管領上杉憲実の制止を振りきって室町幕府の承認なく子息足利義久の元服儀礼をおこない、そのことが室町幕府と鎌倉府の決定的対立をまねく直接の原因になったとする逸話である。この事実と逸話は、鎌倉公方の元服儀礼に内在する社会意味をふまえなければ事の本質はみえまい。いずれも室町幕府による鎌倉公方の元服儀礼への関与の意味の重要性を示すものである。

ただし室町幕府は、鎌倉府との武力抗争が避けられないと判断するとただちに戦時施策に転じた。まず鎌倉公方に対抗する手立てとして、京都の足利将軍家ではほぼ認められていなかった一族庶子の地方存立と地域支配を積極的に認めた。いわゆる篠川公方、堀越公方の承認による鎌倉公方の相対化である。そして篠川公方・堀越公方には、正当性を付与するために錦御旗を授けたのである。室町幕府が関東征討でもちいた錦御旗は、これまで天皇権威の問題に関連させて論じられてきた。しかしこれは足利氏一族のなかでの正当性論理の問題として論じるべきである。室町幕府にとって錦御旗とは、足利氏の身分格式と政治思想にかかわる問題だったと考える。

室町幕府の東国政策は、これまで『満済准后日記』にみえる遠国無為という観念にそれを象徴させて説明してきた(2)。つまり不干渉であったというのである。そしてそれは、事が起こったときのみ室町幕府は東国社会に対応するという意味で理解されてきた側面がある。しかし右の語意は、あくまでも室町幕府が軍事行動をとるか否かという限定された範疇での言説なのではなかろうか。なぜなら前述したように室町幕府は、平時の鎌倉府に対して意志を反映できる一定の仕組みを整えていたからである。それゆえ戦時を想定した言説を拡大解釈して平時の議論にむすびつけ、室町幕府は東国社会を完全に切り離してその統制を鎌倉府に全権委任していた、との理解は誤りである。これまでの平時と戦時を峻別しない室町幕府と鎌倉府の関係論については全面的に修正する必要があろう。

それでは室町幕府は一体なぜ鎌倉公方の地位を存続させ、鎌倉府を容認したのであろうか。理解の単純化はけっしてゆるされない難解な問題であるが、いくつかの要因を提示したい。

日本列島は地域ごとに特徴が異なる。地域それぞれの構成要素が重層化、複雑化したうえ歴史性に規定されて地域社会の特色を形成する。鎌倉府・鎌倉公方の場合は、前代の鎌倉幕府が築いた社会構造の継続性を考慮にいれなければならない。東国には、鎌倉幕府以来の官僚組織が建武政権期の鎌倉将軍府を経て鎌倉府にいたるまで連綿と存続していた。そして『建武式目』が冒頭において、足利氏が幕府の所在地を鎌倉におくことの意味と是非を論じていることは改めて指摘するまでもない。また室町期の東国武家は、鎌倉府体制のもとでゆるやかな在鎌倉制度が適用されていた。一方、京都の室町幕府中枢には、東国のいわゆる伝統的雄族の姿がみえない。そうした東国社会の歴史的継続性の意味は考えるべきである。

また院・天皇や朝廷、公家社会、大規模な顕密寺院社会がちかくに存在しない室町期東国社会は、鎌倉期以来の伝統的雄族を中心とした武家社会が圧倒的な位置をしめていた。それら東国の領主による当事者主義を制御・調停するための装置として、室町幕府や足利将軍家に関係する統括者の必要性が室町期東国社会にはあった。室町期東国社会における足利氏一族の存在意義はそこにあり、実際に機能していたといえる。

室町期東国社会は、室町幕府の内にあって外なる存在である。室町幕府の外にある権力として鎌倉府・鎌倉公方をみた場合、社会経済の視点から鎌倉幕府・北条得宗家の権益を継承した大領主として位置づけることは容易い。しかし主従制論理の視点による位置づけは難解である。

鎌倉公方は、事あるごと東国における伝統的雄族の地頭堀内に鎌倉府勢を派遣して圧迫し、その土地を獲得・配分して新たな主従関係を築くいとなみをおこなった。つまり鎌倉公方の地位は、室町幕府からの権限移譲ではなく、みずから培ったものによって維持・展開されていたのである。室町期東国争乱の特徴として、伝統的雄族の本宗家が滅亡し、地頭堀内までが没収され、家のかたちが変容させられたうえで庶流によって再興させられることが多いのはそのためである。

あらためて鎌倉府・鎌倉公方は、室町幕府の仕組みとしては意義づけの難しい存在である。鎌倉幕府からの遺制を継承している側面があるので全体として整合性がない部分が存在するからである。また室町幕府からの承認が、権限の移譲ではなく、元服儀礼を通じた足利将軍家の構成員であるという関係確認のみで成立しているからである。室町幕府体制のなかで鎌倉公方と東国武家の主従関係について論理的・整合的に説明することが難しいのはそのためといえよう。室町期東国社会の研究においては、法則ではなく個別偏在的事実への注目が改めて必要と考える所以である。

三

本書の課題と展望であるが、もとより残された課題はあまりにも多い。中世東国史研究は、重厚にして詳細な研究が蓄積されている。そしていまだなお新たな研究が生みだされている。その事実が、室町期東国史研究の深淵さを物語っている。室町期東国社会は複雑である。しかし単純化すると事の本質はとらえられない。複雑なものを複雑なまま冷静・正確に理解する姿勢が必要と考える。

本書は、いわば室町期東国の社会構成体を主題とした研究を意図した。しかし社会経済、習俗、生活行動様式など多岐にわたる問題について、その相対化はもちろん個別具体例についても充分に検証することができなかった。そこで、京都・室町幕府との関係論という視点でみたとき本書との関連で重要と考える残された問題をいくつか掲げ、今後の研究課題として展望したい。

第一に東国の社会経済に関する問題である。(3) いわゆる室町期荘園制の東国社会におけるあり方を厳密に再検証する作業が残された。本書では、その一端として東国における室町幕府と禁裏の複合的御料所の荘園や、伊豆国の荘・郷について検討した。しかし室町期東国荘園の全面的考察にはおよんでいない。南北朝期動乱を経た東国荘園の変容、東国荘園と西国荘園の相博などの問題もあわせて、在地社会と流通体系の実態の再検討を今後する所存である。

第二に東国の寺院社会研究についてである。(4) 西国の顕密寺院との本末関係、京都五山と鎌倉五山の相関関係、伊勢・熊野との師檀関係など、宗教界の多彩な人の移動・交流の実態を詳細に把握する必要がある。これは東国社会における室町文化の受容や、室町期東国荘園をめぐる社会経済のうごきとも密接に連関する問題といえる。

第三に東国社会の地域的差異や隣接する地域社会相互の比較検討である。(5) とりわけ関東と奥羽の地域差の検討は具体的課題として残された。また関東・奥羽をあわせた東国社会を、北方社会、北陸・東海諸国を含めた東日本全体のなかで検証してゆく作業も課題として残った。ただし北方社会、奥羽両国、北陸諸国いずれも東国関連の室町期史料の残存量が稀少で多難である。しかしこれらは陸奥「京都扶持衆」の個別研究に取り組むなかで解決策を見出だしてゆきたいと考えている。

第四に前後の時代との比較検討である。東国社会の有する鎌倉時代からの連続面、中近世移行期への継続面を検証してゆく必要がある。室町期東国社会の変容と展開に関する研究は、鎌倉幕府研究と江戸幕府研究をつなぐ重要な位置にあると考える。

いずれも史料的制約が大きいうえ、取り組むべき問題も多いが、方法論を鍛えて乗り越えてゆかなければならない課題である。

本書での考察によって、東国独立国家論とも形容される室町期東国社会の独自性を追究したこれまでの研究を、室町幕府側からの視点によって相対化する足がかりを得たと考える。鎌倉府を中心とした室町期東国社会は、室町幕府という統治組織の枠組みからは相対的に自立性の高い構造を有していた。そのことは数多くの先行研究によって明らかにされている。本書は、そうした貴重な成果のうえに立ってはじめて可能となった研究視角である。そのことを自覚のうえ、室町期東国社会の内実を詳らかにする作業についても、本書とは別に鎌倉府体制の内的問題に関する再検証を鋭意すすめている。(6) そうした室町期東国社会の特質・特色を解明する具体的作業とともに、本書で取り組んだ室町期東国社会を相対化する試みも継続して追求してゆきたい。

(1)『看聞日記』応永二十三年十月二十九日条。
(2)『満済准后日記』永享四年三月十六日条。

（3）井原今朝男「室町期東国本所領荘園の成立過程――室町期再版荘園制論の提起――」（『国立歴史民俗博物館研究報告』一〇四、二〇〇三年）、同「東国荘園年貢の京上システムと国家的保障体制――室町期再版荘園制論(二)――」（『国立歴史民俗博物館研究報告』一〇八、二〇〇三年）、新田英治「中世後期、東西両地域間の所領相博に関する一考察」（『学習院史学』三七、一九九九年）などを参照。
（4）石田浩子「室町期における「都鄙」間交流――寺院社会から考える――」（『人民の歴史学』一八二、二〇〇九年）などを参照。
（5）家永遵嗣「十五世紀の室町幕府と日本列島の「辺境」」（鐘江宏之・鶴間和幸編『東アジア海をめぐる交流の歴史的展開』東方書店、二〇一〇年）などを参照。
（6）拙稿「小山義政の乱にみる室町幕府と鎌倉府」（松本一夫編『下野小山氏』戎光祥出版、二〇一二年、初出二〇一〇年）、同「小田孝朝の乱にみる常陸男体山と室町幕府」（『國學院雑誌』一一二―一〇、二〇一一年）、同「畠山国清の乱と伊豆国」（黒田基樹編『足利基氏とその時代』戎光祥出版、二〇一三年）。

あとがき

本書は、二〇〇五年九月に提出した学位請求論文「室町幕府の東国政策」を再構成したものである。二〇〇六年三月に博士（歴史学）の学位を國學院大學から授与された。審査にあたっては、主査の二木謙一先生、副査の千々和到先生、峰岸純夫先生のご指導を賜った。心より御礼を申し上げるしだいである。

私の生家からよく見えるところに、室町文化を代表する人物の墓がある。連歌師の宗祇である。その石塔は埋葬場所である集落奥の旧湧水池畔から集落中央の桃園山定輪寺境内へ昭和四十年代に移動させたものであり、終焉の地がこの集落であることは三条西実隆『再昌草』や宗長『宗祇終焉記』に詳しい。

小学生のとき、宗祇のことを調べる宿題がだされた。しかし教科書には京都で活躍していたと書かれているのに、一体なぜ静岡の富士山のふもとの集落に葬られているのか、どうにも理解できなかった。また、応仁の乱による京都の荒廃から逃れてきたという模範解答を得ても、いささか腑に落ちなかった。室町時代の京都と東国の関係解明という本書主題の起点は、そのとき抱いたいくつかの素朴な疑問にあると思う。本書を編んでなお満足なこたえへの道のりは遠いが、宗祇とその文化については、いつか歴史学の立場から一編をなしてみたい。

学問としての歴史学を知ったのは高校生のときである。沼津東高校の大先輩である杉橋隆夫先生が、京都から来校して日本史の講義をしてくださったのである。内容はもちろん鎌倉幕府の草創についてであった。「イイクニつくろう」世代である私は、何をもって鎌倉幕府の成立とみるのかというお話に深い感銘をうけたのであった。杉橋先生には、いまなおご厚情を賜っている。

大学では日本中世史を選んで学んだ。二木謙一先生と千々和到先生には、学部から現在にいたるまで長くご指導を賜っており、室町幕府と東国を主題として学究する私には天運僥倖というほかない環境であった。その学恩への感謝の念は尽きない。それらを学びとることが充分にできているのかは心許ないが、一層の精進を重ねる所存である。また学部のときには今江廣道先生、吉田敏弘先生、米原正義先生のほか、宇田川武久先生、鍛代敏雄先生、林譲先生などに日本中世史研究の手ほどきをしていただいた。毎日がとても楽しい学びの時間であった。そして授業を終えるとそのまま仲間と歩いて渋谷センター街に向かった。もっと楽しい時間が待っていた。國學院大學と渋谷はまさに揺籃の庭であった。

大学院では、日本中世史を五味文彦先生、千々和到先生、橋本政宣先生、二木謙一先生、歴史地理学を林和生先生、吉田敏弘先生、資料保存学を加藤有次先生に、ご指導を賜った。歴史学研究に必要な基本・基礎の修錬と多種多様な方法論を学ばせていただいた期間であった。当時は、どれも本当に厳しいと感じた。今は改築されてしまった旧図書館の書庫最上階にあった古机にむかい、史料に沈潜すべくもがきつづけていた当時の私は、机横の小窓のむこうに佇む東京タワーや六本木ヒルズの静寂な夜景を灯として、自分へのもどかしさと格闘していた。今になってからもっと厳しい指導をいただいておけばよかったと思うのは、ささやかな成長の証であろうか。そして大学院では仲間や先輩・後輩にお世話になったが、とりわけ同期の大高康正氏、小和田泰経氏には同郷の好で心折れそうなとき種々助けてもらった。二人の健筆ぶりにはかなわないが、今後も切磋琢磨してゆきたい。

また大学院の内外において、これまで様々な研究会・勉強会、各種調査などに参加する機会を得た。それぞれの場で多くのことを学び、刺激を受け、ご教導をいただいた。自分では気づけないことを教えてくださる諸先生・諸学兄姉に感謝したい。そして、非常勤講師の機会をいただいた諸大学の先生方にも深謝申し上げたい。本来ならばお名前を挙げて謝辞を申し上げるべきところであるが、遺漏を恐れて割愛することをお許しいただきたい。すべての皆様にあつく御礼を申し上げます。

本書をまとめながら、残された多くの課題とともにいくつかの新たな目標をみつけることができた。それらを糧にして、これからも基礎作業のひとつひとつを大切に、たゆまず学んでゆきたいと思う。

思文閣出版に本書の刊行を紹介していただいたのは下坂守先生である。下坂先生には、京都国立博物館や文化庁の課長としてご多忙の折から、史料調査にご一緒させていただく機会を頂戴してきた。国宝・重文級の原本調査にのぞむときの心構えや作法に対するご指導とあわせて、あつく御礼を申し上げたい。そして、出版をお引き受けくださった思文閣出版の原宏一氏、大地亜希子氏、三浦泰保氏には、諸事にわたる格別のご高配に改めて深謝申し上げるしだいである。

最後に私事ながら、私を支えて見守り続けてくれる両親と家族に感謝の言葉を捧げたい。

二〇一三年十二月二十二日

杉山一弥

本書の刊行に対して、平成二十五年度科学研究費助成事業の科学研究費補助金（研究成果公開促進費）学術図書の交付を受けた。

初出一覧

序章　（新稿）

第一編
第一章　室町幕府における錦御旗と武家御旗——関東征討での運用を中心として——（二木謙一編『戦国織豊期の社会と儀礼』吉川弘文館、二〇〇六年四月）
第二章　『鎌倉年中行事』にみる鎌倉府の着装規範——鎌倉公方の服飾を中心として——（『日本家政学会誌』五八—五、二〇〇七年六月）

第二編
第一章　稲村公方と南奥社会（『国史学』一七九、二〇〇三年三月）
第二章　篠川公方と室町幕府（新稿）
第三章　堀越公方の存立基盤——経済的側面を中心として——（『國學院大學紀要』四六、二〇〇八年二月）
補論　堀越公方と足利鑁阿寺（栃木県立文書館『文書館だより』四六、二〇〇九年七月）

第三編
第一章　室町幕府奉公衆葛山氏（『国史学』一七二、二〇〇〇年八月）

第二章　室町幕府と甲斐守護武田氏（『國學院大學大学院紀要』文学研究科三二、二〇〇一年三月）
第三章　室町期上総武田氏の興起の基底――武田信長の動向を中心として――（『武田氏研究』二五、二〇〇二年三月）
第四章　室町期の箱根権現別当と武家権力（『鎌倉』九九、二〇〇四年十二月）

第四編
第一章　室町幕府と下野「京都扶持衆」（『年報中世史研究』三〇、二〇〇五年五月）
第二章　室町幕府と常陸「京都扶持衆」（新稿）
第三章　室町幕府と出羽大宝寺氏（『地方史研究』三一三、二〇〇五年二月）

終　章　（新稿）

既発表論文は、本書への収載にあたり文章・語句等の全体的な整序をおこなったが論旨に変更は加えていない。

人名索引

う

え

お

か

す

せ

そ

た

ち

つ

て

と

な

に

ぬ

は

ひ

ふ

へ

ほ

ま

事項索引

お

か

き

す

せ

そ

た

ち

ひ

ふ

へ

ほ

◎著者略歴◎

杉山　一弥（すぎやま・かずや）

1973年　静岡県生まれ
2001年　國學院大學大学院文学研究科日本史学専攻博士課程後期単位取得満期退学
現　在　博士(歴史学)，國學院大學文学部兼任講師.

〔関連論文〕
「畠山国清の乱と伊豆国」(黒田基樹編『足利基氏とその時代』戎光祥出版，2013年)
「小田孝朝の乱にみる常陸男体山と室町幕府」(『國學院雑誌』112巻10号，2011年)
「小山義政の乱にみる室町幕府と鎌倉府」(松本一夫編『下野小山氏』戎光祥出版，2012年，初出2010年)

室町幕府《むろまちばくふ》の東国政策《とうごくせいさく》

2014(平成26)年2月28日発行

定価：本体7,200円(税別)

著　者　杉山一弥
発行者　田中　大
発行所　株式会社　思文閣出版
〒605-0089　京都市東山区元町355
電話　075－751－1781(代表)

印　刷
製　本　シナノ書籍印刷株式会社

ISBN978-4-7842-1739-7　C3021